本教材受华东政法大学校级人文社科基地——国际航运法律研究中心资助

Maritime Procedure Law

海商法系列教材 | Series Textbooks on Maritime Law

海事诉讼法学

袁发强 主 编
郑雷 高俊涛 副主编

北京大学出版社
PEKING UNIVERSITY PRESS

图书在版编目(CIP)数据

海事诉讼法学/袁发强主编. —北京:北京大学出版社,2014.1
(海商法系列教材)
ISBN 978-7-301-23646-8

Ⅰ.①海… Ⅱ.①袁… Ⅲ.①海事仲裁-诉讼法-教材 Ⅳ.①D997.4

中国版本图书馆 CIP 数据核字(2013)第 315234 号

书　　名:海事诉讼法学
著作责任者:袁发强　主编　郑　雷　高俊涛　副主编
责 任 编 辑:尹　璐　朱梅全　王业龙
标 准 书 号:ISBN 978-7-301-23646-8/D·3488
出 版 发 行:北京大学出版社
地　　址:北京市海淀区成府路 205 号　100871
网　　址:http://www.pup.cn　新浪官方微博:@北京大学出版社
电 子 信 箱:law@pup.pku.edu.cn
电　　话:邮购部 62752015　发行部 62750672　编辑部 62752027
出版部 62754962
印 刷 者:三河市博文印刷厂
经 销 者:新华书店
730 毫米×980 毫米　16 开本　22.5 印张　428 千字
2014 年 1 月第 1 版　2014 年 1 月第 1 次印刷
定　　价:45.00 元

编 写 说 明

随着海运业的发展,我国已经成为新兴的海运强国。我国国民经济和社会发展十二五规划纲要中明确提出:“加快上海国际经济、金融、航运、贸易中心建设”,海运业在国民经济中的地位日益得到重视。与海运业的繁荣相适应,每年全国海事法院的受案量达到一万余件,这必然涉及海事诉讼法的运用。在现代国际航运法律人才的培养中,熟练掌握和运用海事诉讼法的相关知识至为重要,通过编写一本适合我国本科生和研究生培养现状的教材可以切实满足海事法教学的需求。

虽然我国目前已出版了许多高质量的海商法教材,但是对海事诉讼法的编写工作并未得到重视,对海事诉讼法的研究也较为薄弱,这种状况不仅严重阻碍了国际航运法律人才的培养,也无法回应海运法律实务的需求。

与实践中“重实体,轻程序”的现象一致,目前我国已经出版的海事诉讼法研究专著只有三四本,教材也只有两三本,且与海事仲裁混编。虽然这些著作和教材对海事诉讼法制度的讲解和普及起到了一定的作用,但是将这些著作和教材应用到教学中存在着一些问题,这些问题包括:有的著作出版年份较早,部分内容面临着进一步更新的需要;有的著作偏重于对海事诉讼法的部分问题进行专题研究,并没有涵盖海事诉讼法的主要制度,其探讨的问题争议性较大,导致不适合在本科教学中使用;有的教材偏重于法条的说明和实务的介绍,与法学教科书的要求有一定差距;有的教材将海事诉讼与海事仲裁放在一起介绍,削弱了海事诉讼制度的独立性价值。

顾名思义,海事诉讼特别程序法是民事诉讼法的特别法。其中一些特有的诉讼制度和特别规定不同于一般民事诉讼,也很难用一般民事诉讼原理加以解释。因此,有专门学习与讲解的必要。当然,民事诉讼法的变化发展也会对海事诉讼产生影响。2012 年,我国修改颁布了新的《民事诉讼法》,其中有关小额诉讼程序、公益诉讼等制度也可能应用到海事诉讼中。因此,本教材在编写时考虑到了《民事诉讼法》的新规定,在解释有关海事诉讼制度时以新的《民事诉讼法》立法为基础,这是本教材具有新意的一个方面。此外,本教材的创新之处还在于:

第一,思考题和拓展阅读部分。不论是专业的法学高等院校,还是有关海事大学的法学院,海事诉讼法都不是法学专业的必修课。因此,受课时限制,教材的篇幅不宜过大。为了帮助学生深入学习,本教材在提出思考题时,采取了连续发问的方式，帮助同学们学会深入思考和追问。同时，配合有关章节的讲解内容，不仅列出了参考学习文献，而且介绍有关文献的主要内容和阅读的范围、目的。

第二，体例较为全面。本书涵盖了海事诉讼法的主要制度，能够较为全面地反映海事诉讼法律制度的发展现状和未来趋势。

第三，比较介绍。本书在介绍我国海事诉讼法制度的同时还对一些航运大国的海事诉讼制度进行了介绍，这有助于拓展学生的国际视野。海事诉讼的涉外因素强，据统计，我国各海事法院受理的海事海商案件中，有涉外因素的案件占到20%以上。通过比较性的学习，学生可以大致了解国外海事诉讼的基本情况，对于实践中出现的问题能够基本应对。

第四，增加案例教学的分析和应用。在本书的每章结束后都会至少选取一个案例进行介绍和分析，以帮助学生掌握海事诉讼法运用中可能存在的问题，着重培养学生的实际应用能力。

本教材的编写目的，在于满足本科生和研究生教学的实际需要，又能够为从事海事诉讼的实务界人士提供理论上的指导和参考，以达到推进海事诉讼法教学和研究的双重目的。

在编写本教材的过程中，华东政法大学国际航运法律学院的研究生黄东霞、季宇、汪卡峰、蒯晓晓、李珍珍、徐赟琪、严骐安等同学参与了编写工作。徐赟琪、严骐安同学协助主编统稿修改各章节，王一涵、邵鹤云、章慧等同学参与了校对工作。在此，对他们的辛勤劳动表示感谢！

这是我们初次尝试新体例的海事诉讼法学教材编写，有关内容、观点和文字表达可能仍然存在错误和缺陷，诚请读者批评指正，以便我们进一步修改完善。

主编　袁发强

2013年9月10日

目　录

第一章 海事诉讼特别程序法概论

导读 解决海事纠纷同处理民事纠纷一样有着多元化的机制，其中最主要的处理机制便是海事诉讼。海事诉讼有其自身的特点，这些特点决定了海事诉讼有别于民事诉讼以及其他纠纷解决机制的制度价值。相比于英美国家，我国的海事诉讼特别程序法以及海事司法体制发展起步较晚，但是在发展过程中借鉴了国际公约中较好的经验。

本章介绍了我国海事诉讼特别程序法的基本原则、法律渊源，并对海事诉讼主要制度作了简单的叙述。本章的重点在于理清学习海事诉讼特别程序法的脉络，由浅入深、由表及里地从海事纠纷谈起，再延伸到海事诉讼，最后帮助读者对我国海事诉讼相关法律内容及司法制度有初步的了解和认识，目的是为后面章节的学习作铺垫。

关键词 海事纠纷 海事诉讼 海事诉讼特别程序法

第一节 海事纠纷与海事诉讼

一、海事纠纷的概念

人类社会有利益冲突，就必然有纠纷发生，需要通过一定的方式解决。海事纠纷是民商事纠纷的一种，是海事海商法律关系发生、变更和消灭过程中产生的纠纷。从语义上看，“海事”一词在英文中被称作“admiralty”，与此相关的另一词汇是“maritime”，该词在我国被译为“海商”。而无论“海事”还是“海商”的含义在我国历来都有广义和狭义之解读，且两者既有联系也有区别，这就会对“海事纠纷”的理解产生语义上的混乱。

一般来说，狭义的“海事”和“海商”两个词汇是有区别的。

狭义的“海事”一般是指船舶海损事故，其中船舶事故包括船舶本身事故和船上事故两种，海损则包括旅客和船员等人命损失、船货等财产损失、营运损失及环境损失。[①] 此外，狭义的“海事”还突出强调政府对海上运输与商务活动的规范，包括监督和管理船舶、船员以及船舶碰撞、海难救助等这些非商业活动。

---

① 参见邢海宝：《海事诉讼特别程序研究》，法律出版社 2002 年版，第 10 页。

狭义的“海商”更多地指平等主体之间在海上运输与相关商业往来中的行为，包括海上货物或旅客运输、海上拖航、船舶租用、海上保险等行为。

广义的“海事”是海运事业、海上事务、海上活动等的简称，其内涵包括狭义的“海事”，但不限于此。[①] 从广义的角度而言，“海事”与“海商”是同义的。

在英美国家的法律文件中，“admiralty”与“maritime”这两个词汇通常是同时使用的。例如，在美国及澳大利亚等国的宪法上就海事案件管辖权问题的规定中就同时出现了这两个词汇。

海事诉讼是解决海事纠纷的重要机制。在我国有关海事诉讼的程序法《海事诉讼特别程序法》中，通篇使用“海事”一词。从该法条文内容看，该法所解决的纠纷不仅包括与商业有关的狭义“海商”方面的纠纷，也包括狭义“海事”方面的纠纷，如海上生产作业造成海域污染损害的纠纷。因此，“海事纠纷”中“海事”一词在我国也应作广义理解。

前文对“海事纠纷”中“海事”的内涵从狭义和广义两方面作简要介绍，是为了便于宏观把握海事纠纷可能涉及的范围。对于海事纠纷的界定，并不是简单地确定是属于狭义还是广义的海事范畴。在海事纠纷解决机制层面，尤其是通过诉讼的方式解决纠纷时，正确认识和界定海事纠纷就显得至关重要。因为在界定海事纠纷概念范围的背后，其实质是法院管辖范围以及法律适用问题。由于各国法律制度、司法体系等不同，导致海事纠纷的范围在许多国家并不统一。

在我国，纠纷的原因、经过和结果，只要其中之一在海上发生，就属海事纠纷。[②]《海事诉讼特别程序法》第 4 条规定，“海事侵权纠纷、海商合同纠纷以及法律规定的其他海事纠纷”均属于海事法院受理范围。当然，这里的“其他海事纠纷”仍需作进一步解释。

在美国的海事司法实践中，船舶、可航水域和海事联系是确定海事管辖权的三个因素，但是确认纠纷是否在管辖范围之内有时会取决于公众舆论和相关的政策，如船舶建造合同就曾被认为不属于海事诉讼。[③]

在英国，海事纠纷是因海事请求权而发生的纠纷。海事请求权是指海事法院享有管辖权的请求权。[④]

结合目前各国海事法院受案范围的实践，可以将海事纠纷分为以下三类：

1. 合同性纠纷，表现为因船员雇用、船舶买卖、船舶建造、船舶修理、船舶拆解、船舶抵押、船舶燃油物料供应、船舶代理、海上运输、海上拖航、船舶引航、船舶租用、海难救助、海上打捞、海上保险等合同产生的海事争议。

---

① 参见胡正良主编：《海事法》，北京大学出版社 2009 年版，第 2 页。

② 参见邢海宝：《海事诉讼特别程序研究》，法律出版社 2002 年版，第 12 页。

③ 参见杨树明主编：《民事诉讼法 · 海事诉讼特别程序篇》，厦门大学出版社 2008 年版，第 1 页。

④ 参见邢海宝：《海事诉讼特别程序研究》，法律出版社 2002 年版，第 12 页。

2. 侵权性纠纷，表现为因船舶碰撞、浪损、触碰、搁浅、火灾、爆炸、以非法留置或错误扣押等手段侵占船舶或船载货物或者以海事欺诈等行为造成船货等海上财产损失或人身伤亡、船舶污染而产生的海事争议。

3. 其他纠纷，主要包括船舶、货物等财产所有权、担保物权等引起的物权争议；无因管理、不当得利、共同海损和海事赔偿责任限制等引起的争议。在其他纠纷这一类别里，各国的规定不太一致，因国别而异。

二、海事纠纷的处理机制

人类社会在不断发展的过程中会产生不同性质、形式和激烈程度的纠纷冲突，单一的处理方式不能解决所有类型和程度的纠纷。自古以来，民事纠纷处理机制就不是单一的，而是多元的。社会越复杂，处理纠纷的方式、手段也就越丰富，从而构成多元化的纠纷处理机制。民事纠纷处理机制一般划分为自力救济、社会救济和公力救济，和解是典型的自力救济，调解、仲裁被视为社会救济，诉讼则为公力救济。海事纠纷的绝大多数案件实则为民事纠纷，可以通过多元化的处理机制解决。因此，我国现行的海事纠纷处理机制同解决一般民事纠纷一样，主要有四种：

（一）和解

和解，是指当事人之间通过平等协商解决海事纠纷的一种方法。其特点是没有第三方参与而由争议双方自行解决，也不受任何规范的制约。和解主要适用于分歧不严重、争议不大、责任承担较为明显的海事海商案件。其优点是方便、快捷、不伤和气；缺点是需要双方的配合，即使双方达成和解协议也不具备法院强制执行的约束力，任何一方的反悔都会使协议无法履行。

（二）调解

调解，是指在第三方的参与或主持下解决当事人之间海事纠纷的方法。调解作为一种纠纷解决方式，在中国已经被实践了数千年。它作为中国社会调整的一种基本手段，一直被广泛使用。根据主持调解的主体或机构划分，至少包括民间调解、行政调解以及法院调解等类型。这些调解具有不同的性质，所达成的调解协议具有不同的法律效力。[①]

海事纠纷的调解主要表现为海事法院主持下进行的调解和其他当事人进行的调解。调解根据自愿的原则进行，不需要遵守严格的实体规范和程序规范。调解也不是诉讼的必经程序，纠纷主体不愿调解、调解不成或反悔的，可以向海事法院起诉。

---

① 参见范愉：《调解的重构（上）——以法院调解的改革为重点》，载《法制与社会发展》2004 年第 2 期。

法院进行调解,可以由审判员一人主持,也可以由合议庭主持。法院进行调解,可以用简便方式通知当事人、证人到庭。调解达成协议,必须双方自愿,不得强迫。调解协议的内容不得违反法律规定。调解达成协议,法院应当制作调解书。调解书应当写明诉讼请求、案件的事实和调解结果。调解书由审判人员、书记员署名,加盖法院印章,送达双方当事人。调解书经双方当事人签收后,即具有法律效力。

此外,《海上交通安全法》第46条赋予了监督管理的主管机关对海事纠纷的调解权。依照该法规定,因海上交通事故引起的民事纠纷,可以由海事主管机关调解处理。调解必须遵循自愿、公平的原则,不得强迫进行。在调解协议达成后,当事人应该履行。达成协议后当事人反悔或逾期不履行协议,视为调解不成。不愿意调解或调解不成的,当事人可以向海事法院起诉或申请海事仲裁机构仲裁。

(三) 海事仲裁

海事仲裁,是指当事人双方依据书面仲裁协议,将海事争议交给海事仲裁机构进行裁决的制度。海事仲裁与和解、调解和诉讼相比,具有民间性、自治性和准司法性的特点。其民间性表现在仲裁员并非公务人员,具有中立性和专业性;自治性表现为仲裁的范围源于当事人之间的协议。是否仲裁、仲裁机构和仲裁员的选择、仲裁方式、所适用的法律等完全可以由当事人约定;准司法性表现为司法机关承认仲裁程序和仲裁裁决具有拘束力,当事人可以向海事法院申请强制执行仲裁裁决。在海事仲裁程序中,当事人一方可以申请仲裁保全等。

(四) 海事诉讼

海事诉讼,是指国家司法机关按照一定的程序解决纠纷的活动,是海事纠纷的主要解决方式。其本质特征在于凭借国家权力解决争议。海事诉讼解决争议的依据一般是国家立法,其解决争议的结果,可以靠国家强制力保障实现。

三、海事诉讼制度的价值

(一) 海事诉讼的含义

从语义上分析,海事诉讼由"海事"与"诉讼"两个词构成。"诉讼"即为请求第三者解决争议的意思。与仲裁等其他解决争议方式不同的是,这里的第三者专指国家,具体而言,即代表国家行使司法权的法院,是一种公力救济机制。在国家公权力的保障下,在公权力机关的主导下,诉讼程序更加专业化,纠纷解决的结果也更确定,执行更有保障。因此,发生海事纠纷后,法院在诉讼参与人的参加下,通过海事诉讼制度和程序的运用,适用法律对具体问题的规定,审理和解决海事纠纷的活动以及在该活动中产生的各种法律关系,即为通常所言的海事诉讼。

作为诉讼的一种类型,海事诉讼属于民事诉讼的范畴,因此海事诉讼在诉讼程序的许多方面适用《民事诉讼法》的规定。但是,海事诉讼又具有专业性特点,有其自身特有的一些诉讼程序。

海事诉讼的基本内容主要有海事诉讼活动和海事诉讼特别程序法律关系两方面。海事诉讼活动表现为海事法院、当事人及诉讼参与人的各种诉讼行为,它会引起诉讼法律后果的发生,并推动着海事诉讼的发展;海事诉讼特别程序法律关系表现为海事法院与当事人、诉讼参与人之间在海事诉讼中形成的各种权利义务关系。

在我国,海事诉讼实质是当事人就海事侵权纠纷、海商合同纠纷以及法律规定的其他海事纠纷诉至海事法院,由海事法院依法审理和裁判,以保障海事实体法所确定的权利义务关系实现的诉讼活动的总和。其中,法律规定的"其他海事纠纷"包括但不限于海上作业中重大责任事故引起的赔偿纠纷,港口作业纠纷,共同海损纠纷,海洋开发利用纠纷,船舶共有人经营、分配、收益纠纷,船舶物权纠纷,以及海运欺诈纠纷等。①

海上行政纠纷是海上运输活动中发生的国家管理机构与被管理的个人或法人之间就行政管理活动所发生的争议或纠纷,虽然也可能在海事法院进行行政诉讼,但这不属于海事纠纷的范畴,应当依据行政诉讼程序进行。

(二)海事诉讼的特点

如前所述,海事诉讼属于民事诉讼的范畴,两者在诉讼主体、基本内容、诉讼程序及诉讼阶段组成方面有着较大的相似性,但是海事诉讼又有其独特性。

1. 海事诉讼具有较强的涉外性

海上运输通常发生在不同国家的港口之间。虽然一国范围内也会存在内河运输和沿海运输,但从发生海事纠纷的数量、规模看,都远远少于或低于跨国海上运输。这就决定了海事诉讼具有较强的涉外因素,主要表现为诉讼的主体可能是不同国家的当事人、标的物具有跨国移动性,以及主体之间权利义务关系的产生、变更或消灭具有跨国性等。

海事诉讼的涉外性还表现为:诉讼法院可能在当事人以外的国家;法院所适用的法律是外国法或国际公约、国际惯例;诉讼文书的送达、证据的调查和取得需要依照特别的程序;判决可能需要另一国法院强制执行等。

海事诉讼无论在实体规范方面还是程序规范方面都具有广泛的国际性。首

① 《海事诉讼特别程序法》第4条规定:"海事法院受理当事人因海事侵权纠纷、海商合同纠纷以及法律规定的其他海事纠纷提起的诉讼"。2001年9月11日实施的《最高人民法院关于海事法院受理案件范围的若干规定》对"其他海事海商纠纷案件"有更为详细的规定,具体包括:海上作业中重大责任事故引起的赔偿案件,港口作业纠纷案件,共同海损案件,海洋开发利用纠纷案件,船舶共有人经营、分配、收益纠纷案件,船舶物权案件,海运欺诈案件,海上无主财产案件,以及海事行政案件等。

先,在程序方面,有关诉讼程序的法律制度在国际上较难达成统一,但在海事领域中,关于管辖与扣船的国际公约却得到了世界上多数国家的加入,并且为各国采纳为国内法。我国的《海事诉讼特别程序法》就借鉴了《1999年扣船公约》的许多规定。其次,在实体法方面,常常适用被广泛接受的国际公约与惯例,如《海牙规则》《汉堡规则》《约克—安特卫普规则》《跟单信用证统一惯例》等等。我国《海商法》就在很大程度上吸收了《汉堡规则》的有关规定。

2. 海事诉讼具有较强的专业性

海事诉讼用来解决当事人之间的海事纠纷,海事纠纷涉及造船技术、航行规则、货物积载和运输等,具有特殊的技术规则。同民事诉讼相比,海事诉讼中要适用很多航行专业规则,与航海技术和航运业务紧密相连,因此,专家鉴定在海事诉讼中是常用的方法。①

海事诉讼的专业性还表现为海商实体法中的共同海损理算、海事赔偿责任限制、海上保险等纠纷具有专业性,因而在海事诉讼的证据认定上也具有专业性的特点。

3. 海事诉讼具有对物诉讼性

对物诉讼与对人诉讼相对,对物诉讼中的债权人可以对船舶等财产直接提起诉讼,是英美法系非常具有特色的制度。该制度是从海事诉讼中发展起来的,源于英国海事法,后成为制定《1952年统一海船扣押某些规定的国际公约》(以下简称《1952年扣船公约》)的基础。在海商法中,船舶具有重要的地位,它对确定诉讼主体具有重要意义,但船舶的权利人有时却难以确定,因此,赋予债权人权利、直接向船舶等财产提起诉讼,目的是逼船舶的所有人或债务人现身,出庭应诉。对船舶进行扣押就是对物诉讼下所产生的一种制度。

承认对物诉讼制度具有积极的作用:②

其一,能够减少查明船东的麻烦。如果法院的传票针对船东发出,则法院还需要查明船东是谁,但船东可能无法查明,因此会导致诉讼无法正常进行;

其二,能够建立法院对案件的管辖权,即无论争议发生在何地,因何种原因,只要法院扣押了辖区内的船舶,则获得了对该案的管辖权;

其三,它为原告提供了执行将来判决的保证,避免了判决前因被告发生任何资金问题而无法执行判决的风险,能够切实维护原告的利益。

我国法律始终坚持民事诉讼法律关系的主体是自然人、法人和其他组织,否认物能够成为民事诉讼主体,因而在法理上无法承认对物诉讼制度,但是我国的海事诉讼程序借鉴了国际公约和国外立法中的对物诉讼制度。海事诉讼法作出

① 参见关正义:《专家论证在海事诉讼中的运用》,载《法律适用》2001年第5期。

② 参见金正佳主编:《海事诉讼法论》,大连海事大学出版社2001年版,第4页。

有别于民事诉讼的规定，规定了与对物诉讼制度紧密相连的扣船制度，即在特定的情况下扣押当事船舶时，海事法院可以不问谁是船舶的所有人、谁是被请求人，扣押所针对的仅仅是当事船舶。

4. 海事诉讼规则具有特殊性

虽然海事诉讼属于民事诉讼的范围，其诉讼模式与民事诉讼大体相同，但是海事诉讼中有一些特殊制度，如船舶优先权、海事赔偿责任限制等。这些制度需要相应的程序法作保障。因此，各国在民事诉讼制度之外一般规定一个专门适用于海事诉讼的特别规则，如证据规则及审理规则、海事赔偿责任限制基金程序等。

（三）海事诉讼在海事纠纷中的制度价值

在多元的社会中，随着海事纠纷类型的多样化，建立多元化纠纷解决机制是回应各类海事纠纷的重要路径。多种多样的纠纷解决方式以其特定的功能和运作方式相互协调地、互补地满足社会主体多样的需求。相比和解、调解和仲裁，海事诉讼具有不可替代的制度价值：

第一，海事诉讼严格按照应当遵循的实体规范和程序规范进行，一方面能限制法官的恣意，以防侵害当事人合法的程序性权益和实体性权益；另一方面能够审慎地维护当事人双方之间的平等，使当事人能够自由平等地行使诉讼权利，从而有助于案件事实的澄清和民事纠纷的公正解决。调解，特别是和解在实体和程序方面缺乏制度保障，以至于在当事人双方实际地位不平等的情况下，难保纠纷解决过程和结果的合意性和公平性。

第二，海事纠纷相较于一般民事纠纷，具有较强的涉外性。通过诉讼的方式解决海事纠纷，在保护实体权益方面，能提高并保障纠纷解决结果的可预见性，从而能够满足当事人明确的要求，能够比较充分地实现权利人的权益。对于涉外性较强、案情较为复杂或者标的额较大的海事纠纷而言，对结果的可预见性对于解决纠纷至关重要。而和解和调解常常依靠当事人的妥协来解决，这使得当事人的权利不能全面实现，所以，对于希望通过和解或调解得到与判决相同结果的当事人来说，这二者是很难做到这一步的。

第三，海事诉讼是公力救济。相比于自力救济中的和解、社会救济中的调解和仲裁，海事诉讼的国家强制性使得海事纠纷能够得到最终解决，最终实现当事人的实体权益。和解、调解所达成的协议或形成的裁决都没有强制执行的效力。海事纠纷中，执行是关键问题，如果不及时执行会给当事人带来更大损失。诉讼由国家强制力作为保证，严格按照程序和实体规范审判、执行，是权利最终能够得到实现的有力保障。

第二节 海事诉讼特别程序法概述

一、海事诉讼特别程序法的含义与性质

海事诉讼特别程序法是指国家制定或认可的,规定海事诉讼程序和诉讼法律关系主体之间权利义务关系的法律规范的总和。通过海事诉讼特别程序法与其他相关法律的关系考察,可以对海事诉讼特别程序法的性质作如下认识:

第一,海事诉讼特别程序法属于部门法。根据调整对象或者调整方法的不同,可以将法分成不同的部门。海事诉讼特别程序法的调整对象是海事诉讼活动和海事诉讼关系,这种特定的调整对象是与其他法律部门相区别的标志之一。

第二,海事诉讼特别程序法是海商法的程序法。根据法律规定内容的不同,可以将法律分为实体法与程序法。实体法是规定和确认实体权利和义务以及职权和责任为主要内容的法律,如宪法、行政法、民法、刑法等等,而程序法是规定以保证权利和职权得以实现或行使,义务和责任得以履行的有关程序为主要内容的法律,如行政诉讼法、民事诉讼法、刑事诉讼法等等。

在海事法学科中,如果说海商法是实体法的话,那么海事诉讼特别程序法就是海商法的程序法。由于并不涉及当事人的实体权利,程序法在过去被认为是保障实体权利的辅助法而不具有独立的地位。实际上,现代程序法更重要的功能是以恰当的方式为实现权利和行使职权提供必要的规则、方式和秩序。海事诉讼特别程序法存在的价值不仅是为海商法上的权利义务提供程序保障,而且海事诉讼特别程序法的规则对于发现和确定海商法的权利义务能够提供一种科学的方法,因而海事诉讼特别程序法具有自身独特的存在价值。

第三,海事诉讼特别程序法是民事诉讼法的特别法。在我国,海事诉讼特别程序法属于民事诉讼法的范畴,二者之间是特别法与一般法的关系。《海事诉讼特别程序法》第2条规定:“在中华人民共和国领域内进行海事诉讼,适用《中华人民共和国民事诉讼法》和本法。”根据特别法优于普通法的关系,进行海事诉讼时《海事诉讼特别程序法》有特别规定的,适用《海事诉讼特别程序法》;当《海事诉讼特别程序法》没有特别规定时,则适用《民事诉讼法》的规定。

二、我国海事司法体制和海事诉讼特别程序法的发展历程

我国的《海事诉讼特别程序法》并非与《海商法》同时制定施行,其正式颁布晚于《海商法》。对海事诉讼特别程序法独特价值的认识,也经历了不断深化的过程。2000年7月1日《海事诉讼特别程序法》生效实施,在此之前我国长期没有专门规范海事诉讼的法律。

（一）我国海事司法机制的沿革

相比英美国家，我国专门性海事诉讼的起步较晚。

新中国成立初期，海事、海商案件由地方人民法院的民事审判庭负责审理。

20世纪50年代后，天津、上海、长江水上运输法院成立，主要审理水运系统内部的刑事、刑事附带民事以及交通事故、重大责任事故、海事货损等案件，但是案件数量并不多。其间，交通部发布了一些行政法规和规范性文件。此后，水上运输法院被撤销，相关海事纠纷由设在港口城市的中级人民法院审理，但其中的大部分是由港监机构调解解决。[①] 由于当时的海事案件较少，这一体制尚能满足需要。

随着改革开放的深入，对外经济贸易和海上运输发展迅速，相关海事纠纷数量增多，且专业性愈来愈强、涉外因素不断增多、法律关系愈来愈复杂，仅凭地方中级人民法院已无法满足处理海事纠纷的需要。因此，1984年第六届全国人民代表大会常务委员会第八次会议通过了《全国人民代表大会常务委员会关于在沿海港口城市设立海事法院的决定》。该决定对海事法院的设立、地位职能作出了规定。同时，授权最高人民法院决定海事法院的设置、变更或撤销、区域划分等。最高人民法院据此于1984年11月28日作出《最高人民法院关于设立海事法院几个问题的决定》，在广州、上海、青岛、天津、大连五个城市设立海事法院。

1987年后，由于海事案件的进一步增加，我国又相继在武汉、厦门、海口、宁波、北海等地增设海事法院。

海事法院与普通中级人民法院同级，是管辖和审理国内和涉外第一审海事案件的专门法院，不受理刑事案件和其他民事案件。对海事法院判决和裁定的上诉案件，由海事法院所在地的高级人民法院管辖。最高人民法院于1987年3月设立交通审判庭，审理在全国范围内有重大影响的海商海事案件、各高级人民法院依法移送的重大海商海事案件、各高级人民法院作为第一审的海商海事上诉案件，以及审理有关提请再审的案件等，指导各海事法院的审判工作，协调海事法院与地方各级人民法院之间的关系。

相对独立的海事司法体制的建立，一方面实现了海事案件审理的专业化，有利于提高办案质量，也有助于确保我国法院对涉外海事案件司法管辖权的行使，但是也造成了海事法院与其他普通法院和专门法院之间在管辖范围上的冲突。

为适应我国加入WTO的新形势的需要，做好“入世”的司法准备工作，最高人民法院2001年出台了《关于海事法院受理案件范围的若干规定》。该规定根据《民事诉讼法》《海事诉讼特别程序法》《行政诉讼法》以及我国参加和批准的

---

① 参见屈广清主编：《海事诉讼与海事仲裁法》，法律出版社2007年版，第5页。

有关国际公约，参照国际习惯做法，对海事法院受理案件范围进行了较大幅度的调整。

与原受案范围相比，新受案范围有了很大突破。按此规定，凡发生在海上、沿海、通海可航水域及其港口、与船舶和航运有关的一审海事海商案件，均由海事法院受理。不仅案件种类大量增加，而且充实了原受案范围条文，扩大了其内涵。更为重要的是，规定海事法院管辖海事行政案件，这不仅体现了专业性强的案件由专门法院审理，有利于提高办案质量，而且理顺了管理体制，可有效防止海事行政主管机关干扰审判。该规定还将海事管辖权赋予海事法院及其上级法院，并对各类海事海商案件的管辖均作出了规定。

（二）我国海事诉讼特别程序法的发展历程

我国海事诉讼特别程序法律制度随着改革开放以后海上运输和对外贸易的发展而发展，显著特征是具有独立性的海事法院的建立。长期以来，我国海事诉讼所依据的主要是《民事诉讼法》[①]和最高人民法院自1984年以来发布的司法解释性文件。

新中国成立以来，我国曾颁布的民事诉讼方面的法律有两部：

一部是1982年3月8日通过的《民事诉讼法（试行）》，现已废止。

另一部是1991年4月9日公布实施的现行《民事诉讼法》。该法是在1982年《民事诉讼法》的基础上修改制定的，包括总则、审判程序、执行程序和涉外民事诉讼程序的特别规定，共29章270条。为了进一步贯彻实施这部程序法，最高人民法院于1992年7月14日又发布了《关于适用〈民事诉讼法〉若干问题的意见》（以下简称《民诉意见》），共320条，为各级法院的司法审判所适用。2012年8月，全国人大对1991年《民事诉讼法》又进行了修改。

1991年《民事诉讼法》对海事法院受理海事案件具有重要意义。该法修正了1982年《民事诉讼法》对海事诉讼不予规定的做法，在特殊地域管辖规定中，对有关船舶碰撞、海难救助、共同海损等海事诉讼案件的管辖作了具体的规定。这无疑为海事法院审理海事案件提供了程序保障。

然而，民事诉讼法中有关海事问题的专门规定显然过于原则和简单，不能满足海事审判的实际需要。为此，最高人民法院针对海事审判中的诸多专门性问题通过司法解释加以规定，以弥补立法规定之不足。这些规定对于海事法院审理海事案件发挥了重大作用。

在海事管辖权制度方面，最高人民法院的司法解释包括：

1. 1984年《最高人民法院关于设立海事法院几个问题的决定》中有关海事

① 本书中所引用《民事诉讼法》，如未作特别的说明，均为2012年修正后的《民事诉讼法》。

法院受案范围的规定。[①]

2. 1986年《最高人民法院关于涉外海事诉讼管辖的具体规定》。[②] 该规定就海事诉讼管辖问题规定了17项内容，是当时海事法院受理涉外海事诉讼案件的重要依据，也是制定海事诉讼特别程序法的基础性文件。

3. 1989年《最高人民法院关于海事法院收案范围的规定》。[③] 此文件规定了海事法院受理海事案件的范围，具体包括海事侵权案件、海商合同纠纷案件、其他海事海商案件、海事执行案件、海事请求保全案件。我国《海事诉讼特别程序法》中有关法院受案范围的规定即在此基础上拟定的。

4. 1989年《最高人民法院关于进一步贯彻执行海事法院收案范围的通知》。[④] 该通知进一步明确海事法院是受理海事案件的专门法院，地方各级法院不得继续受理海事法院管辖的案件；远离海事法院所在地发生的、简易的、争议不大的海事海商案件，当事人向地方法院起诉的，地方法院在征得有管辖权的海事法院同意后可予以受理。此外，该通知还规定了有关解决管辖权争议及海事法院与地方法院部分管辖区域划分等问题。

由于司法解释受其自身效力层阶之限制而显然缺乏应有的稳定性、统一性与权威性，且海事案件涉外性强，因此将我国海事法院管辖权的行使通过司法解释来加以规范，既不利于我国法院积极地行使海事管辖权，也不利于我国法院作出的海事判决在国外的承认与执行。随着我国法院受理的涉外海事案件逐年增多，作出的裁决需要外国承认执行的比例提升，这需要我国及时出台相应的法律。

1999年第九届全国人大常委会第十三次会议通过了《海事诉讼特别程序法》，2000年7月1日开始实施。根据该法第2条和第5条的规定，海事法院审理海事案件时，适用《海事诉讼特别程序法》，《海事诉讼特别程序法》没有规定的，适用《民事诉讼法》。据此，我国初步形成了以《海事诉讼特别程序法》为主干、《民事诉讼法》为必要补充的中国特色海事司法制度。自此，中国海事审判进入了全面有法可依的新阶段。

为正确实施《海事诉讼特别程序法》，依法准确审理海事案件，最高人民法院又于2002年颁布了《关于适用（海事诉讼特别程序法）若干问题的解释》，对《海事诉讼特别程序法》作了进一步细化，增强了该法的可操作性。最高人民法

---

① 已被1989年5月13日实施的《最高人民法院关于海事法院收案范围的规定》废止。

② 已被2013年1月18日实施的《最高人民法院关于废止1980年1月1日至1997年6月30日期间发布的部分司法解释和司法解释性质文件（第九批）的决定》废止。

③ 已被2001年9月11日实施的《最高人民法院关于海事法院受理案件范围的若干规定》废止。

④ 同上。

院于2008年颁布的《民事案件案由规定》[1]则进一步对海事案件案由进行细化、补充和完善。

三、我国海事诉讼法律中的主要制度

目前,我国海事诉讼特别程序法比较完整的基本架构已经形成。从法律渊源角度而言,既有国内立法和司法解释,又有国际条约;从内容上看,既有统一适用于国内海事诉讼和涉外海事诉讼的法律规则,又有专门适用于涉外海事诉讼的特别规则。综合而言,具有海事诉讼特色的制度主要体现在以下几个方面:

（一）海事诉讼管辖制度

相比于民事诉讼,海事诉讼管辖的连接点有所增加,丰富了专属管辖以及协议管辖的内容,实质性地扩大了我国海事法院对国际海事案件的管辖权。

对海事侵权纠纷之诉,在《民事诉讼法》的基础上,增设了船籍港连接点;对海上运输合同之诉,增加了转运港连接点。

同时,与国际公约保持一致,对于采取海事请求保全、海事强制令以及海事证据保全措施的案件,规定采取该措施的法院可以依此取得对案件的管辖权。同样地,规定了设立海事赔偿责任限制的管辖连接点,以及法院因设立海事赔偿责任限制基金可以取得对该案件实体问题的管辖权。

在专属管辖方面,将发生在我国沿海和专属经济区内的油污损害赔偿也列为我国海事法院专属管辖的范围。

在协议管辖方面,规定了外国人、无国籍人、外国的企业或是组织作为当事人协议选择我国海事法院管辖的,可以不受"实际联系地"这一条件的约束。

（二）海事保全、海事强制令、海事证据保全制度

借鉴国际公约的规定,《海事诉讼特别程序法》全面地、创造地规定了海事保全制度。在海事请求保全中,规定了扣押船舶和扣押船载货物两种方式。该规定参照了这一领域当时最新的成果——《1999年扣船公约》,并且较为完善地规定了船舶以及船载货物的拍卖程序,具有较强的可操作性。

《海事诉讼特别程序法》关于海事强制令的规定,是我国诉讼法领域创造性地提出的一种全新的保全程序,其参照了英国富有特色的"玛瑞瓦禁令"的做法。我国民事诉讼中类似的规定于2012年修订的《民事诉讼法》中才有所体现。[2]

---

① 已被2011年4月1日实施的最高人民法院印发《关于修改〈民事案件案由规定〉的决定》的通知修改。

② 《民事诉讼法》第100条规定:"人民法院对于可能因当事人一方的行为或者其他原因,使判决难以执行或者造成当事人其他损害的案件,根据对方当事人的申请,可以裁定对其财产进行保全、责令其作出一定行为或者禁止其作出一定行为"。

由于海事诉讼具有较强的专业性,在证据收集方面尤为突出。我国《民事诉讼法》及司法解释有关证据保全的规定并不能完全适用于海事诉讼领域,如船舶碰撞等案件中,因船舶流动性等特点,证据的收集和保存上具有很强的时间性和复杂性。因此,《海事诉讼特别程序法》用第五章的规定来规制海事诉讼中的证据保全。

(三) 海事担保制度

在总结司法实践经验的基础上,具体规定了海事保全、海事强制令以及海事证据保全程序中的诉讼担保制度。这里的担保制度不同于实体法上的担保制度,它是海事诉讼程序中的法律责任担保,突破了民事实体法制度的附随性,具有相对的独立性。《海事诉讼特别程序法》对关于海事担保的规定专设一章——第六章。该章独立于海事保全等类似程序,并详尽规定了海事诉讼担保的方式、数额等问题,使得海事诉讼担保更具可操作性。

(四) 送达

由于船舶的移动性强,送达有一定困难。《海事诉讼特别程序法》中增设并灵活地规定了海事诉讼法律文书的送达方式,如规定了向受送达人在中华人民共和国领域内设立的代表机构、分支机构或者业务代办人送达;基于有些情况下不易确定船舶所有人等特点,有关扣船的法律文书可以向当事船舶的船长送达;也可以通过确认可以收悉的其他适当方式送达等。① 而确认收悉是一个非常灵活的规定,使得采用新的信息技术等方式送达具备可能性,如电子邮件送达。

《海事诉讼特别程序法》对留置送达也作了较为宽松的规定,如无须邀请有关基层组织或者所在单位代表到场。另外,《海事诉讼特别程序法》中没有规定的还可以适用《民事诉讼法》,因此海事诉讼中还可以适用民事诉讼中有关留置送达的规定,其属于我国海事诉讼制度的一部分。

(五) 审判程序中的特色制度

我国海事诉讼在一般审理程序和规则上适用民事诉讼的规定,因而在《海事诉讼特别程序法》中并未对一般审理规则作重复性的规定。考虑到海事纠纷和海事诉讼的特点,补充性地规定了三种特殊的审判程序,即船舶碰撞案件的审理程序、共同海损案件的审理程序以及海上保险人行使代位求偿权的审理程序。这些构成了海事诉讼中的特色制度。

船舶碰撞案件的审理程序中,对证据收集与采信、举证责任等作了特殊规定,并规定了一年的审理期限。

共同海损案件的审理程序中,重点规定了共同海损理算报告的证据力,并规

① 在我国民事诉讼法中,向分支机构、业务代办人的送达还必须满足该分支机构或是该业务代办人必须有权接受的条件。参见《民事诉讼法》第 267 条第 5 项。

定对共同海损相关的诉讼可以合并审理等。

海上保险人代位求偿审理程序中，规定了海上保险诉讼中代位求偿的条件、行使代位求偿权的三种方式，即在被保险人未行使权利时，保险人可以自己的名义提起诉讼；被保险人已经向第三人索赔的，保险人可以要求变更当事人代为被保险人索赔；被保险人取得的赔偿不能弥补第三人造成的全部损失的，保险人与被保险人可以共同向第三人索赔。

除上述三种特殊的审理程序外，简易程序、督促程序也可以适用海事诉讼。对于提单的灭失或失控可以申请公示催告。

（六）非诉的特别程序

对应海事领域实体法以及海事诉讼特别程序法的一些规定，特别设定了非诉程序，即设立海事赔偿责任基金程序、债权的登记与受偿程序和船舶优先权的催告程序。

（七）域外取证

诚如前文所述，海事诉讼的涉外性较强，因此会涉及域外取证的问题。有关域外取证的法律规定未在《海事诉讼特别程序法》中作专门的说明，因而适用《民事诉讼法》第二十七章的规定、《民诉意见》第 319 条有关域外司法协助的规定。

（八）外国和我国法院判决的承认和执行

《民事诉讼法》第二十七章和《民诉意见》第 318 条、第 320 条就申请或请求承认和执行外国或我国法院判决的主体，承认和执行外国法院判决的依据、方式与条件，我国法院判决法律效力的证明等问题作了规定。

四、我国《海事诉讼特别程序法》的特点和不足

（一）《海事诉讼特别程序法》的特点

1. 结构方面

《海事诉讼特别程序法》共 12 章 127 条。从结构布局看，可以将之归纳为：

第一，基本原则性规定部分即总则部分；

第二，审判程序之前的有关问题部分，包括海事案件的管辖、海事请求保全、海事强制令、海事证据保全、海事担保和送达，即第二章至第七章；

第三，审判程序部分即第八章的规定，包括对船舶碰撞案件、共同海损案件、海上保险人行使代位请求赔偿权利的程序、简易程序、督促程序和公示催告程序的规定；

第四，几种特殊的程序规定即第九章至第十一章的规定，包括设立海事赔偿责任限制基金程序、债权登记与受偿程序、船舶优先权催告程序；

第五，附则，规定了《海事诉讼特别程序法》生效的时间。

可见,《海事诉讼特别程序法》的结构布局与《民事诉讼法》基本相似,只是对《民事诉讼法》不适应海事诉讼的部分进行了补充性的规定,体现了与《民事诉讼法》的对应补充关系。

2. 内容方面

海事诉讼特别程序法在立法内容上吸收了海事审判实践的丰硕成果,规定了符合海事诉讼实践的特殊规则。例如,在诉讼管辖方面,丰富了专属管辖与协议管辖的内容;完善了海事请求保全制度;建立了海事证据保全制度;增设了船舶碰撞案件的审理程序、共同海损案件的审理程序及海上保险人行使代位求偿权的审理程序;规定了海事诉讼特别程序法律文书的特殊送达方式,如将通过能够确认收悉的方式规定为一种送达方式等。

《海事诉讼特别程序法》同时也借鉴了国际公约的规定,如吸收了《1999 年扣船公约》的规定,较完整地规定了船舶以及船载货物的拍卖程序,使其更具国际特色。

(二)《海事诉讼特别程序法》的不足

《海事诉讼特别程序法》的出台对于促进海事审判活动、完善海事司法制度有积极意义,但该法仍有不足之处:

1. 结构仍存在不合理之处。例如,《海事诉讼特别程序法》的第三章为海事请求保全,第四章为海事强制令,尽管理论界对海事强制令的性质有不同的看法,但实践中,对将海事强制令视为海事保全措施的一种形式是不存在异议的。因此,把"海事强制令"归为"海事请求保全"的总目录下才是符合逻辑的。①

2. 部分内容缺乏操作性。在立法中,我国长期以来存在宜粗不宜细的指导思想,这一指导思想在《海事诉讼特别程序法》中的体现就是一些规定过于原则化、简单化。例如,海事担保在海事诉讼中有重要作用,但对其规定虽单列一章,却只有 7 条。这样粗略化规定的结果使很多具体问题仍无法可依,最后还是要借助于大量的司法解释来解决,这样就淡化或消减了《海事诉讼特别程序法》本应具有的"及时审判海事案件"的功能。

3. 立法用语的不规范之处。例如,在第 21 条列举的申请扣押船舶的海事请求事由中,有的表述为损失,有的表述为协议,有的表述为纠纷等。这是没有完全消化《1999 年扣船公约》所导致的结果。

尽管存在上述不足,《海事诉讼特别程序法》的出台毕竟使我国的海事诉讼有了专门的立法,对保障当事人实体权利的实现有促进作用。对于它所存在的不足,应加以重视,不断改进,使其真正达到维护海事诉讼当事人的诉讼权利,保证人民法院查明事实,分清责任,正确适用法律,及时审理海事案件的目的的

---

① 参见金正佳主编:《海事诉讼法论》,大连海事大学出版社 2001 年版,第 17 页。

实现。

需要说明的是，目前对于海事诉讼的活动是由《民事诉讼法》和《海事诉讼特别程序法》共同调整的，《海事诉讼特别程序法》并不能代替《民事诉讼法》，而只是对《民事诉讼法》的补充。按照《海事诉讼特别程序法》第2条的规定，在中华人民共和国领域内进行海事诉讼，适用《民事诉讼法》和《海事诉讼特别程序法》。

第三节 海事诉讼特别程序法的基本原则与法律渊源

一、海事诉讼特别程序法的基本原则

法律原则通常是指"可以作为规则的基础或本源的综合性、稳定性原理和准则"①。可以说，法律原则是法律规则的规则。

对于基本原则，学者有着不同的理解。这不仅体现在民事诉讼法中，也体现在海事诉讼特别程序法中。有学者认为海事诉讼特别程序法的基本原则是海事诉讼活动中必须遵循的准则，主要体现在我国《海事诉讼特别程序法》的总则部分，也反映在我国的海事诉讼司法实践中。② 也有学者认为《海事诉讼特别程序法》中的总则规定不等于是对海事诉讼特别程序法基本原则的规定，海事诉讼特别程序法的基本原则应是贯穿整个海事诉讼特别程序法的根本性规则，并且能够适用于海事诉讼特别程序法的各个分支，体现海事诉讼特别程序法的精神，因而将民事诉讼法的某些原则，如处分原则纳入海事诉讼特别程序法的原则范围内。③

无论是何种主张，首先应当明确，海事诉讼特别程序法的基本原则，应当是能够作为制定具体规则的基础，并能反映《海事诉讼特别程序法》本质特征的价值准则。具体而言，它是指在海事诉讼的整个过程或各个阶段里，能够指导海事诉讼活动正常进行的基本原理和基本规则。

其次应当明确，海事诉讼特别程序法属于民事诉讼法的范畴。海事诉讼的大部分审判程序和规则适用民事诉讼的规定，因此民事诉讼法的基本原则也应当适用于海事诉讼特别程序，如民事诉讼中的平等原则、辩论原则、处分原则、诚实信用原则等。这些原则也应当归为海事诉讼特别程序法的基本原则。

海事诉讼特别程序法虽然属于民事诉讼法的范畴，但海事诉讼有不同于民事诉讼的特点，海事诉讼特别程序法针对这些特点作了专门的法律规定。因此，

---

① 张文显：《法学基本范畴研究》，中国政法大学出版社1993年版，第56页。
② 参见金正佳主编：《海事诉讼法论》，大连海事大学出版社2001年版，第19页。
③ 参见屈广清主编：《海事诉讼与海事仲裁法》，法律出版社2007年版，第10页。

海事诉讼特别程序法中的基本原则除了民事诉讼法中所体现的外，还应有其自己的原则。因此，本节要谈的海事诉讼特别程序法的基本原则是相对于民事诉讼法而言的。民事诉讼法所涉及的基本原则此处就不作详述，而以《海事诉讼特别程序法》总则中第 1 条至第 7 条的规定展开分析海事诉讼特别程序法中的基本原则。

我国《海事诉讼特别程序法》虽然没有直接言明应遵循何种基本规则，但从该法总则部分的规定看，我国的海事诉讼特别程序法的基本原则主要包括：

（一）公正与效率原则

公正和效率是法律的价值追求。《海事诉讼特别程序法》第 1 条规定："为维护海事诉讼当事人的诉讼权利，保证人民法院查明事实，分清责任，正确适用法律，及时审理海事案件，制定本法。"这一条可以说是海事诉讼特别程序法的立法目的，同时也指明了海事诉讼特别程序法的任务，其中也蕴涵着公正、效率的原则。海事诉讼的公正原则主要体现在两个方面：

第一，维护海事诉讼当事人的权利。当事人的合法权利受到侵犯时，有权请求并得到国家海事审判机关的保护。我国的民事诉讼法对当事人的诉讼权利及当事人承担的诉讼义务都作了明确具体的规定，海事诉讼特别程序法在此基础上，结合海事诉讼的特点，对当事人行使诉讼权利和承担诉讼义务作了进一步的规定。海事诉讼特别程序法对有关海事诉讼特别程序中涉及当事人行使诉讼权利的环节都作了明确的规定，其目的在于使当事人确实能够行使其享有的各项诉讼权利，使其有更多的机会陈述自己的主张，保护自己的合法权益。例如，规定海事请求人可以就其具有的海事请求在有管辖权的海事法院申请海事请求保全、海事强制令、海事证据保全等，同时也规定海事案件的当事人对法院的海事请求保全、海事强制令、海事证据保全、海事赔偿责任限制等裁定不服，可以在一定的期间内提出复议或者上诉。

第二，法院适用法律应具有公正性。这一点对当事人合法权利的维护至关重要。要贯彻这一基本原则，除了要加强法官的素质外，从法律本身讲，还应该具有可操作性。虽然前面提到海事诉讼特别程序法在某些地方存在操作性欠缺的不足，但总体来说，海事诉讼特别程序法对海事诉讼保全、海事证据保全、海事强制令等的申请、审查、受理、裁定、复议、执行以及其期限都作了明确具体的规定。另外，海事诉讼特别程序法作为程序法，是为实现海商法的实体公正而配套的法律，对海商法规定的海事赔偿责任限制、船舶优先权催告等实体性规范制定了与之相对应的程序性的规定，实现了配套的功能。

就海事诉讼的效率原则来说，《海事诉讼特别程序法》在第 1 条中明确规定"及时审理海事案件"，就是效率原则的体现。同时，该法在其他章节中对具体案件作了更加明确具体的规定。例如，因采取海事诉讼保全而取得对相关案件实体争议的管辖,不仅方便了当事人诉讼,也可以促使及时解决法律纠纷;规定海事请求保全应在48小时内作出裁定,对海事请求保全裁定的复议应在5日内决定,对于较为复杂的船舶碰撞案件和共同海损案件的审理,应在1年的期限内审结等期限的规定,都是为了保障海事法院及时处理纠纷。

(二)特别法优于普通法原则

由于海事案件专业技术性强、涉外因素复杂、相关问题繁多等特点,《民事诉讼法》不能完全解决海事诉讼中的程序问题。例如,因海事请求保全扣押船舶、海事赔偿责任限制、海事证据保全等。如果将《海事诉讼特别程序法》纳入《民事诉讼法》,会使《民事诉讼法》繁缛冗长,并可能破坏《民事诉讼法》现有的体例结构。所以,依据《民事诉讼法》的基本原则,制定独立的《海事诉讼特别程序法》,形成了以《民事诉讼法》为基本程序法,以《海事诉讼特别程序法》为特别法的相互协调的构架。

特别法优于普通法原则体现在:解决海事纠纷时,优先适用《海事诉讼特别程序法》的规定,如果该法没有规定则适用《民事诉讼法》或其他有关的法律规定。①

(三)国际条约优先适用原则

一国应当遵守和执行其缔结或者参加的国际条约,这是《维也纳条约法公约》所设定的义务,各缔约国必须服从,并且也广为国际社会所接受。在如何处理国际条约与国内法的关系上,长期以来存在较多的争议。主要的观点有一元论和二元论。

一元论认为国际条约和国内法同属一个法律体系,国内法院可以直接适用国际条约;二元论则认为国际条约不能直接为国内个人或组织创设任何权利和义务,国内法院如要适用国际条约,需经国内有权机关将国际条约整体或部分地纳入或转化为国内法之后方得施行。

《海事诉讼特别程序法》采行的是一元论,当《海事诉讼特别程序法》与中国缔结或参加的国际条约有不同规定时,除了中国已经声明保留的条款外,直接适用国际条约的规定。②

(四)专门管辖原则

《海事诉讼特别程序法》是《民事诉讼法》的特别法,海事诉讼也属于民事诉讼的一个分支,但是海事案件往往具有不同于一般民商事案件的特征,同时专业性也非常高。因此,海事诉讼通常是由专门的法院进行管辖,如美国的联邦地区

① 《海事诉讼特别程序法》第2条规定:"在中华人民共和国领域内进行海事诉讼,适用《中华人民共和国民事诉讼法》和本法。本法有规定的,依照其规定。"

② 《海事诉讼特别程序法》第3条规定:"中华人民共和国缔结或者参加的国际条约与《中华人民共和国民事诉讼法》和本法对涉外海事诉讼有不同规定的,适用该国际条约的规定,但中华人民共和国声明保留的条款除外。"

法院、日本运输省的海事审判厅等。我国《海事诉讼特别程序法》第 4 条明确规定："海事法院受理当事人因海事侵权纠纷、海商合同纠纷以及法律规定的其他海事纠纷提起的诉讼。"第 5 条同时规定："海事法院及其所在地的高级人民法院和最高人民法院审理海事案件的，适用本法。"海事法院的受案范围由最高人民法院规定，现行属于海事法院专门管辖范围的案件由 2001 年 8 月 9 日公布并于 9 月 18 日起施行的《最高人民法院关于海事法院受理案件范围的若干规定》加以明确。

二、海事诉讼特别程序法的渊源

海事诉讼特别程序法的渊源是指海事诉讼特别程序法的表现形式。从我国目前的情况看，海事诉讼特别程序法的渊源主要包括以下几种：

（一）法律

这里的法律主要指全国人民代表大会及其常务委员会制定的程序法，如《民事诉讼法》《海事诉讼特别程序法》。这两部法律是我国海事诉讼的主要程序法律渊源。但这两部程序法不可能穷尽我国海事诉讼的所有程序性规范，有些程序性规范体现在有关海事诉讼的其他法律中，甚至是实体法中的程序性规范。例如，《合同法》第 73 条关于债权人提起代位诉讼的问题等。

（二）最高人民法院的司法解释

在海事诉讼特别程序法未通过之前，海事诉讼关系主要是受《民事诉讼法》的调整，但海事诉讼毕竟有其特殊性。为了解决海事法院的一些专门问题，最高人民法院出台了许多司法解释。这些司法解释在海事法院审理海事案件的程序中起到了重要作用。主要包括：

1. 1986 年 1 月 31 日实施的《最高人民法院关于涉外海事诉讼管辖的具体规定》。[①] 该规定专门针对涉外海事诉讼管辖问题规定了 17 项内容，较民事诉讼法有关海事诉讼管辖的规定更加具体。

2. 1989 年 5 月 13 日实施的《最高人民法院关于海事法院收案范围的规定》。[②] 该规定指出了海事法院受理的案件包括海事侵权案件、海商合同纠纷案件、其他海事海商案件、海事执行案件及海事请求保全案件。

3. 1989 年 12 月 23 日实施的《最高人民法院关于进一步贯彻执行海事法院收案范围的通知》。[③] 该通知进一步明确海事法院是受理海事案件的专门法院，地方各级法院不得继续受理海事法院管辖的案件；远离海事法院所在地发生的

---

① 已被 2013 年 1 月 18 日实施的《最高人民法院关于废止 1980 年 1 月 1 日至 1997 年 6 月 30 日期间发布的部分司法解释和司法解释性质文件（第九批）的决定》废止。

② 已被 2001 年 9 月 11 日实施的《最高人民法院关于海事法院受理案件范围的若干规定》废止。

③ 同上。

简易的、争议不大的海事海商案件，当事人向地方法院起诉的，地方法院在征得有管辖权的海事法院同意后可予以受理。此外，还规定了有关解决管辖权争议、海事法院与地方法院部分管辖区域划分等问题。

4. 1994年7月6日最高人民法院发布的《关于海事法院拍卖被扣押船舶清偿债务的规定》。根据该规定，1986年2月26日最高人民法院发布的《关于诉讼前扣押船舶的具体规定》废止，1987年8月29日最高人民法院发布的《关于强制变卖被扣押船舶清偿债务的具体规定》废止。值得一提的是，在海事诉讼特别程序法实施以前，最高人民法院1994年发布的《关于海事法院诉讼前扣押船舶的规定》和《关于海事法院拍卖被扣押船舶清偿债务的规定》在海事法院受理海事请求保全案件中起着重要作用。①

5. 2001年8月9日最高人民法院发布的《关于海事法院受理案件范围的若干规定》、2003年1月6日发布的《最高人民法院关于适用〈海事诉讼特别程序法〉若干问题的解释》。这些司法解释表明即使在《海事诉讼特别程序法》出台后，最高人民法院的司法解释也发挥了很大的作用。

（三）国际公约

如前所述，海事诉讼具有涉外性的特点，我国缔结或加入的国际公约是海事诉讼的一个重要法律渊源。有关国际公约包括：双边司法协助协定；有关程序问题的多边国际公约及包含程序规则的实体性国际公约。例如，1958年《承认及执行外国仲裁裁决国际公约》、《关于向国外送达民事或商事司法文书和司法外文书公约》、1969年《国际油污损害民事责任公约》等都属于我国海事诉讼特别程序法的渊源。国际海事诉讼程序规则的统一不仅有利于确保国际统一实体规则的实施，而且有利于据此作出的判决的承认与执行。

对于其他的法律渊源，如判例和学者的学说，在我国并不是法律渊源。虽然它们可以弥补成文法的不足，但在我国并无法律拘束力，只具有参考作用。这一点在海事诉讼特别程序法中同样适用。

❑ 本章思考题

1. 各国目前受理的海事纠纷一般包括哪些？我国和英美法系国家的海事诉讼有何不同？产生这些不同的原因是什么？

2. 我国海事司法机制在发展的过程中设立了哪些海事法院？这些海事法

① 《关于海事法院诉讼前扣押船舶的规定》已被2002年5月29日实施的《最高人民法院予以废止的2000年底以前发布的有关司法解释目录（第六批）》废止，相关内容由《海事诉讼特别程序法》代替。

院分别管辖哪些区域？

3. 我国有关海事诉讼的司法解释主要涉及哪些问题？这些司法解释在海事诉讼特别程序法中处于何种地位？其对推动我国海事司法机制发展有何影响和贡献？

□ 本章所涉及法律、法规

（一）2000年《海事诉讼特别程序法》

（二）2012年《民事诉讼法》

（三）2003年《最高人民法院关于适用〈海事诉讼特别程序法〉若干问题的解释》（法释[2003]3号）

（四）1952年《统一海船扣押某些规定的国际公约》

（五）1969年《国际油污损害民事责任公约》

□ 本章扩展阅读

1. 谭岳奇：《中国海事诉讼发展的里程碑》，载《法学评论》2000年第5期。

阅读引导：作者指出《海事诉讼特别程序法》和《民事诉讼法》是特别法与普通法的关系，并认为《海事诉讼特别程序法》对我国《民事诉讼法》有一些重要的突破和发展。文章以《海事诉讼特别程序法》的结构为线索，简要介绍了管辖权、海事请求保全、海事强制令、海事证据保全、船舶碰撞案件中的证据制度以及海事诉讼文书的送达等诸多方面的内容。在介绍时，作者会将部分制度与民事诉讼法的相关规定相联系。这种联系对比式的介绍，能够帮助读者将《海事诉讼特别程序法》和《民事诉讼法》的学习结合起来，一方面看到两者的共性，另一方面看到我国海事诉讼特别程序法的进步性。

2. 楼伯坤：《司法公正与海事诉讼程序的独立》，载《西南政法大学学报》2002年第3期。

阅读引导：文章认为依照《民事诉讼法》审理海事、海商案件，并不能完全保障具有特殊专业性和较强国际性的《海商法》的有效实施。进行程序法的体制改革，制定独立的《海事诉讼特别程序法》，是实现海事司法公正的重要条件。

3. 〔美〕G. 吉尔摩、C. L. 布莱克：《海商法》（上），杨召南、毛俊纯、王君粹译，中国大百科全书出版社2000年版。

阅读引导：该书第一章为“历史渊源和管辖权”，介绍了英国和美国海事诉讼的历史发展、英国海事诉讼管辖和海事司法的发展变化，以及美国关于海事诉讼管辖的发展，有益于理解美国海事案件管辖权问题。该章还阐述了美国在海事案件中适用联邦法还是州法的法律适用问题。总的来说，该章梳理了英美国家海事诉讼的发展历程，为读者搭建了美国海事诉讼的管辖和法律适用问题的框架。

第二章　海事诉讼管辖

导读　海事诉讼管辖堪称海事诉讼的头等大事。对法院来说，拥有海事诉讼管辖权是受理海事纠纷首先要确定的问题；对原告律师来说，向错误的法院提起诉讼请求被称为三个“可怕”的噩梦之一。[①] 任何法律体系下，法院和仲裁庭必须确保拥有对该海事海商案件的管辖权，以确保裁定、判决能够得到承认和执行。

本章的主要内容是海事诉讼的级别管辖、专属管辖和协议管辖，以及发生管辖权争议时应该如何解决。学习本章时，应注意结合相关法条和案例，体系化、系统化地对海事诉讼管辖进行理解，而不能仅仅是理论上的记忆。

关键词　级别管辖　地域管辖　协议管辖　专属管辖

第一节　海事诉讼管辖概述

一、海事诉讼管辖的概念

民事诉讼中的管辖，是指各级法院之间和同级法院之间受理第一审民事案件的分工和权限。海事诉讼法作为民事诉讼法的特别法，可以参考民事诉讼中关于管辖的定义。具体来说，海事诉讼管辖（Admiralty Jurisdiction）是指各海事法院之间、海事法院与上级人民法院之间，以及海事法院与地方各级法院之间受理第一审海事海商案件的分工和权限。海事法院只有在自己的分工和权限内，才能够对海事诉讼进行管辖，行使海事诉讼管辖权。

二、海事诉讼管辖的特点

海事诉讼管辖相较于民事诉讼管辖，因其较强的技术性和专业性，具有如下特点：

（一）海事诉讼管辖具有专门性

海事诉讼管辖的专门性主要是指第一审海事海商案件依法由专门的海事法

---

① 威廉·台特雷认为，原告律师有三个“可怕”的噩梦，分别是：向错误的法院或者仲裁庭提起请求、在诉讼时效期满后提出诉求、选择了错误的被告。当然，在被告律师看来，原告的噩梦将会成为他们的美梦。参见〔加〕威廉·台特雷：《国际海商法》，张永坚等译，法律出版社 2005 年版，第 329 页。

院或海事法庭进行管辖。20 世纪 50 年代,我国曾设立水上运输法院,专门管辖海事诉讼,1958 年,专门的水上运输法院被撤销。根据 1984 年《全国人大常委会关于在沿海港口城市设立海事法院的决定》《最高人民法院关于设立海事法院几个问题的决定》,我国开始设立专门的海事法院统一审理海事海商案件。随后我国又相继颁布了《最高人民法院关于设立海事法院几个问题的决定》《最高人民法院关于进一步贯彻执行海事法院收案范围的通知》等。[①] 这些规定确定一审海事海商案件由大连、青岛、上海等全国 10 个城市的海事法院进行管辖,其他法院不得行使管辖权。当事人也不得以协议方式变更海事法院对该类案件的管辖。

除我国外,巴拿马、丹麦等国也设有专门的海事法院。此外,还有一些国家采取在法院中专设海事法庭的方式管辖海事海商案件。例如,英国高等法院(High Court of Justice)的王座分院(Queen's Bench Division)下设有海事法庭(Admiralty Court)。

（二）海事诉讼管辖具有涉外性

海事诉讼案件主要因海上侵权或海上运输合同纠纷所引致,涉及的是船港关系、海上运输关系等,而船舶正是这些关系的必要载体,所以船舶的流动性决定了大多数的海事纠纷跨越国境,使得海事诉讼管辖往往涉及别国。即使有些纠纷可能发生在外国的主体之间,但引起纠纷的关键事实发生在国内,国内海事法院就取得了管辖权。上海海事法院发布的《2010—2011 海事审判白皮书》中显示,上海海事法院在 2010 年至 2011 年共受理涉外(含涉港澳台地区)一审海事海商案件 737 件,占全部一审案件的 26.73%。海事诉讼管辖的涉外性将会导致审判程序中存在一些特别的程序,如境外证据的调查、诉讼文书的境外送达、法院判决在国外的承认和执行等。

（三）海事诉讼管辖中特殊地域管辖案件较多

一般地域管辖的原则是原告就被告,即被告所在地人民法院对民事诉讼案件具有管辖权。海事诉讼中的特殊地域管辖则以诉讼标的所在地或海事事实发生地为标准,兼顾被告地而确定。[②]

海事海商案件的诉讼标的物如船舶、货物等都具有较强的流动性,这些标的物如在流转过程中发生纠纷,则其流转所在地的法院均可能对案件具有管辖权。

---

① 1984 年《最高人民法院关于设立海事法院几个问题的决定》《最高人民法院关于设立海事法院几个问题的决定》于 1989 年 5 月 13 日被《最高人民法院关于海事法院收案范围的规定》废止。1989 年《最高人民法院关于海事法院收案范围的规定》《最高人民法院关于进一步贯彻执行海事法院收案范围的通知》于 2001 年 9 月 11 日被《最高人民法院关于海事法院受理案件范围的若干规定》废止。因此,现行有效的关于海事法院受理案件范围的法律是 2001 年《最高人民法院关于海事法院受理案件范围的若干规定》。

② 参见屈广清主编:《海事诉讼与海事仲裁法》,法律出版社 2007 年版,第 23 页。

对于此类案件，若只采用原告就被告原则，会加重原告的诉讼负担，也不利于法院查明案件事实、调查取证。所以，相比一般民事案件，海事海商案件中特殊地域管辖所占比例较大，诉讼当事人有权在法律规定的范围内选择其认为合适的法院审理案件。

特殊地域管辖的案件主要有因海事侵权行为如船舶碰撞或其他海事损害事故、因海船租用合同纠纷、因海上保赔合同、因海事担保纠纷、因船舶物权引发的纠纷，这些案件将由特定地点的海事法院进行管辖。[①]

（四）海事诉讼管辖不以行政区划为基准

海事法院的设立以及相互间管辖地域的划分并不依据行政区域来决定，而主要以我国沿海区域及长江流域分布为划分标准。具体而言，并非每个沿海的省和直辖市境内都有海事法院，也并非长江流域的每个省都有海事法院。

三、海事诉讼管辖的依据和类别

（一）海事诉讼管辖的依据

《海事诉讼特别程序法》第二章对“管辖”的相关内容作出了规定，该章第 6 条至第 11 条分别就海事诉讼的地域管辖、专属管辖、协议管辖、申请无主财产和宣告失踪或死亡案件的管辖、管辖权争议、申请承认和执行外国裁决的管辖作出规定。对于该法没有规定的其他海事海商案件，海事法院应该按照其他的法律规定行使管辖权，如《最高人民法院关于海事法院审理案件范围的若干规定》，或者适用《民事诉讼法》。

（二）海事诉讼管辖的分类

依据我国《民事诉讼法》和《海事诉讼特别程序法》等有关规定，我国的海事诉讼管辖主要可以分为以下几类：

1. 法定管辖与裁定管辖

按照管辖是否由法律直接规定，可以将其分为法定管辖和裁定管辖。

海事诉讼中的法定管辖与民事诉讼中的法定管辖类似，是指由法律明确规定第一审海事海商案件的管辖法院。在我国，海事法院与中级人民法院同级，是审理海事海商案件的一审法院。地域管辖则是指同级法院之间审理第一审海事海商案件的分工与权限，可分为一般地域管辖和特殊地域管辖。

裁定管辖，是指以海事法院上级法院裁定的形式来确定案件的管辖法院，主要有指定管辖、移送管辖和管辖权移转等。《海事诉讼特别程序法》第 10 条规定，海事法院与地方人民法院之间因管辖权发生争议，由争议双方协商解决；协商解决不了的，报请它们的共同上级人民法院指定管辖。

① 参见《海事诉讼特别程序法》第 6 条。

移送管辖,是指海事法院受理案件后,发现对该案无管辖权,为保证案件的审理,依照法律规定,将案件移送给有管辖权的海事法院或人民法院。移送管辖的实质是对案件进行移送,而不是对案件的管辖权进行移送。它是对管辖发生错误所采用的一种纠正措施。移送管辖通常发生在同级法院之间,但也不排除上下级法院之间的移送。

管辖权转移,是指上级人民法院决定或者同意,将某个案件的管辖权由上级人民法院交给下级人民法院,或者由下级人民法院转交给上级人民法院。管辖权转移的实质是对级别管辖的变通和补充。管辖权转移有两种情况:(1) 提审和报请。提审,是指上级人民法院对下级人民法院管辖的第一审海事海商案件有权决定由本院审理。报请,是指下级法院管辖的第一审海事海商案件,因特殊原因需要由上级人民法院审理。上级人民法院决定提审的案件,下级法院不得拒绝;下级法院报请上级人民法院审理的案件,必须征得上级人民法院的同意,否则不得转移管辖权。例如,某海事案件案情复杂、涉及面广,由海事法院审理确有困难时,为保证案件的审判质量,海事法院所在地的高级人民法院可以决定由其审理,或者该海事法院可以向高级人民法院报请。(2) 交下级法院审理。上级人民法院将自己管辖的第一审海事海商案件转交给下级法院审理。对于上级人民法院的管辖转移,下级法院不得推诿,必须审理该案。此种管辖权转移实际上降低了审级,只能在特殊情形下才能使用。高级人民法院将自己审理的海事海商案件交由所在地的海事法院审理时,须事先得到最高人民法院的批准。

2. 专属管辖与协议管辖

按照管辖是否根据法律的强制性规定而取得,可以将其分为专属管辖和协议管辖。

专属管辖,是指依据案件争议的特殊性及其与法院地的密切联系,由法律强制性规定某类案件由特定法院管辖,即其属于强制性的规定,当事人不能通过协议的方式排除其适用。《海事诉讼特别程序法》第 7 条对专属管辖进行了规定,涉及的诉讼纠纷主要是沿海港口作业纠纷;因船舶排放、泄漏、倾倒油类或者其他有害物质,海上生产、作业或拆船、修船作业造成海域污染损害而提起的纠纷;海洋勘探开发合同纠纷等。

协议管辖,是指当事人在法律规定的范围内自行约定相关海事法院的管辖,即海事法院行使管辖权是依据当事人的合意。协议管辖一般可以分为明示协议管辖和默示协议管辖,明示协议管辖主要是指在海事争议发生之前或之后,当事人双方以书面形式约定案件的管辖法院;默示协议管辖则是指相关被告对海事诉讼的法院管辖不提出管辖权异议并应诉答辩,即推定该海事法院拥有管辖权。《海事诉讼特别程序法》第 8 条对协议管辖作了规定,即使海事争议的双方当事人都是外国人、无国籍人、外国企业或组织,争议与外国也没有实际联系,只要当事人书面协议由我国海事法院管辖，我国海事法院即对该案具有管辖权。

3. 共同管辖、合并管辖和延续管辖

按照海事诉讼关系为标准，可以将其分为共同管辖、合并管辖和延续管辖。

共同管辖，是指两个或两个以上的海事法院对同一海事海商案件均具有管辖权。共同管辖有可能是由于法律的规定，如《海事诉讼特别程序法》第6条对同一海事海商案件规定了不同法院的管辖；也可能是由于海事海商案件的某一要素的客观情况决定的，如某一海事诉讼案件的被告为两人以上，且其不同的住所地由不同的海事法院管辖。出现共同管辖的情况时，先立案的海事法院不得将案件移送给另一有管辖权的海事法院。如果某一海事法院在立案后发现其他有管辖权的海事法院已经先立案的，则应当将案件移送给先立案的海事法院管辖。

合并管辖，是指受诉海事法院对没有法定管辖权的其他海事海商案件，因其与本院已受理的海事海商案件有牵连而取得对该案件的管辖权。采取合并管辖需要遵循以下两个条件：

（1）被合并管辖的海事海商案件与海事法院已受理的海事海商案件具有牵连关系；

（2）被合并管辖的海事海商案件不属于其他法院专属管辖和专门管辖的范畴。

延续管辖，是指海事法院受理诉前海事请求保全、海事证据保全和海事强制令案件后，根据当事人的申请，将原先的保全案件、强制令案件转为诉讼案件，并由原海事法院延续对诉讼案件进行管辖的制度。但是，并非所有管辖诉前海事请求保全、海事证据保全、海事强制令案件的海事法院均可延续地管辖当事人提起的诉讼案件。延续管辖的成立须符合一定的条件：（1）当事人向已受理诉前海事请求保全、海事证据保全或海事强制令案件的海事法院提起海事诉讼；（2）提起的海事海商案件不属于其他海事法院专属管辖、协议管辖或仲裁的范围。[①]

四、各法系海事管辖的比较

（一）管辖权的理论基础

1. 救济产生权利——英国和英联邦国家

英国和大部分英联邦国家关注的是救济而不是权利。[②] 详尽而复杂的救济方式是普通法发展的重要途径。这种救济方式由皇家法院管理，只有王室的法

① 参见金正佳主编：《海事诉讼法论》，大连海事大学出版社2001年版，第30—32页。

② 本章所指的英联邦国家是加拿大、澳大利亚、新西兰等国。

官才有权通过签发各种令状来启动诉讼。19 世纪司法改革后,诉讼的启动不再需要王室法官签发令状,但是法官的法律思维仍以救济为主导,即认为权利产生于管辖法院的法律救济。请求可以得到强制执行,不是因为法律把它们规定为实体法下的权利,而是因为拥有管辖权的法院能够为法定的请求提供救济方式。因此,管辖权是产生实体权利的基础。

2. 权利独立于救济——美国和民法法系国家

尽管美国是一个普通法系国家,但在海事法方面,美国却有明显的民法法系特质。原告根据法律享有的权利与行使海事管辖权的法院所提供的救济是不同的。在民法法系,管辖权纠纷是纯粹的程序问题,实体法才是其所关注的焦点。所以,民法法系并没有规定详细的救济方式,它依赖于法院去选择甚至创设。

(二) 对物诉讼与对人诉讼

1. 对物诉讼与对人诉讼兼采

(1) 程序化理论引导对物诉讼——英国和英联邦国家

14 世纪,欧洲大陆出现"反不出庭程序"(Processus Contra Contumacem),强制不服从法院命令的被告出庭并进行答辩。这种程序引入英格兰后最终发展为与欧洲大陆模式不同的程序。该程序允许海事法院选择对人诉讼或是对物诉讼,甚至同时采用这两种方式来行使管辖权。①

17 世纪和 18 世纪间,因为海事高等法院(皇家法院)与普通法法院(其他法院)之间对管辖权的争夺,对人诉讼和对物诉讼管辖权之间有了更加显著的区分。② 当时只有少数海上或与海相连的水域的请求专属于对物诉讼管辖,并将被扣押船舶拟人化为被告,以此与船舶所有人相区别。③ 由于 1840 年《海事法院法》的颁布,享有对人诉讼管辖权的法院,不再拥有扣押被告个人的权力,而仅能通过送达传票行使管辖权。④

对物诉讼主要存在于英国和大部分英联邦国家,该制度的主要目的是使法院管辖区域内的被请求船舶(有时也可包括货物、运费、船舶燃料)可被扣押,以便建立法院管辖权,并要求提供判决前的担保,从而确保被告出庭应诉。

现代英国法律将对物诉讼作为一种迫使被告出庭的手段,而不再将船舶看

---

① See Hale and Fleetwood on Admiralty (M. J Prichard & D. E. C. Yale, eds., 1992), Selden Society, Vol. CVIII, London, 1993, pp. xxxi et seq.

② 如前文所言,只有王室的法官才有权通过签发各种令状来启动诉讼。因此,皇家法院就取得了对海事争议处理的控制权。

③ See The Indian Grace (No. 2), [1998] 1 Lloyd's Rep. 1: Admiralty practitioners and judges used the concept that the ship is a defendant in an action in rem as a means of defending and extending the jurisdiction of the High Court of Admiralty (海事律师和法官使用这个概念,即船舶是对物诉讼的被告,只是作为主张和扩大海事法庭管辖权的一种手段).

④ See U. K. 1840, 3 & 4 Vict., c. 65.

作法律主体,即采用程序化理论。[①] 该理论认为,对物诉讼中扣押船舶是迫使责任人出庭或是提供担保的程序机制,对物诉讼仍是对人提起的诉讼。若是责任人出现,则直接转化为对人诉讼;若责任人不出现,则以船价为限偿付债务。1999 年英国最高法院在 The Indian Grace 案中认为:从海事法院取得管辖权时开始,对物诉讼便是针对船舶所有人的对人诉讼,海事法院取得海事管辖权是在对物传票送达之时或在对物传票送达之前,由被告告知法院已经获知传票发出的时候。该案对对物诉讼的本质属性作了权威性的定论,对物诉讼是针对物的所有人的诉讼,其真正目标是责任人。所以,对物诉讼的真正被告不是物,而是物的所有人。[②] 从该案开始,程序化理论逐渐成为英国对物诉讼中主导的理论。

(2) 拟人化理论引导对物诉讼——美国

在美国,海事请求可以通过对人诉讼的方式主张。如果该请求享有船舶优先权,也可以通过对物诉讼,或者以对物诉讼和对人诉讼合并的方式进行。

美国虽然也采用对物诉讼,但其对物诉讼与英国有所不同。美国没有海事法院,对物诉讼的管辖法院是联邦法院。对物诉讼的启动以船舶被实际扣押为条件。由于在美国占主导地位的是拟人化理论,船舶被看作是独立的法律实体,因此被扣押的船舶必须为当事船舶而不能是姊妹船。[③] 无论被告出现与否都以被扣船价为限承担责任,不足部分则可以提起对人诉讼。对物诉讼中,责任人若出现,案件也不会从对物诉讼转化为对人诉讼。因此,在美国,原告可以既提起对物诉讼,又提起对人诉讼,因为两次起诉的被告是不同的。

2. 对人诉讼——民法法系国家及中国

民法法系国家并不承认对物诉讼,海事管辖权在民法法系国家依然是通过对人诉讼的方式来行使的。原告或其他海事请求权人可以通过对人诉讼中增加的“保全扣押”来迫使被告出庭。

我国没有对物诉讼,而是采取海事诉讼保全制度扣押船舶。《海事诉讼特别程序法》第 25 条规定,无法查明被申请人名称的仍然可以提出扣船申请,从而进入诉讼程序,扣船地法院据此行使管辖权。值得注意的是,海事请求保全制度是对人诉讼,它强调责任主体对船舶的所有权。

---

① 英国和欧洲其他国家的法系不同,海事诉讼的制度也不同。由于欧洲政治经济法律一体化的不断推进,英国的海事诉讼制度也正在发生重大变化。

② See [1998] 1 Lords Rep. 1.

③ 基于人格化理论产生的对物诉讼被称为“真正的对物诉讼”,因为它事实上只是对船舶自身,而不是对其所有人提起诉讼。英国采用的对物诉讼是基于程序性理论。该理论认为对物诉讼的目的是迫使被告出庭,其手段就是扣押被告的财产。

第二节　海事诉讼地域管辖

一、我国目前海事法院的管辖区域

我国共有10个海事法院，主要分布在沿海及长江的10个重点流域。其中，武汉海事法院是唯一设立在长江港口的海事法院。各海事法院对第一审海事海商案件的地域管辖以其所处的位置进行划分，由北向南依次是：①

1. 大连海事法院：南自辽宁省与河北省的交界处，东至鸭绿江口的延伸海域和鸭绿江水域，其中包括黄海一部分、渤海一部分、海上岛屿，以及黑龙江省的黑龙江、松花江、乌苏里江等与海相通可航水域、港口。②

2. 天津海事法院：南自河北省与山东省交界处，北至河北省与辽宁省交界处的延伸海域，其中包括黄海一部分、渤海一部分、海上岛屿和天津、秦皇岛等主要港口。③

3. 青岛海事法院：南自山东省与江苏省交界处，北至山东省与河北省交界处的延伸海域，其中包括黄海一部分、渤海一部分、海上岛屿和石臼所、青岛、威海、烟台等主要港口。④

4. 武汉海事法院：西起四川省宜宾市合江门，东至江苏省太仓市浏河口之间的长江干线以及支流，横跨四川省、重庆市、湖北省、湖南省、江西省、安徽省和江苏省，管辖范围涵盖整个长江流域。⑤

5. 上海海事法院：南自上海市与浙江省交界处，北至江苏省与山东省交界处的延伸海域，长江口至江苏浏河口一段水域，其中包括上海港、洋山港、连云港、洋口港等主要港口。⑥

---

① 根据1984年《全国人民代表大会常务委员会关于在沿海港口城市设立海事法院的决定》第1条第1款以及第3条第2款，最高人民法院享有设置、变更和撤销海事法院的权力，并且有权对各海事法院的管辖区域进行划分。

② 确定大连海事法院管辖区域的法律文件有：1984年《最高人民法院关于设立海事法院几个问题的决定》、2002年《最高人民法院关于调整大连、武汉、北海海事法院管辖区域和案件范围的通知》。

③ 确定天津海事法院管辖区域的法律文件有：1984年《最高人民法院关于设立海事法院几个问题的决定》。

④ 确定青岛海事法院管辖区域的法律文件有：1984年《最高人民法院关于设立海事法院几个问题的决定》。

⑤ 确定武汉海事法院管辖区域的法律文件有：1987年《最高人民法院关于调整武汉、上海海事法院管辖区域的通知》、2002年《最高人民法院关于调整大连、武汉、北海海事法院管辖区域和案件范围的通知》。

⑥ 确定上海海事法院管辖区域的法律文件有：1984年《最高人民法院关于设立海事法院几个问题的决定》、1987年《最高人民法院关于调整武汉、上海海事法院管辖区域的通知》、1990年《最高人民法院关于设立海口、厦门海事法院的决定》、1992年《最高人民法院关于设立宁波海事法院的决定》、2006年《最高人民法院关于调整上海、宁波海事法院管辖区域的通知》。

6. 宁波海事法院:浙江省所属港口和水域,其中包括所辖岛屿、所属港口和通海的内河水域。[①]

7. 厦门海事法院:南自福建省与广东省交界处,北至福建省与浙江省交界处的延伸海域,其中包括东海南部、台湾省、海上岛屿和福建省所属港口。[②]

8. 广州海事法院:广东全省海域及通海的内河可航水域,其中包括其岸带和各港口。[③]

9. 海口海事法院:海南省所属港口和水域以及西沙、中沙、南沙、黄岩岛等岛屿和水域。[④]

10. 北海海事法院:广西壮族自治区所属港口、水域、北部湾海域及其岛屿和水域,以及云南省的澜沧江至湄公河等与海相通的可航水域。[⑤]

二、一般地域管辖

一般地域管辖主要是由当事人住所地和海事法院辖区的隶属关系来确定。一般地域管辖与特殊地域管辖相区别,我国《海事诉讼特别程序法》未就一般地域管辖作出具体的规定,但是在海事审判实践中,一般地域管辖仍然是海事诉讼管辖制度中最为常见和最重要的管辖方式之一。

《海事诉讼特别程序法》作为《民事诉讼法》的特别法,依据"特别法优于普通法"的法理,在海诉法没有特别规定时,适用民诉法。参照《民事诉讼法》第21条规定,对公民提起的海事诉讼,由被告住所地海事法院管辖;被告住所地与经常居住地不一致的,由经常居住地海事法院管辖。对法人或者其他组织提起的海事诉讼,由被告住所地海事法院管辖。同一海事诉讼的几个被告住所地、经常居住地在两个以上海事法院辖区的,这些海事法院都有管辖权。[⑥]

---

① 确定宁波海事法院管辖区域的法律文件有:1992年《最高人民法院关于设立宁波海事法院的决定》、2006年《最高人民法院关于调整上海、宁波海事法院管辖区域的通知》。

② 确定厦门海事法院管辖区域的法律文件有:1990年《最高人民法院关于设立海口、厦门海事法院的决定》。

③ 确定广州海事法院管辖区域的法律文件有:1984年《最高人民法院关于设立海事法院几个问题的决定》、1990年《最高人民法院关于设立海口、厦门海事法院的决定》、1999年《最高人民法院关于北海海事法院正式对外受理案件问题的通知》。

④ 确定海口海事法院管辖区域的法律文件有:1990年《最高人民法院关于设立海口、厦门海事法院的决定》。

⑤ 确定北海海事法院管辖区域的法律文件有:1999年《最高人民法院关于北海海事法院正式对外受理案件问题的通知》、2002年《最高人民法院关于调整大连、武汉、北海海事法院管辖区域和案件范围的通知》。

⑥ 《民事诉讼法》第21条规定:"对公民提起的民事诉讼,由被告住所地人民法院管辖;被告住所地与经常居住地不一致的,由经常居住地人民法院管辖。对法人或者其他组织提起的民事诉讼,由被告住所地人民法院管辖。同一诉讼的几个被告住所地、经常居住地在两个以上人民法院辖区的,各该人民法院都有管辖权。"

三、特殊地域管辖

海事诉讼中的特殊地域管辖是指由《海事诉讼特别程序法》作出具体规定，以诉讼标的所在地或者海事事实发生地为标准，同时考虑被告住所地而确定的管辖。在海事诉讼中，特殊地域管辖较为常见。之所以要在海事审判案件中规定特殊地域管辖，是因为海事诉讼案件具有特殊性，海事海商案件专业性较强，会涉及航海、船舶结构等问题；海事诉讼标的物，如船舶，价值巨大且有流动性。鉴于此，我国《海事诉讼特别程序法》第6条对海事海商案件的特殊地域管辖作出了较为详细的规定。结合我国《民事诉讼法》的相关规定，我国海事海商案件的特殊地域管辖主要包括以下几个方面：

（一）关于海上合同纠纷的特殊地域管辖

1．因海上运输合同纠纷提起的诉讼，由运输始发地、目的地、转运港所在地或者被告住所地海事法院管辖。

运输始发地、目的地与运输合同的履行密不可分。因合同纠纷提起的诉讼，由合同履行地法院管辖，是《民事诉讼法》的规定。而《海事诉讼特别程序法》在《民事诉讼法》有关合同运输纠纷的管辖法院中，又新增加了“转运港所在地”作为连接点确定管辖法院。

海上货物运输具有其特殊性，如果在运输过程中发生事故造成货物损毁等情况，船舶无法立即停航抢救，必须在抵达港口后进行相关处理。所以，在一般情况下，运输合同会对所运货物的始发地和目的地明确约定，因为这两个地点是运输合同纠纷的重要连接点。

货物运输持续发展的今天，海上运输的联运方式也逐渐增多，具体而言有水水联运、海陆联运、海空联运等方式。这些联运方式中，通常会以港口作为转运地，该港口亦称转运港。转运港作为联合运输合同履行过程中的重要场所，通常会明确约定。《海事诉讼特别程序法》增加了“转运港所在地”作为连接点确定管辖法院，符合海运特点。在货物运输过程中，有可能会发生货损，增加该连接点，有利于当事人根据货物运输和货损情况选择适当的海事法院提起诉讼。

2．因海船租用合同纠纷提起的诉讼，由交船港、还船港、船籍港所在地、被告住所地海事法院管辖。

海船租用合同即租船合同，是船舶出租人与船舶承租人就船舶租用所达成的协议，就租船事项约定双方的权利和义务。交船港和还船港是租船合同的履行地，租船合同从交船港开始履行，在还船港结束。允许交船港、还船港的海事法院对海船租用合同进行管辖，方便了当事人及时提出诉讼，也有利于法院查明案件事实。当租赁人在收船时，因船舶与租用合同描述严重不符而产生争议时，可以在交船港即刻提起诉讼，当地法院对船舶的实际情况可以开展评估；当出租人在收船时，因船舶在租赁期间发生的损坏而产生争议时，可以在还船港及时维护权利，船舶的实际状况也可以被及时认定。

3. 因海上保险合同纠纷提起的诉讼，由被告住所地或者海上保险标的物所在地海事法院管辖。

一般来说，以运输工具或者运输中的货物作为保险标的物的保险合同纠纷中，有管辖权的人民法院是被告住所地或者运输工具登记注册地、运输目的地、保险事故发生地的人民法院。[①] 而《海事诉讼特别程序法》没有规定运输工具登记注册地法院和运输目的地法院具有管辖权。按照特别法优于普通法的法理，在海上保险合同纠纷中，只有被告住所地或者海上保险标的物所在地海事法院具有管辖权。

4. 因海上保赔合同纠纷提起的诉讼，由保赔标的物所在地、事故发生地、被告住所地海事法院管辖。

海上保赔合同是船东互保协会的会员入会时与互保协会签订的一种合同，会员按期缴纳会费，而互保协会将对会员所遭受的传统商业保险公司不予承保的某类损失或责任负责赔偿。

保赔标的物所在地是指加入互保协会的船舶所在的地点，通常是参加互保协会的船舶发生海事事故以后，船舶所有人对互保协会提起诉讼时，该船舶所在的地点。由参保船舶所在地法院审理海上保赔合同纠纷，能够更加便捷高效地查清船舶的受损事实。事故发生地是指加入保赔协会的船舶发生海事事故的地点，与解决海上保赔合同纠纷有密切的联系。

5. 因海船的船员劳务合同纠纷提起的诉讼，由原告住所地、合同签订地、船员登船港或者离船港所在地、被告住所地海事法院管辖。

海船的船员不仅包括受雇用而在航行于海上的船舶上工作的人员，还包括受雇用而在与海相通且属于海事法院管辖的可航水域中航行的船舶上工作的人员。

以原告住所地为诉讼管辖的连接点，方便船员行使诉权，体现了弱者权益保护的理念。船员履行劳务合同的过程中，经常会发生船东拖欠船员工资或其他劳务费等问题。如果缺少原告住所地法院管辖，那么利益受损船员欲主张权利，需要到境外诉讼，大大提高了船员的诉讼成本，不利于船员合法权益的维护。

原告住所地、合同签订地是民事诉讼法的特殊地域管辖，体现对弱者权利进行保护的立法倾向；船员登船港、离船港属海事诉讼法中的特殊地域管辖，保证船员可以及时地进行诉讼。

---

① 参见《民诉意见》第25条。

6. 因其他海商合同纠纷提起的诉讼,由被告住所地或合同履行地海事法院管辖。

其他海上合同包括但不限于:船舶的建造、修理、买卖、拆解合同;船舶属具、海运集装箱、保管合同;码头、港口仓库、港口设施租用合同;船舶代理、与海上运输有关的货运代理合同;船舶物料供应合同;与船舶营运有关的借贷合同;海上打捞、拖航合同等。

合同的履行地是指合同标的物交接的地点,包括交货地、付款地、施工地、运输地等。若合同未实际履行,且双方当事人住所地均不在合同约定的履行地,由被告住所地海事法院管辖。合同纠纷由被告住所地或合同履行地法院进行管辖,是《民事诉讼法》中的规定。

(二) 关于海上侵权纠纷的特殊地域管辖

由于海上侵权事故发生后,可能发生肇事船舶逃逸的情况,为方便当事人及时进行诉讼,法律特别规定了多个具有管辖权的法院。

1. 因船舶碰撞或者其他海事损害事故请求损害赔偿提起的诉讼,由碰撞发生地、碰撞船舶最先到达地、加害船舶被扣留地、船籍港所在地或者被告住所地海事法院管辖。

船舶碰撞既包括因实际接触而发生的船舶灭失或损坏,又包括因间接碰撞、海浪等造成的船舶灭失或损坏。其他海事损害事故应特指船舶作为侵权物所引发的海事损害事故,非以船舶作为侵权物引发的海损事故不能适用这一规定。具体而言,其他海损事故主要包括:船舶碰撞码头,触碰海上、海底、空中、通海水域、港口的设施或者其他财产的损害事故,船舶损害捕捞、养殖设施、水产养殖物的损害事故等。

允许当事人向碰撞发生地、碰撞船舶最先到达地、加害船舶被扣留地法院提出诉讼,是出于方便当事人诉讼的目的。同时,这三处法院的管辖有利于及时解决争议,有效执行判决。

碰撞发生地是指发生碰撞事故的海域或者港区,其本质是侵权行为地。因船舶碰撞或者其他海事损害事故发生的侵权损害赔偿,依照“侵权行为提起的诉讼,由侵权行为地法院管辖”,碰撞发生地法院具有管辖权。碰撞船舶最先到达地是指碰撞事故发生后,与碰撞事故相关的船舶,包括加害船舶与被害船舶,第一次停泊的港口或者海域。加害船舶被扣留地是指在碰撞事故发生后,加害船舶被扣留的海域或者港口所在地。船舶被扣留地即“物之所在地”,由船舶被扣留地的法院对案件进行管辖,可以保障判决的执行。

而船籍港、被告住所地法院的管辖权则体现了“原告就被告”的一般地域管辖原则。被告船舶的船籍港相当于船舶的住所地;被告住所地则是指被告的经常住所地或是注册登记地、主要营业地。船籍港所在地是对被告住所地的一项补充,较被告住所地更易于确定。由于海事法院的管辖区域划分以沿海和长江为基准,当被告住所地位于中国内陆时,确定管辖的海事法院将较为繁琐,既不方便当事人进行诉讼,也不利于法院快速查明事实。

船籍港所在地法院对船舶碰撞案件享有管辖权,应该说是《海事诉讼特别程序法》对《民事诉讼法》的一个进步与创新,具有重要意义。由于《海事诉讼特别程序法》主要适用于船舶侵权行为和重大海事事故引起的损害赔偿纠纷案件,某些情况下,按照侵权行为地和损害结果发生地确定管辖法院会有困难。例如,海事侵权地和损害结果地都在公海上的情况。所以,规定船籍港作为地域管辖的一个连接点,可以较好地解决这一问题,同时也可以扩大我国海事法院行使海事诉讼管辖权的范围。

根据船籍连接点,拥有我国船籍的船舶在公海或者其他国家海域发生海事侵权案件时,我国当事人便可以在我国提起诉讼,保障自己的合法权益。同时,在船籍港与被告住所地不一致的情况下,受害方可以根据自身诉讼方便选择其中一个管辖法院提起诉讼,以便及时维护自身权益。

2. 因海上事故请求损害提起的诉讼,由事故发生地、船舶最先到达地、船籍港所在地或者被告住所地海事法院管辖。

海上事故请求损害提起的诉讼中的海上事故,是指船舶在海上或者与海相通的可航水域发生的事故。具体而言,主要包括船舶在海上发生的除船舶侵权行为以外的原因导致的灭失或损害事故,如船舶触礁、沉没、搁浅、火灾、爆炸等事故,但不包括海难救助和共同海损引起的纠纷。事故发生地包括事故发生地、事故连续进行地和事故损害后果发生地,类似于侵权行为地的界定。

上述四处管辖法院与船舶碰撞、其他海事损害事故的诉讼法院相同,但缺少了加害船舶被扣押地,这是因为海上事故并非由侵权行为导致,也就不存在加害船舶。

(三) 关于海事担保纠纷的特殊地域管辖

因海事担保纠纷提起的诉讼,由担保物所在地、被告住所地海事法院管辖;因船舶抵押纠纷提起的诉讼,还可以由船籍港所在地海事法院管辖。

海事担保大致包括两种情形:海事请求人向海事法院申请海事请求保全、海事强制令、海事证据保全时,应向海事法院提供担保,以保证赔偿因其申请错误而给被申请人造成的损失;被申请人欲解除对其财产的扣押,也需向海事法院或者海事请求人提供担保。

上述担保可能由不同管理人进行管理,因此应区分不同情况,确定管辖的法院。

(四) 关于船舶物权纠纷的特殊地域管辖

因海船的船舶所有权、占有权、使用权、优先权纠纷提起的诉讼,由船舶所在地、船籍港所在地、被告住所地海事法院管辖。

针对船舶所有权、占有权和使用权纠纷管辖的规定，是《海事诉讼特别程序法》在立法上的新发展和贡献。将船舶所在地、船籍港所在地、被告住所地作为船舶优先权管辖的连接点，科学准确，便于操作；将船舶所有权、占有权和使用权纠纷列为海事案件，并规定船舶所在地、船籍港所在地、被告住所地作为管辖的连接点，明确具体，易于理解和运用。

（五）关于海难救助报酬纠纷的特殊地域管辖

因海难救助费用提起的诉讼，由救助地或被救助船舶最先到达地海事法院管辖。

海难救助费用，是指专业救助人或来往船舶对遭遇海难的船舶、货物和客货运费的全部或部分进行救助所产生的费用。《民事诉讼法》第31条规定，救助地海事法院有权管辖因海难救助费用提起的诉讼。这有利于在查明船舶遇难原因、程度、遇难时的紧急状况、整个救助情况以及遇难水域的水文地理情况的基础上，对救助费用数额作出公正认定，保护各方当事人的合法权益。

值得注意的是，海难救助费用纠纷与海难救助纠纷并不完全相同。前者的范围较小，后者还包括海难救助过程中因救助方的过失导致被救助船舶及所载货物发生损失引起的纠纷，以及救助过程中的人员伤亡损害赔偿纠纷、救助方的财产损害赔偿纠纷及因救助造成第三方人身伤亡、财产损害赔偿纠纷等。尽管《海事诉讼特别程序法》没有对海难救助纠纷的管辖作出明确规定，但应参照执行关于海难救助费用的管辖规定。

（六）关于共同海损纠纷的特殊地域管辖

因共同海损提起的诉讼，由船舶最先到达地、共同海损理算地或者航程终止地的海事法院管辖。

共同海损是指在同一海上航程中，船舶、货物和其他财产遭遇共同危险，为了共同安全，有意地、合理地采取措施所直接造成的特殊牺牲、支付的特殊费用，由各受益方按比例分摊的法律制度。共同海损理算，是指由国家认可的具有一定资格和经验的理算机构按照理算规则对海损事故的损失和费用、各受益方的分摊价值以及各方应分摊共同海损的数额所进行的计算工作。共同海损的理算工作相当复杂，一般由专门的理算师完成。我国的共同海损理算机构是中国国际贸易促进委员会下属的海损理算处，地点位于北京。

将共同海损理算地作为管辖权的连接点之一，有利于公正、及时地解决纠纷。发生共同海损事故后，如果当事人将共同海损提交中国国际贸易促进委员会下属的理算机构进行理算，即使船舶的最先到达地和航程终止地不在我国境内，我国海事法院对案件也具有管辖权。

（七）其他类型海事海商纠纷的特殊地域管辖

1. 申请认定海上财产无主的案件，由财产所在地海事法院管辖；申请因海上事故宣告死亡的案件，由处理海事事故主管机关所在地或者受理相关海事案件的海事法院管辖。[①] 海事事故主管机关作为行政机关，负责"海上事故"的调查和认定。由处理海事事故主管机关所在地或者受理相关海事案件的海事法院管辖，将便于法院调查取证，及时结案。同理，申请海上财产无主的案件，由财产所在地海事法院管辖更为便利、高效。

2. 申请执行海事仲裁裁决，申请承认和执行外国法院判决、裁定以及国外海事仲裁裁决的案件，由被执行的财产所在地或者被执行人住所地海事法院管辖。被执行的财产所在地或者被执行人住所地没有海事法院的，由被执行的财产所在地或者被执行人住所地的中级人民法院管辖。[②] 中级人民法院与海事法院同级，在 10 家海事法院以外的地域，便可通过向中级人民法院申请而填补被执行的财产所在地或者被执行人住所地没有管辖法院的空白，使得执行能够方便、迅速地进行。

3. 诉前申请海事请求保全的案件，由被保全的财产所在地海事法院管辖。[③] 船舶的流动性极大，扣船时机稍纵即逝。船舶所在地法院拥有管辖权，有利于保障海事请求人行使救济权利。一经发觉船舶所在，海事请求人就能立即对其申请扣押，甚至是选择在最方便的地点申请扣船。需要注意的是，被保全财产所在地海事法院的管辖权不受当事人之间关于海事请求的诉讼管辖协议和仲裁协议的约束。

4. 海事请求保全执行后，有关海事纠纷未进入诉讼或者仲裁程序的，当事人就该海事请求提起诉讼，由采取海事请求保全的海事法院或者其他有管辖权的海事法院管辖，但当事人之间订有诉讼管辖协议或者仲裁协议的除外。[④]

类似的规定有：

（1）海事强制令执行后，有关海事纠纷未进入诉讼或者仲裁程序的，当事人就该海事请求提起诉讼，由作出海事强制令的海事法院或者其他有管辖权的海事法院管辖，但当事人之间订有诉讼管辖协议或者仲裁协议的除外。[⑤]

（2）海事证据保全后，有关海事纠纷未进入诉讼或者仲裁程序的，当事人就该海事请求提起诉讼，由采取证据保全的海事法院或者其他有管辖权的海事法

---

① 参见《海事诉讼特别程序法》第 9 条。
② 参见《海事诉讼特别程序法》第 11 条。
③ 参见《海事诉讼特别程序法》第 13 条、《民诉意见》第 31 条。
④ 参见《海事诉讼特别程序法》第 19 条。
⑤ 参见《海事诉讼特别程序法》第 61 条。

院管辖,但当事人之间订有诉讼管辖协议或者仲裁协议的除外。[①]

(3) 设立海事赔偿责任限制基金以后,当事人就有关海事纠纷提起诉讼,由设立海事赔偿责任限制基金的海事法院管辖,但当事人之间订有诉讼管辖协议或者仲裁协议的除外。[②]

5. 诉前申请海事强制令的案件,由海事纠纷发生地海事法院管辖。[③]

6. 诉前申请海事证据保全的案件,由被保全的证据所在地海事法院管辖。[④]证据所在地法院可以对证据采取及时有效的保护与鉴定,对于易于灭失、不易保管的证据来说,法院的及时介入,对于固定易失证据、确认证据效力、查明案件事实至关重要。

7. 提单等提货凭证失控或者灭失,需要申请公示催告的案件,由货物所在地海事法院管辖。[⑤] 提单等提货凭证仅是货物权属的证明,权利的最终指向仍是货物。货物所在地法院审理公示催告案件,可以快速查明货物情况,并有效执行最终判决。

8. 诉前申请设立海事赔偿责任限制基金的案件,由事故发生地、合同履行地或者船舶扣押地海事法院管辖。[⑥]

9. 债权人提供其他海事请求证据的,应当在办理债权登记以后,在受理债权登记的海事法院提起确权诉讼,但当事人之间订有仲裁协议的除外。[⑦]

10. 受让人申请船舶优先权催告的案件,由转让船舶交付地或者受让人住所地海事法院管辖。[⑧]

第三节　海事诉讼级别管辖

一、级别管辖概述

海事诉讼中的级别管辖,是指海事法院与上级法院之间受理第一审海事海商案件的分工和权限,是法院内部对第一审海事海商案件的纵向分工。级别管辖的划分标准主要是案件的性质、繁简程度、诉讼标的额的大小以及社会影响程度等。由于海事法院级别相当于地方中级人民法院,海事海商案件的审理为

---

① 参见《海事诉讼特别程序法》第 72 条。
② 参见《海事诉讼特别程序法》第 109 条。
③ 参见《海事诉讼特别程序法》第 52 条。
④ 参见《海事诉讼特别程序法》第 63 条。
⑤ 参见《海事诉讼特别程序法》第 100 条。
⑥ 参见《海事诉讼特别程序法》第 102 条。
⑦ 参见《海事诉讼特别程序法》第 116 条。
⑧ 参见《海事诉讼特别程序法》第 121 条。

“三级两审制”，由海事法院及其所在省、自治区、直辖市高级人民法院和最高人民法院根据案件情况进行第一审程序和第二审程序的审理。通常，一审海事海商案件由10家海事法院受理，但根据案件性质、标的以及社会影响程度等方面的不同，海事法院所在地的高级人民法院和最高人民法院也可以受理第一审海事海商案件。

此外，考虑到海事法院数量较少，为便于路途较远的当事人进行海事诉讼，同时也利于海事法院就近审理海事海商案件，各海事法院陆续在沿海各大港口设立派出机构，即派出法庭。例如，上海海事法院设有连云港派出法庭、洋山深水港派出法庭和洋口港派出法庭。派出法庭审理案件也同海事法院本身一样，与其所属海事法院之间没有审级上的上下级关系。对派出法庭审理作出裁决不服，应当上诉到高级人民法院。

二、第一审海事海商案件级别管辖的范围

（一）海事法院管辖的第一审海事海商案件

我国的海事法院分布在沿海各省、自治区、直辖市，各海事法院之间有明确的辖区划分，对发生在该区域内的国内或涉外的海事海商案件依法行使管辖权。与普通人民法院不同的是，海事法院管辖一审海事海商案件没有金额限制。

海事法院与中级人民法院同级，海事法院的上诉法院为该海事法院所在地的高级人民法院。[①] 对海事法院的判决或裁定不服，当事人在法定期间内可以向上一级法院提起上诉。

（二）高级人民法院管辖的第一审海事海商案件

高级人民法院管辖在本辖区内有重大影响的第一审海事海商案件。[②] 1999年《最高人民法院批准高级人民法院辖区内各级人民法院受理第一审民事、经济纠纷案件级别管辖标准》明确海事法院受理第一审海事海商纠纷，不受争议金额限制，故高级人民法院管辖第一审海事海商案件所要求的“重大影响”不应以争议金额数量为衡量的标准。

（三）最高人民法院管辖的第一审海事海商案件

最高人民法院对下列一审海事海商案件有管辖权：[③]

1. 在全国有重大影响的海事海商案件。所谓“重大影响”是指社会影响重

---

① 参见1984年最高人民法院、交通部《关于设立海事法院的通知》规定：“海事法院与中级人民法院同级，审理国内和涉外第一审海事案件和海商案件，不受理刑事案件和一般民事案件。其上诉审法院为所在省、市高级人民法院。”

② 参见《民事诉讼法》第19条。

③ 参见《民事诉讼法》第20条。

大，法律关系复杂，牵涉面广。

2. 最高人民法院认为应当由其审理的案件。这是《民事诉讼法》赋予最高人民法院的特殊权力，以使最高人民法院能够灵活高效地协调全国海事海商案件的级别管辖。

三、管辖权的转移

海事诉讼中管辖权的转移，是指海事法院与其上级法院之间相互转移已受理的海事海商案件的管辖权，从而改变级别管辖的行为。

（一）管辖权转移的特点

1. 受诉海事法院对海事海商案件具有管辖权；

2. 该管辖权的转移是在海事法院与其上级法院之间进行的；

3. 该管辖权的转移需要上级法院同意才能进行，而上级法院提审下级法院审理的案件或者将自己审理的案件交下级法院审理，无须经下级法院同意。

（二）管辖权转移的情形

1. 管辖权由海事法院转移到其上级法院。这种情况往往出现于海事法院将案件报请上级法院同意，或者上级法院依职权认为由其对海事海商案件进行审理更为合适而提审时。

2. 管辖权由上级人民法院转移给海事法院。这种情况多发生于上级法院依职权责令下级海事法院对海事海商案件进行审理时。

第四节 海事诉讼专属管辖

一、专属管辖概述

专属管辖，是指法律规定特定的海事海商案件只能由特定的海事法院管辖。专属管辖具有很强的排他性，不仅排除了外国法院的管辖权，以及国内其他地方法院和其他海事法院的管辖权，还排除了协议管辖的适用。

根据我国《民事诉讼法》以及《海事诉讼特别程序法》的有关规定，一些特定的海事海商案件，只能由国内特定的海事法院管辖，其他国家的法院、国内其他法院均无管辖权，且当事人不能以协议的方式变更专属管辖的规定。其主要特征包括：专属管辖是独占并且排他的管辖；专属管辖排除协议管辖。如果当事人在我国海事法院提起诉讼，该诉讼又是我国海事诉讼专属管辖事项之一，那么当事人只能到法律所规定的海事法院进行诉讼，法院并不承认当事人协议约定的海事法院的管辖权。

二、我国海事诉讼中的专属管辖

我国《海事诉讼特别程序法》对海事海商案件的专属管辖作出了具体的规定：

（一）因沿海港口作业纠纷提起的诉讼，由港口所在地海事法院管辖

所谓“沿海港口作业”，从范围上说，该作业包括沿海港口作业和与海相通水域的港口作业；从内容上说，该港口作业通常是指在港口区域内进行测量、勘探、建港、疏浚、打捞、救助、拖带、水上水下施工、港口装卸、驳运、仓储、保管和理货等生产经营活动。凡是在这些港口作业过程中发生的纠纷，当事人提起诉讼的，由港口所在地海事法院管辖。

（二）因船舶排放、泄漏、倾倒油类或者其他有害物质，海上生产、作业或者拆船、修船作业造成海域污染损害提起的诉讼，由污染发生地、损害结果地或者采取预防污染措施地海事法院管辖

造成海域污染的原因有很多，主要是指因船舶排放、泄漏、倾倒油类或者其他有害物质，海上生产、作业或者拆船、修船作业造成海域污染，当然也不排除其他原因而造成海域污染。海域污染的种类也有很多，有海洋油污污染、海洋重金属污染、海洋放射性物质污染、海洋生活污水污染等。

海域污染的专属管辖共有三个联结点：污染发生地、损害结果地和采取预防污染措施地。

污染发生地即为发生污染事故的区域，我国海域分布从北到南主要为渤海、黄海、东海、南海四大海域。海域污染中的油类污染物具有流动性的特点，可能发生同一起污染案件会跨越不同的海域，而我国海事法院管辖区域的划分比较精细，这样就导致了污染损害跨越了不同海事法院的管辖区域。那么，该污染损害所涉及的不同区域的海事法院就都享有管辖权。例如，渤海湾油污损害案件，在油污损害涉及海域范围内的海事法院，如大连海事法院、天津海事法院、青岛海事法院都享有管辖权。

损害后果地是指因污染损害而遭受损害后果的区域。损害后果地相对于污染发生地来说具有时间上和空间上的跨越性。因为损害后果通常是指海域污染物对海水质量、海洋养殖生物、海滨旅游等所造成的损害。这些损害并不会在污染发生后立即显现，具有滞后性；而且污染物具有流动性的特点，使得污染发生地和损害后果地有时会在不同的区域。

采取预防污染措施地，是指为预防污染损害发生或者后果加重而采取措施的区域。海域污染损害的扩散性很强，不论是预防污染发生，还是预防污染后果扩散，都需要采取措施。若不及时采取相关的预防措施，污染损害后果极有可能更加严重。规定采取预防污染措施地海事法院对海域污染案件享有管辖权，符

合方便诉讼和审理的原则。

（三）因在中华人民共和国领域和有管辖权的海域履行的海洋勘探开发合同纠纷提起的诉讼，由合同履行地海事法院管辖

《民事诉讼法》对在中华人民共和国履行中外合资经营企业合同、中外合作经营企业合同、中外合作勘探开发自然资源合同发生纠纷提起诉讼的管辖皆有规定，但是就海洋勘探开发合同纠纷案件的专属管辖问题，《民事诉讼法》的规定并不明确，所以有必要对海洋勘探开发合同纠纷案件明确其管辖权问题。①

首先需要明确中华人民共和国领域和有管辖权的海域的范围。我国有管辖权的海域，包括领海外的毗连区、专属经济区和大陆架。毗连区是指领海外12海里的海域。专属经济区是指领海以外不超过200海里的海域。大陆架包括领海以外依其陆地领土的全部自然延伸，扩展到大陆边外缘的海底区域的海床和底土。沿海国可以对大陆架行使包括勘探开发自然资源在内的权利。因此，对于在这些领域中的海洋勘探开发合同所引发的纠纷，我国海事法院享有管辖权。

关于海洋勘探开发合同的合同履行地的确定问题。合同履行地就是合同按照约定或者实际实施地点。海洋勘探开发通常发生在我国有管辖权的海域，其勘探开发的海域都有对应的海事法院管辖，其履行地的确定明确具体，那么管辖的海事法院也就容易确定。②

第五节　海事诉讼协议管辖

一、协议管辖概述

（一）协议管辖的含义

协议管辖，是指当事人在法律规定的范围内自行约定由某一法院对其争议案件进行审判，从而达到排除其他法院管辖并且方便当事人诉讼的目的。协议管辖体现了法律对当事人意思自治原则的尊重，有利于克服地方保护主义，减少管辖权争议现象的发生。

（二）协议管辖生效条件

1. 协议管辖仅适用于第一审案件，二审案件当事人不得以协议方式选择管辖法院。

2. 协议应采用书面的方式。合同中的协议管辖条款或者诉讼前达成的选

① 《民事诉讼法》第266条规定，因在中华人民共和国履行中外合资经营企业合同、中外合作经营企业合同、中外合作勘探开发自然资源合同发生纠纷提起的诉讼，由中华人民共和国人民法院管辖。

② 参见金正佳主编：《海事诉讼法论》，大连海事大学出版社2001年版，第73—77页。

择管辖的协议属于民事诉讼法中规定的书面合同的协议,必须采用书面形式。①协议管辖是要式行为,当事人可以在订立合同时约定管辖,将协议管辖作为合同的内容之一,也可以在合同订立后、诉讼发生前以书面形式约定协议管辖。合同中约定协议管辖的条款应视为独立的条款,即使合同被确认为无效,协议管辖条款的效力也不受影响。

3. 在法律规定的范围内选择。法律规定的可供当事人选择的法院是原告住所地、被告住所地、合同签订地、合同履行地、标的物所在地等与争议有实际联系的海事法院。② 协议选择法院时,不能超出法律规定的范围。协议管辖时必须非常明确地选择某一法院,选择两个或两个以上的法院,或者选择不明确都将导致管辖协议无效,法院将以合同纠纷的管辖规定确定受案法院,即被告住所地或合同履行地的法院具有管辖权。

4. 不得违反级别管辖和专属管辖规定。协议时只能变更第一审的地域管辖,不得变更级别管辖,将本应由中级法院管辖的诉讼约定由高级人民法院乃至最高人民法院管辖。同时,专属管辖是强制性管辖,也不允许当事人通过协议加以改变。

二、一般协议管辖

一般协议管辖要求协议选择的法院必须是与争议发生有实际联系的法院,即协议选择的法院与案件之间需要有连接点,包括被告住所地、合同履行地、合同签订地、原告住所地、标的物所在地等。

一般协议管辖具有以下特征:

1. 协议管辖所涉及的纠纷应当是合同或者财产权益类纠纷。海事诉讼中的协议管辖是海事合同和与海事有关的财产权益类纠纷。

2. 一般协议管辖所约定的管辖法院应当是第一审案件的管辖法院,并且该协议不能改变级别管辖和专属管辖的规定。③

3. 当事人必须在法律规定允许协议的范围内协议选择海事法院进行管辖。即当事人协议选择的海事法院应当是与争议有实际联系地点的法院,如被告住所地、合同履行地、合同签订地、原告住所地、标的物所在地等。④

4. 一般协议管辖必须采用书面形式。当事人在约定管辖法院时若只是口头表示争议事项由某海事法院管辖,则此口头形式的海事诉讼管辖协议无效。

---

① 参见《民诉意见》第 23 条。

② 根据《民事诉讼法》第 34 条,协议可选择的法院不再局限于原来 5 个地点的法院,“与争议有实际联系”的其他法院也是协议管辖的范围。

③ 参见《民事诉讼法》第 34 条。

④ 同上。

三、特殊协议管辖

从构成要件而言，特殊协议管辖相较于一般协议管辖有其特别之处：

1. 海事纠纷的当事人都是外国人、无国籍人、外国企业或组织。如果有一方当事人是我国公民或我国公司，则不属于特殊协议管辖，而可能是一般协议管辖。

2. 受诉的海事法院未必是与争议有实际联系的海事法院。

3. 当事人以书面的形式表示由我国海事法院管辖发生的海事纠纷。如果当事人没有书面协议，有一方当事人向我国海事法院起诉而对方应诉答辩时，则为默示协议管辖。

四、默示协议管辖

海事诉讼中的默示协议管辖，又称推定管辖，是指在涉外海事诉讼中，原告向一国法院起诉后，被告对该国法院的管辖不提出异议，并应诉答辩的，法律即推定其默示承认该国法院享有管辖权的制度。

默示协议管辖的构成要件为：

1. 海事诉讼关系须具有涉外因素。当事人一方或双方是外国人、无国籍人、外国企业或组织，或者当事人之间民事法律关系的设立、变更、终止的法律事实在外国，或者诉讼标的物在外国的海事案件，为涉外海事案件。

2. 受诉的海事法院未必是与争议有实际联系地点的海事法院。因为不存在是否违反级别管辖和专属管辖的问题。

3. 争议不限于合同纠纷或者涉外财产权益纠纷。与协议管辖相比，其适用范围更为广泛。

4. 双方当事人没有明示提交给受诉法院的合意，被告对海事法院的管辖权以默示方式表示并应诉答辩。在多数情况下，原告是国内当事人，其向受诉法院起诉并没有经对方当事人同意。被告承认海事法院的管辖权虽非其主动行为，但从其行为中也可推定其有接受管辖的意愿。[①]

我国2007年《民事诉讼法》第243条曾规定，涉外民事诉讼的被告对人民法院的管辖不提出异议，并应诉答辩的，视为承认该人民法院为有管辖权的法院。2012年修正后的《民事诉讼法》删除了该条，改在第127条第2款规定。这意味着不论国内或涉外民事诉讼，均可以实行默示协议管辖。这样规定的目的在于提高审判效率。

---

① 参见金正佳主编：《海事诉讼法论》，大连海事大学出版社2001年版，第80—81页。

第六节 管辖权争议及其解决

由于涉外诉讼管辖权冲突在国际私法中会专门讨论，故本节所述“管辖权争议”仅指国内海事案件中发生的管辖权争议。

一、管辖权争议概述

海事诉讼中的管辖权争议是指各海事法院之间、海事法院与地方人民法院之间为争夺对同一案件的管辖权，或对同一案件互相推脱不愿意行使管辖权而引起的争议。

管辖权争议包括海事法院与海事法院之间的管辖权争议，也包括海事法院和地方人民法院之间的争议。该争议有两种情况，即双方法院争夺对同一案件的管辖权和两个有管辖权的法院对同一案件互相推诿都不愿意具体行使管辖权。

管辖权争议在海事审判实践中主要表现为海事法院和地方法院在关于案件是否为海事海商案件、是否应当由海事法院管辖等问题上产生争议。例如，有关海事行政案件的管辖、破产案件的管辖。

发生管辖权争议后，相关法院应当首先进行协商，避免争议案件的拖延而导致影响当事人的权利。如果经过协商仍不能解决，则应当逐级上报，由共同的上级法院指定管辖。①

二、管辖权异议

管辖权异议是指海事法院或地方人民法院在受理案件后，当事人提出该法院对该案件没有管辖权的主张。

当事人对受理案件的人民法院持有管辖异议的，在提交答辩状的期间内可以提出异议，而后人民法院进行审查。若异议成立，则案件将移送至有管辖权的法院受理；异议不成立的，异议申请将被驳回，该案继续由原法院进行审理。②

（一）海事司法实践中，常见的管辖权异议主要包括

1. 对案件是否属于海事法院专门管辖提出异议；

2. 对协议管辖的有效性问题提出管辖权异议；

3. 以合同中存在有效的仲裁条款为由提出管辖权异议。

（二）对于管辖权异议，需要明确

1. 提出管辖权异议的主体只能是案件的当事人，通常为被告。有独立请求

① 参见《海事诉讼特别程序法》第 10 条。

② 参见《民事诉讼法》第 127 条。

权的第三人和无独立请求权的第三人无权提出管辖权异议。

2. 提出管辖权异议的时间应当是提交答辩状期间。例外情况为《最高人民法院关于适用〈合同法〉若干问题的解释(一)》第30条:“债权人依照合同法第一百二十二条的规定向人民法院起诉时作出选择后,在一审开庭以前又变更诉讼请求的,人民法院应当准许。”

3. 管辖权异议只能向一审法院提出,不能向二审法院提出。

4. 对于管辖权异议,法院只能以裁定形式作出,该裁定可以上诉。

三、移送管辖

移送管辖,是指海事法院或地方各级人民法院发现已经受理的海事海商案件不属于本法院管辖而将案件移送给其他有管辖权或应当对案件进行管辖的海事法院管辖的行为。

(一) 移送管辖的构成要件

1. 有关法院已经受理案件;

2. 受诉法院对其已受理的案件没有管辖权或者不应当对其进行管辖;

3. 受诉法院应将案件移送给有管辖权的海事法院;

4. 受诉法院应当按法定程序移送案件。

(二) 移送管辖的后果

1. 移送的次数只能是一次;

2. 一经移送,受移送的法院应当受理,而不论其是否有管辖权;

3. 移送管辖受到管辖权恒定原则的限制。

所谓“管辖权恒定原则”,是指海事法院对某一海事海商案件是否享有管辖权,以起诉时为准,起诉时对案件享有的管辖权,不因诉讼过程中据以确定管辖的因素发生改变而受到影响。例如,海事诉讼过程中,若被告变更住所地,则被告原住所地海事法院管辖的案件将继续审理,无须移送。

四、指定管辖

指定管辖,是指当有管辖权的海事法院由于特殊原因不能行使管辖权时,或者法院之间发生管辖权争议而无法确定管辖权时,由上级人民法院指定没有管辖权的其他法院进行管辖的行为。海事法院之间或者海事法院与地方人民法院之间因管辖权发生争议,由争议双方协商解决;协商解决不了的,报请它们的共同上级人民法院指定管辖。

(一) 发生海事海商案件指定管辖的情形

1. 有管辖权的海事法院因特殊原因不能行使管辖权;

2. 各海事法院之间存在管辖权争议而协商不成;

3. 海事法院与地方人民法院之间存在管辖权争议而协商不成。

(二) 对于指定管辖,需要明确

1. 两个以上法院之间对地域管辖有争议的案件,有关法院均应当立即停止进行实体审理,争议法院之间协商解决。协商不成,报请共同上级人民法院指定管辖。上级人民法院应当在收到下级人民法院报告之日起30日内,作出指定管辖的决定。

2. 两个以上法院如对管辖权有争议,在争议未解决前,任一方法院均不得对案件作出判决。对抢先作出判决的,上级人民法院应当以违反程序为由撤销其判决,并将案件移送或者指定其他法院审理,或者由自己提审。

❑ 本章思考题

1. 海事诉讼中的协议管辖制度是当事人意思自治的体现,但无限的自治有时不利于公平公正。对此,我国对协议管辖进行了一些限制。这些限制有哪些?限制是否合理?

2. 提单背面订立的协议管辖权条款是否有效?应如何认定?

3. 提单背面订立的仲裁管辖权条款是否有效?应如何认定?与协议管辖权条款相较,两者在效力上、适用上有何不同?

4. 案例思考题:

【案情】某游船公司与中国人民财产保险公司签订船舶保险合同,约定由保险公司承保游船公司所有的"银河号"轮,保险范围是"沿海内河一切险""船主对旅客责任险""1/4 附加险""螺旋桨等单独损失险",保险期限为一年。保险期间,"银河号"触礁,船体严重破坏。游船公司认为"银河号"已失去修复价值,失去原有形体和效用,构成全损,要求保险公司依约支付保险金。保险公司以"银河号"可以修复为由拒绝委付。游船公司遂以一般财产保险合同纠纷向保险公司所在地的 A 区人民法院提起诉讼,保险公司作为被告。被告提出管辖权异议,认为本案系船舶保险合同纠纷,应由海事法院专门管辖。

【提问】

(1) A 区人民法院是否具有管辖权?

(2) 何地海事法院有管辖权? 为什么?

(3) 船舶保险合同纠纷是否属于专属管辖?

5. 案例思考题:

【案情】上海某航运公司所属的客轮在上海驶往大连港途中,于青岛海域被厦门某航运公司的货轮碰撞。碰撞后,客轮被迫驶往青岛靠岸。货轮继续行驶,直至广州港时被扣留。

【提问】

(1) 上海某航运公司欲就船舶碰撞起诉厦门某航运公司,哪些地方的海事法院对本案有管辖权?

(2) 如果由于碰撞,上海某航运公司客轮上的乘客受伤,依运输合同要求上海某航运公司赔偿,可以向哪些地方的法院提起诉讼?

6. 案例思考题:

【案情】甲将所有的吸沙船出租给乙公司,交船地点位于湖南省岳阳市内。租赁协议中约定,“如发生纠纷,在协议签订地解决”。租赁期间,乙公司擅自对船体和设备进行改造,将吸沙船转租他人,并拒付租金。甲遂向武汉海事法院起诉,要求解除租赁合同,被告乙公司返回吸沙船,并支付欠付租金。乙公司认为,吸沙船不属于《海商法》所规定的船舶,且作业地点在内河中,不是港口或通海水域,不属于法律专属管辖范围。依照租赁协议中的管辖条款,租赁协议的签订地点是湖南省岳阳市,本案应由岳阳市人民法院管辖。因此,武汉海事法院对本案没有管辖权,请求依法移送至岳阳市人民法院审理。已知甲的住所地在湖南省长沙市,乙公司在湖南省岳阳市的新墙河内河进行作业。

【提问】

(1) 乙公司的抗辩是否正确? 请说明理由。

(2) 武汉海事法院在本案中是否具有管辖权?

(3) 岳阳市人民法院对本案是否具有管辖权?

(4) 若武汉海事法院与岳阳市人民法院皆认为自己拥有管辖权,应该如何处理?

□ 本章所涉及法律、法规

(一) 2012年《民事诉讼法》(节选)

第十八条　中级人民法院管辖下列第一审民事案件:

(一) 重大涉外案件;

(二) 在本辖区有重大影响的案件;

(三) 最高人民法院确定由中级人民法院管辖的案件。

第十九条　高级人民法院管辖在本辖区有重大影响的第一审民事案件。

第二十条　最高人民法院管辖下列第一审民事案件:

(一) 在全国有重大影响的案件;

(二) 认为应当由本院审理的案件。

第三十条　因船舶碰撞或者其他海事损害事故请求损害赔偿提起的诉讼,由碰撞发生地、碰撞船舶最先到达地、加害船舶被扣留地或者被告住所地人民法院管辖。

第三十一条　因海难救助费用提起的诉讼,由救助地或者被救助船舶最先到达地人民法院管辖。

第三十二条　因共同海损提起的诉讼,由船舶最先到达地、共同海损理算地或者航程终止地的人民法院管辖。

第三十三条　下列案件,由本条规定的人民法院专属管辖:

(二)因港口作业中发生纠纷提起的诉讼,由港口所在地人民法院管辖;

第三十四条　合同或者其他财产权益纠纷的当事人可以书面协议选择被告住所地、合同履行地、合同签订地、原告住所地、标的物所在地等与争议有实际联系的地点的人民法院管辖,但不得违反本法对级别管辖和专属管辖的规定。

第一百二十七条　人民法院受理案件后,当事人对管辖权有异议的,应当在提交答辩状期间提出。人民法院对当事人提出的异议,应当审查。异议成立的,裁定将案件移送有管辖权的人民法院;异议不成立的,裁定驳回。

当事人未提出管辖异议,并应诉答辩的,视为受诉人民法院有管辖权,但违反级别管辖和专属管辖规定的除外。

(二)2000年《海事诉讼特别程序法》(节选)

第六条　海事诉讼的地域管辖,依照《中华人民共和国民事诉讼法》的有关规定。

下列海事诉讼的地域管辖,依照以下规定:

(一)因海事侵权行为提起的诉讼,除依照《中华人民共和国民事诉讼法》第二十九条至第三十一条的规定以外,还可以由船籍港所在地海事法院管辖;

(二)因海上运输合同纠纷提起的诉讼,除依照《中华人民共和国民事诉讼法》第二十八条的规定以外,还可以由转运港所在地海事法院管辖;

(三)因海船租用合同纠纷提起的诉讼,由交船港、还船港、船籍港所在地、被告住所地海事法院管辖;

(四)因海上保赔合同纠纷提起的诉讼,由保赔标的物所在地、事故发生地、被告住所地海事法院管辖;

(五)因海船的船员劳务合同纠纷提起的诉讼,由原告住所地、合同签订地、船员登船港或者离船港所在地、被告住所地海事法院管辖;

(六)因海事担保纠纷提起的诉讼,由担保物所在地、被告住所地海事法院管辖;因船舶抵押纠纷提起的诉讼,还可以由船籍港所在地海事法院管辖;

(七)因海船的船舶所有权、占有权、使用权、优先权纠纷提起的诉讼,由船舶所在地、船籍港所在地、被告住所地海事法院管辖。

第七条　下列海事诉讼,由本条规定的海事法院专属管辖:

(一)因沿海港口作业纠纷提起的诉讼,由港口所在地海事法院管辖;

（二）因船舶排放、泄漏、倾倒油类或者其他有害物质，海上生产、作业或者拆船、修船作业造成海域污染损害提起的诉讼，由污染发生地、损害结果地或者采取预防污染措施地海事法院管辖；

（三）因在中华人民共和国领域和有管辖权的海域履行的海洋勘探开发合同纠纷提起的诉讼，由合同履行地海事法院管辖。

第八条　海事纠纷的当事人都是外国人、无国籍人、外国企业或者组织，当事人书面协议选择中华人民共和国海事法院管辖的，即使与纠纷有实际联系的地点不在中华人民共和国领域内，中华人民共和国海事法院对该纠纷也具有管辖权。

第九条　当事人申请认定海上财产无主的，向财产所在地海事法院提出；申请因海上事故宣告死亡的，向处理海事事故主管机关所在地或者受理相关海事案件的海事法院提出。

第十条　海事法院与地方人民法院之间因管辖权发生争议，由争议双方协商解决；协商解决不了的，报请他们的共同上级人民法院指定管辖。

第十一条　当事人申请执行海事仲裁裁决，申请承认和执行外国法院判决、裁定以及国外海事仲裁裁决的，向被执行的财产所在地或者被执行人住所地海事法院提出。被执行的财产所在地或者被执行人住所地没有海事法院的，向被执行的财产所在地或者被执行人住所地的中级人民法院提出。

第十三条　当事人在起诉前申请海事请求保全，应当向被保全的财产所在地海事法院提出。

第十九条　海事请求保全执行后，有关海事纠纷未进入诉讼或者仲裁程序的，当事人就该海事请求，可以向采取海事请求保全的海事法院或者其他有管辖权的海事法院提起诉讼，但当事人之间订有诉讼管辖协议或者仲裁协议的除外。

第五十二条　当事人在起诉前申请海事强制令，应当向海事纠纷发生地海事法院提出。

第六十一条　海事强制令执行后，有关海事纠纷未进入诉讼或者仲裁程序的，当事人就该海事请求，可以向作出海事强制令的海事法院或者其他有管辖权的海事法院提起诉讼，但当事人之间订有诉讼管辖协议或者仲裁协议的除外。

第六十三条　当事人在起诉前申请海事证据保全，应当向被保全的证据所在地海事法院提出。

第七十二条　海事证据保全后，有关海事纠纷未进入诉讼或者仲裁程序的，当事人就该海事请求，可以向采取证据保全的海事法院或者其他有管辖权的海事法院提起诉讼，但当事人之间订有诉讼管辖协议或者仲裁协议的除外。

第一百条　提单等提货凭证持有人，因提货凭证失控或者灭失，可以向货物所在地海事法院申请公示催告。

第一百零二条　当事人在起诉前申请设立海事赔偿责任限制基金的，应当向事故发生地、合同履行地或者船舶扣押地海事法院提出。

第一百零九条　设立海事赔偿责任限制基金以后，当事人就有关海事纠纷应当向设立海事赔偿责任限制基金的海事法院提起诉讼，但当事人之间订有诉讼管辖协议或者仲裁协议的除外。

第一百一十六条　债权人提供其他海事请求证据的，应当在办理债权登记以后，在受理债权登记的海事法院提起确权诉讼。当事人之间有仲裁协议的，应当及时申请仲裁。

海事法院对确权诉讼作出的判决、裁定具有法律效力，当事人不得提起上诉。

第一百二十一条　受让人申请船舶优先权催告的，应当向转让船舶交付地或者受让人住所地海事法院提出。

□ 本章扩展阅读

（一）协议管辖

1. 孙南申：《论国际私法中协议管辖的法律效力》，载《政治与法律》1999 年第 2 期。

阅读引导：国际私法中协议管辖的效力问题主要涉及两个方面：协议管辖条款对双方当事人的拘束力，以及协议管辖能否得到有关国家的承认与执行。文章对各国协议管辖的规定作了简要介绍，并结合具体案例，论述了协议管辖中的实际联系原则的适用，对在海事诉讼中理解协议管辖的效力问题有一定的借鉴意义。

2. 周岷：《协议管辖原则在国际海事诉讼程序中的应用——对“Kislovodak”轮一案的法律思考》，载《河北法学》2002 年第 S1 期。

阅读引导：确定管辖权是开始诉讼的先决条件。由于各国赋予了本国司法机关广泛的司法管辖权，并且关于解决海事管辖的国际条约大多对海事争议规定了数个管辖地，造成了法律上的冲突。管辖权原则的确立是解决这类法律冲突的有效途径。本文通过分析“Kislovodak”轮一案，阐明了协议管辖原则的法理基础，并论证了解决国际海事诉讼管辖的冲突中协议管辖原则所发挥的巨大作用。

3. 金正佳、赖尚斌：《论涉外海事诉讼管辖的若干问题》，载《中国海商法年刊》1991 年第 00 期。

阅读引导：诉讼与仲裁是解决涉外海事争议的两条不同途径。根据“裁审自择”的原则，海事争议当事人可以决定将争议提起诉讼或提交仲裁。海事法院应该妥善处理诉讼管辖与仲裁管辖的关系，正确行使海事管辖权。仲裁协议往往因为其产生的背景、条件和当事人的法律水平等因素而影响其效力。

在涉外海事审判实践中，关于仲裁协议效力认定有许多问题，其中之一就是把仲裁协议的效力绝对化，往往忽视对仲裁协议的审查就否定其效力。这种做法是不可取的，因此，在学习海事诉讼管辖中，有必要对仲裁协议效力有所认识。

（二）提单中的管辖权条款

1. 李守芹：《再谈海运提单中的管辖权条款问题》，载《中国海商法年刊》2011 年第 3 期。

阅读引导：海运提单中管辖权条款的效力问题目前在中国理论与实务部门仍未取得共识。文章详述了准确把握提单管辖条款是否构成了提单当事人之间“书面协议”的关键之处，以及影响提单管辖条款法律效力的特别因素。

2. 肖永平、车英：《提单中管辖权条款和仲裁条款法律效力的比较分析》，载《武汉大学学报》1997 年第 4 期。

阅读引导：各国的司法实践中，普遍否认提单中管辖权条款的排他效力，即管辖权条款不能排除外国法院行使管辖权，而普遍肯定仲裁条款的效力。作者通过剖析管辖权条款和仲裁条款各自的性质、作用、效力，并相互比较，最后得出造成这种局面的原因。文章从比较仲裁条款的角度，对管辖权条款的理论和司法实践情况进行了论述。

（三）海事行政案件的管辖

向明华：《海事法要论》，法律出版社 2009 年版，第 287 页—第 302 页。

阅读引导：自海事法院成立以来，最高人民法院在海事法院和地方法院之间反复调整对海事行政案件的管辖权，引发了许多争议。该书简要评析了这种管辖权反复调整所引发的争议，进一步分析了海事行政案件管辖权的应然分配方案，提出解决目前困难的对策，并对海事行政管辖权的调整作出预测。

（四）各国的海事管辖

〔加〕威廉·台特雷：《国际海商法》，张永坚等译，法律出版社 2005 年版。

阅读引导：该书第十章主讲“管辖权与程序”，介绍了民法法系国家、大陆法法系国家海事管辖权各个理论和制度的发展轨迹，着重对美国、英国等海事大国的海事管辖权作了详细的介绍。书中列举了大量的案例和法令，对于读者全面了解各国的海事管辖权有所助益。

附录一:相关法律文书

文书1-管辖异议申请书

管辖异议申请书

申请人:B市××有限公司

地址:B市××区××大厦××号

法定代表人:F,职务(如经理)

贵院已受理×××诉我公司××案,将我公司作为被告参加诉讼。我公司认为,我公司与诸原告的法律关系属于×××法律关系,根据《民事诉讼法》第34条之规定,该案应由×××海事法院管辖,为此申请贵院依法裁定将此案移送××海事法院审理。

事实和理由:(应详述事实与理由,此略。)

此致

××海事法院

申请人:B市××有限公司

××××年××月××日

(公章)

文书2-管辖异议裁定书

中华人民共和国××海事法院
民事裁定书

(××××)×海法初字第××号

原告……(写明姓名或名称等基本情况)

被告……(写明姓名或名称等基本情况)

(当事人及其他诉讼参加人的列项和基本情况的写法,与一审民事判决书样式相同。)

本院受理……(写明当事人姓名或名称和案由)一案后,被告×××在提交答辩状期间对管辖权提出异议,认为……(写明异议的内容及理由)。

经审查,本院认为,……(写明异议成立或异议不成立的根据和理由)。依照《中华人民共和国民事诉讼法》第一百二十七条的规定,裁定如下:

(写明裁定结果。分两种情况:

第一,异议成立的,写:

"被告×××对管辖权提出的异议成立,本案移送××××人民法院处理。"

第二,异议不成立的,写:

"驳回被告×××对本案管辖权提出的异议。")

如不服本裁定,可在裁定书送达之日起十日内,向本院递交上诉状,并按对方当事人的人数提出副本,上诉于××××人民法院。

审判员 ×××

××××年××月××日

(院印)

本件与原件核对无异

书记员 ×××

注:"(××××)×海法初字第××号"中,"(××××)"为年份,"×海法"为海事法院简称,"第××号"为案件编号。

附录二:案例分析

1. 协议管辖的效力[①]

【案情简介】

上诉人(原审被告):连云港远洋运输有限公司(下称"连云港远洋公司")

被上诉人(原审原告):中国人民财产保险股份有限公司大连市分公司(下称"中国财保公司大连分公司")

原审被告:青岛远洋运输有限公司(下称"青岛远洋公司")

2011年9月13日,营口利远物流有限公司(下称"利远公司")作为租方与船方青岛远洋公司签订一份《航次期租合同》,约定利远公司航次期租青岛远洋公司所属的"德平海"轮从事营运活动,受载期为约2011年9月25日至2011年10月5日,租期为1个期租航次。

2011年9月19日,利远公司作为承运人与托运人双胞胎(集团)股份有限公司(下称"双胞胎公司")签订一份《航次货物运输合同》,约定:本合同未尽事宜及履约过程中发生的任何纠纷,由双方协商解决,若双方未能达成一致意见,

① 参见(2013)粤高法立民终字第65号民事裁定书。

由大连海事法院诉讼解决。合同同时注明:“德平海”轮起运港为辽宁省营口市的鲅鱼圈港,到达港为广东省广州市的广州新港。

2011年9月14日,中国财保公司大连分公司作为保险人与投保人(被保险人)双胞胎公司签订一份保单号为PYDS20112102180000629《国内水路货物运输保险单》,约定由中国财保公司大连分公司为“德平海”轮所承载的涉案货物承担保险责任。

由于连云港远洋公司、青岛远洋公司作为货物运输的承运人,未能将货物安全运抵目的港交付双胞胎公司。中国财保公司大连分公司作为保险人向被保险人双胞胎公司支付保险赔款后,依法取得向责任人追偿的权利,于2012年10月8日向法院提起代位诉讼。

一审中,连云港远洋公司提出管辖权异议,认为依照合同中的协议管辖条款,本案应移送大连海事法院审理。

一审法院认为,中国财保公司大连分公司并非利远公司与双胞胎公司签订的《航次货物运输合同》中协议管辖条款的当事人,该协议管辖条款并非其意思表示,在中国财保公司大连分公司未明确表示接受的情况下,该协议管辖条款对其不具有约束力。因此,连云港远洋公司的申请没有事实和法律依据,不能成立。

连云港远洋公司不服,向广东省高级人民法院提出上诉。高院裁定驳回上诉,维持原裁定。

【问题思考】

(1) 本案的协议管辖条款是否有效?依据是什么?

(2) 如果协议有效,那么该协议对谁有效?

(3) 如果协议无效,那么案件应如何进行诉讼?

【案例简析】

本案的焦点在于管辖协议的效力是否及于非协议当事人。利远公司与双胞胎公司就《航次货物运输合同》达成合意,合同没有违反相关法律,双方当事人具备应有的民事行为能力,合同成立并生效。其中的协议管辖条款也一并成立且生效,但仅约束合同的相关当事方。原审原告中国财保公司大连分公司与原审被告连云港远洋公司并没有达成管辖协议,协议管辖合同的当事人是利远公司与双胞胎公司,因此,管辖协议只及于利远公司和双胞胎公司,其他方不受该协议管辖条款的约束。

在没有协议管辖的情况下,应按照法律规定,确定管辖法院。本案货物运输目的地为广州港,根据最高人民法院法释[2001]27号《关于海事法院受理案件范围的若干规定》第11条的规定,本案属于原审法院辖区。根据《海事诉讼特别程序法》第6条第1款,原审法院作为运输目的地海事法院对本案享有管辖权。

2. 提单背面条款的协议管辖[1]

【案情简介】

原告：中国平安保险公司（简称“平保公司”）

被告：香港友航轮船有限公司（简称“友航公司”）

1994年4月中旬，托运人五矿贸易有限公司（简称“五矿公司”）在中国南京港通过其代理江苏远洋公司，向友航公司经营的“郁金香”轮托运价格条件为CIF马来西亚槟城307美元的钢板。同时，在提单中以提单背面的管辖条款约定“所有与提单有关的争议事宜，须在船旗国解决，或由承运人和货方双方同意的地方解决”，承运船舶“郁金香”轮系在巴拿马注册，悬挂巴拿马的旗帜。

友航公司在南京港的代理人中国外轮代理公司代理友航公司签发了抬头为友航公司的二套已装船清洁提单。4月20日，五矿公司就上述货物向平保公司投保海上货物运输一切险，平保公司签发货物运输保险单二份。

收货人荣达公司通过付款获得上述二套经完整空白背书的提单及所附保险单等单证。在凭提单向“郁金香”轮提取钢材时，发现由该轮承运的钢材严重被腐蚀。平保公司在冲减货物残值拍卖款后，于同年12月30日以保险金额按确定的贬值率向荣达公司赔偿货损额289626.05美元，后荣达公司向平保公司出具了权益转让书。平保公司凭借托运人空白背书的指示提单和收货人的权益转让书，以友航公司为被告，向武汉海事法院提起诉讼。

【问题思考】

（1）提单背面的管辖协议效力如何？

（2）武汉海事法院是否有权受理本案？如果可以受理，该如何对提单背面的管辖权条款进行解释？

【案例简析】

本案主要涉及提单背面管辖权条款的效力问题。提单背面的管辖权条款是当事人约定管辖的协议。各国对于该约定的态度不一，我国也不完全承认提单背面的管辖权条款。

现代的提单，承运人直接把管辖权条款印在提单背面，交给托运人，托运人无法立即注意到，或者即使注意到也无法抗拒。所以，有的国家认可提单管辖权条款的效力，有的国家不认可，或者即使认可，也有极为严格的标准。例如，英国要求提单管辖权条款用特别醒目的字体标出，并需要在口头上专门作出解释。

我国尊重当事人的协议管辖约定，但对于当事人关于管辖的约定，也有一定

---

① 参见北大法律信息网，引证号：CLI. C. 876571。

限制：

（1）有关涉外合同或者涉外财产权益纠纷的当事人必须选择与争议有实际联系的地点的法院管辖。

（2）选择在我国法院管辖的，不得违反我国民诉法关于级别管辖和专属管辖的规定。

此处与争议有实际联系的地点，是指合同签订地、履行地、诉讼标的物所在地、当事人所在地或被告可供扣押的财产所在地。提单中约定的管辖地点是船旗国巴拿马，显然与运输合同争议没有任何实际联系，不符合我国《民事诉讼法》第34条的规定，此约定是无效的。同时，《最高人民法院关于涉外海事诉讼管辖的具体规定》明确规定："因海上运输合同纠纷提起的诉讼，合同在我国签订或履行的，货物的装货港、卸货港、目的港、船舶中途停泊港……为我国港口的，我国法院可以管辖"。

本案的原告、被告的货运代理人、提单签发地、货物装载地均在中国境内，被告系香港注册的公司，故提单背面的管辖条款与争议的事实没有实际联系。且原告、被告之间也就本案纠纷的管辖达成合意，因此，原告可以向任何有管辖权的法院提起诉讼。本案是海上运输合同货物纠纷，应由海事法院管辖。货物的装货港为中国南京港，属于武汉海事法院管辖区域。综上，武汉海事法院拥有本案的管辖权。

第三章　海事请求保全

导读　为使判决的执行得到保障，避免败诉方通过转移财产等方式造成没有财产可供执行的窘境，海事请求人通常会在诉讼前或者诉讼过程中申请扣押被请求人的船舶、船载货物或冻结银行存款等财产，达到冻结被请求人资产、保障判决能够得到执行的目的。本章在厘清海事请求保全的性质特点后，将对扣押船舶、强制拍卖船舶、扣押船载货物、强制拍卖船载货物四种最为主要的海事请求保全措施分节进行介绍。各类海事请求保全的申请条件和程序是本章学习的重点。

关键词　海事请求保全　财产保全　扣押船舶　扣押船载货物　货物留置权

第一节　海事请求保全概述

一、海事请求保全的概念与特点

海事请求保全是指海事法院在诉讼开始前或诉讼开始后，应海事请求人的申请，为保证将来判决的顺利执行，而对争议财产或与案件有关的财产依法采取的各种强制性保护措施的总称。[①] 作为财产保全在海事诉讼中的特殊形态，海事请求保全是海事程序法中最为重要的内容之一，也是保证海事请求人所受损害得到赔偿的最有效的法律手段之一。

与民事诉讼中的财产保全一样，设立海事请求保全制度的目的也是为了保证将来依法作出的生效判决能够全面地、顺利地得到执行，从而维护生效判决的严肃性和权威性，真正地保护胜诉一方当事人的合法权益。

作为财产保全的一种特殊形态，海事请求保全不同于一般财产保全的特殊性体现在：

（一）保全的依据不同

根据《民事诉讼法》第 100 条、第 101 条的规定，诉讼中的财产保全，人民法院可以根据当事人的申请作出裁定，也可以依职权主动作出裁定；诉讼前的财产

---

① 参见《海事诉讼特别程序法》第 12 条。

保全必须由当事人申请。而海事请求保全,不论诉讼前还是诉讼中,都必须由海事请求人提出申请,海事法院不得依职权主动采取海事请求保全措施。

(二) 保全的范围不同

保全的范围即保全对象的范围,当事人申请保全的目的或原因决定了保全的具体范围。因此,被保全的财产必须是本案的诉讼标的物,或是属于被申请人所有并与本案有牵连的财物。① 但在海事请求保全中,尤其是在船舶扣押中,并不强调被保全的财产与所诉海事请求案件的牵连性,只要求为被请求人所有即可。扣押船舶的情况下,被扣船舶甚至不一定为被请求人所有,可以是被请求人光船租赁的船舶。

(三) 保全的措施不同

一般财产保全采取查封、扣押、冻结或者法律规定的其他方法。② 而海事请求保全主要是扣押,尤其是船舶扣押。船舶扣押与普通财产的扣押相比,具有特殊性。船舶的流动性决定了法院裁定扣押船舶时,必须及时通知船舶所停港口的管理当局,要求船舶不得离港。船舶需要经过登记,因此就要向船舶登记机关报备该船已被扣押,从而禁止船舶在扣押期间被恶意买卖。

二、海事请求保全的管辖

海事请求保全是为了保全海事请求而采取的强制措施,无论是不是独立的案件,均属于海事案件的范畴,由海事法院专门管辖。因此,海事请求人必须向海事法院提出海事请求保全申请,海事请求保全措施也必须由海事法院采取。当然,由于海事法院所在地的高级人民法院和最高人民法院审理海事案件时也适用《海事诉讼特别程序法》,因此,高级人民法院和最高人民法院审理的海事案件需要海事请求保全时,也可以采取海事请求保全措施。

关于诉讼前的海事请求保全的管辖问题,根据《海事诉讼特别程序法》第 13 条、第 14 条的规定,应当由被保全的财产所在地海事法院管辖,并且不受当事人之间关于该海事请求的诉讼管辖协议或者仲裁协议的约束。

关于诉讼中的海事请求保全的管辖问题,《海事诉讼特别程序法》没有明确规定,而《民事诉讼法》规定,应由受理实体案件的法院裁定实施。③

海事请求保全执行后,有关海事纠纷未进入诉讼或者仲裁程序的,当事人就该海事请求提起诉讼,由采取海事请求保全的海事法院或者其他有管辖权的海事法院管辖,但当事人之间订有诉讼管辖协议或者仲裁协议的除外。④ 应当注

---

① 参见《民事诉讼法》第 102 条。

② 参见《民事诉讼法》第 103 条。

③ 参见《民事诉讼法》第 100 条。

④ 参见《海事诉讼特别程序法》第 19 条。

意的是,采取海事请求保全措施的法院对引起海事请求保全的实体海事纠纷并没有取得专属管辖权。海事法院准许海事请求保全,也并不意味着肯定了海事请求人的实体诉讼请求。

三、海事请求保全的基本程序

(一) 保全的申请

海事请求人申请海事请求保全,应当向海事法院提交书面申请。申请书应当载明海事请求事项、申请理由、保全的标的物以及要求提供担保的数额,并附有关证据。①

1. 申请的形式

海事请求保全的申请必须采用书面形式。对于"书面形式"的具体含义,《民事诉讼法》和《海事诉讼特别程序法》中均没有明确的规定。海事司法实践中,海事法院一般要求请求人以申请书的形式提出海事请求保全申请。在特别紧急的情况下,有的海事法院也接受传真等其他形式的申请,但要求申请人随后及时提供申请书的原件。

2. 申请书的内容

申请书的内容包括:海事请求事项、申请理由、保全的标的物以及要求提供担保的数额,此外还需附上有关证据。

海事请求事项,是指所要保全的具体海事请求,即海事请求案件的诉求,如货物损害赔偿、人身伤害补偿、共同海损分担等。申请理由,既要写明产生海事请求的基本事实,更要说明采取保全措施的必要性。保全的标的物,即保全的对象,包括船舶、船载货物、船用燃油、船用物料等。申请书中应尽可能详细地说明保全标的物的具体情况,以便将来保全措施的顺利执行。要求提供担保的数额,是指被请求人为解除保全而应提供的担保数额,应当与债权数额相当,但不得超过被保全的财产价值。另外,申请书中所附的有关证据仅需初步证据,能够证明其海事请求的存在以及海事请求保全的必要性即可。

(二) 申请的担保

海事法院受理海事请求保全申请,根据具体情况,可以责令海事请求人提供担保。提交一定数额的担保是为防止海事请求人恶意申请,或者在请求人错误申请而造成被请求人的损失时给予被请求人以相应赔偿。如果海事法院认为海事请求人应该提供担保而海事请求人拒不提供的,应驳回其海事请求保全申请。②

---

① 参见《海事诉讼特别程序法》第 15 条。

② 参见《海事诉讼特别程序法》第 16 条。

1. 是否提供担保

是否要求海事请求人提供担保,由海事法院根据具体情况决定。海事法院责令海事请求人提供担保,是为使当事人慎重申请,以及弥补申请错误造成的损失。《民事诉讼法》中,诉前财产保全必须提供担保,诉中可以责令提供。《海事诉讼特别程序法》在诉讼前、诉讼中的财产保全是否需要担保由海事法院决定,较之《民事诉讼法》,规定更为宽松,更便于海事请求人申请海事请求保全。

2. 担保的方式及数额

海事请求人的担保应当提交给海事法院。海事请求人提供的担保,其方式、数额由海事法院决定。[①] 公平正义原则要求担保的方式要恰当,担保的数额也要适中,应相当于因海事请求人的申请可能给被请求人造成的损失,具体数额由海事法院决定。[②]

担保的具体方式可以是现金或者保证、抵押或者质押。虽然法律规定海事法院有权决定担保形式,但无论海事请求人提供何种形式的担保,只要是真实可靠的,海事法院都应充分尊重海事请求人的意愿,否则会给海事请求人申请保全设置障碍,无法实现海事请求保全的初衷。

(三)裁定、复议和异议

海事法院接受海事请求保全的申请后,应当在 48 小时内作出裁定。裁定采取海事请求保全措施的,应当立即执行;对不符合海事请求保全条件的,裁定驳回其申请。[③]

海事请求保全申请通常在时间比较紧迫的情况下提出,或者被请求保全的船舶、货物有移动出海事法院管辖范围的可能。海事法院接受申请后及时作出裁定,可以避免被申请扣押的船舶逃离管辖范围,或被申请扣押的货物被转卖或处理。法院对申请只进行形式审查,审查的范围主要包括:海事请求是否合法,请求人提交的证据是否真实,是否有必要采取保全措施,以及请求人提供的担保是否真实可靠。

海事法院作出裁定后,当事人对裁定不服的可以向海事法院申请复议一次。复议申请应当在收到裁定书之日起 5 日内提出。海事法院应当在收到复议申请之日起 5 日内作出复议决定。复议期间不停止裁定的执行。

除海事请求保全请求人与被请求人之外的利害关系人,认为海事法院的裁定损害了自己权益的,可以向海事法院提出异议。例如,案外人提出异议,认为

---

① 参见《海事诉讼特别程序法》第 74 条、第 75 条。

② 参见《海事诉讼特别程序法》第 76 条第 2 款。

③ 参见《海事诉讼特别程序法》第 17 条第 1 款。

被保全的船舶或货物不属于被请求人所有,而属于案外人。异议的提出没有明确的时间限制。海事法院经审查,认为理由成立的,应当解除对利害关系人财产的保全措施;认为理由不成立的,应当书面通知利害关系人。

(四)解除保全

在以下情形下,海事法院将解除海事请求保全:

1. 被请求人提供担保

海事请求保全是为保障海事请求的实现而设立的,若被请求人提供相应担保,同样能够达到保全之目的。此时,就应当解除海事请求保全,使得被请求人能够继续营运。请求人可以就担保的方式和数额与被请求人进行协商,双方无法达成一致时,由海事法院决定。被请求人提供的担保可以交给海事法院,也可以交由海事请求人。

被请求人担保的具体数额有两个标准:第一,应当与海事请求人的债权数额相当;第二,不得超过被保全的财产价值。①

担保提供后,提供担保的人有正当理由的,可以向海事法院申请减少、变更或者取消该担保。② 所谓的正当理由是指:(1)海事请求人请求担保的数额过高;(2)被请求人已采取其他有效的担保方式;(3)海事请求人的请求权消灭。

2. 当事人、利害关系人有正当理由申请解除海事请求保全

当事人指海事请求人和被请求人。海事请求人申请解除保全的原因有:与被请求人通过协商解决了争议、认为保全错误或者已经没有必要、被请求人已经向请求人提供了担保等。被请求人申请解除保全的原因一般有:认为保全请求错误、已经提供了担保而财产没有被解除强制措施、已经与海事请求人达成协议而后者没有向海事法院申请解除保全等。利害关系人申请解除保全的原因有:认为标的物不应被保全。

认为保全错误而申请解除保全通常应与申请复议同时提出。当事人与利害关系人申请解除海事请求保全的,海事法院应当进行审查,认为理由成立的,才可以解除保全。

3. 海事请求人未在规定的期间内提起诉讼或者未按照仲裁协议申请仲裁

海事请求保全制度扣押了被请求人的财产,可能会给其带来经济损失。特别是扣押船舶后,由于船舶必须停止营运,被请求人不仅需要每日支付必要的维持费用,还会丧失预期的可得利益。因此,请求人在保全措施采取后,必须及时提起诉讼或申请仲裁以实现其海事请求。根据《最高人民法院关于适用〈海事

① 参见《海事诉讼特别程序法》第 76 条第 1 款。

② 参见《海事诉讼特别程序法》第 77 条。

诉讼特别程序法〉若干问题的解释》第 25 条的规定，扣押船舶的期限为 30 天，扣押货物或者其他财产的期限为 15 天。海事请求人若未在上述期限内提起诉讼或者申请仲裁，无须被请求人申请，海事法院应当及时解除保全或者返还担保。但海事请求人和被请求人协议进行和解或者协议约定了担保期限的，海事法院可以根据海事请求人的申请，裁定认可该协议。

（五）海事请求保全错误的责任承担

无论是诉讼前还是诉讼中的海事请求保全，均是在事实尚未完全查清、法律关系不完全确定、当事人责任不完全明确的情况下作出的，因此申请海事请求保全错误的可能性是存在的。为了保护被请求人的合法权益，也为了避免海事请求人对保全程序的滥用，法律规定保全错误时，海事请求人应当承担赔偿被请求人或利害关系人相应损失的责任。①

1. 海事请求保全错误的表现形式

（1）请求人不具有海事请求权。海事请求保全的目的是保全请求人的海事请求，因此具有海事请求权是申请海事请求保全的实质要件。请求人不具有海事请求权的具体表现形式有两种：一是请求人不具有申请海事请求保全的主体资格，在诉讼结果上体现为原告不具有主体资格而被驳回起诉；二是保全所依据的海事请求不成立，在诉讼结果上体现为诉讼请求不成立而被驳回起诉。

（2）被请求人对海事请求不负责任。这里所说的被请求人对海事请求不负责任，是指完全不负责任。即使被请求人对海事请求负有很小的责任，也不能认定保全申请错误。被请求人对海事请求不负责任也有两种具体表现形式：一是被请求人不是义务主体，体现在诉讼结果上是被告不合格，无须对原告的诉讼请求负责；二是被请求人不负有支付有关款项的义务，体现在诉讼结果上就是被告对原告的诉讼请求不负责任。

（3）海事请求保全的对象错误。海事请求保全的财产范围有严格的限制，根据《海事诉讼特别程序法》的规定，扣押船舶的范围仅限于被请求人所有的或光船租赁的船舶，扣押船载货物的范围仅限于被请求人所有的货物。保全法律规定范围之外的财产，便属于保全对象错误。

2. 海事请求错误的赔偿

（1）请求扣押船舶错误的赔偿。请求扣押船舶错误造成的损失，包括船舶因被扣押在停泊期间产生的各项维持费用与支出、船舶被扣押造成的船期损失和被请求人为使船舶解除扣押而提供担保所支出的费用。②

---

① 参见《海事诉讼特别程序法》第 20 条。

② 参见《最高人民法院关于适用〈海事诉讼特别程序法〉若干问题的解释》第 24 条。

（2）请求扣押船载货物错误的赔偿。请求扣押船载货物错误的，请求人应当赔偿有关损失。这些损失应当是实际损失，它与请求扣货行为之间应具有直接的因果关系。它一般包括货物损失、市场损失、利润损失、违约金损失、工厂停工待料损失、仓储保管费用、担保费用和利息损失。

第二节　船舶扣押

一、船舶扣押概述

（一）船舶扣押的概念

有学者认为，船舶扣押从法律形态上可分为公法性质和私法性质的扣押两类。[①] 公法性质的扣押如海关为打击海上走私犯罪、港口当局为行使行政职权等扣押船舶。私法性质的扣押指因民商事纠纷而申请法院扣押船舶，即为保全海事请求而对船舶作出的任何滞留或其他任何限制。这种划分并不十分准确。简单地说，船舶扣押都是国家机关依照法律规定的职权进行的，将有关政府行政管理机关实施的扣押定性为行政扣押，将法院依保全请求而扣押船舶定性为司法扣押更为合适一些。

有些国际公约专门针对保全中的扣船进行了规定。例如，《1952 年扣船公约》将扣押定义为“依照法律程序扣押船舶，以便保全海事请求，但不包括因执行或满足一项判决而扣押船舶”；《1999 年扣船公约》在《1952 年扣船公约》的基础上，进一步排除了为执行或履行包括仲裁裁决在内的法院判决之外的可执行文书而进行的扣船。

但是，有观点认为，这两个公约的定义均没有将海事请求人为获得担保而实施的扣船与为行使物权而实施的扣船区别开来。[②] 根据我国《海事诉讼特别程序法》第三章的规定，我国的船舶扣押是诉讼（仲裁）保全性的扣船。

（二）我国扣船制度的历史发展

扣船制度作为一种特殊的海事司法制度和海事请求保全方式，是我国移植外国法律制度的一大成果。1981 年《最高人民法院在扣船规定出台前关于扣船程序的批复》初步规定了法院办理扣船案件的做法。[③] 1982 年《民事诉讼法（试行）》使船舶扣押有了法律依据，但只规定了依一般财产保全程序扣船，未考虑到船舶及海事案件的特殊性。

---

① 参见韩立新、袁绍春、尹伟民编著：《海事诉讼与仲裁》，大连海事大学出版社 2007 年版，第 39 页。

② 参见杨树明主编：《民事诉讼法 · 海事诉讼特别程序篇》，厦门大学出版社 2008 年版，第 43 页。

③ 该批复已被 1994 年最高人民法院《关于海事法院诉讼前扣押船舶的规定》废止。

1986年1月31日,最高人民法院颁布了《关于海事诉讼前扣押船舶的具体规定》(以下简称《1986年扣船规定》),对海事请求权及可扣押船舶的范围、申请扣船的程序、送达和执行、扣船费用、扣船和诉讼的关系等作出了较详细的规定。其中的诉前扣船程序,突破了《民事诉讼法(试行)》中诉讼保全的规定,为我国民事诉讼制度确立诉前财产保全进行了开拓性实践。1991年《民事诉讼法》及1993年《海商法》颁行以后,1994年最高人民法院制定了《关于海事法院诉讼前扣押船舶的规定》(以下简称《1994年扣船规定》),对《1986年扣船规定》进行了修改,使之与《民事诉讼法》及《海商法》的规定相协调,并扩大了船舶扣押的范围,增加了有关重复扣船的规定。

(三)各法系扣船制度介绍

1. 英美法系的扣船制度

对物诉讼是英美法系扣船制度的理论基础和程序方式。研究船舶扣押问题必定涉及对物诉讼理论,因为在英美法系国家里,船舶扣押是对物诉讼的典型形式,是其不可分割的一部分。实际上对物诉讼最初起源于英国的海事法,原为海事法上一种特有的诉讼制度,随着海事审判实践的发展,才逐渐跨出海事范畴,进入其他民事法律关系领域,形成了一种与对人诉讼并存的诉讼制度。在英美法系国家里,扣船是对物诉讼的主要内容,以扣船这一强制手段为中心,建立了对物诉讼的完整模式。

英国对物诉讼的发展很大程度上要归因于船舶的拟人化理论,即当船舶发生碰撞或其他事故造成损害时,船舶本身即被认定为加害人,受害人可将船舶当作被告提起诉讼。尽管英国学者也不得不承认,船舶本身只不过是致害工具,并没有行为能力,[①]但由于这种做法对保护受害人利益有一定积极作用,为受害人提供了诸多诉讼上的方便,特别是当不能提起对人诉讼时,如在受害人无法确知加害船舶所有人或英国法院的对人管辖权受到限制的情况下,提起对物诉讼无疑是受害人在英国进行诉讼的有利选择。正是由于这些原因,对物诉讼被英国及其他英美法系国家一直沿用至今。对物诉讼发展到今天,已不仅限于只能对当事船提起,而且可以对"姊妹船"及对货物或运费提起。[②]

2. 大陆法系的扣船制度

诉讼保全制度是大陆法系扣船制度的理论基础与程序方式。英美法系的扣押船舶是对物诉讼程序上的一个部分或手段,理论根源于船舶拟人化学说;大陆法系则否认物的当事人资格,理论根源于诉讼保全制度。

---

① See D. R. Thomas, Maritime Liens, London Steven & Sons, 1980, p. 63.

② See D. C. Jackson, Enforcement of Maritime Claims, Second Edition, Lloyd's of London Press, 1996, p. 11.

大陆法系国家的船舶扣押属于财产保全处分程序中的假扣押措施，即债权人在取得对债务人的胜诉判决以前，可以申请扣押债务人的财产。若之后胜诉，这笔财产或相当于这笔财产的等价物即成为债务人偿还债务的担保。

大陆法系的假扣押具有以下特点：

第一，假扣押的性质属于财产保全措施，其目的是以财产的保全换取金钱债权的实现。只有在如不实施假扣押，则判决无法执行或难于执行的情况下，才可以实施对物的假扣押。

第二，假扣押的适用对象广泛，包括动产和不动产。在大陆法系的理念中，船舶与被申请人所拥有的其他财产没有本质的区别。因此，船舶并没有从假扣押的财产中单列出来。

第三，假扣押的解除方式单一。德国法中担保放船的方式主要是提存，即以提存金额的方式作为释放船舶的担保。

第四，船舶扣押与管辖权无关。不同于英美法系的做法，大陆法系国家没有对物诉讼制度，船舶扣押并不确立诉讼管辖权。

第五，以船舶所有人负有责任为前提，大陆法系未将船舶进行拟人化的处理。船舶扣押是针对人所承担的责任的担保，因此，船舶扣押要以船舶所有人负有责任为前提。英美法系国家因为有船舶的拟人化理论，船舶可以成为被告。因此，船舶扣押不以船舶所有人负有责任作为前提。

3. 我国的扣船制度

自我国 1984 年建立海事法院以来，诉前扣船等海事请求保全也逐步应用于实践。《海事诉讼特别程序法》借鉴相关国际公约和国际惯例，并结合我国海事审判实践，确立起了具有中国特色的扣船制度。从总体上说，我国船舶扣押制度类似于大陆法系的假扣押制度，以对人诉讼理论解释船舶扣押，但又在一些规定上参照了英美法系的对物诉讼。例如，我国海事请求保全针对的是被请求人的财产，如船舶、船载货物，而非船舶责任人。[①]

对于可以申请扣船的海事请求，我国采取“封闭式为主，开放式为辅”的模式。《海事诉讼特别程序法》列举的 22 项海事请求严格限制了可以申请扣船的事由，而“为执行判决、仲裁裁决、其他法律文书”可以不局限于此 22 项海事请求，具有一定的开放性。

对于因扣船而产生的管辖，一方面，确立扣船法院对案件具有管辖权；另一方面，也不排除其他法院对案件的管辖权。同时，在双方有管辖协议之时，协议管辖优先。

① 《海事诉讼特别程序法》第 12 条规定：“海事请求保全是指海事法院根据海事请求人的申请，为保障其海事请求的实现，对被请求人的财产所采取的强制措施。”

（四）有关扣船的国际公约

由于各国法律传统不同，扣船制度在发展之初，深受各国国内法律制度的影响，体现出明显的差异，并且最终形成了以大陆法系和英美法系为背景的两大扣船制度，给船东和航运界带来了许多不便。为了消除扣船方面的法律冲突，国际社会多年来一直致力于制定统一的船舶扣押国际公约。

1.《1952 年扣船公约》

为了统一各国扣押船舶的法律规定，规范扣押船舶的海事请求项目，并明确扣押船舶的性质，1952 年海洋法外交大会制定了《1952 年扣船公约》。

《1952 年扣船公约》是两大法系扣船制度相互妥协的产物，既保留了英美对物诉讼的一些基本特点，同时也纳入了大陆法系关于财产保全的有关规定。公约旨在为海事请求人在缔约国范围内申请扣船、保全海事请求提供法律依据，有利于促进船舶扣押制度在国际范围内的统一。该公约的主要贡献体现为：

第一，确定了海事请求的含义，并划定其范围，规定可以申请扣押船舶的 17 类海事请求。

第二，承认扣船法院与案件实体问题审理法院相分离这一现实情况，将建立担保作为扣船制度的核心内容，并允许为执行国外的法院判决或仲裁裁决而在国内扣船取得担保。

第三，规定海事请求人因海事请求既可扣押引起该项请求的当事船舶，也可扣押该船舶所有人的任何其他船舶，解决了扣押“姊妹船”的问题。

第四，协调了两大法系在扣船法院取得实体管辖权问题上的冲突。《1952 年扣船公约》对扣船管辖采取了折中的办法，规定如扣船地国家法律赋予法院以管辖权，或出现了公约所列的 6 种情况之一，扣船国家的法院得就该扣船案件的实体问题作出判决。同时，公约在授权扣船法院取得管辖权的同时，也不排除有管辖权的法院或仲裁庭行使管辖权，即承认扣船法院与案件实体问题审理法院分离这一现实情况。

该公约于 1956 年 2 月 24 日生效，共有七十多个国家参加，但由于日本、美国、中国、澳大利亚、加拿大、俄罗斯以及多数拉美国家都没有参加，故公约并未能达到国际普遍接受的要求。

2.《1985 年扣船公约草案》

随着国际航运技术及运输方式的发展，《1952 年扣船公约》因其在海事请求的范围、对被扣船舶所有人和光船租赁人权利的保护、重复扣船和多次扣船等方面的局限性，已难以适应国际航运发展的需要。为此，国际海事委员会（CMI）在

20 世纪 80 年代开始了对扣船公约的修改工作。[①] 由国际海事委员会执行理事会成立的《1952 年扣船公约》委员会对公约进行了全面审查,并起草了新的公约草案,即《1985 年扣船公约草案》。该草案在 1985 年国际海事委员会第 32 届大会上获得通过,但因当事国意见不合,至今仍是草案。

《1985 年扣船公约草案》从以下几方面修订了《1952 年扣船公约》:

第一,对海事请求权范围采用定义加列举方式说明,列举的具体请求权内容增加到 20 项。《1952 年扣船公约》只采用了列举的方式,具体海事请求权内容只有 17 项。

第二,增加了对被扣船所有人和光船承租人的保护条款。

第三,对重复扣船和多次扣船作了规定。

第四,取消了确定管辖权的两个标准,明确扣船地法院从实体方面拥有对案件的管辖权。但公约第 7 条同时规定,当事人有效的管辖协议和仲裁协议可以排除扣船法院的管辖权。

《1985 年扣船公约草案》的意义在于为扣船制度国际立法的发展提供了一个新思路。

3.《1999 年扣船公约》

联合国贸发会和国际海事组织合设政府间专家组于 1994 年 2 月、1995 年 10 月和 1996 年 12 月召开了三届会议,通过了一个新的国际扣船公约草案,并提交联合国大会审议。1999 年 3 月在外交大会的全体会议上一致通过《1999 年扣船公约》,它也是联合国在 20 世纪制定的最后一个海运国际公约。

该公约共 17 条,其中第 1 条至第 9 条为实质性条款,其余为公约的批准、加入、退出等程序性规定。公约全面规定了据以扣船的海事请求项目、扣押当事船的条件、扣押权的行使、被扣船舶的释放、重复扣船、多次扣船和错误扣船,以及对被扣船舶所有人的保护等问题。

新公约下,扣船的目的仍是双重的:获得担保和取得管辖权。在扣船与案件实体管辖问题上,《1999 年扣船公约》对《1952 年扣船公约》作了较大改动,普遍赋予了扣船地法院审理实体案件的管辖权。《1999 年扣船公约》第 7 条第 1 款规定:"扣船实施地国法院或用以使船舶获释的担保提供地国法院,应具有审理案件实体问题的管辖权,但各方当事人有效地约定或已经有效地约定将争议提交接受管辖权的另一国法院或付诸仲裁者除外"。即只有在当事人之间存在有效的管辖或仲裁协议时,才可能排除扣船法院的管辖权。

该公约是各海运国相互妥协的产物,适应了国际经贸和航运的发展形势,基本均衡地规范了扣船各方的行为准则,兼顾了扣船法律关系有关各方的利益,体

---

① 参见朱曾杰:《关于对 1952 年扣船公约的修改问题》,载《中国海商法年刊》1994 年版。

现了英美法系国家对物诉讼与大陆法系国家对人诉讼的协调统一。

公约于2011年9月14日生效，目前共10个成员国，日本、美国、中国、澳大利亚、加拿大、俄罗斯等国家都没有参加。

二、扣押船舶的方式

扣押船舶是法院依海事请求人的申请而对船舶采取的强制措施，用以限制对船舶的使用和处分。在海事法院扣押船舶的司法实践中，扣押船舶的实施方式有两种：一种是实际扣押船舶，习惯上称为"即地扣押"或"死扣押"，扣押船舶较多的是采取这种方式；另一种是"活扣押"，作为"死扣押"和不扣押之间折中的扣押方式，"活扣押"对保护和促进航运经济的发展，避免"死扣押"对被扣船舶造成的营运损失有着一定的意义。

（一）死扣押

"死扣押"，是指扣押期间，船舶不能驶离港口，不能投入使用或营运，更不能设立抵押权或进行处分。在"死扣押"中，船舶难以逃脱，船舶灭失、损坏或产生具有船舶优先权的债权的可能性也较小。同时，"死扣押"剥夺了船东对船舶的使用权，进而迫使船东尽快提供担保。因此，"死扣押"的保全效果较好。

然而，"死扣押"也存在一些弊端。船舶一旦被扣押，便不能发挥其使用价值，而且扣押期间船舶还需保留船员并保持供应，还会产生相应的监管费用。船舶所有人无力提供担保的情况下，船舶可能被长期扣押，直至案件终审判决。这一期间可能较长，损失较大。在符合法律规定的条件下，船舶可能在案件审结前被拍卖，造成无法挽回的损失。

在中国，"死扣押"主要适用于外籍船舶和国际运输中的中国籍船舶。主要理由是：外籍船舶不在中国登记，中国海事法院无法要求外国登记机关协助执行，也无法对其进行有效控制。国际运输中的中国籍船舶虽在中国登记，但其航行区域广大，对其监控较为困难，如若不在国内，对其执行也有不便。

（二）活扣押

"活扣押"，是指采取限制船舶所有权或者法律规定的其他方式，限制船舶所有人对船舶的处分权以及获得保险赔偿的权利，但是允许船舶所有人保留对船舶的占有权或使用权。船舶所有人可以在船舶被"活扣押"期间继续使用船舶。

相对于"死扣押"，"活扣押"是一种较为温和的措施。船舶在"活扣押"期间不准被处分，也不准设置抵押，但可以投入营运，创造利润。这不仅可以避免扣押期间的营运收入损失，而且可以避免因扣押而产生的费用损失，这无疑受到被请求人的欢迎。

但是,“活扣押”也存在不少弊端,主要体现为:第一,无法对扣押船舶实施有效控制,不利于将来判决、裁决的执行;第二,由于扣押期间船舶处于营运状态,可能会发生灭失、损坏的危险,并可能产生具有优先权的债务,影响到保全请求人债权的实现;第三,船舶扣押期间会因债务纠纷而被其他海事法院扣押,产生一些难以协调的程序方面问题。

考虑到以上因素,《海事诉讼特别程序法》第27条对“活扣押”作了规定:“海事法院裁定对船舶实施保全后,经海事请求人同意,可以采取限制船舶处分或者抵押等方式允许该船舶继续营运。”即法律将是否采用“活扣押”的选择权交给了海事请求人,海事请求人的同意是采取“活扣押”的必要条件。

为了减少“活扣押”的风险,进一步完善“活扣押”制度,充分保护海事请求人的利益,法律将“活扣押”限定在中国籍船舶的国内航线内,并且营运范围限制在完成本航次。① 将“活扣押”的营运范围限制在完成本航次,使“活扣押”期间船舶灭失、损坏和产生具有优先权的债务的可能性降到最低限度,但也大大缩减了“活扣押”的适用范围。

采取“活扣押”方式时,还有两个必须注意的问题:第一,应充分重视船舶登记机构的协助,由海事法院通知其不予办理该船舶变更船籍港、转让所有权、设置抵押权的登记;第二,确保船舶保险合同处于有效状态,避免船舶在“活扣押”期间因船舶的灭失、损坏等造成判决的无法执行。

三、扣押船舶的条件

(一) 实质条件

扣押船舶属于海事请求保全的一种,因此具备海事请求保全的所有特点。同时,由于船舶相对于其他财产有其特殊性,扣押船舶的条件也有不同于一般海事请求保全之处。具体而言,扣押船舶应具备以下条件:

1. 请求人具有法定的海事请求

根据《海事诉讼特别程序法》第21条和第22条的规定,除非海事请求人拥有下列海事请求,否则不得因保全目的而扣押船舶:

(1) 船舶营运造成的财产灭失或者损坏;

(2) 与船舶营运直接有关的人身伤亡;

(3) 海难救助;

(4) 船舶对环境、海岸或者有关利益方造成的损害或者损害威胁;为预防、

① 《最高人民法院关于适用〈海事诉讼特别程序法〉若干问题的解释》第29条规定:“海事法院根据海事诉讼特别程序法第二十七条的规定准许已经实施保全的船舶继续营运的,一般仅限于航行于国内航线上的船舶完成本航次。”对于“航行于国内航线上的船舶”,根据《海商法》第4条,国内港口之间的海上运输和拖航,只能由悬挂中华人民共和国国旗的船舶经营。

减少或者消除此种损害而采取的措施;为此种损害而支付的赔偿;为恢复环境而实际采取或者准备采取的合理措施的费用;第三方因此种损害而蒙受或者可能蒙受的损失;以及与本项所指的性质类似的损害、费用或者损失;

(5) 与起浮、清除、回收或者摧毁沉船、残骸、搁浅船、被弃船或者使其无害有关的费用,包括与起浮、清除、回收或者摧毁仍在或者曾在该船上的物件或者使其无害的费用,以及与维护放弃的船舶和维持其船员有关的费用;

(6) 船舶使用或者租用的协议;

(7) 货物运输或者旅客运输的协议;

(8) 船载货物(包括行李)或者与其有关的灭失或者损坏;

(9) 共同海损;

(10) 拖航;

(11) 引航;

(12) 为船舶营运、管理、维护、维修提供物资或者服务;

(13) 船舶的建造、改建、修理、改装或者装备;

(14) 港口、运河、码头、港湾以及其他水道规费和费用;

(15) 船员的工资和其他款项,包括应当为船员支付的遣返费和社会保险费;

(16) 为船舶或者船舶所有人支付的费用;

(17) 船舶所有人或者光船承租人应当支付或者他人为其支付的船舶保险费(包括互保会费);

(18) 船舶所有人或者光船承租人应当支付的或者他人为其支付的与船舶有关的佣金、经纪费或者代理费;

(19) 有关船舶所有权或者占有的纠纷;

(20) 船舶共有人之间有关船舶的使用或者收益的纠纷;

(21) 船舶抵押权或者同样性质的权利;

(22) 因船舶买卖合同产生的纠纷;

(23) 为执行判决、仲裁裁决以及其他法律文书的,可以不受上述22项海事请求的限制。

请求人具有海事请求是扣押船舶的基础条件。严格限制海事请求的范围,有利于保护被请求人,即船东的利益,鼓励其将更多的人力物力投入到航运业中。此外,基于我国目前的航运市场并不规范,有限的扣船理由能够规范船舶的司法扣押,避免或减少滥扣、错扣的现象,维护航运市场蓬勃、健康的发展。

2. 被请求人对海事请求负有责任

海事请求保全的目的是保障请求人的海事请求权得以实现,因此,要求被请求人必须是对海事请求负有责任的人。如果被请求人对海事请求不负责任，则不能将其财产作为海事请求保全的对象。对此，《海事诉讼特别程序法》第23条作出了非常明确的规定。

值得注意的是，被请求人对海事请求是否负有责任，应当经过案件的实体审理之后才能够得以确定，请求人在申请海事请求保全时，只需要提供初步的证据证明：被请求人是争议法律关系的一方当事人，被请求人负有某项义务。

3. 船舶属于可以扣押的范围

扣押船舶的范围可以分为扣押当事船和扣押姊妹船，但是从事军事、政府公务的船舶不得被扣押。①

(1) 扣押当事船舶

当事船舶即指引起海事请求发生的船舶，如发生船舶碰撞中的船舶、海难救助中的救助船与被救助船等。当事船舶不以发生海事请求的本航次为限，只要是发生海事请求的船舶，无论何时，都属于当事船舶。一旦发生海事请求，当事船舶的身份就被固定下来，时间的间隔、船舶所有人的替换、船舶关系的改变都不影响其作为当事船舶的地位。

扣押当事船舶的情形有：船舶所有人对海事请求负有责任，并且在实施扣押时是该船的所有人；船舶的光船承租人对海事请求负有责任，并且在实施扣押时是该船的光船承租人或者所有人；具有船舶抵押权或者同样性质的权利的海事请求；有关船舶所有权或者占有的海事请求；具有船舶优先权的海事请求。

除船舶优先权、抵押权等有限事由外，要求船舶所有人、光船承租人对海事请求负责，体现了我国海事诉讼的本质是对人诉讼。如果海事申请人不能立即查明被请求人名称，不影响申请的提出，但形式上仍要以“某某轮所有权人”“某某轮光船承租人”的方式列出被请求人。

(2) 扣押姊妹船

属于同一船舶所有权人所有的各船舶之间习惯上互称为姊妹船。《海事诉讼特别程序法》第23条第2款规定：“海事法院可以扣押对海事请求负有责任的船舶所有人、光船承租人、定期租船人或者航次租船人在实施扣押时所有的其他船舶，但与船舶所有权或者占有有关的请求除外。”这里所指的“其他船舶”，就是对海事请求人的海事请求负有责任的人所有的姊妹船。

关于扣押姊妹船需要注意的是：

第一，需要先判断谁是对海事请求负有责任的人，当然，在保全阶段只能是初步判断；

第二，要明确被扣押的船舶必须是属于海事请求责任人所有的船舶；

---

① 参见《海事诉讼特别程序法》第23条。

第三，判断所有权关系的时间界限是扣押船舶之时，而不是产生海事请求权的时间；

第四，与船舶所有权或者占有有关的海事请求，只能扣押当事船，不能扣押姊妹船，因为这两种海事请求都是针对特定船舶的。

4. 有扣押船舶的必要

同一般财产保全措施相同，在诉讼前扣押船舶，条件更加严格，必须是情况紧急，不立即扣押船舶将使海事请求人的合法权益受到难以弥补的损害；在诉讼中申请扣押船舶，必须存在因当事人一方的行为或者其他原因使判决不能执行或难以执行的情况。

至于何谓使判决不能执行或难以执行的情况，何谓情况紧急，得视具体案件而定。一般而言，扣押外国当事人所有的船舶是符合这一条件的。因为外国当事人所有的船舶在我国港口停留的时间通常是短暂的，而且船舶一旦离去可能永远不再回来，等待判决后到外国执行通常是比较困难的。相比之下，对我国当事人所有的船舶进行保全的必要性则小得多。但是，在特殊情况下，如被请求人的信誉较差，或者有迹象表明被请求人要将船舶转让，或者是国内单船公司的船舶，则也有及时扣押以保全海事请求的必要。

（二）形式条件

扣押船舶的形式要件和其他海事请求保全一样，包括提出申请、提供担保等。但是，扣押船舶有一个不同于其他海事请求保全之处，即申请扣押当事船舶而不能立即查明被请求人名称的，不影响申请的提出。这是由船舶经营的特殊性所决定的。船舶尽管必须经过登记而且可以公开查询，但是，由于船舶经营的灵活性和特殊性，在运输、作业时发生纠纷，相对人往往无法立即查明船舶所有人或光船承租人的名称。考虑到这一因素，海事请求人申请扣押当事船舶，即使不能立即查明被请求人名称，也可以提出扣船申请。[①] 此时，申请书中可将被请求人列为“某某船舶的所有人或者光船承租人”。应当注意的是，只有申请扣押当事船舶时才允许不提供被请求人姓名，如果申请扣押姊妹船，则申请书中必须载明被请求人的名称，因为扣押姊妹船是以确定被请求人为前提的。

四、重复扣船和多次扣船

（一）重复扣船

重复扣船，是指依同一海事请求人的申请，基于同一海事请求两次以上扣押同一船舶，或者被请求人所有或光租的其他船舶。关于重复扣押船舶，法律原则

---

① 参见《海事诉讼特别程序法》第25条。

上是禁止的,但是也存在例外情况。

1994 年《最高人民法院关于海事法院诉讼前扣押船舶的规定》禁止因同一海事请求申请扣押被释放的船舶或扣押被请求人所拥有的其他船舶,但是下列情况除外:(1) 同一海事请求所取得的担保性质或金额不当,但担保总额不应超过船舶价值;(2) 担保提供人不能或不可能履行全部或部分担保义务。

这与《1999 年扣船公约》的规定基本相同,但是公约还规定了另一种例外情形,即"被扣押的船舶或早先提供的担保因下述原因之一而被释放:第一,请求人根据合理的原因提出申请或予以同意;第二,请求人无法采取合理的措施阻止释放"。

我国《海事诉讼特别程序法》参照《1999 年扣船公约》,对 1994 年《最高人民法院关于海事法院诉讼前扣押船舶的规定》进行了修正。海事请求人不得因同一海事请求申请扣押已被扣押过的船舶,但有下列情形之一的除外:(1) 被请求人未提供充分的担保;(2) 担保人可能无法全部或者部分履行担保义务;(3) 海事请求人因合理的原因同意释放被扣押的船舶或者返还已提供的担保,或者不能通过合理措施阻止释放被扣押的船舶或者返还已提供的担保。①

在司法实践中,重复扣船的情况其实十分少见。法院通常都要求被请求人提供足额的担保,才会解除对船舶的扣押。重复扣船本来就是对例外情况的规定,是为了在极少数例外情况出现时保护海事请求人的利益。因此,这一制度的存在是有其现实价值的。

《海事诉讼特别程序法》遗漏了关于重复扣押姊妹船的问题,仅规定了不得因同一海事请求申请扣押已被扣押过的船舶,没有规定不得因同一海事请求申请扣押被请求人所有或光租的其他船舶。《海事诉讼特别程序法》草案曾规定,在一定情形下,可重复扣押已被扣押船舶的姊妹船,但是《海事诉讼特别程序法》的最终文本却没有出现此规定。有观点认为这是一个明显的疏漏。② 若出现需要重复扣船的情形,申请扣押已被扣押过的船舶的姊妹船应当是合理的。既然扣押船舶的范围包括当事船舶的姊妹船,那么在符合重复扣押条件的情况下,扣押姊妹船并不违背法理。另外,船舶的流动性决定了要重复扣押同一船舶(特别是外籍船舶)具有一定的难度。如果只允许重复扣押已被扣押过的船舶,那么将使重复扣船的可能性大大减少,降低这一制度的存在价值。

(二) 多次扣船

多次扣船,是指基于不同的海事请求对同一船舶在同一时间内两次以上的扣押。《1999 年扣船公约》和我国《海事诉讼特别程序法》对于多次扣船均没有

---

① 参见《海事诉讼特别程序法》第 24 条。

② 参见金正佳主编:《海事诉讼法论》,大连海事大学出版社 2001 年版,第 151 页。

明确规定。理论上,不同的海事请求是独立的。只要符合扣押船舶的条件,不同的申请人基于各自不同的海事请求都可以申请扣押船舶。多次扣船与重复扣船的根本区别在于扣押所依据的海事请求是否相同。多次不一定重复,重复一定是多次。[①]

民事诉讼程序中,财产保全可以采取查封、扣押、冻结或者法律规定的其他方法。2012 年修正的《民事诉讼法》仅对已被查封、冻结的财产规定不得重复查封、冻结,而未对多次扣船明令禁止。在海事诉讼中,应以准许多次扣船更为妥当,原因在于:

第一,允许多次扣船有利于船舶优先权的适时行使。船舶优先权的行使必须通过法院扣押,即不通过法院扣押产生优先权的船舶,不能行使船舶优先权。[②] 实践中,如果船舶优先权人在申请法院扣押产生优先权的船舶时,该船已因其他海事请求人的申请而被扣押,按照民诉法中已查封财产不得再次查封的规定,前一个扣船的期限可能长达一年或更长的时间,而船舶优先权自产生之日起满一年不行使即消灭。若不能多次扣船,可能导致法律规定的优先权无法实施。

第二,允许多次扣船有利于被请求人及时提供担保,使船舶尽早免于强制措施之累。多次扣船后,被请求人就多个海事请求同时准备担保,如申请银行出保或船东保赔协会出保,担保人需一定的时间进行审查。多次扣船后同时准备多个担保可为尽快释放船舶赢得时间。如不准多次担保,则只能在一次扣船提供担保被释放后进行第二次扣船,再准备第二次担保,这样准备担保的时间会延长很多,船舶被扣的时间也相应延长,不利于保护被请求人的利益。

第三,允许多次扣船有利于公平保护海事请求人的权利。若不允许多次扣船,一部分海事请求权人的权利可能无法得到保护,法律的公平性将受到影响。

在司法实践中,多次扣船的情况也是存在的。例如,在"阿提哥"污染案中,葡萄牙籍货船"阿提哥"轮在大连新港水域触礁搁浅,造成所载原油大量泄漏。受损的一百多户养殖业主及国家海洋主管机关分别向大连海事法院申请扣押"阿提哥"轮。最终,在大连海事法院的协调下,"阿提哥"轮的船东和众多扣船申请人达成了提供担保的协议。在该轮船东通过中国再保险(集团)公司向申请人提供了价值 2 亿元人民币的现金担保后,法院解除了对"阿提哥"轮的扣押。

---

① 参见邢海宝:《海事诉讼特别程序研究》,法律出版社 2002 年版,第 223 页。

② 参见《海商法》第 28 条。

第三节　强制拍卖船舶

一、强制拍卖船舶的含义、性质和特点

（一）强制拍卖船舶的含义

船舶的强制拍卖包括两类，即保全程序的船舶强制拍卖和执行程序的船舶强制拍卖。《海事诉讼特别程序法》第三章所指的强制拍卖是保全程序的船舶强制拍卖。

强制拍卖当事人的财产一般只能在执行程序中进行，即在法院或者仲裁机构对当事人之间的实体纠纷作出判决或者裁决后进行。在诉讼保全程序中，为保证判决或者仲裁裁决的执行，可以对当事人的财产采取查封、扣押或冻结等保全措施，但一般不能对财产作出处分。因此，《民事诉讼法》关于财产保全的规定中并没有拍卖财产的规定。但是，一些特殊性质的财产如果在保全程序中被长期限制使用，将使其价值迅速减少或者丧失。考虑到这一点，法院对季节性商品、鲜活、易腐烂变质以及其他不宜长期保存的物品采取保全措施时，可以责令当事人及时处理，由法院保存价款；必要时，法院可予以变卖，并由法院保存价款。①

海事请求保全程序中所扣押的船舶，具有价值高、折价快的特点，不仅不易被长期扣押，而且拍卖过程中涉及的法律关系非常复杂，仅仅依靠司法解释的一条规定无法满足海事司法实践的需要。因此，《海事诉讼特别程序法》中专门规定了保全程序中强制拍卖船舶的问题。

保全程序的强制拍卖船舶，是指在海事请求保全过程中，法院依申请人的申请，依法定程序，对依法扣押的船舶以竞价方式出售，并通过对船舶价款的保存，用以保证将来作出的生效判决或者仲裁裁决得以执行的强制措施。

（二）强制拍卖船舶的性质

保全程序的强制拍卖船舶，是在当事人之间的债权债务关系尚未确定的情况下进行的，目的是保全海事请求人的海事请求权。因此，强制拍卖船舶在性质上仍然是海事请求保全。

强制拍卖船舶与扣押船舶有着密切的联系。扣押船舶是强制拍卖船舶的前置程序，强制拍卖船舶是扣押船舶在一定条件下的发展和延续。从扣押船舶到拍卖船舶的发展，实际上是保全形态的变化，保全对象由船舶转化为金钱，保全措施由扣押船舶转化为对金钱的保存。作为保全措施，扣押船舶和强制拍卖船

① 参见《最高人民法院关于适用〈民事诉讼法〉若干问题的意见》第 99 条。

舶都是手段，目的在于实现海事请求。

一般情况下，船舶被扣押后，如果被请求人没有提供担保，法院对当事人之间的实体纠纷作出判决后被请求人没有履行债务的，被扣押的船舶可以作为被执行财产。为实现债权人的债权，通常情况下也必须通过拍卖船舶的方式实现，此时的拍卖船舶属于执行措施。因此，有观点认为，保全程序的强制拍卖船舶既是扣押船舶的发展，也是执行程序的提前，一定程度上还具有先予执行的性质。[①] 不过，这种观点忽视了“先予执行”同样需要作出判决或裁决，只不过这种判决或裁决是审理程序中作出的。另外，如果案件最终裁决否定了申请人的请求，则被拍卖船舶的价款应当退还给被请求人。因此，将保全程序中的船舶拍卖看作具有先予执行的性质并不科学。

（三）强制拍卖船舶的特点

1. 强制性

强制拍卖不以拍卖财产所有人的同意为条件，是海事法院根据法律的规定，依照法定程序对特定财产的强制处分。对于强制拍卖船舶的申请，海事法院必须进行审查，认为符合条件的，裁定准许；认为不符合条件的，裁定驳回。申请人的申请是启动强制拍卖船舶的前提，但最终的决定权属于海事法院。

强制性的特点使强制拍卖与意定拍卖区别开来。意定拍卖是财产所有人为实现财产的价值，将财产委托拍卖行或者由自己进行的拍卖。意定拍卖是商业买卖的一种形式。

2. 法定性

拍卖有法定拍卖和意定拍卖之分。依法律规定而进行的拍卖属于法定拍卖，以当事人的意愿而进行的拍卖为意定拍卖。强制拍卖船舶属于法定拍卖，其法定性主要表现在两个方面：

一是条件法定。《海事诉讼特别程序法》规定了拍卖船舶的条件，只有符合规定的条件，才能拍卖船舶。

二是程序法定。《海事诉讼特别程序法》规定了拍卖船舶的具体程序。海事法院拍卖船舶必须严格依照规定的程序进行，不容许随意变更。

3. 公开性

强制拍卖船舶必须依据法定的程序公开进行。《海事诉讼特别程序法》中规定的强制拍卖虽然与《拍卖法》中规定的拍卖不同，但仍然具有普通拍卖的一般特点，即以公开竞价的形式，将财产权利转让给出价最高的人。实际上，强制拍卖船舶对公开性的要求更高，具体体现为法定的通知和公告期限、方式及内容。另外，关于强制拍卖船舶，该法还规定了船舶展示程序、船舶移交公告，这也

① 参见金正佳主编：《海事诉讼法论》，大连海事大学出版社 2001 年版，第 154—155 页。

是公开性另一个层面的体现。

拍卖船舶的公开性,使得拍卖透明度高、竞争性强、法律约束力比较显著。通过公开拍卖,往往能够最大限度地实现被拍卖船舶的交换价值,从而公平合理地保护包括财产所有人在内的当事人的利益。

4. 权威性

船舶被强制拍卖后,消灭了一切依附于船舶之上的担保物权。买受人拥有通过强制拍卖所受让的船舶所有权,属于原始取得,因此不会受到与船舶有关的先前债权的影响。买受人通过强制拍卖接收船舶后,可以持拍卖成交文件向船舶登记机关办理新的船舶所有权手续,原船舶所有人的任何行为或者不行为均不影响船舶所有权的转让。

二、强制拍卖船舶的条件

保全程序中的强制拍卖船舶是在案件尚未审理结束的情况下,强制处分权利主体的财产,对船舶所有人的影响极大。准确而恰当地设定和把握拍卖船舶的条件,对避免申请强制拍卖船舶错误的发生,保护船舶所有人或者光船承租人的合法权益具有重要意义。因此,《海事诉讼特别程序法》对强制拍卖船舶规定了严格的适用条件:

(一) 船舶扣押期间届满,被请求人不提供担保

被请求人未按要求提供担保,是进入拍卖船舶程序的前提条件。强制拍卖船舶并不是扣押船舶的目的,扣押船舶的目的是为海事请求人海事请求的实现提供财产保障。因此,如果船舶被扣押后,被请求人为解除扣押而提供担保,海事请求最终可由该担保得到实现,此时就不存在强制拍卖船舶的必要。

海事请求保全扣押船舶的期限为30日。请求人只有在这一期间届满后,才可以向海事法院提出拍卖船舶的申请。船舶被扣押后,被请求人通常会安排提供担保以解除扣押。但是,无论以何种方式提供担保,往往都需要一定的时间。所以,法律允许海事请求人在30日内提起诉讼或者申请仲裁以及在诉讼或者仲裁过程中申请扣押船舶的,可以延长30日的扣船时间。[①] 但作为强制拍卖船舶条件中的期间,应当始终贯彻30日的法定期间,不允许法院更改。

(二) 船舶不宜继续扣押

船舶不宜继续扣押是强制拍卖船舶的前提。正常情况下,被请求人不提供担保,船舶应当继续扣押,直至法院或者仲裁机构对实体案件作出判决或者裁决后,在执行程序中拍卖船舶清偿已经确定的债务。之所以在当事人之间的债权债务关系确定之前拍卖船舶,正是考虑到船舶不宜继续扣押的特殊情况。

---

① 参见《海事诉讼特别程序法》第28条。

船舶不宜继续扣押包含两种情况：一是船舶本身不宜继续扣押，如船龄过高或者船舶的机件、设备存在缺陷，如继续扣押，船舶将存在毁损的危险；二是船舶扣押期间产生的费用过高，将超过船舶的价值或者占船舶的价值比例过大时，也不宜继续扣押。这两种情形都将使可供保全的财产价值减少或完全丧失。由于海事案件一般审理期间较长，继续扣押船舶可能导致海事请求人在判决后无法获得赔偿，所以，将船舶先行拍卖可以避免发生这样的情况。

（三）海事请求人已经提起诉讼或者申请仲裁

强制拍卖诉讼前扣押的船舶，提起诉讼或者申请仲裁是必要的条件。如果海事请求人在扣押船舶的30日期限内既没有提起诉讼又没有申请仲裁，那么海事法院应在期限届满后释放被扣押的船舶，即使被请求人未提供担保。

虽然强制拍卖船舶是扣押船舶的延续，但与扣押船舶相比，拍卖船舶对被请求人的影响更大。如果允许在诉讼前申请强制拍卖他人的财产，不仅缺乏法理上的依据，而且拍卖后如果请求人不提起诉讼或者仲裁，海事法院的权力行使也将非常尴尬。

（四）申请人的申请

强制拍卖船舶必须由当事人向扣押船舶的海事法院提出申请，法院不能依据职权主动决定拍卖船舶。可以提出拍卖申请的当事人包括海事请求人和被请求人。

由于强制拍卖船舶对船舶所有人的影响非常大，海事请求人在申请扣押船舶后，为了避免错误申请拍卖船舶而承担更大的责任，会在提起诉讼或者申请仲裁后，长期不申请拍卖船舶。船舶长期被滞留同样会严重影响船舶所有人的利益。虽然海事法院在这种情况下可以根据《海事诉讼特别程序法》第75条的规定，要求海事请求人追加扣押船舶的担保以保障被请求人的权益，但是，如果船舶所有人认为胜诉可能性低，基于经济利益的考虑，有时会希望将船舶拍卖。考虑到这种情况，法律也允许由被请求人的申请启动强制拍卖船舶程序。[①]

三、强制拍卖船舶的程序

科学、严密的拍卖程序是保证拍卖公正，保护有关当事人合法权益的必然要求。相对一般性的拍卖，船舶拍卖具有其自身特点。船舶属于大型运输工具，交换价值比较大，并且船舶通常附有优先权、抵押权等担保权利。因此，强制拍卖船舶程序既不同于意定拍卖，也不同于一般的强制拍卖。《海事诉讼特别程序法》参照《拍卖法》的规定以及其他国家的经验，对拍卖船舶的程序作了明确具

① 参见《最高人民法院关于适用〈海事诉讼特别程序法〉若干问题的解释》第30条。

体的规定，体现了强制拍卖船舶的公开、公正，并使之规范化。[①]

（一）申请人提出申请

拍卖船舶的申请人可以是扣押船舶的请求人，也可以是诉讼案件的原告或者仲裁案件的申请人。[②] 扣押船舶的被请求人也可以申请拍卖船舶，其可能是诉讼案件的被告或者仲裁中的被申请人，也可能不是，如因光船承租人的责任而扣押船舶。多次扣船的情况下，只要有一个申请人申请拍卖船舶，便可进入船舶拍卖程序，无须所有申请人同时提出申请。

无论实体纠纷案件是否在扣押船舶的海事法院诉讼，拍卖船舶申请应向扣押船舶的海事法院提出。在仲裁案件中，申请人应当通过仲裁机构向海事法院提交拍卖船舶的申请，即仲裁机构无强制拍卖船舶的管辖权，仲裁申请人也不能直接向海事法院提出拍卖申请。

关于拍卖船舶申请是否需要书面形式，《海事诉讼特别程序法》第 29 条没有明确，结合第 15 条关于海事请求保全申请的规定，应理解为必须采用书面形式。申请书一般应写明申请拍卖船舶的理由，重点说明被扣押的船舶不宜继续扣押的事实，并应提供相应的证据。

（二）法院进行审查和裁定

对拍卖船舶的申请进行审查是拍卖船舶的必经程序，不能因卖船错误责任将由申请人承担而免除。但是，该审查程序不能免除申请人错误申请拍卖船舶而给被申请人所造成损失的赔偿责任。

海事法院对拍卖船舶申请的审查属于程序性审查，主要围绕强制拍卖船舶的条件进行。其中最主要的审查对象是确定船舶是否适宜继续扣押，对此应结合船舶的具体状况和已经扣押的时间进行判断。审查后，海事法院认为申请不符合强制拍卖船舶条件的，裁定驳回申请；认为申请符合强制拍卖船舶条件的，裁定拍卖船舶。

（三）复议

当事人对海事法院的裁定不服，不能上诉，但可以申请复议一次。当事人申请复议的，应说明理由，并提供有关证据。海事法院应当对当事人的复议申请进行审查。经审查，认为申请复议的理由不成立的，应当驳回复议申请；认为申请复议的理由成立的，则应当撤销原裁定，作出新裁定。申请复议只能进行一次，

---

① 《海事诉讼法》规定的强制拍卖船舶的程序与《民事诉讼法》规定的拍卖一般财产的程序相比，更加严格。但是，对于吨位小、价值低的沿海船舶，也适用如此严格的程序，不仅没有必要性，而且会导致费用的增加，无疑不利于对船舶债权人、船舶所有人利益的保护。为了解决这一问题，《最高人民法院关于适用〈海事诉讼特别程序法〉若干问题的解释》第 39 条规定：“二十总吨以下小型船艇的扣押和拍卖，可以依照民事诉讼法规定的扣押和拍卖程序进行。”

② 其他债权人欲申请拍卖船舶清偿其债权，应当先申请扣船、提起诉讼或者提起仲裁，不能逾越扣船和起诉或者仲裁程序直接申请卖船。

对复议结果不服,不能再申请复议。

当事人申请复议的时间为收到裁定书之日起5日内,海事法院作出复议决定的时间为收到复议申请之日起5日内。时间上的限定是为了保证拍卖工作的及时进行,避免因复议环节而过多地耽误拍卖的时间。

民事诉讼法上,对于法院采取某项强制措施的裁定不服,当事人申请复议期间,一般不停止裁定的执行,但是船舶拍卖的复议期间将停止裁定的执行。这是因为,船舶一旦被拍卖,便对相关权利义务产生法律效力。如果当事人申请复议后,拍卖船舶继续进行,申请复议就失去了意义,即使申请复议的理由成立也于事无补。

(四)强制拍卖船舶程序的提前终止

海事诉讼实践中,曾经发生海事请求人申请拍卖船舶后,又申请终止拍卖或要求撤回拍卖申请的情况。发生这种情况时,海事请求人固然可以申请终止拍卖,但是否准许的决定权在于海事法院。[①]

海事法院决定是否准许终止拍卖申请时,应考虑终止拍卖是否会损害第三方的利益,是否会影响海事法院的审判秩序,同时应考虑海事请求人申请终止拍卖的动机。

卖船公告确定的拍卖船舶日期届满前7日,拍卖船舶申请人、利害关系人可以申请终止拍卖船舶。[②] 海事法院对于终止卖船的申请应予审查。认为符合条件的,应及时作出裁定,准予申请,终止强制拍卖程序,并及时在刊登卖船公告的报刊上发布终止强制拍卖船舶的公告;认为不符合条件的,应裁定驳回申请,继续强制拍卖程序。

如果海事请求人申请拍卖船舶后,海事法院还在审查之中,未作出拍卖裁定,海事请求人与被请求人已达成和解协议,或者基于其他善意的动机而申请终止拍卖,则一般应予准许。

如果海事请求人申请拍卖船舶后,海事法院已作出拍卖裁定,发布了拍卖公告,接受了买船登记和债权登记,并做好了拍卖的准备工作,此时终止拍卖船舶将损害买船人和债权人的利益,影响法院在社会中的公信力,海事法院将进行审查。

除了海事请求人的申请外,利害关系人(不包括被请求人)也可能在强制拍卖船舶过程中提出终止拍卖的申请。对此,《海事诉讼特别程序法》没有规定,《最高人民法院关于适用〈海事诉讼特别程序法〉若干问题的解释》弥补了这一缺陷。利害关系人请求终止拍卖被扣押船舶的,是否准许,最终决定权仍在海事

---

① 参见《海事诉讼特别程序法》第31条。

② 参见《最高人民法院关于适用〈海事诉讼特别程序法〉若干问题的解释》第33条。

法院。[①]

无伦是拍卖申请人的终止申请还是利害关系人的终止申请，如果海事法院裁定终止拍卖船舶的，为准备拍卖船舶所发生的费用均由申请终止拍卖船舶一方承担。至于终止拍卖船舶给第三方造成的损失，申请人是否应当赔偿，《海事诉讼特别程序法》没有规定。有观点认为，如果第三方的损失与终止拍卖船舶之间有因果关系，申请人应当赔偿。[②]

另外，申请终止拍卖的时间，是公告确定的拍卖船舶日期届满7日前。

（五）成立拍卖委员会

拍卖船舶的具体工作由拍卖委员会负责实施。拍卖委员会是拍卖船舶的临时机构，对海事法院负责，受海事法院监督。拍卖委员会的职责包括：组织对船舶鉴定、估价，组织和主持拍卖，与竞买人签订拍卖成交确认书，办理船舶移交手续。

拍卖船舶委员会由海事法院指定的本院执行人员和聘请的拍卖师、验船师3人或者5人组成。拍卖船舶委员会中的执行人员可以是法院执行人员，也可以是法院的一般审判人员。拍卖师的主要作用是实现拍卖过程中船舶价值的最大化；验船师的作用是确定好船舶拍卖的底价。拍卖师和验船师虽不是海事法院的人员，但经海事法院聘请作为拍卖委员会成员，在拍卖船舶的活动中具有与法院执行人员同等的权利和责任。拍卖委员会的组成人员权利等同，但起主要作用的一般是法院的执行人员。

（六）公告和通知

为了确保强制拍卖船舶程序能够公开、公平、公正地进行，保障与船舶有关各方的合法权益，《海事诉讼特别程序法》规定了具体的公告与通知程序。

1. 公告

海事法院拍卖船舶，必须通过报纸或者其他新闻媒体发布公告。公告是强制拍卖船舶公开性的体现。公告的目的主要有两个：一是让公众了解拍卖事宜，以吸引尽可能多的竞买人，实现船舶的最高价值；二是告知与被拍卖船舶有关各方及时向法院申报债权或其他合法权利。

关于公告的途径，分两种情况：一是拍卖中国籍船舶的，通过报纸或者其他新闻媒体发布公告；二是拍卖外籍船舶的，应当通过对外发行的报纸或者其他新闻媒体发布公告。[③] 值得注意的是，上述两种情况的公告中均未强调所选择媒体的影响面问题。考虑到影响力大的媒体的公告费用，《海事诉讼特别程序法》

① 参见《最高人民法院关于适用〈海事诉讼特别程序法〉若干问题的解释》第32条。
② 参见金正佳主编：《海事诉讼法论》，大连海事大学出版社2001年版，第169页。
③ 参见《海事诉讼特别程序法》第32条。

并未强制规定媒体的选择,充分公告与费用合理之间的决定权留给法院平衡。

关于公告的内容,包括:(1) 被拍卖船舶的名称和国籍;(2) 拍卖船舶的理由和依据;(3) 拍卖船舶委员会的组成;(4) 拍卖船舶的时间和地点;(5) 被拍卖船舶的展示时间和地点;(6) 参加竞买应当办理的手续;(7) 办理债权登记事项;(8) 需要公告的其他事项。

关于公告的期限,法律只有下限的规定,即不少于 30 日,这是法定的最短公告期间。海事法院可以根据需要适当延长公告时间。一般而言,拍卖外轮或者价值高的船舶,时间应当延长。与外轮有关的债务大多数发生在国外,如公告期间太短,债权人难以知晓,其合法债权得不到保护。另外,竞买人须在拍卖成交后 7 日内付清船价。对于吨位较大、价值较高的船舶,竞买人要筹措几百万或上千万的竞买款亦非轻而易举,也需一定时间的筹备,公告期间太短难以寻找到适合的竞买人。

2. 通知

船舶拍卖前,海事法院应当通知被拍卖船舶登记国的登记机关和已知的船舶优先权人、抵押权人和船舶所有人。[①] 公告是对于不特定的社会公众的告知,通知则是对特定对象的告知。通知船舶登记机关,其目的是便于登记机关对船舶的管理及随后办理船舶注销登记事项。通知优先权人和抵押人,是为了便于其及时到法院办理权利登记。通知船舶所有人,是拍卖光船租赁船舶的必要程序。

关于通知的时间,法律要求是船舶拍卖 30 日前。尽早的通知给予了船舶优先权人、抵押权人和船舶所有人尽可能多的时间办理相关事宜。关于通知的内容,包括:(1) 被拍卖船舶的名称;(2) 拍卖船舶的时间和地点;(3) 拍卖船舶的理由和依据;(4) 债权登记;(5) 需要通知的其他事项。关于通知的方式,包括:(1) 书面方式;(2) 能够确认收悉的其他适当方式。

另外,根据我国与外国签订的领事条约,对拍卖船舶采取强制措施时,应事先通知该国驻我国的使、领馆。对此,最高人民法院于 1994 年 1 月 14 日向各海事法院及其所在地的高级人民法院发出了《关于执行领事条约中对派遣国船舶实行强制措施时保护条款的通知》。该通知规定,若被扣押船舶是与我国有领事条约关系国家的船舶,海事法院裁定拍卖该船舶清偿债务时,应当在发出拍卖船舶公告前,书面通知被告所在国驻我国的使、领馆。

(七) 对被拍卖船舶进行鉴定、估价

拍卖船舶之前,拍卖委员会应委托船舶检验机构对船舶进行鉴定,并将鉴定报告提供给竞买人作为出价时的参考。

---

① 参见《海事诉讼特别程序法》第 33 条。

此外,海事法院还需根据船舶鉴定结果,并参照国际国内船舶市场行情及其他参考因素,对被拍卖船舶进行估价。这是一项专业性较强的工作,不仅要考虑船舶的状况,而且要考虑船舶的市场供求情况。为保证估价准确,除由拍卖委员会中的验船师提供意见外,必要时可征询船舶检验机构、船舶买卖经纪机构或其他专业机构的意见。

在是否确定底价拍卖以及底价是否公开的问题上,《海事诉讼特别程序法》中并没有规定,由海事法院在实践中灵活掌握。当决定采用有底价拍卖的方式时,应当在拍卖委员会估价的基础上由海事法院审判委员会确定底价。底价是否公开由海事法院根据具体情况决定。

(八) 竞买登记

竞买人应当在规定的期限内向拍卖船舶委员会登记。竞买登记程序的目的是确保船舶拍卖的严肃性和拍卖成交确认书的切实履行。对于竞买人的范围,《海事诉讼特别程序法》未作任何限制,任何有权利能力和行为能力的个人或者企业、其他组织都可以参加竞买。认为卖船申请人、被申请人和债权人不能参加竞买的观点,是缺乏法律依据的。①

登记时需要交纳一定数额的买船保证金。买船保证金在性质上属于履约保证金,其不同于担保法中所规定的定金,仅有单方面的限制作用:若拍卖成交,竞买人交纳的保证金可冲抵价款;拍卖不成交,竞买人交纳的保证金予以返还;拍卖成交但竞买人反悔的,其所交纳的保证金不予返还;拍卖成交但海事法院因故不能交付船舶的,竞买人交纳的买船保证金如数返还,无须双倍返还。买船保证金的具体数额,由海事法院根据具体情况决定,也可以由海事法院和竞买人商定。

(九) 展示被拍卖船舶

强制拍卖船舶是以船舶的现状拍卖的,作为拍卖人的海事法院不承担船舶瑕疵担保责任。因此,展示被拍卖船舶比商业拍卖中展示被拍卖物显得更为重要。察看船舶能够使竞买人直观地了解船舶的状况,从而决定是否参加竞买以及确定自己的报价。察看船舶的方法应在拍卖公告中说明,海事法院应当为竞买人提供察看船舶的条件,如为竞买人办理登船手续等,并向竞买人提供船舶的有关资料。察看船舶的费用由竞买人自负。

(十) 拍卖船舶

拍卖的具体方式由海事法院决定。海事法院应当根据实际情况采取灵活的拍卖方式,以保证一次拍卖的成功率,避免拍卖费用的增加。

竞买人应当遵守船舶拍卖过程中的规则,不得进行恶意的或者不当的竞买

---

① 参见金正佳主编:《海事诉讼法论》,大连海事大学出版社 2001 年版,第 175 页。

行为。竞买人之间恶意串通的，拍卖无效，不以给他人造成损害为条件。参与恶意串通的竞买人还需承担拍卖船舶费用并赔偿有关损失，并且海事法院可对其判处最高应价10%以上30%以下的罚款。[①]

《海事诉讼特别程序法》没有规定的拍卖事宜，在没有特别法规定时，适用普通法，故可适用《拍卖法》中关于拍卖一般货物的规定。

值得注意的是，拍卖船舶的拍卖人是海事法院成立的拍卖委员会，《海事诉讼特别程序法》未明确竞买人与拍卖人之间恶意串通的情形。而在《拍卖法》中，工商行政管理部门将对参与串通的竞买人处最高应价10%以上30%以下的罚款；对参与串通的拍卖人处以最高应价10%以上50%以下的罚款。[②] 由于《海事诉讼特别程序法》与《拍卖法》行使罚款权的主体不同，对于拍卖船舶中竞买人与拍卖人之间恶意串通的情形，不能适用《拍卖法》的规定。

（十一）拍卖成交

拍卖成交后，拍卖委员会应与买受人签署拍卖成交确认书。成交确认书经海事法院盖章确认，具有合同效力。买受人在签署拍卖成交确认书后，应当立即交付不低于20%的船舶价款，其余价款在成交之日起7日内付清，但拍卖委员会与买受人另有约定的除外。拍卖成交后买受人支付的部分价款，不具有保证金或定金的担保性质，买受人交付部分船舶价款后反悔，没有在规定的7日内付清其余价款的，交付的部分价款应当返还。但是，因买受人违约造成的损失和海事法院另行组织拍卖产生的费用，应由买受人赔偿，可以从已经支付的部分价款中扣除。已经支付的价款不足以抵偿损失和费用的，买受人还应当赔偿。

买受人付清全部价款后，原船舶所有人应当在指定的期限内于船舶停泊地以船舶现状向买受人移交船舶。拍卖船舶委员会组织和监督船舶的移交，并在船舶移交后与买受人签署船舶移交完毕确认书。船舶移交完毕后，海事法院发布解除扣押船舶命令。

船舶拍卖的标的物仅限于船舶及其属具，不包括船上的燃油、淡水等。因此，移交船舶时应检测船上所存的燃油和淡水的数量，并估定价格。燃油和淡水的价款由买受人向海事法院交付，或者直接向船舶所有人支付。

船舶移交后，海事法院应当通过报刊或者其他新闻媒体发布公告，公布船舶已经拍卖并移交给买受人。至于是否应在原公布拍卖公告的报纸或者其他新闻媒体发布，《海事诉讼特别程序法》没有要求。

买受人接收船舶后，可以持拍卖成交确认书和有关材料，向船舶登记机关办理船舶所有权登记手续。原船舶所有人应当向原船舶登记机关办理船舶所有权

① 参见《海事诉讼特别程序法》第41条。

② 参见《拍卖法》第65条。

注销登记。原船舶所有人不办理船舶所有权注销登记的,不影响船舶所有权的转让。

第四节　扣押船载货物

一、扣押船载货物概述

(一) 扣押船载货物的概念

扣押船载货物,是指法院根据海事请求人的申请,为保障其海事请求的实现,扣押船舶载运货物的强制措施。[①] 扣押船载货物与扣押船舶制度一样,在性质上都属于财产保全,是海事请求人为保全其海事请求而进行的一种强制措施。在《海事诉讼特别程序法》颁布之前,我国对于扣押船载货物没有专门规定,只能按照《民事诉讼法》关于财产保全的一般规定处理。《海事诉讼特别程序法》将扣押船载货物作为一种海事请求保全措施规定下来,使得扣押船载货物有了更为明确的法律依据,同时也解决了司法实践中争论不休的一些问题。

《海事诉讼特别程序法》第三章第三节对"船载货物的扣押与拍卖"作了专门规定。所谓"船载货物",是指处于承运人掌管之下,尚未装船或者已经装载于船上以及已经卸载的货物。[②] 此外,根据《海事诉讼特别程序法》第 50 条的规定,该法第三章第三节的规定除了适用于船载货物之外,也适用于对与海事请求有关的船用燃油、船用物料的保全。

值得注意的是,普通的民事请求人也可以为保全目的而申请扣押船载货物,但此时适用的是《民事诉讼法》中关于财产保全的相关规定。《海事诉讼特别程序法》中对扣押船载货物所作的规定仅适用于依海事请求人申请而对船载货物进行扣押的情况。

(二) 扣押船载货物的特点

扣押船载货物与扣押船舶同属海事请求保全措施,但由于保全对象不同,两者各具特点。与扣押船舶相比,扣押船载货物具有以下特点:

1. 扣押法律关系主体的特定性。扣押船载货物的请求人通常是与货方订立海上货物运输合同的船方,包括船舶所有人、承租人和经营人等;被请求人通常是货方,包括托运人、发货人或收货人等。而扣押船舶的请求人一般是货方和其他海事请求权人,被请求人则是船方。

2. 所依据的海事请求种类较少。扣押船载货物所依据的海事请求,通常是基于货物运输所产生的费用请求,如运费请求、亏舱费请求、滞期费请求、共同海

---

① 参见金正佳主编:《海事诉讼法论》,大连海事大学出版社 2001 年版,第 180 页。

② 参见《最高人民法院关于适用〈海事诉讼特别程序法〉若干问题的解释》第 19 条。

损分摊请求等。扣押船舶所依据的海事请求则被《海事诉讼特别程序法》明确规定为22项。

3. 与货物留置权密切相关。尽管扣押船载货物不以请求人占有货物为条件,但在多数情况下被扣押的货物是在请求人的占有之下。在这种情形下,请求人既可以自己行使货物留置权,也可以申请海事法院扣押货物。扣押船舶与船舶留置权多无联系。

4. 扣押对象的特定性。申请扣押的船载货物,必须是被请求人所有的货物。而申请扣押的船舶有时并不属于被请求人所有。

5. 扣押标的数量、价值与债权数额相当。货物一般情况下为可分物,因此法律规定申请扣押船载货物的价值必须与其债权数额相当。而船舶是不可分的一个整体,扣押船舶就是扣押整艘船舶,不可能是船舶的一部分,即使请求人的海事请求数额远远低于船舶的价值亦然。

6. 已被扣押的货物不得被再次扣押。扣押船载货物由于必须与债权数额相当,因此不可能再次或多次扣押。而船舶可以基于不同的海事请求被多次扣押。

二、扣押船载货物的条件

强制扣押船载货物必须满足一定的条件,是否满足这些条件是判断扣押货物申请是否正确的标准。但是,应当注意到,扣押货物作为一项保全措施,在请求人提出申请和海事法院作出裁定时,不可能也没必要彻底证明或判明这些条件是否达成。这些问题的最终确定,必须由请求人提起诉讼,经过海事法院审理才能判明,这在保全程序特别是诉前保全程序中是不可能做到的。因此,请求人只需提出初步证据证明以下三个条件达成即可:

(一) 扣押请求人具有海事请求权或一般债权

扣押船载货物的请求人为海事争议法律关系主体,也可为一般民事争议法律关系主体。具体包括:承运人、出租人、船舶经营人、其他海事请求人、一般债权人。

对于请求人扣押船载货物的海事请求而言,主要是基于货物运输所产生的费用请求,它产生于特定的运输关系。请求人首先必须是该特定法律关系的一方当事人,才有权依据该法律关系向对方当事人主张权利。海运实务中,运输合同关系往往不是孤立存在的,合同关系也不一定存在于直接交涉的双方。譬如,货物运输关系中,除了直接签订运输合同的承运人和托运人外,还可能由于承运人委托他人履行而出现实际承运人。根据《海商法》的规定,实际承运人与托运人或收货人之间也有一定的权利义务关系。在某种情况下,实际承运人对托运人或收货人也享有一定的海事请求权。

需要注意的是，非海事请求债权人向有管辖权的地方法院申请船载货物的扣押，仅限于：

1．货物买卖中，对方当事人没有支付或付清价款，而货物已脱离己方占有，但未交付运输或虽已装船但未起航；

2．该非海事请求债权纠纷的判决、裁决已生效，但对方不履行，且在中国境内无其他财产可供扣押。

（二）被请求人对海事请求负有责任

首先，被请求人应是争议法律关系的一方当事人。

其次，被请求人应负有支付相关费用的义务。例如，因主张运费而申请扣押船载货物，被请求人必须是有义务向请求人支付运费的人。如果该运费是预付运费，义务人是托运人；如果该运费是到付运费，则义务人是收货人。

最后，被请求人所负的债务应是到期债务。如果债务未到期，便不能满足这一条件。

（三）被扣押货物属于被请求人所有

《海事诉讼特别程序法》把扣押船载货物的范围限定为“被请求人所有”。依此规定，法院在采取保全措施前，审查货物的权属至关重要。对于非被请求人所有的货物或虽由被请求人占有，但所有权尚未转移的货物，都不属于扣押的范围。

但是，海上货物运输有其自身的特点，运输过程中货物的所有权是随时可能发生转移的，货物所有权人和支付有关费用的义务人常常不一致。因此，承运人在多数情况下是不可能申请扣押货物的。而要求承运人掌握货物所有权的转移动向也是不现实的，这无疑提高了承运人的诉讼门槛。

有观点认为，相较于扣押船载货物，扣押船舶变得十分容易，这使得船舶所有人和货主的利益在此失去了平衡。因此，应当考虑放松扣押船载货物的条件，以平等保护当事人的权利。[①]

三、扣押船载货物与货物留置权制度的联系和区别

留置权，是指债权人依照法律规定或者合同约定占有债务人的财产，当债务人不履行债务时，债权人有留置该财产直至变卖该财产清偿债务的权利。承运人在相关当事方未付清运费、共同海损分摊、滞期费和承运人为货物垫付的必要费用以及其他应付费用，又没有提供适当担保时，可以在合理的限度内留置其货物。[②]

① 参见金正佳主编：《海事诉讼法论》，大连海事大学出版社2001年版，第193页。

② 参见《海商法》第87条。

如前所述，扣押船载货物和行使货物留置权有着十分密切的联系，以至于在实践中经常发生混淆。其实，扣押船载货物与行使货物留置权既有联系又有区别，将两者对立或者等同都是错误的。

（一）扣押船载货物与货物留置权制度的联系

1. 扣押船载货物所依据的海事请求权与留置权所担保的债权大体相同，都是船方对于货方的费用请求。主要包括运费请求、滞期费请求、共同海损分摊请求、船方为货物垫付的费用请求等。

2. 扣押船载货物与留置货物的目的相同，都是为保全海事请求权或债权的实现。海事请求人申请扣押货物或留置货物，均不是为了获得货物的所有权，只是为了实现债权。只要被请求人或债务人履行了债务或提供了担保，就应当解除对货物的扣押或留置。

3. 扣押船载货物与留置货物采用的手段相似，都是通过控制货物以达到保全海事请求权或债权的目的。被请求人未在规定的期限内履行债务或提供适当的担保的，债权人可以拍卖或者变卖货物，清偿其债权。

（二）扣押船载货物与货物留置权制度的区别

1. 性质不同。货物留置权是担保物权的一种，属于实体法的调整范围，其依据为《海商法》《合同法》中有关海事货物运输合同中留置权的规定以及《物权法》《担保法》中有关留置权的规定。扣押船载货物是一种保全措施，属于诉讼程序法的调整范围，其依据为《民事诉讼法》《海事诉讼特别程序法》中有关财产保全、海事请求保全的规定。

2. 条件不同。货物留置权以占有为条件，债权人失去了对货物的占有，便丧失了对该货物的留置权。扣押船载货物不以占有为条件，只要请求人对被请求人具有海事请求权，货物属于被请求人所有，便可以申请海事法院扣押货物。即使货物已经交付，请求人失去了对货物的占有也可以申请海事法院实施扣押。

3. 货物与债权的关系不同。债权人所要留置的货物必须与所依据的债权有关，即债权的产生和债权人占有货物的事实必须基于同一法律关系。扣押船载货物不受这一限制，即使货物与扣押货物所依据的海事请求没有关联，也可以申请扣押。

4. 优先受偿性不同。货物留置权是一种担保物权，承运人行使留置权的目的是担保其债权的实现。因此，承运人通过行使留置权以实现其债权时，其债权具有优先受偿性。扣押船载货物是一种司法强制措施，法院扣押并不产生优先受偿的效果，当法院拍卖所扣押的货物实现承运人的债权时，其债权并不产生优先受偿性。

5. 行使方式不同。货物留置权是通过债权人自己不交付货物来行使的。自船舶抵达卸货港的次日起满 60 日后，留置权人可以自行处理货物，或者不申请法院扣押货物而直接申请法院拍卖货物。[①] 扣押船载货物由海事请求人提出申请,通过海事法院的司法强制力,依照法定的程序进行。

四、扣押船载货物的原因、数量和期限

(一) 扣押船载货物的原因

1. 因请求运费而申请扣押船载货物

因运费请求而申请扣押船载货物是扣货案件最常见的形式。支付运费是托运人、收货人或承租人的主要义务。托运人、收货人或承租人未按合同约定支付运费,承运人有权申请扣押属于其所有的船载货物。但是,海上货物运输中,存在不同形式的运费支付方式。不同的运费支付方式下,因运费请求而申请扣押船载货物的情形也不同。

(1) 因请求预付运费而申请扣押船载货物。预付运费,应由托运人于装货前或装货后支付。也就是说,支付运费的义务人是托运人。在提单记载运费预付而承运人并未实际收到运费的情况下,托运人同时也是收货人时,承运人可以申请扣押货物。如果托运人不是收货人,承运人是否可以申请扣押货物,得视货物所有权的转移时间而定。若货物所有权是于目的港交货时转移于收货人,则承运人可以在交付货物前申请扣押货物。若货物所有权是于起运港装货时转移于收货人,则承运人不能申请扣押货物,因为货物已经不属于支付运费的义务人即托运人所有了。

(2) 因请求到付运费而申请扣押船载货物。到付运费,应由收货人于目的港收货前支付。也就是说,支付运费的义务人是收货人。一般而言,收货人就是货物的所有人。因此,在运费到付情况下,承运人为请求到付运费而申请法院扣押货物的,一般是符合扣押船载货物的条件的。当然,托运人与承运人约定运费由收货人支付的,必须以在运输单证中载明为前提。[②]

(3) 因请求航次租船合同运费而申请扣押船载货物。航次租船合同有比较完整的合同形态,有固定的双方当事人,运费通常应由承租人向出租人支付。因此,只有当承租人是收货人或提单持有人时,出租人才能为请求运费而申请扣押货物。当承租人不是收货人或提单持有人时,提单持有人与出租人之间的权利义务关系适用提单的约定。只有在提单明确记载运费由收货人或提单持有人支付的情形下,出租人才能申请扣押货物。

2. 因请求定期租船合同租金而申请扣押船载货物

实践中,承租人定期租用船舶多数是用于转租经营,所运载的货物一般不属

---

① 若留置的货物易腐烂变质或者货物的保管费用可能超过其价值的,则不需要满 60 日。

② 参见《海商法》第 69 条第 2 款。

于承租人所有。因此，一般不能因请求定期租船合同租金而申请扣押货物。当然，在承租人租用船舶运载自己货物的情况下，申请扣押货物是允许的。

3. 因请求滞期费而申请扣押船载货物

滞期费，是指在航次租船合同中，承租人未在约定的时间内完成装卸货作业时，应向出租人支付的约定款项。一般而言，支付滞期费的义务人是承租人或者收货人。承租人或者收货人未按约定支付滞期费，出租人或者承运人有权申请海事法院扣押属于承租人或者收货人所有的货物。在承租人和收货人不一致的情况下，应根据提单的记载确定支付滞期费的义务人。

关于装货港的滞期费，根据《海商法》第78条的规定，除非提单中明确记载装货港滞期费由收货人或提单持有人承担，收货人或提单持有人一般不承担在装货港发生的滞期费。因此，即使提单载有租船合同并入提单的合并条款，也必须在提单上载明装货港滞期费由收货人或提单持有人承担的情况下，出租人才能为请求装货港滞期费申请扣押货物。

关于卸货港的滞期费，根据《海商法》第95条，提单的合并条款对出租人和提单持有人是有约束力的。因此，提单持有人虽然不是租船合同的当事人，但由于受提单合并条款的约束，也需遵守租船合同，提单持有人负有向出租人支付卸货港滞期费的义务。此时，出租人可以为请求卸货港滞期费而申请扣押货物。

4. 因请求共同海损分摊而申请扣押船载货物

共同海损，是指在同一海上航程中，船舶、货物和其他财产遭遇共同危险，为了共同安全，有意地、合理地采取措施所直接造成的特殊牺牲、支付的特殊费用。共同海损应当由受益方按照各自的分摊价值比例分别摊付。在共同海损中，船舶的受益方为船舶所有人，货物的受益方为货物所有人。也就是说，共同海损的分摊是在船舶所有人与货物所有人之间进行。因此，船舶所有人为请求共同海损分摊而申请扣押货物，符合扣押船载货物条件。

5. 因请求救助款项而申请扣押船载货物

救助款项系指被救助方应当向救助方支付的任何救助报酬、酬金或者补偿。[①] 各被救助方按照各自获救财产价值占全部获救价值的比例承担救助款项。[②] 救助方可以因请求救助款项而申请扣押获救的货物，但应当按照被救助方所应承担的救助款项，申请扣押该被救助方所有的货物。

6. 因请求其他费用而申请扣押船载货物

货物运输产生的其他费用，包括承运人为货物垫付的必要费用和应当向承

① 参见《海商法》第172条。

② 参见《海商法》第183条。

运人支付的其他费用。因请求这些费用而申请扣押货物的,必须确定被请求人有支付这些费用的义务以及所要扣押的货物属于被请求人所有。

(二)扣押船载货物的数量

1. 基本原则

申请扣押船载货物的价值,应当与其债权数额相当。[①] 所谓债权数额,不是请求人自己提出的诉讼请求的数额,而是根据案件事实和有关法律的规定,法院判决或者仲裁机构裁决确定的被请求人应当赔偿给请求人的数额。这样,可以防止请求人以少量的申请费或受理费为代价提出较高的诉讼请求,从而申请扣押较多的货物。

但是,请求人在申请海事法院扣押船载货物时,实体纠纷案件还未作出判决,请求人无法确知最终将得到的赔偿数额。因此,要求申请扣押的货物价值与最终赔偿额完全相等是不切实际的。《海事诉讼特别程序法》使用了"相当"这一具有弹性的概念,允许申请扣押货物的价值与债权数额之间有一定幅度的差额。司法实践中,一般要求申请扣押货物的价值不超过法院最终判决或仲裁机构最终裁决的赔偿数额的120%—150%即可。

虽然《海事诉讼特别程序法》没有进一步规定申请扣押货物过量所应承担的责任,但是,从法理上讲,既然规定了申请扣押货物的数量,那么,申请扣押货物的数量过大必然应承担相应的责任。《海事诉讼特别程序法》有关担保数额过高的规定对此问题具有一定的建设性。[②]

2. 对于不可分物的特别规则

不可分物,是指货物在物理形态上不能分离,或者虽能分离但会因分离而减少或丧失其价值的货物,如一台机器等。对于不可分物,《海事诉讼特别程序法》第45条的规定缺乏可行性和可操作性。当所要扣押的货物为不可分物时,即使货物的价值大大超过请求人的债权数额,仍然可以申请扣押。最终不得不拍卖或变卖货物时,请求人的债权清偿后,其余价款返还被请求人。当然,请求人要求被请求人提供担保的数额还是应当与其债权数额相当,否则应承担要求担保过高的责任。

(三)扣押船载货物的期限

诉讼前申请扣押船载货物的请求人必须在15日内提起诉讼或者申请仲裁,否则,海事法院应当解除扣押。被请求人已经提供担保的,担保应当返还。诉讼中申请扣押船载货物的,则不受15日期限的限制。[③]

---

① 参见《海事诉讼特别程序法》第45条。

② 《海事诉讼特别程序法》第78条规定:"海事请求人请求担保的数额过高,造成被请求人损失的,应当承担赔偿责任。"

③ 参见《海事诉讼特别程序法》第46条。

第五节 强制拍卖船载货物

一、强制拍卖船载货物的含义

法院强制拍卖船载货物，是指法院对船载货物，依一定的程序，以出售方式，强制转移其所有权，即对货物实行强制处分。[①] 强制拍卖船载货物包括强制拍卖被扣押货物和强制拍卖未经扣押的货物两种情况。

《海事诉讼特别程序法》中仅对强制拍卖被扣押货物进行了规定，而根据《海商法》的规定，请求人在某些情况下，也可以申请法院拍卖未经扣押的船载货物。具体包括《海商法》第 88 条规定承运人留置的货物以及《海商法》第 190 条规定的被救助的货物两种情况。

强制拍卖未经扣押的船载货物，其条件与拍卖被扣押货物有所不同：

第一，必须有法律的明确规定。不经扣押程序直接申请拍卖货物，在范围上有着严格的限制，目前法律有明确规定的只有《海商法》第 88 条和第 190 条规定的情况。

第二，请求人必须依法留置了货物。直接申请拍卖货物不经过扣押程序，但应经过留置程序，并且留置货物必须合法。

第三，满足一定的留置期限。不经扣押程序直接申请拍卖货物，不以货物不宜继续扣押为条件，而只需满足一定的留置期限即可申请拍卖。根据《海商法》第 88 条和第 190 条的规定，承运人留置船载货物，自船舶抵达卸货港之次日起满 60 日；救助人留置被救助货物，自货物获救之日起满 90 日，才能申请海事法院拍卖。货物易腐烂变质、无法保管、不易保管或者保管费用可能超过其价值的，可以申请提前拍卖。

此外，对于是否以请求人提起诉讼或申请仲裁为条件，法律没有明确规定。一般来说，这种情况下的拍卖货物是在其债权债务关系尚未确定的情况下进行的，参照拍卖被扣押货物，应以提起诉讼为条件。[②]

以下本节所指强制拍卖船载货物，均仅指《海事诉讼特别程序法》所规定的强制拍卖被扣押货物。

二、强制拍卖船载货物的条件

（一）被请求人逾期不提供担保

只有当扣押期间届满，被请求人不提供担保的，才构成申请拍卖船载货物的

---

① 参见邢海宝：《海事诉讼特别程序研究》，法律出版社 2002 年版，第 293 页。

② 参见金正佳主编：《海事诉讼法论》，大连海事大学出版社 2001 年版，第 203 页。

条件之一。根据《海事诉讼特别程序法》第46条的规定,诉前扣押船载货物的期限为15天,诉讼中扣押船载货物的期限由法院根据情况自行决定。但是,考虑到货物的类型多种多样,有的货物保管十分困难或者保管费用很大,如鲜活货物、易腐烂变质货物、有保质期或保鲜期的货物等,如果等到扣押期限届满后才能拍卖,货物可能大大贬值甚至完全丧失使用价值。因此,对于无法保管、不易保管或者保管费用可能超过其价值的物品,海事请求人可以申请提前拍卖。[①]至于提前到何种程度,由法院根据具体情况进行裁量。

海事法院的裁定书通常要求被申请人将担保提供给海事法院。但是,被请求人也可以将担保提供给请求人。被请求人向请求人提供担保,请求人不接受的,可提供给海事法院。

（二）货物不宜继续扣押

货物不宜继续扣押,是强制拍卖船载货物的实质条件。[②] 所谓"不宜继续扣押"是指在紧急情况下,如不及时拍卖货物,将会扩大当事人的经济损失。

货物不宜继续扣押通常包括两种情况:一是由于货物本身的属性(如易腐烂等),继续扣押将导致货物的价值显著减少或者丧失;二是继续扣押所产生的保管费用过大,可能超过货物本身的价值。

（三）请求人提起诉讼或者申请仲裁

这是对诉讼前扣押船载货物规定的条件,请求人申请拍卖货物须以提起诉讼或者申请仲裁为前提。请求人可以向扣押船载货物的法院提起诉讼,也可以向其他有管辖权的法院提起诉讼;或者根据仲裁协议或仲裁条款申请仲裁。请求人未在规定的期限内提起诉讼或者申请仲裁的,法院应当解除对货物的扣押。

三、强制拍卖船载货物的程序

对于强制拍卖船载货物的程序,《海事诉讼特别程序法》采取了补充式立法模式,对于拍卖船载货物与拍卖船舶程序的不同之处进行了专门规定,对于其他未规定的程序直接参照拍卖船舶的有关规定。

（一）拍卖船载货物与拍卖船舶程序的不同之处

1. 法院对拍卖申请审查的期限

对于拍卖船舶申请的审查和裁定,《海事诉讼特别程序法》没有规定具体的期限。但对于拍卖货物的申请,《海事诉讼特别程序法》规定了具体期限。考虑到货物相对于船舶价值较低,审查相对容易,并且货物相较于船舶更加不容易保管,所以,审查拍卖船载货物的法定期限为7日。[③]

---

① 参见《海事诉讼特别程序法》第47条第2款。

② 参见韩立新、袁绍春、尹伟民编著:《海事诉讼与仲裁》,大连海事大学出版社2007年版,第65页。

③ 参见《海事诉讼特别程序法》第48条。

2. 拍卖机构

拍卖船舶的程序中，必须组成拍卖委员会，由拍卖委员会实施拍卖。与拍卖船舶相比，拍卖货物的专业性没有那么强，涉及的法律问题也没有那么多，因此，《海事诉讼特别程序法》对拍卖船载货物的机构要求没有那么严格，不仅不要求成立拍卖委员会，而且还可以由海事法院委托其他机构实施拍卖。①

值得注意的是，强制拍卖船载货物是一种保全措施，属于法院的司法行为，原则上应由海事法院实施。海事法院将拍卖货物的具体工作委托拍卖机构执行，并没有改变强制拍卖货物的性质。拍卖机构是受海事法院的委托实施拍卖工作，其本身并没有强制拍卖货物的权力。拍卖机构受海事法院的监督，拍卖所得价款交海事法院保存，拍卖机构可以按规定或者依约定收取一定的费用。②

（二）拍卖船载货物对拍卖船舶程序的参照

《海事诉讼特别程序法》关于强制拍卖船载货物的规定只有三条：第 47 条关于拍卖条件的规定，第 48 条关于海事法院审查、裁定以及复议程序的规定，第 49 条第 1 款关于拍卖机构的规定。除此之外，由于拍卖船载货物的要求低于拍卖船舶，其程序在无特殊的情况下可以参照拍卖船舶的规定。

□ 本章思考题

1. “海事请求保全”这一名称是否合理？为什么？若不合理，什么名称更合适？

2. 海事请求保全申请人提供的担保数额应如何确定？分析其操作性和合理性。申请人可以无理由申请解除保全，是否合理？解除保全后其提供的担保是否可以立即返还？

3. 扣押姊妹船的规定是否合理？在重复扣船的情况下，是否应允许扣押已被扣押船舶的姊妹船？

4. 国际有关扣船的公约规定是如何变化发展的？有何趋势？有无我国扣船制度值得借鉴的地方？

5. 案例思考题：

【案情】2012 年 3 月，请求人 A 以被请求人在货物运输中对货物管理不善造成货损为理由，请求扣押 B 轮，并由中国人民保险公司提供担保，保证承担因申请错误致使被请求人遭受损失的赔偿责任。2012 年 5 月，请求人 C 请求扣押 B

① 参见《海事诉讼特别程序法》第 49 条。

② 参见金正佳主编：《海事诉讼法论》，大连海事大学出版社 2001 年版，第 201—202 页。

轮，并由中国人民保险公司提供担保，保证承担因申请错误致使被请求人遭受损失的赔偿责任。法院经审查后认为，两扣船申请的理由正当。

【提问】

(1) 如果B轮在第一次被扣船之后，并未提供担保而获释，法院可否再次对其实施扣押？理由何在？

(2) 如果B轮在第一次被扣船之后，因提供足额担保而获释，法院可否再次对其实施扣押？理由何在？

6. 案例思考题：

【案情】甲公司向乙公司托运水泥，由A轮运输。丙公司与丁公司签订运输合同，约定丙公司以航次租船的形式将所属的A轮租给丁公司，约定若丁公司拖欠滞期费，丙公司可以货抵债。之后，丙公司与丁公司因A轮的滞期费产生纠纷，丙公司对丁公司提起诉讼，并申请扣押船载货物。B法院裁定准许丙公司的扣货申请，扣押了船上所载的甲公司的水泥。诉讼过程中，丙公司与丁公司在法院的主持下签订了一份协议书，约定将所扣货物由法院拍卖，以变卖所得价款支付滞期费。最终货物被法院拍卖。随后，甲公司向C海事法院提起诉讼，请求法院判令乙公司、丙公司、丁公司赔偿损失。

【提问】

(1) 扣押船载货物的条件是什么？本案中，丙公司是否有权申请扣押船载货物？

(2) 强制拍卖船载货物的条件是什么？本案中，船载货物被拍卖是否合理？

(3) 对于甲所遭受的损失，应如何救济？丙公司是否应承担责任？丁公司是否应承担责任？B法院是否应承担责任？

❑ 本章所涉及法律、法规

(一) 2012年《民事诉讼法》(节选)

第一百条　人民法院对于可能因当事人一方的行为或者其他原因，使判决难以执行或者造成当事人其他损害的案件，根据对方当事人的申请，可以裁定对其财产进行保全、责令其作出一定行为或者禁止其作出一定行为；当事人没有提出申请的，人民法院在必要时也可以裁定采取保全措施。

人民法院采取保全措施，可以责令申请人提供担保，申请人不提供担保的，裁定驳回申请。

人民法院接受申请后，对情况紧急的，必须在四十八小时内作出裁定；裁定采取保全措施的，应当立即开始执行。

第一百零一条　利害关系人因情况紧急，不立即申请保全将会使其合法权益受到难以弥补的损害的，可以在提起诉讼或者申请仲裁前向被保全财产所在地、被申请人住所地或者对案件有管辖权的人民法院申请采取保全措施。申请人应当提供担保,不提供担保的,裁定驳回申请。

人民法院接受申请后,必须在四十八小时内作出裁定;裁定采取保全措施的,应当立即开始执行。

申请人在人民法院采取保全措施后三十日内不依法提起诉讼或者申请仲裁的,人民法院应当解除保全。

第一百零二条　保全限于请求的范围,或者与本案有关的财物。

第一百零三条　财产保全采取查封、扣押、冻结或者法律规定的其他方法。人民法院保全财产后,应当立即通知被保全财产的人。

财产已被查封、冻结的,不得重复查封、冻结。

(二) 2000 年《海事诉讼特别程序法》(节选)

第三章　海事请求保全

第一节　一般规定

第十二条　海事请求保全是指海事法院根据海事请求人的申请,为保障其海事请求的实现,对被请求人的财产所采取的强制措施。

第十三条　当事人在起诉前申请海事请求保全,应当向被保全的财产所在地海事法院提出。

第十四条　海事请求保全不受当事人之间关于该海事请求的诉讼管辖协议或者仲裁协议的约束。

第十五条　海事请求人申请海事请求保全,应当向海事法院提交书面申请。申请书应当载明海事请求事项、申请理由、保全的标的物以及要求提供担保的数额,并附有关证据。

第十六条　海事法院受理海事请求保全申请,可以责令海事请求人提供担保。海事请求人不提供的,驳回其申请。

第十七条　海事法院接受申请后,应当在四十八小时内作出裁定。裁定采取海事请求保全措施的,应当立即执行;对不符合海事请求保全条件的,裁定驳回其申请。

当事人对裁定不服的,可以在收到裁定书之日起五日内申请复议一次。海事法院应当在收到复议申请之日起五日内作出复议决定。复议期间不停止裁定的执行。

利害关系人对海事请求保全提出异议,海事法院经审查,认为理由成立的,应当解除对其财产的保全。

第十八条　被请求人提供担保,或者当事人有正当理由申请解除海事请求保全的,海事法院应当及时解除保全。

海事请求人在本法规定的期间内,未提起诉讼或者未按照仲裁协议申请仲裁的,海事法院应当及时解除保全或者返还担保。

第十九条 海事请求保全执行后,有关海事纠纷未进入诉讼或者仲裁程序的,当事人就该海事请求,可以向采取海事请求保全的海事法院或者其他有管辖权的海事法院提起诉讼,但当事人之间订有诉讼管辖协议或者仲裁协议的除外。

第二十条 海事请求人申请海事请求保全错误的,应当赔偿被请求人或者利害关系人因此所遭受的损失。

第二节 船舶的扣押与拍卖

第二十一条 下列海事请求,可以申请扣押船舶:

(一) 船舶营运造成的财产灭失或者损坏;

(二) 与船舶营运直接有关的人身伤亡;

(三) 海难救助;

(四) 船舶对环境、海岸或者有关利益方造成的损害或者损害威胁;为预防、减少或者消除此种损害而采取的措施;为此种损害而支付的赔偿;为恢复环境而实际采取或者准备采取的合理措施的费用;第三方因此种损害而蒙受或者可能蒙受的损失;以及与本项所指的性质类似的损害、费用或者损失;

(五) 与起浮、清除、回收或者摧毁沉船、残骸、搁浅船、被弃船或者使其无害有关的费用,包括与起浮、清除、回收或者摧毁仍在或者曾在该船上的物件或者使其无害的费用,以及与维护放弃的船舶和维持其船员有关的费用;

(六) 船舶的使用或者租用的协议;

(七) 货物运输或者旅客运输的协议;

(八) 船载货物(包括行李)或者与其有关的灭失或者损坏;

(九) 共同海损;

(十) 拖航;

(十一) 引航;

(十二) 为船舶营运、管理、维护、维修提供物资或者服务;

(十三) 船舶的建造、改建、修理、改装或者装备;

(十四) 港口、运河、码头、港湾以及其他水道规费和费用;

(十五) 船员的工资和其他款项,包括应当为船员支付的遣返费和社会保险费;

(十六) 为船舶或者船舶所有人支付的费用;

(十七) 船舶所有人或者光船承租人应当支付或者他人为其支付的船舶保险费(包括互保会费);

(十八) 船舶所有人或者光船承租人应当支付的或者他人为其支付的与船舶有关的佣金、经纪费或者代理费;

(十九) 有关船舶所有权或者占有的纠纷;

（二十）船舶共有人之间有关船舶的使用或者收益的纠纷；

（二十一）船舶抵押权或者同样性质的权利；

（二十二）因船舶买卖合同产生的纠纷。

第二十二条　非因本法第二十一条规定的海事请求不得申请扣押船舶，但为执行判决、仲裁裁决以及其他法律文书的除外。

第二十三条　有下列情形之一的，海事法院可以扣押当事船舶：

（一）船舶所有人对海事请求负有责任，并且在实施扣押时是该船的所有人；

（二）船舶的光船承租人对海事请求负有责任，并且在实施扣押时是该船的光船承租人或者所有人；

（三）具有船舶抵押权或者同样性质的权利的海事请求；

（四）有关船舶所有权或者占有的海事请求；

（五）具有船舶优先权的海事请求。

海事法院可以扣押对海事请求负有责任的船舶所有人、光船承租人、定期租船人或者航次租船人在实施扣押时所有的其他船舶，但与船舶所有权或者占有有关的请求除外。

从事军事、政府公务的船舶不得被扣押。

第二十四条　海事请求人不得因同一海事请求申请扣押已被扣押过的船舶，但有下列情形之一的除外：

（一）被请求人未提供充分的担保；

（二）担保人有可能不能全部或者部分履行担保义务；

（三）海事请求人因合理的原因同意释放被扣押的船舶或者返还已提供的担保；或者不能通过合理措施阻止释放被扣押的船舶或者返还已提供的担保。

第二十五条　海事请求人申请扣押当事船舶，不能立即查明被请求人名称的，不影响申请的提出。

第二十六条　海事法院在发布或者解除扣押船舶命令的同时，可以向有关部门发出协助执行通知书，通知书应当载明协助执行的范围和内容，有关部门有义务协助执行。海事法院认为必要，可以直接派员登轮监护。

第二十七条　海事法院裁定对船舶实施保全后，经海事请求人同意，可以采取限制船舶处分或者抵押等方式允许该船舶继续营运。

第二十八条　海事请求保全扣押船舶的期限为三十日。

海事请求人在三十日内提起诉讼或者申请仲裁以及在诉讼或者仲裁过程中申请扣押船舶的，扣押船舶不受前款规定期限的限制。

第二十九条　船舶扣押期间届满，被请求人不提供担保，而且船舶不宜继续扣押的，海事请求人可以在提起诉讼或者申请仲裁后，向扣押船舶的海事法院申请拍卖船舶。

第三十条　海事法院收到拍卖船舶的申请后,应当进行审查,作出准予或者不准予拍卖船舶的裁定。

当事人对裁定不服的,可以在收到裁定书之日起五日内申请复议一次。海事法院应当在收到复议申请之日起五日内作出复议决定。复议期间停止裁定的执行。

第三十一条　海事请求人提交拍卖船舶申请后,又申请终止拍卖的,是否准许由海事法院裁定。海事法院裁定终止拍卖船舶的,为准备拍卖船舶所发生的费用由海事请求人承担。

第三十二条　海事法院裁定拍卖船舶,应当通过报纸或者其他新闻媒体发布公告。拍卖外籍船舶的,应当通过对外发行的报纸或者其他新闻媒体发布公告。

公告包括以下内容:

(一)被拍卖船舶的名称和国籍;

(二)拍卖船舶的理由和依据;

(三)拍卖船舶委员会的组成;

(四)拍卖船舶的时间和地点;

(五)被拍卖船舶的展示时间和地点;

(六)参加竞买应当办理的手续;

(七)办理债权登记事项;

(八)需要公告的其他事项。

拍卖船舶的公告期间不少于三十日。

第三十三条　海事法院应当在拍卖船舶三十日前,向被拍卖船舶登记国的登记机关和已知的船舶优先权人、抵押权人和船舶所有人发出通知。

通知内容包括被拍卖船舶的名称、拍卖船舶的时间和地点、拍卖船舶的理由和依据以及债权登记等。

通知方式包括书面方式和能够确认收悉的其他适当方式。

第三十四条　拍卖船舶由拍卖船舶委员会实施。拍卖船舶委员会由海事法院指定的本院执行人员和聘请的拍卖师、验船师三人或者五人组成。

拍卖船舶委员会组织对船舶鉴定、估价;组织和主持拍卖;与竞买人签订拍卖成交确认书;办理船舶移交手续。

拍卖船舶委员会对海事法院负责,受海事法院监督。

第三十五条　竞买人应当在规定的期限内向拍卖船舶委员会登记。登记时应当交验本人、企业法定代表人或者其他组织负责人身份证明和委托代理人的授权委托书,并交纳一定数额的买船保证金。

第三十六条　拍卖船舶委员会应当在拍卖船舶前，展示被拍卖船舶，并提供察看被拍卖船舶的条件和有关资料。

第三十七条　买受人在签署拍卖成交确认书后，应当立即交付不低于百分之二十的船舶价款，其余价款在成交之日起七日内付清，但拍卖船舶委员会与买受人另有约定的除外。

第三十八条　买受人付清全部价款后，原船舶所有人应当在指定的期限内于船舶停泊地以船舶现状向买受人移交船舶。拍卖船舶委员会组织和监督船舶的移交，并在船舶移交后与买受人签署船舶移交完毕确认书。

移交船舶完毕，海事法院发布解除扣押船舶命令。

第三十九条　船舶移交后，海事法院应当通过报纸或者其他新闻媒体发布公告，公布船舶已经公开拍卖并移交给买受人。

第四十条　买受人接收船舶后，应当持拍卖成交确认书和有关材料，向船舶登记机关办理船舶所有权登记手续。原船舶所有人应当向原船舶登记机关办理船舶所有权注销登记。原船舶所有人不办理船舶所有权注销登记的，不影响船舶所有权的转让。

第四十一条　竞买人之间恶意串通的，拍卖无效。参与恶意串通的竞买人应当承担拍卖船舶费用并赔偿有关损失。海事法院可以对参与恶意串通的竞买人处最高应价百分之十以上百分之三十以下的罚款。

第四十二条　除本节规定的以外，拍卖适用《中华人民共和国拍卖法》的有关规定。

第四十三条　执行程序中拍卖被扣押船舶清偿债务的，可以参照本节有关规定。

第三节　船载货物的扣押与拍卖

第四十四条　海事请求人为保障其海事请求的实现，可以申请扣押船载货物。

申请扣押的船载货物，应当属于被请求人所有。

第四十五条　海事请求人申请扣押船载货物的价值，应当与其债权数额相当。

第四十六条　海事请求保全扣押船载货物的期限为十五日。

海事请求人在十五日内提起诉讼或者申请仲裁以及在诉讼或者仲裁过程中申请扣押船载货物的，扣押船载货物不受前款规定期限的限制。

第四十七条　船载货物扣押期间届满，被请求人不提供担保，而且货物不宜继续扣押的，海事请求人可以在提起诉讼或者申请仲裁后，向扣押船载货物的海事法院申请拍卖货物。

对无法保管、不易保管或者保管费用可能超过其价值的物品，海事请求人可以申请提前拍卖。

第四十八条　海事法院收到拍卖船载货物的申请后,应当进行审查,在七日内作出准予或者不准予拍卖船载货物的裁定。

当事人对裁定不服的,可以在收到裁定书之日起五日内申请复议一次。海事法院应当在收到复议申请之日起五日内作出复议决定。复议期间停止裁定的执行。

第四十九条　拍卖船载货物由海事法院指定的本院执行人员和聘请的拍卖师组成的拍卖组织实施,或者由海事法院委托的机构实施。

拍卖船载货物,本节没有规定的,参照本章第二节拍卖船舶的有关规定。

第五十条　海事请求人对与海事请求有关的船用燃油、船用物料申请海事请求保全,适用本节规定。

第六章　海事担保

第七十四条　海事请求人的担保应当提交给海事法院;被请求人的担保可以提交给海事法院,也可以提供给海事请求人。

第七十五条　海事请求人提供的担保,其方式、数额由海事法院决定。被请求人提供的担保,其方式、数额由海事请求人和被请求人协商;协商不成的,由海事法院决定。

第七十六条　海事请求人要求被请求人就海事请求保全提供担保的数额,应当与其债权数额相当,但不得超过被保全的财产价值。

海事请求人提供担保的数额,应当相当于因其申请可能给被请求人造成的损失。具体数额由海事法院决定。

第七十七条　担保提供后,提供担保的人有正当理由的,可以向海事法院申请减少、变更或者取消该担保。

(三) 2003 年《最高人民法院关于适用〈海事诉讼特别程序法〉若干问题的解释》(法释[2003]3 号)(节选)

二、关于海事请求保全

第十八条　海事诉讼特别程序法第十二条规定的被请求人的财产包括船舶、船载货物、船用燃油以及船用物料。对其他财产的海事请求保全适用民事诉讼法有关财产保全的规定。

第十九条　海事诉讼特别程序法规定的船载货物指处于承运人掌管之下,尚未装船或者已经装载于船上以及已经卸载的货物。

第二十条　海事诉讼特别程序法第十三条规定的被保全的财产所在地指船舶的所在地或者货物的所在地。当事人在诉讼前对已经卸载但在承运人掌管之下的货物申请海事请求保全,如果货物所在地不在海事法院管辖区域的,可以向卸货港所在地的海事法院提出,也可以向货物所在地的地方人民法院提出。

第二十一条　诉讼或者仲裁前申请海事请求保全适用海事诉讼特别程序法第十四条的规定。

外国法院已受理相关海事案件或者有关纠纷已经提交仲裁，但涉案财产在中华人民共和国领域内，当事人向财产所在地的海事法院提出海事请求保全申请的，海事法院应当受理。

第二十二条　利害关系人对海事法院作出的海事请求保全裁定提出异议，经审查认为理由不成立的，应当书面通知利害关系人。

第二十三条　被请求人或者利害关系人依据海事诉讼特别程序法第二十条的规定要求海事请求人赔偿损失，向采取海事请求保全措施的海事法院提起诉讼的，海事法院应当受理。

第二十四条　申请扣押船舶错误造成的损失，包括因船舶被扣押在停泊期间产生的各项维持费用与支出、船舶被扣押造成的船期损失和被申请人为使船舶解除扣押而提供担保所支出的费用。

第二十五条　海事请求保全扣押船舶超过三十日、扣押货物或者其他财产超过十五日，海事请求人未提起诉讼或者未按照仲裁协议申请仲裁的，海事法院应当及时解除保全或者返还担保。

海事请求人未在期限内提起诉讼或者申请仲裁，但海事请求人和被请求人协议进行和解或者协议约定了担保期限的，海事法院可以根据海事请求人的申请，裁定认可该协议。

第二十六条　申请人为申请扣押船舶提供限额担保，在扣押船舶期限届满时，未按照海事法院的通知追加担保的，海事法院可以解除扣押。

第二十七条　海事诉讼特别程序法第十八条第二款、第七十四条规定的提供给海事请求人的担保，除被请求人和海事请求人有约定的外，海事请求人应当返还；海事请求人不返还担保的，该担保至海事请求保全期间届满之次日失效。

第二十八条　船舶被扣押期间产生的各项维持费用和支出，应当作为为债权人共同利益支出的费用，从拍卖船舶的价款中优先拨付。

第二十九条　海事法院根据海事诉讼特别程序法第二十七条的规定准许已经实施保全的船舶继续营运的，一般仅限于航行于国内航线上的船舶完成本航次。

第三十条　申请扣押船舶的海事请求人在提起诉讼或者申请仲裁后，不申请拍卖被扣押船舶的，海事法院可以根据被申请人的申请拍卖船舶。拍卖所得价款由海事法院提存。

第三十一条　海事法院裁定拍卖船舶，应当通过报纸或者其他新闻媒体连续公告三日。

第三十二条　利害关系人请求终止拍卖被扣押船舶的，是否准许，海事法院应当作出裁定；海事法院裁定终止拍卖船舶的，为准备拍卖船舶所发生的费用由利害关系人承担。

第三十三条　拍卖船舶申请人或者利害关系人申请终止拍卖船舶的，应当在公告确定的拍卖船舶日期届满七日前提出。

第三十四条　海事请求人和被请求人应当按照海事法院的要求提供海事诉讼特别程序法第三十三条规定的已知的船舶优先权人、抵押权人和船舶所有人的有关确切情况。

第三十五条　海事诉讼特别程序法第三十八条规定的船舶现状指船舶展示时的状况。船舶交接时的状况与船舶展示时的状况经评估确有明显差别的，船舶价款应当作适当的扣减，但属于正常损耗或者消耗的燃油不在此限。

第三十六条　海事请求人申请扣押船载货物的价值应当与其请求的债权数额相当，但船载货物为不可分割的财产除外。

第三十七条　拍卖的船舶移交后，海事法院应当及时通知相关的船舶登记机关。

第三十八条　海事请求人申请扣押船用燃油、物料的，除适用海事诉讼特别程序法第五十条的规定外，还可以适用海事诉讼特别程序法第三章第一节的规定。

第三十九条　二十总吨以下小型船艇的扣押和拍卖，可以依照民事诉讼法规定的扣押和拍卖程序进行。

第四十条　申请人依据《中华人民共和国海商法》第八十八条规定申请拍卖留置的货物的，参照海事诉讼特别程序法关于拍卖船载货物的规定执行。

（四）1992 年《海商法》

第四条　中华人民共和国港口之间的海上运输和拖航，由悬挂中华人民共和国国旗的船舶经营。但是，法律、行政法规另有规定的除外。

非经国务院交通主管部门批准，外国籍船舶不得经营中华人民共和国港口之间的海上运输和拖航。

第六十九条　托运人应当按照约定向承运人支付运费。

托运人与承运人可以约定运费由收货人支付；但是，此项约定应当在运输单证中载明。

第八十七条　应当向承运人支付的运费、共同海损分摊、滞期费和承运人为货物垫付的必要费用以及应当向承运人支付的其他费用没有付清，又没有提供适当担保的，承运人可以在合理的限度内留置其货物。

第一百七十二条　本章下列用语的含义：

（一）“船舶”，是指本法第三条所称的船舶和与其发生救助关系的任何其他非用于军事的或者政府公务的船艇。

（二）“财产”，是指非永久地和非有意地依附于岸线的任何财产，包括有风险的运费。

（三）"救助款项"，是指依照本章规定，被救助方应当向救助方支付的任何救助报酬、酬金或者补偿。

（五）1992年《最高人民法院关于适用〈民事诉讼法〉若干问题的意见》（法发[1992]22号）

99. 人民法院对季节性商品、鲜活、易腐烂变质以及其他不宜长期保存的物品采取保全措施时，可以责令当事人及时处理，由人民法院保存价款；必要时，人民法院可予以变卖，保存价款。

（六）《1952年统一海船扣押某些规定的国际公约》（节选）

第一条　在本公约内，下列各词具有本条确指的含义：

1. "海事请求"是指由于下列一个或一个以上的原因引起的请求。

(1) 发生碰撞或处于其他状态下的船舶所造成的损害；

(2) 由于任何船舶或因任何船舶的操作而造成的人身伤亡；

(3) 海难救助；

(4) 与使用或租赁任何船舶的协议，不论是以租船合同或其他形式出现；

(5) 关于在任何船上运输货物的协议，不论是以租船合同或其他形式出现；

(6) 任何船舶所载货物包括行李的灭失或损失；

(7) 共同海损；

(8) 船舶抵押借款；

(9) 拖带；

(10) 引水；

(11) 在任何地方供应船舶营运或日常维护所需的物品或材料；

(12) 任何船舶的建造、修理或装备，或船坞费用或规费；

(13) 船长、高级船员或一般船员的工资；

(14) 船长所支付的费用，包括托运人、承租人或代理人代表船舶或其他船舶所有人支付的费用；

(15) 对任何船舶的权利和所有权方面的争执；

(16) 任何船舶的共有人之间对该船的所有权、占有权、营运或获利方面的争执；

(17) 任何船舶的抵押权或质权。

2. "扣留"是指依照法律程序扣押船舶，以便保全海事请求，但不包括因执行或满足一项判决而扣押船舶。

3. "人"包括个人、合伙人和法人团体、政府、政府部门和公共权力机构。

4. "请求人"是指主张存在对其有利的海事请求的人。

第二条　悬挂任一缔约国旗帜的船舶，得因任何海事请求，而在任何缔约国管辖区域内被扣,但不得因其他请求而被扣;本公约中的任何规定,都不得视为扩大或限制根据各该国国内法律或规章赋予其政府或政府所属部门、公共权力机构或码头或港口当局,在其管辖区域内扣留、扣押,或以其他方式阻止船舶开航的权利。

第三条 1. 除本条第4款及第十条另有规定外,请求人得扣留引起海事请求的当事船舶,或在发生海事请求时属于当事船舶所有人的任何其他船舶,即使被扣留船舶准备开航,亦得扣留;但除引起请求的当事船舶以外,其他任何船舶都不得因第一条第1款第(15)、(16)、(17)各项所述海事请求而被扣。

2. 各船全部股份由同一人或相同数人所有时,这些船舶便视为属于同一所有人。

3. 一艘船舶在任何缔约国的任何一个或一个以上的管辖区内,又得因同一海事请求而被同一请求人扣留一次以上,亦不得提交一次以上的保证金额或其他保全。如果一船正在上述任一管辖区内被扣,或为使该船获释或避免扣留的威胁,已在该管辖区内提交保证金或其他保全,此后,由同一请求人就同一海事请求案件,对该船或该船同一所有人的其他船舶的扣留,应被撤销;且应由该法院或该国其他适当司法机关将该船释放。但请求人能根据法院或该国其他适当司法机关的要求,证明上述保证金或其他保全已在其后发生的扣留以前最后发还,或有充分理由维持该项扣留的除外。

4. 如系光船租赁,则承租人而非登记船舶所有人应对与船有关的海事请求负责,请求人得在不违反本公约规定的条件下扣留该船,或为该光船承租人所有的任何其他船舶;但登记船舶所有人的其他船舶不得因此种海事请求而被扣。本款规定应适用于登记船舶所有人以外的人须对与该船有关的海事请求负责的任何案件。

第四条 船舶只能由执行扣留的缔约国的法院或适当司法机关扣留。

第五条 法院或其他适当司法机关,应在提供充分保证金或其他保全后,允许释放在其管辖区内扣留的船舶;但该船是因第一条第1款(15)和(16)项所列海事请求而被扣的除外。在这种情况下,法院或其他司法机关,在该船占有人提供充分保证金或其他保全后,可允许其继续营运,或在扣留期间以其他方式处理该船营运问题。

如有关方面在保证金或其他保全是否充分的问题上未获协议,法院或其他适当司法机关应就上述保证金或保全的性质和数额作出决定。

提供这种保全,以便使该船获释的请求,不得被解释为船舶所有人对责任的承认,或对法定的责任限制利益的放弃。

第六条 在任何案件中,请求人是否须对因扣留船舶而引起的损害,或为释放或防止扣留船舶而提供的保证金或其他保全的费用负责等问题,都应当根据在其管辖区内进行或要求扣留的缔约国法律决定。

关于扣留船舶和为申请取得第四条所列权力的程序规则，以及对扣留船舶所能引起的一切程序问题，应根据在其境内进行或要求扣留的缔约国法律决定。

第七条 1. 如果扣船国家的法律赋予法院管辖权，或有下列情况之一，扣船国家的法院得就该案的实体问题作出判决：

（1）如果请求人在执行扣留的国家设有经常住所或主要营业处所；

（2）如该请求是在执行扣留的国家发生；

（3）如该请求关系到船舶被扣的航次；

（4）如该请求是由于碰撞所引起，或在1910年9月23日于布鲁塞尔签订的《统一船舶碰撞方面若干法律规定的国际公约》第十三条所述情况下发生；

（5）如该请求是因救助而发生；

（6）如该请求是就被扣船舶的抵押权或质权问题而提出的。

2. 如果在其管辖区域内扣留船舶的法院对该案实体问题的决定，没有管辖权，则根据第五条规定，为使船舶获释而提供的保证金及其他保全，应特别提明，该项保证金或保全是为保证执行对上述决定具有管辖权的法院可能宣告的判决而提出的；而执行扣船国家的法院或其他适当司法机关，应规定请求人须向具有此种管辖权的法院提起诉讼的期限。

3. 如果双方当事人已同意将争议提交在其管辖权以内执行扣船的法院以外的法院或提交仲裁，则在其管辖权以内执行的扣留的法院或其他适当司法机关，得规定请求人应提起诉讼的期限。

4. 如在前述两款中任一情况下，在规定期限内，未提起诉讼或仲裁，被告得申请释放船舶，或发还保释金或其他保全。

5. 本条不适用于经过修订的1868年10月17日莱茵河航行公约中所列举的情况。

第八条 1. 本公约规定，应适用于在任何缔约国管辖区域内悬挂缔约国旗帜的任何船舶。

2. 悬挂缔约国旗帜的船舶，得因第一条所列任一海事请求，或缔约国法律准许扣留该船的任何其他请求而被扣。

3. 尽管如此，任何缔约国都有权全部或部分排除非缔约国任何政府，或在扣船时在内无经常住所或主要营业所的任何个人享受本公约的利益。

4. 本公约中的任何规定，都不得修改或影响各缔约国关于在被扣船舶船旗国管辖区域内，由在该国设有经常住所或主要营业所的人扣留船舶的现行法律规定。

5. 如海事请求是由原请求人以外的第三者以代位、指定或其他方式提出，该第三者应在本公约所述范围内，视为具有与原请求人相同的经常住所或主要营业所。

第九条　本公约中的任何规定,都不得被解释为产生脱离本公约规定而根据受诉讼法院适用的法律所不能发生的诉权,亦不得被解释为产生根据上述法律或海上抵押权和优先权公约(如果后者适用)并不存在的任何海上优先权。

第十条　缔约国在签署本公约、交存批准书或加入本公约时保留以下权利:

(1) 不将本公约适用于因第一条第1款第(15)和(16)项所列举的任何请求而扣留船舶的事件,而将其国内法适用于此种请求;

(2) 不将第三条第1款适用于因第一条第1款第(17)项所列的请求而在其管辖区域内扣留船舶的事件。

第十一条　各缔约国保证将各国间由于解释或引用本公约而产生的任何争执提请仲裁,但这不应妨碍已协议将其争执提交国际法院的各缔约国的义务。

(七) 1999年《国际扣船公约》(节选)

第一条　定义

为本公约的目的:

1. "海事请求"指以下一种或一种以上事由引起的请求:

(a) 船舶运行引起的灭失或损坏;

(b) 与船舶营运直接有关的人身伤亡,不论发生在陆上或水上;

(c) 救助作业或任何救助协议,如适用,包括在船舶本身或其货载构成环境损害威胁时对船舶实施的救助所产生的任何特殊赔偿;

(d) 船舶对环境、海岸或有关利益方造成的损害或损害威胁;为预防、尽可能减少或消除此种损害而采取的措施;此种损害的赔偿;为恢复环境而实际采取或准备采取的合理的措施的费用;第三方因此种损害而蒙受或可能蒙受的损失;以及与本项所指的性质类似的损害、费用或损失;

(e) 与起浮、清除、收回或摧毁沉没的、成为残骸的、搁浅的或放弃的船舶或使之无害有关的费用或开支,包括与起浮、清除、收回或摧毁仍在或曾在该船上的任何物件或使之无害有关的费用或开支,以及与维护放弃的船舶和维持其船员有关的费用或开支;

(f) 有关船舶的使用或租用的任何协议,不论载于租船合同或其他协议;

(g) 有关船舶载运货物或旅客的任何协议,不论载于租船合同或其他协议;

(h) 船载货物(包括行李)或与其有关的灭失或损坏;

(i) 共同海损;

(j) 拖航;

(k) 引航;

(l) 为船舶的营运、管理、维护或维修而向其提供的物品、材料、给养、燃料、设备(包括集装箱)或服务;

(m) 船舶的建造、改建、修理、改装或装备;

(n) 港口、运河、码头、港湾及其他水道规费和费用；

(o) 因船长、高级船员和其他在编船员在船上工作而应支付给他们的工资和其他款项，包括应为其支付的遣返费和社会保险费；

(p) 为船舶或船舶所有人支付的费用；

(q) 船舶所有人或光船承租人应支付或他人为其支付的船舶保险费（包括互保会费）；

(r) 船舶所有人或光船承租人应支付或他人为其支付的任何与船舶有关的佣金、经纪费或代理费；

(s) 有关船舶所有权和占有的任何争议；

(t) 船舶共有人之间有关船舶的使用或收益的任何争议；

(u) 对船舶的抵押权或"质权"或同样性质的权利；

(v) 因船舶买卖合同产生的任何争议。

2. "扣押"指经法院命令，为保全海事请求而对船舶作出的任何滞留或对其离开作出的任何限制，但不包括为执行或履行法院判决或其他可执行文书而扣留船舶。

3. "人"指任何个人或合伙或无论是否有法人资格的任何公共或私人团体，包括国家或其任何组成机构。

4. "请求人"指提出海事请求的任何人。

5. "法院"指国家的任何主管司法机关。

第二条　扣押的权力

1. 只有实施扣押的缔约国的法院依职权才能扣押船舶或释放被扣押的船舶。

2. 船舶只能因海事请求而不能因任何其他请求被扣押。

3. 为获得担保，可以扣押船舶，即使根据有关合同中的管辖权条款或仲裁条款或其他条款，引起扣船的海事请求应由非扣船实施地国审理，或应付诸仲裁或应适用另一国家的法律。

4. 在不违反本公约规定的情况下，有关船舶的扣押或释放的程序，应受扣船实施地国或扣船请求地国法律的制约。

第三条　扣押权的行使

1. 在下列情况下，允许扣押对其提出海事请求的任何船舶：

在海事请求发生时拥有船舶的人对该请求负有责任，并且在实施扣押时仍是该船的所有人；或

在海事请求发生时船舶的光船承租人对该请求负有责任，并且在实施扣押时是该船的光船承租人或所有人；或

请求是依据对船舶的抵押权、"质权"或同样性质的权利；或；

请求与船舶的所有权或占有有关；或

对船舶所有人、光船承租人、船舶管理人或经营人提出的请求并根据扣船请求地国法律规定或产生的船舶优先权担保。

2. 对于在实施扣押时对海事请求负有责任并且在发生请求时为下述者拥有的任何其他船舶，也允许扣押：

对其发生海事请求的船舶的所有人；或

船舶的光船承租人、定期承租人或航次承租人。

本规定不适用于有关船舶的所有权或占有的请求。

3. 虽有本条第1和2款的规定，但对于并非对请求负有责任的人所拥有的船舶也允许扣押，其条件是在根据扣船请求地国的法律，就对该请求作出的判决可以通过对该船的司法变卖或强制变卖执行。

第四条　被扣押船舶的释放

1. 被扣押的船舶应在以令人满意的方式提供充分的担保后予以释放，但船舶因第1条第1款(s)项和(t)项所列的任何海事请求而被扣押的情况除外。在此种情况下，法院可允许占有船舶的人在提供充分担保后继续经营该船，或可以其他方式处理该船在扣押期间的营运。

2. 在各当事方对担保的充分性和方式未达成一致时，法院应决定其性质和金额，但金额不应超过被扣船舶的价值。

3. 请求以提供担保释放船舶，不应被解释为对责任的承认或对任何辩护权或责任限制权利的放弃。

4. 如果船舶在一非缔约国被扣押，而在一缔约国就同一请求为该船舶提供担保但仍未被释放，则该缔约国法院在收到申请后应下令释放该担保。

5. 如在一非缔约国中船舶因提供了令人满意的担保而被释放，应下令释放在缔约国中就同一请求提供的任何担保，但限于在两国中提供的担保总额超过以下数额的部分：

船舶因之被扣押的请求额，或

该船的价值，

此二数额以较低者为准。但是，除非在一非缔约国中提供的担保能为请求人实际获得并可自由转让，否则不应下令释放该担保。

6. 在按本条第1款提供担保后，提供此种担保的人可随时向法院申请减少、变更或取消该担保。

第五条　再次扣押权和多次扣押权

1. 如在任何国家中船舶已经被扣押并释放，或已经为该船提供了用于保全海事请求的担保，则此后该船不应再次被扣押或因同一海事请求而被扣押，但下述情况除外：

就同一海事请求已提供的关于该船舶的担保在性质或金额上不适当，但条

件是担保的累计金额不得超过船舶的价值；或

已提供担保的人不能或有可能不能履行其某些或全部义务；或

被扣押的船舶或早先提供的担保因下述原因之一而被释放：

请求人根据合理的原因提出申请或予以同意；或

请求人无法采取合理的措施阻止释放。

2. 对同一海事请求在不同情况下将被扣押的任何其他船舶，不应被扣押，但下述情况除外：

就同一海事请求已提供的担保在性质或金额上不适当；或

本条第 1 款(b)或(c)项的规定可适用。

3. 就本条而言，“释放”不包括任何非法释放或从扣押中逃脱。

第六条　对被扣押船舶所有人和光船承租人的保护

1. 作为扣押船舶或允许维持已实施的扣押的条件，法院可要求请求扣押或已获准扣押船舶的请求人按法院自定条件提供某一种类和某一金额的担保，以补偿扣押可能对被告造成并可能应由请求人负责的任何损失，包括但不限于下述情况可能对该被告造成的损失或损害：

扣押是错误或不公正的；或

要求和提供的担保过多。

2. 扣船实施地国的法院在请求人对扣押船舶造成的损失或损害负有责任时，应具有判定此种责任程度的管辖权，包括但不限于下述情况可能造成的损失或损害：

扣押是错误或不公正的；或

要求和提供的担保过多。

3. 如存在本条第 2 款规定的请求人责任，责任的决定应适用扣船实施地国的法律。

4. 如由另一国家的法院或由仲裁庭按第 7 条的规定来裁决案件的实体问题，则在作出该裁决前可中止有关本条第 2 款规定的请求人责任的诉讼程序。

5. 如按本条第 1 款提供了担保，则提供此种担保的人可随时请求法院减少、变更或取消该担保。

第七条　对案件实体问题的管辖权

1. 扣船实施地国法院或用以使船舶获释的担保的提供地国法院，应具有审理案件实体问题的管辖权，但各当事方有效地约定或已经有效地约定将争议提交接受管辖权的另一国家法院或付诸仲裁者除外。

2. 虽有本条第 1 款的规定，扣船实施地国法院或用以使船舶获释的担保的提供地国法院，可拒绝行使该管辖权，只要该国法律允许此种拒绝并且另一国的法院接受管辖权。

3. 如果扣船实施地国法院或用以使船舶获释的担保的提供地国法院：

不具有对案件实体问题的管辖权；或

按本条第 2 款的规定拒绝行使管辖权，

则此种法院可以并在接到请求后应当规定一个期限，在此期限内海事请求人应向主管法院提起诉讼或提请仲裁庭仲裁。

4. 如果未在按本条第 3 款规定的期限内提起诉讼或仲裁，则在接到请求后，应下令释放被扣押的船舶或提供的担保。

5. 如在按本条第 3 款规定的期限内提起了诉讼或仲裁，或在没有此种规定时向另一国家的主管法院提起了诉讼或向仲裁庭提起了仲裁，则由此产生的有关被扣押的船舶或提供的用以使船舶获得释放的担保的任何最终裁决应得到承认和执行，条件是：

此种诉讼或仲裁已合理通知被告，而且被告有合理的机会就案情提出辩护；并且

此种承认与公共政策无抵触。

6. 本条第 5 款中所载的任何规定，均不限制按扣船实施地国法律或用以使船舶获释的担保的提供地国法律赋予国外判决或仲裁裁决更大的效力。

第八条　适用

1. 本公约应适用于在任何缔约国管辖范围内的任何船舶，不论该船是否悬挂一缔约国的国旗。

2. 本公约不适用于任何军舰、海军辅助船或国家所有或营运的、仅暂时用于政府非商业服务的其他船舶。

3. 本公约不影响任何国际公约或国内法律或规则赋予任何政府或其部门、或任何公共当局，或任何码头或港口当局在其管辖范围内滞留任何船舶或以其他方式不准其航行的任何权利或权力。

4. 本公约不影响任何国家或法院作出影响债务人总资产的命令的权力。

5. 本公约中的任何规定均不影响在扣船实施地国适用规定责任限制的国际公约或执行此种公约的国内法。

6. 本公约的任何规定均不更改或影响缔约国的现行有关法规，此种法规涉及习惯居所或主要营业所在船旗国的人或通过代位、转让或其他方式从这种人取得请求权的任何其他人，对有形地处于该国管辖区域内的任何船舶的扣押。

第九条　不创设船舶优先权

本公约的任何规定均不应被解释为创设了船舶优先权。

❑ 本章扩展阅读

1. 关正义：《扣押船舶法律制度研究》，法律出版社 2007 年版，第 234 页—

第 253 页、第 265 页—第 297 页、第 301 页—第 330 页。

阅读引导:作者对世界上主要航运国家的扣船制度进行了介绍,详述了英美法系的对物诉讼制度和大陆法系的假扣押制度,帮助读者全面了解各国的扣船制度,为对扣船制度进行比较研究提供了参考。此外,作者在本书最后提出了我国扣押船舶法律制度中需要加以研究和解决的几个问题。

2. 张丽英:《船舶扣押及相关法律问题研究》,法律出版社 2009 年版,第 172—227 页。

阅读引导:作者对船舶扣押与实体管辖权的关系进行了探讨,认为扣船管辖向实体管辖的转化具有相对性,扣船管辖要让位于当事人的协议管辖和协议仲裁,其转化也受专属管辖以及国际公约的制约。此外,作者对海事管辖协议进行了专门讨论,对海运合同效力的外溢问题、租约管辖条款的并入问题、格式合同管辖条款的效力问题、标准合同文本中的不平等因素等问题进行了阐述。读者能够通过该书了解船舶扣押中的管辖问题,扩大对船舶扣押问题的知识视野。

3. 朱曾杰:《关于对 1952 年扣船公约的修改问题》,载《中国海商法年刊》1994 年版。

阅读引导:作者扼要地论述了修改《1952 年扣船公约》的背景、关于公约的几个主要争议问题和几点建议。作者认为公约存在的主要争议问题为:海事请求和扣押船舶的定义、再次扣船和多次扣船的问题、被扣船舶的所有人和光船租赁人的权利保护问题等。该文能够帮助读者了解《1952 年扣船公约》的制定、修改背景,在此基础上能够更好地对《1952 年扣船公约》和《1999 年扣船公约》进行比较学习。

4. 邬先江:《论'99 国际扣船公约对我国的影响》,载《中国海商法年刊》1999 年版。

阅读引导:作者就《1999 年扣船公约》与我国扣船制度在海事请求范围、可供扣押船舶范围、船舶担保制度和扣船管辖等方面进行比较研究,并提出了可供我国扣船立法和司法借鉴改善之处。读者通过该文能够在海事请求范围、可供扣押船舶范围、船舶担保制度和扣船管辖四大方面,对《1999 年扣船公约》的规定以及我国的司法实践有较为全面深入的了解。读者可以通过对 1999 年当时我国的扣船制度与现今的扣船制度进行比较,发现我国扣船制度的发展以及《1999 年扣船公约》对我国的影响。

5. 王晓凌:《英国扣押姊妹船的新发展》,载《中国海商法年刊》2001 年版。

阅读引导:作者通过英国上诉法院一起案例讨论了英国法下扣押姊妹船问题的发展,并对我国相应的法律提出修改建议。在英国法下,不但肯定对海事责任人为航次租船人或定期租船人的姊妹船的扣押,还肯定对新型的集装箱箱位租船人的姊妹船的扣押。作者认为我国《海事诉讼特别程序法》对扣押姊妹船的规定过于僵硬,不能满足新型租船合同不断出现的航运市场的需要,应当对其进行修改。该文以案例评析的形式,使读者对可被扣押的姊妹船的范围能够有深入的了解,并且能够启发读者研究扣押姊妹船的方向。

6. 张贤伟:《论再次扣船》,载《中国海商法年刊》2002 年版。

阅读引导:作者通过对我国《海事诉讼特别程序法》和《1999 年扣船公约》的比较研究,在对可申请重复扣船的情形和范围进行分析的基础上,指出重复扣船现行规定的立法缺陷并提出完善意见。此外,作者还将重复扣船和多次扣船进行了比较,对我国多次扣船的立法空白提出完善意见。值得注意的是,文中作者将“重复扣船”称作“再次扣船”,将“多次扣船”称作“重复扣船”。文中对于重复扣船和多次扣船的立法缺陷分析及完善意见的提出,能够引发读者对重复扣船和多次扣船问题的深入思考。

附录一:相关法律文书

文书 1-准许诉前财产保全裁定书

中华人民共和国××海事法院

民事裁定书

(诉前财产保全用)

(××××)×海法×字第××号

申请人……(写明姓名或名称、国籍、住所地等基本情况)

法定代表人……(写明姓名和职务)

委托代理人……(写明姓名、工作单位和职务)

被申请人……(写明名称、国籍、住所地等基本情况)

法定代表人……(写明姓名和职务)

委托代理人……(写明姓名、工作单位和职务)

申请人×××因……(写明申请诉前财产保全的理由),于××××年××月××日,向本院申请扣押被申请人所属……(写明停泊港口、船籍和船名),要求被申请人提供担保的诉前财产保全的请求。申请人已向本院提供……(写明担保的财产名称和数额等)担保。

本院经审查认为……(写明准许保全请求的理由)。依照……(写明裁定所

依据的法律条款项)的规定,裁定如下:

一、准许申请人×××的诉前财产保全请求;

二、自即日起扣押被申请人×××所属……(写明船籍、船名);

三、责令被申请人×××向本院提供……(写明货币名称和数额或法院认可的其他财产若干等)担保;

四、申请人应当在三十日内提起诉讼(或者申请仲裁),逾期不起诉(或者申请仲裁)的,本院将解除财产保全。

如不服本裁定,可在收到裁定书之日起五日内,向本院申请复议一次。复议期间不停止裁定的执行。

审判长　×××
审判员　×××
审判员　×××
××××年××月××日
(院印)

本件与原件核对无异

书记员　×××

注:1.“(××××)×海法×字第××号”中,“(××××)”为年份,“×海法”为海事法院简称,“×字”为案件类型,“第××号”为案件编号。

2. 本裁定书样式供海事法院准许申请人在起诉前提出的扣押被申请人所属特定船舶的保全请求,依法作出裁定时使用。

3. 被申请人的法定代表人和委托代理人一时难以找到的,此两项可以不列。

4. 对准许起诉前扣押货物或船用燃油保全申请的,可参照此样式制作裁定书。

文书2-准许诉讼中财产保全裁定书

中华人民共和国××海事法院
民事裁定书

(采取诉讼财产保全措施用)

(××××)×海法×字第××号

申请人……(写明姓名或名称、国籍、住所地等基本情况)

法定代表人……(写明姓名和职务)

委托代理人……(写明姓名、工作单位和职务)

被申请人……(写明名称、国籍、住所地等基本情况)

法定代表人……(写明姓名和职务)

委托代理人……(写明姓名、工作单位和职务)

本院受理……(写明当事人名称和案由)一案,申请人于××××年××月××日提出财产保全申请,并已向本院提供担保。本院认为……(简述采取财产保全措施的理由)。依照……(写明裁定所依据的法律条款项)的规定,裁定如下:

一、准许申请人×××提出的财产保全申请;

二、自即日起,扣押被申请人×××所属……(写明停泊港口、船籍和船名);

责令被申请人×××提供……(写明货币名称和数额或法院认可的其他财物若干等)担保。

如不服本裁定,可在收到裁定书之日起五日内,向本院申请复议一次。复议期间,不停止裁定的执行。

审判长　×××

审判员　×××

审判员　×××

××××年××月××日

(院印)

本件与原件核对无异

书记员　×××

注:1. "(××××)×海法×字第××号"中,"(××××)"为年份,"×海法"为海事法院简称,"×字"为案件类型,"第××号"为案件编号。

2. 本裁定书样式供海事法院准许申请人在诉讼中提出的扣押被申请人所属特定船舶的保全请求,依法作出裁定时使用。

3. 对准许诉讼中扣押货物或船用燃油保全申请的,可参照此样式制作裁定书。

文书3-扣押船舶命令

中华人民共和国××海事法院
扣押船舶命令

（诉讼、诉前财产保全通用）

（××××）×海法×字第××号

本院××××年××月××日作出（××××）×海法×字第××号民事裁定，扣押被申请人×××（写明国籍和名称）所属……（写明船籍）“××”轮。现将该轮在中华人民共和国××港（锚地）予以扣押。

此令。

院长　×××

××××年××月××日

（院印）

注：1.“（××××）×海法×字第××号”中，“（××××）”为年份，“×海法”为海事法院简称，“×字”为案件类型，“第××号”为案件编号。

2. 若被扣船舶为外轮，应同时写明其中文和外文名称。

3. 本命令样式供海事法院根据诉讼或诉前采取财产保全的裁定，决定对某一船舶实施扣押而发布命令时使用。

4. 扣押船舶命令应在执行时当场宣布。执行情况应当制作笔录附卷。

文书4-解除扣押船舶命令

中华人民共和国××海事法院
解除扣押船舶命令

（诉讼、诉前财产保全通用）

（××××）×海法×字第××号

本院于××××年××月××日作出（××××）×海法×字第××号民事裁定，对……（写明被申请人国籍和名称）所属……（写明国籍）“××”轮予以扣押。现×××（被申请人名称）已提供……（写明担保的财产名称和数额等）担保（或写明其他应当解除扣押船舶的理由）。本院决定：对……（写明船籍)“××”轮解除扣押。

此令。

院长　×××

××××年××月××日

(院印)

注:1.“(××××)×海法×字第××号”中,“(××××)”为年份,“×海法”为海事法院简称,“×字”为案件类型,“第××号”为案件编号。

2. 本命令样式供海事法院对已被扣押的特定船舶,决定解除扣押而发布命令时使用。

3. 被解除扣押的船舶为外轮的,同时写明其中文和外文名称。

4. 作出裁定之后并发布了扣押船舶命令的,应在首句的“作出……民事裁定”之后增写:“并发出(××××)×海法×字第××号扣押船舶命令”一句。

5. 解除扣押船舶命令应在执行时当场宣布。执行情况另行制作笔录附卷。

文书5-解除扣押船舶通知书

中华人民共和国××海事法院
解除扣押船舶通知书

(诉讼、诉前财产保全通用)

(××××)×海法×字第××号

中华人民共和国××××(协助执行单位名称):

我院于××××年××月××日发出(××××)×海法×字第××号解除扣押船舶命令,对停泊在××港(锚地)的……(申请人国籍和名称)所属……(写明船籍)“××”轮解除扣押,请予放行。

特此通知。

附件:(××××)×海法×字第××号解除扣押船舶命令×份。

××××年××月××日

(院印)

注:1.“(××××)×海法×字第××号”中,“(××××)”为年份,“×海法”为海事法院简称,“×字”为案件类型,“第××号”为案件编号。

2. 本通知书样式供海事法院对已被扣押的特定船舶决定解除扣押,在发布解除扣押船舶命令的同时,通知被扣押船舶所在地的港务监督机构、边防检查站以及其他海上巡逻、监视部门解除对该船舶的扣押,予以放行时使用。

文书6-海事仲裁提请财产保全裁定书

中华人民共和国××海事法院
民事裁定书

（对海事仲裁机构提请财产保全用）

（××××）×海法×字第××号

提请人……（写明仲裁机构的名称和住所地）

申请人……（写明名称、国籍、住所地等基本情况）

法定代表人……（写明姓名和职务）

委托代理人……（写明姓名、工作单位和职务）

被申请人……（写明名称、国籍、住所地等基本情况）

法定代表人……（写明姓名和职务）

委托代理人……（写明姓名、工作单位和职务）

提请人×××在受理仲裁申请人×××与被申请人……（写明名称与案由）一案中，根据申请人请求财产保全的申请，于××××年××月××日提请本院对被申请人所属……（写明财产的名称、数量及所在地点）予以扣押（查封或冻结等），要求被申请人提供担保。申请人已（未）向本院提供担保。

本院经审查认为，……（写明准许或不准许财产保全请求的理由）。依照……（写明裁定所依据的法律条款项）的规定，裁定如下：

……[写明裁定结果。分两种情况：

第一，准许财产保全请求的，写：

“一、准许仲裁申请人×××的财产保全请求；

二、自即日起对被申请人×××所属……（写明财产的名称、数量及所在地点）予以扣押（查封或冻结）；

三、责令被申请人×××提供……（写明担保的财产名称和数额等）担保。”

第二，不准许财产保全请求的，写：“驳回仲裁申请人×××的财产保全申请。”]

如不服本裁定，可在送达裁定书之日起五日内，向本院申请复议一次。复议期间，不停止裁定的执行。

审判长　×××
审判员　×××
审判员　×××
××××年××月××日
（院印）

本件与原件核对无异

书记员　×××

注：1. “（××××）×海法×字第××号”中，“（××××）”为年份，“×海法”为海事法院简称，“×字”为案件类型，“第××号”为案件编号。

2. 本裁定书样式供海事法院根据《民事诉讼法》第272条的规定，对仲裁机构提交的仲裁涉外海事纠纷的当事人请求采取财产保全的申请，决定准许或不准许采取财产保全措施时使用。

3. 仲裁案件中的当事人不能直接向法院提出财产保全的申请，必须通过仲裁机构向法院提请财产保全，因此本裁定书中的“提请人”为受理案件的仲裁机构，“申请人”为仲裁案件中申请财产保全的当事人。

3. 申请人请求保全的被申请人所属财产若是船舶，应写明其停泊港口、船籍和船名。

文书7-准予或不准予拍卖船舶书裁定

中华人民共和国××海事法院
民事裁定书

（准予或不准予拍卖船舶用）

（××××）×海法×字第××号

申请人……（写明姓名或名称、国籍、住所地等基本情况）

被申请人……（写明姓名或名称、国籍、住所地等基本情况）

申请人×××与被申请人……（写明姓名或名称、案由）一案，本院于××××年××月××日作出（××××）×海法×字第××号民事裁定，并据此于××××年××月××日发出（××××）×海法×字第××号扣押船舶命令，对被申请人×××所属……籍的现停泊于××港的“××”轮（写明船名）予以扣押。申请人因……（写明申请拍卖的理由），于××××年××月××日向本院申请拍卖被扣押的船舶。

本院经审查认为,……(写明准予拍卖或不准予拍卖的根据和理由)。依照《中华人民共和国海事诉讼特别程序法》……(写明裁定所依据的法律条款项)的规定,裁定如下:

……[写明裁定结果。分两种情况:

第一,准予拍卖的,写:

"一、将停泊在××港(锚地)的……(写明船籍、船名)予以拍卖;

二、所得价款在支付因扣押和拍卖船舶的费用后,全部存入××银行××海事法院账户。"

第二,不准予拍卖的,写:

"驳回申请人×××提出的拍卖……(写明船籍、船名)的申请。"]

如不服本裁定,可以在收到裁定书之日起五日内,向本院申请复议一次(如是准予拍卖,增写:复议期间停止裁定的执行)。

审判长　×××

审判员　×××

审判员　×××

××××年××月××日

(院印)

本件与原件核对无异

书记员　×××

注:1. "(××××)×海法×字第××号"中,"(××××)"为年份,"×海法"为海事法院简称,"×字"为案件类型,"第××号"为案件编号。

2. 本裁定书样式供海事法院在审理海事案件中,决定或否定强制拍卖被扣押的船舶时使用。

3. 当事人的称谓、序列和基本情况的写法,与通用的民事裁判文书相同。

4. 涉外海事案件的外国人,应用中文写明其国籍和外国的人名、企业名称、船名、地名、国名等,同时,除国籍外均应括注外文。

文书8-终止或不终止拍卖船舶裁定书

中华人民共和国××海事法院
民事裁定书

（终止拍卖船舶用）

（××××）×海法×字第××号

申请人……（写明姓名或名称、国籍、住所地等基本情况）

被申请人……（写明姓名或名称、国籍、住所地等基本情况）

申请人×××与被申请人……（写明姓名或名称、案由）一案，本院于××××年××月××日作出（××××）×海法×字第××号民事裁定，将停泊在……港（锚地）的……（写明船籍、船名）予以拍卖。现申请人以……（简写申请终止拍卖船舶的理由）为由，向本院申请终止拍卖。

本院经审查认为，……（写明应当终止拍卖或驳回申请的理由）。依照《中华人民共和国海事诉讼特别程序法》第三十一条的规定，裁定如下；

……[写明裁定结果。分两种情况：

第一，准许终止拍卖的，写：

“一、终止拍卖……（写明船籍、船名）；

二、因准备拍卖船舶发生的费用……元，由申请人×××负担。”

第二，不准许终止拍卖的，写：

“驳回申请人×××提出的拍卖……（写明船籍、船名）的申请。”]

审判长　×××

审判员　×××

审判员　×××

××××年××月××日

（院印）

本件与原件核对无异

书记员　×××

注：1.“（××××）×海法×字第××号”中，“（××××）”为年份，“×海法”为海事法院简称，“×字”为案件类型，“第××号”为案件编号。

2. 本样式供海事法院在审理海事案件中，作出拍卖船舶裁定后，又根据申请人的申请，决定是否终止拍卖被扣押的船舶时使用。如尚未作出拍卖船舶裁定,则属于申请人撤回拍卖申请,不需另作裁定书。

3. 当事人的称谓、序列和基本情况的写法,与通用的民事裁判文书相同。

4. 涉外海事案件的外国人,应用中文写明其国籍和外国的人名、企业名称、船名、地名、国名等,同时,除国籍外均应括注外文。

文书9-拍卖船舶公告

中华人民共和国××海事法院

公　告

（拍卖船舶用）

（××××）×海法×字第××号

本院××××年××月××日受理原告×××与被告……（写明名称、案由）一案,已依法采取海事请求保全措施,对被告所属……（写明船籍）"××"轮予以扣押。因……（写明拍卖船舶的理由）,本院于××××年××月××日作出（××××）×海法×字第××号民事裁定,决定强制拍卖该轮。现已成立"××"轮拍卖委员会,定于××××年××月××日××时在……（写明拍卖地点）对该轮进行公开拍卖。凡愿参加竞买者,可于××××年××月××日前,向该轮拍卖委员会提交书面申请（该委员会所在地址……联系人×××;联系电话……）。凡与该轮有关的债权人,应自公告之日起××日内,向本院申请债权登记。逾期不登记的,视为放弃在本次拍卖中受偿的权利。

特此公告。

××××年××月××日

（院印）

注:1. "（××××）×海法×字第××号"中,"（××××）"为年份,"×海法"为海事法院简称,"×字"为案件类型,"第××号"为案件编号。

2. 本公告样式供海事法院在审理海事案件中,根据拍卖船舶民事裁定书公告拍卖该船舶时使用。

文书10-拍卖船舶通知书(通知已知债权人)

中华人民共和国××海事法院
拍卖船舶通知书

(通知已知债权人用)

(××××)×海法×字第××号

×××(已知债权人的姓名或名称):

因原告×××与被告……(写明名称、案由)一案,原告×××以……(写明申请拍卖的理由)为由,向本院申请拍卖……"××"轮(写明船舶所有权、船籍、船名)。本院于××××年××月××日作出(××××)×海法×字第××号民事裁定,决定拍卖停泊在……港(锚地)的"××"轮。现定于××××年××月××日××时在……(写明拍卖地点)对该轮进行公开拍卖。×××(已知债权人)应于公告之日起××日内,向本院申请债权登记,并提交有关债权证据。逾期不登记的,视为放弃在本次拍卖船舶价款中受偿的权利。

特此通知。

××××年××月××日

注:1."(××××)×海法×字第××号"中,"(××××)"为年份,"×海法"为海事法院简称,"×字"为案件类型,"第××号"为案件编号。

2.本通知书样式供海事法院在公开拍卖船舶前,通知已知的船舶优先权人、抵押权人和其他债权人时使用。

文书11-拍卖船舶通知书(通知被拍卖船舶登记机关)

中华人民共和国××海事法院
拍卖船舶通知书

(通知被拍卖船舶登记机关用)

(××××)×海法×字第××号

×××(写明被拍卖船舶登记机关的名称):

因原告×××与被告……(写明名称、案由)一案,原告×××以……(写明申请拍卖的理由)为由,向本院申请拍卖……(写明船舶所有权、船籍)“××”轮。本院于××××年××月××日作出(××××)海法×字第×号民事裁定,决定拍卖停泊在……港(锚地)的“××”轮。现定于××××年××月××日××时在……(写明拍卖地点)对该轮进行公开拍卖。

特此通知。

××××年××月××日

(院印)

注:1.“(××××)×海法×字第××号”中,“(××××)”为年份,“×海法”为海事法院简称,“×字”为案件类型,“第××号”为案件编号。

2. 本通知书样式供海事法院在公开拍卖船舶前,通知被拍卖船舶的登记机关时使用。

附录二:案例分析

1. 扣押船舶

【案情简介】

甲公司以乙公司拖欠其燃油费为由向海事法院申请扣押乙公司所有的A船,海事法院审查后裁定扣押。此时,丙公司以乙公司拖欠其供油款为由也向海事法院申请扣押A船。乙公司提供担保后,解除了扣押。后甲公司就乙公司拖欠燃油费一事提起诉讼,诉讼过程中,甲公司再次以乙公司拖欠其燃油费为由向海事法院申请扣押乙公司所有的另一艘B船。

【问题思考】

(1) 若丙公司与乙公司协议由上海海事法院管辖此案,乙公司住所地位于宁波,目前A船停靠在大连港。

① 丙公司若申请诉前扣船,应向何地海事法院申请?为什么?

② 丙公司若先提起诉讼再申请扣船,应向何地海事法院起诉?向何地海事法院申请扣船?为什么?

(2) 丙公司申请扣押A船能否得到批准?为什么?

(3) 甲公司申请扣押B船能否得到批准?为什么?

(4) 若甲公司再次以乙公司拖欠其燃油费为由向海事法院申请扣押A船,能否得到批准?为什么?

【案例简析】

本案中,甲公司和丙公司均以乙公司拖欠其燃油费为由申请扣船,其燃油费的请求符合《海事诉讼特别程序法》规定的可以申请扣船的海事请求。若在诉前申请扣船,则根据《海事诉讼特别程序法》的规定,不受当事人之间关于该海事请求的诉讼管辖协议或者仲裁协议的约束,应向被保全财产所在地海事法院申请,即大连海事法院。若在诉讼中申请扣船,则应向受理实体案件的法院申请。本案中,丙公司与乙公司协议由上海海事法院管辖,因此受理实体案件的法院为上海海事法院,扣船申请也应向上海海事法院提出。

在本案中,海事法院已经应甲公司的申请裁定扣押A船,此时丙公司也向海事法院申请扣押A船,这种情况属于多次扣船。虽然我国《海事诉讼特别程序法》没有专门规范多次扣船的问题,但是理论上不同的海事请求是独立的,只要符合扣船的条件,不同的申请人基于各自不同的海事请求都可以申请扣船,实践中多次扣船也是很常见的。因此,只要丙公司的申请经海事法院审查符合扣船的条件,即可得到批准。

甲公司若为请求不同笔的燃油费再次申请扣押乙公司所有的A船或B船,都是可以得到海事法院的支持的。但是,甲公司若为请求同一笔的燃油费而再次申请扣押乙公司所有的船舶,则属于重复扣船的范畴。《海事诉讼特别程序法》第24条规定:“海事请求人不得因同一海事请求申请扣押已被扣押过的船舶,但有下列情形之一的除外:(一)被请求人未提供充分的担保;(二)担保人有可能不能全部或者部分履行担保义务;(三)海事请求人因合理的原因同意释放被扣押的船舶或者返还已提供的担保;或者不能通过合理措施阻止释放被扣押的船舶或者返还已提供的担保。”本案中并不存在法条所列三种例外情形,所以甲公司扣押乙公司所有的船舶的申请没有法律依据,不能得到批准。

2. 扣押船载货物

【案情简介】

甲公司与乙公司签订航次租船合同,由甲公司所属A轮装运15,130公吨钢材,运往上海港。合同规定:乙公司应于货物装船、船长签发提单后7日内立即支付运费,全程运费总计282,500美元。货物装船后,A轮船长签发运费到付的提单。A轮到达上海港后,甲公司因未收到运费,对承运钢材中的8,000公吨行使留置权,造成该轮在上海港滞留。后经多方交涉,甲公司收到乙公司给付的运费计173,815美元,尚欠108,685美元。另外,由于该轮滞留,使申请人额外承担船舶维持费和港口费等及利息损失共计94,600美元。为减少损失,使船舶能继续营运,甲公司将货物卸下后,向上海海事法院提出诉前海事请求保全申请,请求扣押其中的5,000公吨钢材,直至乙公司提供185,000美元的现金担保或者银行担保。

【问题思考】

(1) 若乙公司已将提单背书给第三人,甲公司是否仍有权申请扣押船载货物?为什么?

(2) 上海海事法院经审查,责令甲公司提供5万美元的担保,并根据甲公司所报经济损失要求甲公司将申请扣货数量减少为1,000公吨。上海海事法院的要求是否合法?为什么?

(3) 若货物被海事法院裁定扣押,甲公司应当采取什么行动?为什么?

(4) 若乙公司一直不提供担保,甲公司能否申请强制拍卖货物?为什么?

【案例简析】

本案中,甲公司是因请求航次租船合同运费而申请扣押船载货物。当乙公司是提单持有人时,乙公司既是货物的所有权人又是拖欠运费的债务人,甲公司当然有权留置货物或申请扣押船载货物。但若乙公司将提单背书给第三人,乙公司便不再是货物的所有权人,甲公司将无权申请扣押货物。不过,虽然本案租船合同中规定乙公司应支付运费,但是甲公司签发的为运费到付提单,即使提单持有人不是乙公司,甲公司也有权申请扣押货物。

根据《海事诉讼特别程序法》第16条的规定,海事法院受理海事请求保全申请,可以责令海事请求人提供担保。担保的具体数额,应当相当于因海事请求人的申请可能给被请求人造成的损失,具体数额由海事法院决定。本案中,上海海事法院根据扣押船载货物可能造成的损失情况,要求甲公司提供5万美元的担保,合理合法。另外,根据《海事诉讼特别程序法》第45条的规定,申请扣押船载货物的价值,应当与其债权数额相当。本案中,甲公司申请扣押的5,000公吨钢材的价值远远大于乙公司拖欠的运费,海事法院根据甲公司的经济损失情况,要求将扣货数量减少为价值与债权数额相当的1,000公吨钢材,合理合法。

若海事法院裁定扣押船载货物,甲公司应在15日以内提起诉讼或者申请仲裁,否则海事法院将解除扣押。这是因为《海事诉讼特别程序法》第46条规定:"海事请求保全扣押船载货物的期限为十五日。海事请求人在十五日内提起诉讼或者申请仲裁以及在诉讼或者仲裁过程中申请扣押船载货物的,扣押船载货物不受前款规定期限的限制。"

根据《海事诉讼特别程序法》第47条第1款的规定,船载货物扣押期间届满,被请求人不提供担保,而且货物不宜继续扣押的,海事请求人可以在提起诉讼或者申请仲裁后,向扣押船载货物的海事法院申请拍卖货物。因此,如果乙公司15日内不提供担保,货物又不宜继续扣押的情况下,甲公司可以申请强制拍卖船载货物。本案中,被扣押的船载货物为钢材,如果不能证明钢材不及时拍卖将会扩大当事人的经济损失,则甲公司不能申请强制拍卖船载货物,只能等待取得胜诉判决之后再拍卖受偿。

第四章 海事强制令

导读 海事强制令是一种行为保全制度，以保障非金钱给付类的债权能够及时得到实现。当船方因为某些原因而拒绝签发提单或卸货时，为避免损失在诉讼过程中进一步扩大，海事请求人可以选择在诉讼前或者诉讼中申请海事强制令，以法院的强制力迫使对方为或不为一定行为，从而达到减少损失、确保最终判决有效执行的目的。本章主要介绍海事强制令的法律性质、申请条件和程序，并对相似制度进行比较。学习本章时，应注意把握海事强制令相较于其他保全制度的独特之处，对在何种情况下及如何申请海事强制令有所认识。

关键词 海事强制令 行为保全 玛瑞瓦禁令 假处分 先予执行

第一节 海事强制令概述

一、海事强制令制度的概念

海事强制令是指在紧急情况下，海事法院根据海事请求人的申请，为保护其合法权益免受侵害，而对被请求人的违约或违法行为进行纠正的紧急强制措施。海事强制令是我国在总结了海事诉讼实践经验的基础上，对我国民商事诉讼程序的一项创新。这项制度的创立，将我国诉讼保全措施的对象从当事人的财产扩大到当事人的行为，弥补了原《民事诉讼法》的缺陷，完善了我国的保全制度；对于暂时平息当事人的争议，及时保护当事人的权益，避免损害的扩大，具有重要的意义。

（一）海事强制令是诉讼过程中的强制保全措施

海事强制令与海事请求保全相同，是海事诉讼中的强制保全措施。一方面，海事强制令是一种程序性的救济措施。法院在审查海事强制令时，只作程序性审查，并不进行实体审查。另一方面，海事强制令是一种强制性措施，具有强制执行力。如果当事人不遵守海事法院发出的海事强制令，将会被判处相应的处罚措施。

（二）海事强制令案件由海事法院专门管辖

海事强制令案件属于海事案件的范畴，由海事法院专门管辖。请求人必须向海事法院提出海事强制令申请，海事强制令措施也必须由海事法院采取。另外,海事法院只能应请求人的申请作出海事强制令的裁定,不得依职权主动作出海事强制令的裁定。当然,海事法院所在地的高级人民法院和最高人民法院审理的海事案件中当事人申请海事强制令时,高级人民法院和最高人民法院也享有管辖权。

（三）海事强制令的对象是行为

海事强制令的内容是责令被请求人作为或者不作为,针对的对象是被请求人的行为,如根据托运人的请求责令承运人签发提单或者依据租船人的请求禁止船东开航等。这一点正是海事强制令与海事请求保全的区分点。两者都是通过一定的强制措施来保全请求人的海事请求,只是针对的对象不同,海事强制令的对象是行为,海事请求保全的对象是财产。

二、海事强制令制度的产生背景

（一）实践需求

海事强制令是对正在发生或是连续进行的行为加以制止,强制被请求人作为或者不作为,从而及时制止违法或者违约行为。财产保全是对被请求人的财产或者争议的标的物采取限制处分的强制措施,保障将来的生效判决能够得到执行或者避免财产遭受损失。先予执行是对尚未判决的纠纷,依法要求义务人预先履行一定数额的金钱或者财务,从而解决权利人生活或者生产经营的急需。海事强制令制度尚未确立之前,司法实践采用财产保全或者先予执行的方式责令被请求人作为或者不作为。但财产保全只适用于诉前或诉中,先予执行只能在诉中进行,仅此两项制度不足以解决实践中遇到的多种情形。所以,设立海事强制令是必要的。

例如,1992 年“卡西亚”轮案中,原告香港明华船务公司的“卡西亚”轮受载 10,000 吨水泥,因货物的托运人广东省外贸开发公司未能落实国外买家,迟迟不办理货物的结关手续,致使“卡西亚”轮不能开航,滞留龙口港一个多月。随后,香港明华船务公司向广州海事法院起诉,请求海事法院裁定船舶立即开航,并请求托运人广东省外贸开发公司赔偿船舶滞期损失。广州海事法院受理立案后,由于当时没有海事强制令制度,为保护当事人的合法权益,尽管不符合民诉法关于先予执行的适用范围和条件,最终仍只得采用先予执行的方式,责令托运人立即卸货。

1997 年“托巴斯”轮强制卸货案中,请求人四川省粮油食品进出口公司在印度购买豆粕 12,032.70 吨,由被请求人英国嘉元海运有限公司所属的“托巴斯”轮承运。被请求人已经确认和接受请求人出具的正本提单,并签发提货单。但在交付 11,274.35 吨货物后,船长以船东没有发工资,船东要求船到黄埔港取到运费后再放货为由,滞留了申请人的 758.35 吨豆粕,致使已办妥提货手续的请求人无法全部提货。随后,四川省粮油食品进出口公司向广州海事法院递交了请求"托巴斯"轮卸货的保全申请,要求强制卸下被船方无理留置的758.35吨豆粕,以保全其海事请求权,并向海事法院提交担保。由于当时没有海事强制令制度,为及时有效地保护海事请求人的合法权益,尽管与民诉法上的财产保全在对象和方式上有很大不同,海事法院最终只得比照我国财产保全的规定,要求强制卸货。

实践中,上述这些案件,不论是以先予执行为依据,还是以财产保全为依据,都是不妥当的。先予执行是在案件基本事实清楚、权利义务关系明确的情况下,对于情况紧急的追索赡养费、抚养费、抚育费、抚恤金、医疗费、劳务报酬等案件先予以执行,以保证请求人的生产生活。而财产保全是为防止判决不能执行或难以执行,对被请求人的财产加以查封、扣押、冻结或法律规定的其他方法。所以,审判实践迫切地需要一种新的法律制度。当一方当事人有义务为一定行为而不为,或者不应为一定行为而为时,另一方当事人可以申请海事法院直接责令义务人为或者不为一定行为。海事强制令制度就是根据当事人的实际诉求,总结海事诉讼实践经验,借鉴了国外的类似制度,经过认真论证并广泛征求了社会各界的意见后设立的。

(二)理论依据

海事强制令是一种强制措施,即在法院作出判决之前甚至原告起诉之前,通过法院的强制力强制一方当事人为或不为一定行为。这在民法和民诉法上都是有理论依据的。

根据民法原理,债可以分为财物之债和行为之债。财物之债表现为债务人应向债权人给付一定数量的财物,行为之债表现为债务人应向债权人履行一定的行为。在诉讼关系上,财物之债体现为原告请求被告给付一定数量的财物,行为之债体现为原告请求被告履行一定的行为。当债权债务关系尚处于争议状态,法院或仲裁机构对争议的债权债务关系作出结论之前,为避免将来的判决或裁决不能执行或者难以执行,可以作出保全。

按照2007年《民事诉讼法》的规定,对于财物之债,可以通过财产保全措施予以保全;但对于行为之债,以前的《民事诉讼法》缺乏相应的保全措施规定。应当认为,行为之债同样也可以在确认之前予以保全,其表现形式就是责令债务人为或不为一定行为,以避免因债务人的进一步作为或不作为造成难以挽回的经济损失。这一点也得到了2012年通过的《民事诉讼法》的认可。

按照《民法通则》的规定,我国民事责任的承担方式主要是赔偿损失,此外还包括停止侵害、排除妨害、恢复原状等。承担停止侵害的民事责任必须在法院查明事实、确定责任、作出裁判之后进行。然而,在诉讼前或诉讼中,一方当事人有证据证明另一方当事人的行为属于侵权或违约时,也可以申请法院裁定行为人停止行为。

其他单行法中也有要求行为人停止行为的规定。例如,《专利法》《商标法》《著作权法》规定,权利人或者利害关系人有证据证明他人正在实施或者即将实施侵犯其权利的行为,如不及时制止会使其合法权益受到难以弥补的损害的,可以在起诉前向人民法院申请采取责令停止有关行为的措施。

在诉讼前或诉讼中责令行为人停止行为,其实质就是采取行为保全。正如对于赔偿损失的民事责任,可以采取财产保全措施,以查封、扣押、冻结等手段固定资产,保证将来的判决或裁定得以执行;对于非损害赔偿的民事责任,可以采取责令当事人为或者不为一定行为的保全措施,只是保全的对象和方式不同而已。

(三)国外类似制度

1. 玛瑞瓦禁令(Mareva Injunction)

玛瑞瓦禁令是英国首创的一种诉讼法律制度。在英国的民事诉讼中,法院可以签发命令,要求或禁止当事人为某一行为,这种命令被称为禁令。有两种禁令被用来作为对当事人的司法救济手段:一种是最终禁令,是法院在作出最终判决后所批准的禁令;另一种是中间禁令,又称临时禁令或预备禁令。中间禁令主要是用以解决案件审理过程中出现的一些中间性民事程序问题,在民事诉讼过程中签发的禁令都可以被称为中间禁令。玛瑞瓦禁令是中间禁令的一种,指的是法院签发的禁止当事人转移或处分(或导致其他当事人转移或处分)其财产的命令。其目的是禁止被告在诉讼前或诉讼中转移或处分其财产,以此保障原告在将来胜诉时有真正的财产来满足对胜诉判决或裁定的执行。[①]

玛瑞瓦禁令始创于20世纪70年代中期,第一次发出此种禁令的案件是“日本邮船案”。在此案之后不久,英国法院又受理了“玛瑞瓦案”,在该案中,此种禁令再次被签发,法院可以发出限制处分财产禁令的原则得到确认,玛瑞瓦禁令因此得名。

1979年的Third Chandris Shipping Corporation v. Unimarine SA一案确定了可申请玛瑞瓦禁令的基本原则:

第一,原告应全面、坦白地向法院陈述其所知的主要情况;

第二,原告应表明其诉讼请求的具体内容、请求及请求数额的依据,并陈述被告可能提出的抗辩理由;

第三,原告应提供使法院相信被告在其管辖范围内有财产的证据;

第四,原告应提供确信财产在判决或裁决执行前有被移走的危险的某些证据;

① 参见关正义:《扣押船舶法律制度研究》,法律出版社2007年版,第254页。

第五,原告应作出在其请求不成立或禁令不公正的情况下,向被告赔偿损失的承诺。

如同其他许多民事诉讼法律程序一样,玛瑞瓦禁令作为一项诉讼程序,也是在民事诉讼的实践中不断发展、逐渐成熟并确定下来的。1994年,针对实践中出现的各种具体的问题,英国出台了"应用指南",使玛瑞瓦禁令在实践中的运用得到规范。20世纪90年代末期,英国对其司法制度和民事诉讼进行重大改革,在1999年公布的《英国民事诉讼规则》(The Civil Procedure Rules)中,玛瑞瓦禁令被正式命名为冻结禁令(Freezing Injunction)。

玛瑞瓦禁令虽然最终指向的是被告的财产,但其却是通过控制被告行为的方式达到冻结被告财产的目的。可以说,玛瑞瓦禁令是采用行为保全的方法,达到使财产保全的目的。这一立法模式,对我国保全制度的发展完善有一定的借鉴意义。

2. 假处分(Einstweilige Verfugung)

假处分是大陆法系国家或地区的一种保全措施,是指为了阻止现状发生改变,或阻止重大损害的发生,或为了防止急迫的强暴行为,对于有争执的法律关系,特别是继续的法律关系规定其暂时状态的一种中间裁定。① 不同于英美法系的做法,大陆法系将针对金钱请求的强制措施与针对非金钱请求的强制措施分开,前者称为假扣押,后者称为假处分。假处分制度最早确立于德国民事法典,日本的《民事保全法》与我国台湾地区的"民事诉讼法"对假处分有比较详细的规定。尤其是日本,明确以法典的形式将假扣押与假处分制度确立了下来。②

假处分适用的主要条件有:

第一,依据的是金钱请求以外的请求;

第二,因为请求标的的现状变更,日后有不能强制执行或难以强制执行的可能;

第三,对于有争执的法律关系有确定暂时状态的必要。

假处分采取的措施主要是强制债务人为一定行为或不为一定行为,或者对有争执的法律关系确定暂时状态。大陆法系中,假扣押是与假处分并列的保全措施,相当于我国的财产保全制度,而假处分则相当于我国现行的《民事诉讼法》中新加入的行为保全制度。《海事诉讼特别程序法》设立的海事强制令制度

---

① 参见倪学伟:《海事强制令新论》,载《中国海商法年刊》2008年版。

② 根据日本《民事保全法》第20条、第23条、第24条的规定,假扣押命令是对以金钱支付为目的的债权,在存在不能强制执行或有对强制执行产生显著困难之虞时,对债务人的财产实施的司法扣押命令;假处分命令是在因变更争执标的物的现状而有使债权人不能实行其权利或实行权利产生显著困难之虞时,或者为避免所争执的权利关系给债权人造成显著的损失或紧迫的危险而要求债务人为或不为一定行为的命令。

在很大程度上就是借鉴了假处分制度。

三、海事强制令制度的法律性质

在《海事诉讼特别程序法》起草之初,该项制度被称为“行为保全”,并且作为“海事请求保全”一章中的一节,从名称和体例上都清楚地表明了其性质为海事请求保全的一种。但是,最终这项制度被命名为“海事强制令”,并独立成章加以规定。这主要是考虑到:

第一,当时我国诉讼法理论中没有“行为保全”的概念和制度,如果在海事诉讼法中单独提出,不易为诉讼法学界所接受;

第二,有人认为保全是将事物维持在现有的状态,而该项制度是强制当事人为或不为一定行为以改变事物现有的状态,因此不能称之为“保全”。

目前学界的主要观点基本上都不赞成所谓保全就是维持事物现有状态的观点。有观点认为,保全是“保护使之安全”之意。① 另有观点认为,保全不是一种创造性的行为,而是保持已经存在的状态的一种行为。但是,这种保持的行为并不是简单地维持事物或者法律行为的表面状态不变,而是保持事物或者法律行为内在的法律关系不变。无论如何,保全的本质不是单纯地维持现有状态,而应该是避免损失的发生或扩大。不能因为海事强制令制度是改变事物现有状态就否认其保全的性质。这一点,已经得到了 2012 年《民事诉讼法》的认可。保全措施包括对当事人的财产进行保全以及责令当事人作出一定行为或者禁止其作出一定行为两种方式,适用于可能因当事人一方的行为或者其他原因,使判决难以执行或者造成当事人其他损害的案件。②

请求人的海事请求不同,决定了所采取的保全措施不同。对于金钱给付请求,可采取查封、扣押、冻结被请求人财产的财产保全措施,以阻止被请求人转移财产,防止损失发生或扩大。对于非金钱给付请求,就只能通过纠正被请求人的行为达到避免损失的发生或扩大的目的。确定一项措施是不是保全措施,要看该措施是否符合保全的内在特征,不能以该措施是否维持事物的现状为标准。诉讼前或诉讼中强制当事人为或不为一定行为,其前提是当事人之间的债权债务尚未确定,被请求人是否具有作为或者不作为的义务尚未明确;其目的是保全当事人的非金钱请求,保证将来裁判的执行,避免造成更大的经济损失。就此而言,海事强制令完全符合保全的特征,具有保全的法律属性。

目前,学界及司法实践中的主流观点是将海事强制令定性为行为保全,与海事财产保全的性质相对应。如此定性,既体现了海事强制令的对象,又体现了其

---

① 参见金正佳主编:《海事诉讼法论》,大连海事大学出版社 2001 年版,第 209 页。

② 参见韩立新、袁绍春、尹伟民编著:《海事诉讼与仲裁》,大连海事大学出版社 2007 年版,第 73 页。

保障债权实现的目的。

四、海事强制令的管辖

《海事诉讼特别程序法》对于海事强制令管辖的规定,基本和海事请求保全管辖的规定相同,只是在诉前管辖的连接点上有所不同。诉前海事请求保全管辖的连接点是"被保全的财产所在地",诉前海事强制令管辖的连接点是"海事纠纷发生地"。诉讼前申请海事强制令的案件,由海事纠纷发生地海事法院管辖,且排除诉讼管辖协议与仲裁协议的管辖。①

值得注意的是,作为诉前海事强制令管辖的连接点的"海事纠纷发生地",是一个不甚明确的概念。应当认为这里的"海事纠纷"是指基于被申请人的行为所产生的纠纷,而不是当事人实体权利的纠纷。虽然通常情况下,海事纠纷是指当事人之间实体权利义务上的纠纷,即申请海事强制令所依据的海事请求方面的纠纷,但是确定实体案件管辖权的因素,如果以此作为确定海事强制令管辖的因素,两者就完全混淆了。海上运输是一种在时间上和空间上都有很大延续性的活动,这就决定了海事纠纷往往是一个持续发展的过程,一般不会局限在某一个地点。海事强制令的对象是被申请人的行为,这一强制措施所要纠正的是被申请人违反法律规定或者合同约定的行为。从这一角度理解,海事纠纷应指基于被申请人的行为所产生的纠纷。如此,海事纠纷发生地成为海事强制令管辖唯一的、固定的连接点。

与海事请求保全一样,受理诉前海事强制令的海事法院也可以取得对实体案件的管辖权。因作出海事强制令而取得的实体案件的管辖权属于一般管辖权,不得优先于其他海事法院的管辖权,也不能排除协议管辖或协议仲裁的优先性。②

第二节 海事强制令与其他相关法律制度的联系与区别

一、海事强制令与海事请求保全的联系与区别

海事强制令在性质上属于行为保全,海事请求保全在性质上属于财产保全。两者既有相似之处,又有不同之处,需要仔细区分。

(一)海事强制令与海事请求保全的联系

1. 两者都有保全的性质。两者都是在当事人之间的法律关系尚未明确、责任尚未确定的情况下采取的强制措施,目的都是保全海事请求。

---

① 参见《海事诉讼特别程序法》第52条、第53条。

② 参见《海事诉讼特别程序法》第61条。

2. 两者适用的阶段相同。两者都可以在诉讼前提出,也可以在诉讼中提出。

3. 两者申请保全错误的后果相同。海事请求人申请海事请求保全或者海事强制令错误的,都应当赔偿被请求人或者利害关系人因此所遭受的损失。

4. 两者都会出现采取保全措施的法院与受理实体争议案件的法院不一致的情况。法院采取保全措施后,海事请求人就有关海事纠纷,既可以向作出保全措施的海事法院提起诉讼,也可以向其他有管辖权的海事法院提起诉讼。

（二）海事强制令与海事请求保全的区别

1. 两者的条件不同。海事强制令要求存在因当事人一方的行为或其他原因使判决不能执行或难以执行的可能性,以及如果放任行为人的作为或不作为,会造成或扩大经济损失的可能性。诉讼中的海事请求保全不要求存在如果放任被请求人行为将造成或扩大经济损失的情形,只要求存在判决不能执行或者难以执行的可能性;诉讼前的海事请求保全要求情况紧急,不立即申请财产保全将会使其合法权益受到难以弥补的损害。

2. 两者的内容和对象不同。海事强制令适用于非金钱请求,即要求被请求人为或不为一定行为的请求。海事请求保全适用于金钱请求。因此,海事强制令的对象是行为,而海事请求保全的对象是财产。

3. 两者的措施不同。海事强制令的强制措施是责令被请求人为一定行为或不为一定行为。海事请求保全的强制措施则主要是扣押。然而,两者有时是可以相互转化的。如果一方当事人的行为导致另一方当事人的财产损失,受害方可以申请海事强制令进行行为保全,借助法院强制对方作为或不作为;也可以就对方行为造成的损害,向其提出损害赔偿请求,同时申请海事请求保全扣押对方的财产。

4. 两者的独立性不同。海事强制令在某种程度上说是一种独立于诉讼程序或者仲裁程序的强制措施。很多情况下,海事强制令一经执行,请求人的海事请求就已经实现,无须再行起诉,此时海事强制令就成为一个独立的非诉讼程序。因此,《海事诉讼特别程序法》并没有规定请求人提起诉讼或申请仲裁的期限。如果请求人就被请求人行为造成的经济损失提起诉讼或者申请仲裁,或者被请求人就请求人申请海事强制令错误造成的经济损失提起诉讼或者申请仲裁,都只是受到时效的限制。海事请求保全是一种附属于诉讼程序或者仲裁程序的强制措施。请求人若申请诉前海事请求保全,则必须在一定期限内提起诉讼或者申请仲裁,否则法院将解除保全。

二、海事强制令与先予执行的联系与区别

在海事强制令制度确立之前,某些应当使用海事强制令的案件是以裁定先

予执行的方式处理的。[1] 虽然海事强制令与先予执行在表面上有一些相似点，但是海事强制令与先予执行是两个不同的范畴，有着较大的区别。

（一）海事强制令与先予执行的联系

1. 两者都适用于紧急情况下。海事强制令要求情况紧急，不立即作出海事强制令将造成损害或者使损害扩大。先予执行的财产要求为请求人生产、生活所急需，不先予执行会造成更大的经济损失。

2. 两者都必须依当事人的申请，法院不得依职权主动采取。

3. 两者都是针对行为的强制措施。海事强制令是一种行为保全，以责令被请求人为或不为一定行为的方式，达到保护请求人合法权益免受侵害的目的。先予执行是法院在审理具有给付之诉的案件时，在终审判决作出之前，因权利人的特殊需要，以裁定的方式责令义务人预先履行一定的义务。[2]

4. 两者都是在实体争议尚未作出结论的情况下对被请求人采取的强制措施。

（二）海事强制令与先予执行的区别

1. 两者的性质不同。海事强制令是一项保全措施，是为了排除一方当事人的行为，避免扩大损失或者使将来的裁决得以执行。先予执行是一项执行措施，是为了解决申请人生活或生产经营的困难，将未来给付、返还或赔偿判决的部分或全部提前到判决前执行。

2. 两者的条件不同。海事强制令不要求当事人之间权利义务关系明确，因为审理实体案件之后，再厘清当事人之间的权利义务关系将会延误执行的时机。先予执行要求案件基本事实清楚，当事人之间权利义务关系明确，即当事人对现存的法律关系没有争议，或者基本事实清楚，不需要再调查取证。此外，海事强制令不要求被请求人具有履行能力，先予执行要求被请求人具有履行能力。

3. 两者适用的范围不同。海事强制令适用的范围较广，一方当事人违反合同约定或法律规定的义务，以作为或不作为的方式侵害另一方当事人的合法权益的，均可以适用海事强制令。先予执行的适用范围则十分有限，仅适用于三类案件：(1) 追索赡养费、扶养费、抚育费、抚恤金、医疗费用的案件；(2) 追索劳动报酬的案件；(3) 因情况紧急需要先予执行的案件。“紧急情况”包括：(1) 需要立即停止侵害、排除妨碍的；(2) 需要立即制止某项行为的；(3) 需要立即返还用于购置生产原料、生产工具货款的；(4) 追索恢复生产、经营急需的保险理赔费的。

4. 两者适用的阶段不同。海事强制令可以在诉讼中进行，也可以在诉讼前

---

① 参见韩立新、袁绍春、尹伟民编著：《海事诉讼与仲裁》，大连海事大学出版社 2007 年版，第 94 页。

② 参见邢海宝：《海事诉讼特别程序研究》，法律出版社 2002 年版，第 307 页。

进行。而先予执行只能在诉讼中进行,即受理案件后终审判决作出前采取。

5. 两者申请错误的后果不同。申请海事强制令错误的,申请人应当赔偿被申请人或者利害关系人因此所遭受的损失。申请先予执行错误的后果是,先进行执行回转,然后才是赔偿损失。申请人应当返还先予执行的财产以及因先予执行而得到的利益,并赔偿被申请人因先予执行遭受的财产损失。

第三节 海事强制令的申请条件

海事强制令是在未经判决确定被请求人有履行该行为义务的情况下,法院对被请求人的行为采取的强制措施。海事强制令一旦执行,回转是很困难的。考虑到海事强制令法律后果严重且难以逆转的特点,申请海事强制令的条件较为严格。

一、请求人具有具体的海事请求

保全海事请求是海事请求强制令的目的,所以请求人具有具体的海事请求,是申请海事强制令的首要条件。所谓“具体的海事请求”,应当与请求人的胜诉可能性相联系。英美法系国家考虑是否作出中间禁令时,要求请求人表明有一个“严肃的争端”,即原告有胜诉的可能,而不论这种可能性的大小。玛瑞瓦禁令的申请人也要求其具有相当的胜诉机会。因此,我国法律虽然没有明确规定何为“具体的海事请求”,但也应理解为只要存在一定的胜诉可能,即具有具体的海事请求。[①]

值得注意的是,这里所指的海事请求不限于《海事诉讼特别程序法》第21条中所列举的22项海事请求。第21条所列举的海事请求是作为扣船依据的海事请求,是单方面针对船方的。而海事强制令中海事请求的针对面比较广,可能是货方针对船方的请求,也可能是船方针对货方的请求,还可能是其他方面的请求。只要是为了保护请求人合法权益的海事请求,都可以据此申请海事强制令。

海事强制令中海事请求的范围,参照海事强制令的概念,应是法律上的权益。[②] 该权益产生于所有实体法的规定,而不限于《海商法》。

二、被请求人存在违法或违约行为

请求人提出海事强制令申请的目的是请求海事法院强制要求被请求人作为

① 参见杨树明主编:《民事诉讼法 · 海事诉讼特别程序篇》,厦门大学出版社2008年版,第102页。

② 海事强制令的设立是为保护海事请求人的合法权益,所以海事请求的范围应限于法律上的权益。

或者不作为,从而避免或者减少损失的发生。海事强制令是基于一定的海事纠纷而引起的,必须是被请求人的行为导致了请求人的权益受到损害或者受到损害的威胁。如果没有被请求人的可能或者已经导致请求人权益受到损害的行为,请求人就没有必要也没有理由向海事法院申请要求强制被请求人为或者不为一定行为。需要注意的是,被请求人的行为应属于违法行为或违约行为,并且该行为在诉讼过程中仍对当事人产生持续的影响。若被请求人的行为既不违法也不违约,则其行为就不应该被纠正。

违法行为的情况,是指请求人和被请求人之间没有合同关系,请求人的海事请求不是来源于其与被请求人之间的合同,而是来源于法律的规定。被请求人的行为不是违反其与请求人之间的合同,而是违反法律规定的强制性义务。

违约行为的情况,是指请求人与被请求人之间存在合同关系,请求人的海事请求和被请求人的行为义务均来源于合同的约定。若当事人之间的合同尚未成立或者生效,则被请求人根本不存在违反合同约定的行为,不符合申请强制令的条件。

被请求人违反法律规定或者合同约定的行为,体现为作为和不作为两方面。作为是被请求人的积极行为,即依法或依约不应为而为的行为。不作为是被请求人的消极行为,即依法或依约应为而不为的行为。

实践中,海事法院要在短时间内凭借海事请求人单方面提供的片面证据而对整个海事纠纷的过程有全面的了解,是很有难度的,作出错误裁判的可能性相对较大。因此,海事法院在作出海事强制令的裁定时必须相当谨慎,严格审查被请求人是否有违反法律规定或者合同约定的行为。如果现有证据不能证明被请求人的行为违反了法律规定或者合同约定,那么即使被请求人的行为给请求人造成了损失,也不能强制纠正被请求人的行为,否则很容易造成对被请求人权利的侵犯。

三、情况紧急

一般而言,通过法律程序责令当事人作为或不作为,必须经过一定的程序,由法院作出判决或者其他有权机构作出裁决、决定,确定该当事人有履行行为的法律义务。海事强制令是在尚未最终确定请求人具有海事请求、被请求人有作为或不作为义务的情况下纠正被请求人的行为,理当十分慎重。因此,《海事诉讼特别程序法》将"情况紧急,不立即作出海事强制令将造成损害或者使损害扩大"作为海事强制令的第三个要件。

至于何种情况才是"情况紧急",则没有统一的标准,应视个案不同,由法官自由裁量。有观点认为,"紧急"可以是时间上紧急,也可以是后果上紧急。前者如由于时间延误而引起的损失扩大等,后者如顺应形势发展,会引起严重而无法挽回的后果。这两种情况可能会共同存在,共同构成"情况紧急"。[①] 从《海事诉讼特别程序法》的规定看,应当以"不立即作出海事强制令将造成损害或者使损害扩大"作为"情况紧急"的标准。如果从初步证据看,被请求人的行为虽然违反了法律的规定或者合同的约定,但是尚不至于马上给请求人造成损失或者导致损失进一步扩大,则海事法院不宜作出海事强制令,而需等待证据调查清楚,事实清晰明了之后再作出裁判,以避免作出错误的裁决。

第四节 海事强制令的程序

与海事请求保全一样,海事强制令在本质上也是一种保全措施,这就决定了两者在程序上有许多相似之处,如请求人提出申请、请求人提供担保、海事法院审查和裁定、申请错误的赔偿责任等。但是,适用情形、强制措施对象的不同决定了两者在程序上也有一些差异,如被请求人的担保、不执行裁定的处罚等。

一、申请

根据《海事诉讼特别程序法》的规定,海事强制令与海事请求保全一样,都必须由海事请求人提出申请,海事法院不得依职权主动采取。因此,海事请求人提出海事强制令申请,是海事法院启动海事强制令程序的前提。

海事请求人申请海事强制令时,须向海事法院提交书面的申请。申请书要载明申请理由,并附有相关证据。[②] 与海事请求保全相同的是,海事强制令的申请也必须以书面形式提出。不同的是,海事强制令的申请书所需记载的内容远远少于海事请求保全的申请书。海事强制令的申请书只需载明请求人和被请求人的名称、请求的事项以及申请理由即可。由于申请的内容不同,海事强制令申请书应附的证据与海事请求保全也不同,能够证明满足申请海事强制令的三个条件即可。

二、担保

与海事请求保全一样,海事强制令也是在当事人之间的具体权利义务关系尚未确定的情况下作出的,并且裁定一经作出,立即执行。因此,无论是诉讼前还是诉讼中的海事强制令,都可以要求请求人提供担保,以备赔偿因申请海事强制令错误给被请求人造成的经济损失。

《海事诉讼特别程序法》对海事强制令请求人提供担保的义务并没有绝对化,海事法院可以根据具体案件的不同情况,裁量是否要求请求人提供担保。但是,若

---

① 参见杨树明主编:《民事诉讼法 · 海事诉讼特别程序篇》,厦门大学出版社 2008 年版,第 103 页。

② 参见《海事诉讼特别程序法》第 54 条。

海事法院认定请求人应该提供担保而请求人不提供的,将驳回其申请。[①]

至于请求人应提供的担保数额,应当相当于因其申请可能给被请求人造成的损失,具体数额由海事法院决定。司法实践中,相较于海事请求保全,申请海事强制令应提供的担保数额更难确定。海事请求保全请求人应提供的担保数额,一般参照请求人申请保全的数额。但是,申请海事强制令则没有这样一个具体的数额可以参照,海事法院只能根据具体的案件情况予以确定。

要求海事强制令请求人提供担保,是为了防止申请海事强制令错误给被请求人带来损失。因此,如果申请海事强制令正确,则经请求人申请,可以返还其提供的担保。《最高人民法院关于适用〈海事诉讼特别程序法〉若干问题的解释》第 45 条规定:"海事强制令发布后十五日内,被请求人未提出异议,也未就相关的海事纠纷提起诉讼或者申请仲裁的,海事法院可以应申请人的请求,返还其提供的担保。"但是,该条解释未考虑到利害关系人提出异议的情况。应当认为,只有在被请求人以及其他利害关系人均未提出异议的情况下,才可以返还请求人提供的担保。

三、审查与裁定

海事法院在审查之后,无论申请是否符合海事强制令的条件,都应作出裁定。对于符合海事强制令的条件,确有必要作出海事强制令的,应当在作出裁定后再作出海事强制令。对于不符合海事强制令的条件,或者经海事法院责令提供担保而不提供或者提供的担保不符合要求的,应当裁定驳回其申请。[②]

海事强制令作为一种紧迫状态下的强制措施,审查的期限是 48 小时。审查主要围绕海事强制令的三个条件进行程序审查,同时还要对申请书的形式以及请求人提供的担保进行审查。海事法院在审查时,必须把握好尺度。如果审查过于宽松,容易作出错误的海事强制令。虽然申请错误的责任由请求人承担,但还是会给被请求人带来一系列负面影响。如果审查过于严格,越过了程序审查的界限,无法及时有效地作出海事强制令,也就丧失了该项制度的设立目的。

应当注意的是,虽然海事请求保全与海事强制令同为保全措施,但是海事强制令一旦执行,法律后果更加严重且难以回转。因此,对海事强制令申请的审查,较海事请求保全申请的审查应更加严格,同时也应恪守程序审查的要求。司法实践中,有的案件情况比较复杂,仅从一方提供的证据难以作出正确的裁判。某些海事法院通过将听证制度引入海事强制令的审查程序,给予被请求人答辩的机会,对案件更为全面地了解后再作出裁定。

---

① 参见《海事诉讼特别程序法》第 55 条。

② 参见《海事诉讼特别程序法》第 57 条、《最高人民法院关于适用〈海事诉讼特别程序法〉若干问题的解释》第 42 条。

四、执行

海事强制令针对的是特定人的行为，目的是为排除被请求人的妨碍或消除被请求人带来的危险，这决定了被请求人不得以提供担保的方式履行海事强制令。海事强制令的执行必须是被请求人作出特定作为或不作为。由于行为依赖于被请求人的自觉履行，海事强制令在执行难度上远远大于海事请求保全。通常，被请求人慑于法律的强制力，会依强制令纠正自己的行为。但当被请求人拒绝履行时，应当有相应的处罚措施。

海事强制令由海事法院执行。被请求人、其他相关单位或者个人不履行海事强制令的，海事法院可以根据情节轻重处以罚款、拘留；构成犯罪的，依法追究刑事责任。对个人的罚款金额，为 1 千元以上 3 万元以下。对单位的罚款金额，为 3 万元以上 10 万元以下。拘留的期限为 15 日以下。①

五、复议与异议

当事人（即请求人和被请求人）对裁定不服的，可以在收到裁定书之日起 5 日内申请复议一次。海事法院应当在收到复议申请之日起 5 日内作出复议决定。复议期间不停止裁定的执行。经审查被请求人复议成立的，应当及时撤销裁定。已经执行的，应当及时补救。②

利害关系人对裁定不服的，可以对海事强制令提出异议。海事法院经审查，认为理由成立的，应当裁定撤销海事强制令；认为理由不成立的，应当书面通知利害关系人。③ 这里的利害关系人，是指与被请求人的作为或不作为有法律上的利害关系的人。

□ 本章思考题

1. 在承运人拒绝签发提单的情况下，托运人能否向法院申请先予执行或者海事请求保全？为什么？如果不能，先予执行与海事请求保全的局限性体现在哪些方面？

2. 玛瑞瓦禁令属于财产保全还是行为保全？它与我国海事强制令制度有何异同？

---

① 参见《海事诉讼特别程序法》第 59 条、《最高人民法院关于适用〈海事诉讼特别程序法〉若干问题的解释》第 43 条。

② 参见《海事诉讼特别程序法》第 58 条。

③ 参见《最高人民法院关于适用〈海事诉讼特别程序法〉若干问题的解释》第 44 条。

3. 我国海事强制令制度的优缺点有哪些？对其完善有何建议？

4. 案例思考题：

【案情】甲与乙公司签订了船舶租赁合同，约定甲租用乙公司的A轮进行货物运输服务。甲在船舶租赁期间内一直按约定履行合同。合同期满前10个月，乙公司向甲发出终止合同通知书，以企业改制为由，要求甲在月末前交回A轮。甲认为，乙公司单方面终止合同违反了合同，侵害其合法权益，请求海事法院发出海事强制令，责令乙公司不得收回A轮。之后，甲向海事法院提供相应担保。

【提问】

(1) 申请海事强制令需要满足哪些条件？甲的申请是否满足？

(2) 若甲在履行合同中，未按约定履行义务，则甲的海事强制令申请可否予以准许？

5. 案例思考题：

【案情】甲公司与乙公司签订贸易合同，约定甲公司向乙公司出售200吨土豆，价格条款为CIF，信用证结汇。货物装船后，因甲公司资金不足，无法支付运费，船公司拒绝签发提单。甲公司以《海商法》第72条第1款“货物由承运人接受或装船后，应托运人的要求，承运人应当签发提单”为依据，向海事法院申请强制令，要求船公司签发提单。海事法院依据《海事诉讼特别程序法》第56条的规定签发海事强制令，裁定船公司签发提单。船公司对此提出异议。

【提问】

(1) 本案是否符合海事强制令的签发条件？

(2) 海事强制令的异议应如何提出？异议提出后，海事法院应如何处理？

❑ 本章所涉及法律、法规

(一) 2000年《海事诉讼特别程序法》(节选)

第四章 海事强制令

第五十一条 海事强制令是指海事法院根据海事请求人的申请，为使其合法权益免受侵害，责令被请求人作为或者不作为的强制措施。

第五十二条 当事人在起诉前申请海事强制令，应当向海事纠纷发生地海事法院提出。

第五十三条 海事强制令不受当事人之间关于该海事请求的诉讼管辖协议或者仲裁协议的约束。

第五十四条 海事请求人申请海事强制令，应当向海事法院提交书面申请。申请书应当载明申请理由，并附有关证据。

第五十五条 海事法院受理海事强制令申请，可以责令海事请求人提供担保。海事请求人不提供的，驳回其申请。

第五十六条　作出海事强制令,应当具备下列条件:

(一)请求人有具体的海事请求;

(二)需要纠正被请求人违反法律规定或者合同约定的行为;

(三)情况紧急,不立即作出海事强制令将造成损害或者使损害扩大。

第五十七条　海事法院接受申请后,应当在四十八小时内作出裁定。裁定作出海事强制令的,应当立即执行;对不符合海事强制令条件的,裁定驳回其申请。

第五十八条　当事人对裁定不服的,可以在收到裁定书之日起五日内申请复议一次。海事法院应当在收到复议申请之日起五日内作出复议决定。复议期间不停止裁定的执行。

利害关系人对海事强制令提出异议,海事法院经审查,认为理由成立的,应当裁定撤销海事强制令。

第五十九条　被请求人拒不执行海事强制令的,海事法院可以根据情节轻重处以罚款、拘留;构成犯罪的,依法追究刑事责任。

对个人的罚款金额,为一千元以上三万元以下。对单位的罚款金额,为三万元以上十万元以下。

拘留的期限,为十五日以下。

第六十条　海事请求人申请海事强制令错误的,应当赔偿被请求人或者利害关系人因此所遭受的损失。

第六十一条　海事强制令执行后,有关海事纠纷未进入诉讼或者仲裁程序的,当事人就该海事请求,可以向作出海事强制令的海事法院或者其他有管辖权的海事法院提起诉讼,但当事人之间订有诉讼管辖协议或者仲裁协议的除外。

(二)2003年《最高人民法院关于适用〈海事诉讼特别程序法〉若干问题的解释》(法释[2003]3号)(节选)

三、关于海事强制令

第四十一条　诉讼或者仲裁前申请海事强制令的,适用海事诉讼特别程序法第五十三条的规定。

外国法院已受理相关海事案件或者有关纠纷已经提交仲裁的,当事人向中华人民共和国的海事法院提出海事强制令申请,并向法院提供可以执行海事强制令的相关证据的,海事法院应当受理。

第四十二条　海事法院根据海事诉讼特别程序法第五十七条规定,准予申请人海事强制令申请的,应当制作民事裁定书并发布海事强制令。

第四十三条　海事强制令由海事法院执行。被申请人、其他相关单位或者个人不履行海事强制令的,海事法院应当依据民事诉讼法的有关规定强制执行。

第四十四条　利害关系人对海事法院作出海事强制令的民事裁定提出异议,海事法院经审查认为理由不成立的,应当书面通知利害关系人。

第四十五条 海事强制令发布后十五日内,被请求人未提出异议,也未就相关的海事纠纷提起诉讼或者申请仲裁的,海事法院可以应申请人的请求,返还其提供的担保。

第四十六条 被请求人依据海事诉讼特别程序法第六十条的规定要求海事请求人赔偿损失的,由发布海事强制令的海事法院受理。

□ 本章扩展阅读

1. 金正佳、翁子明:《海事请求保全专论》,大连海事大学出版社 1996 年版,第 220 页—第 238 页。

阅读引导:该书出版于《海事诉讼特别程序法》出台之前,当时我国还没有海事强制令制度。作者在书中以“行为保全”单作一章,详细论述了在海事诉讼实践中引入行为保全制度的必要性、理论依据等,并对行为保全与相关制度进行了比较。这是海事强制令制度确立之前,理论界对司法实践中问题的探讨研究。读者通过该书能够加深对海事强制令的法律性质及其产生背景的理解。通过将该书作者构建的行为保全制度与现行的海事强制令制度进行比较,能够启发读者对海事强制令制度进行检视。

2. 韩立新、袁绍春、尹伟民编著:《海事诉讼与仲裁》,大连海事大学出版社 2007 年版,第 72 页—第 74 页。

阅读引导:作者对行为保全的概念和特征进行了较详细的阐述,其对于行为保全的观点与前述《海事请求保全专论》的作者并不完全一致。通过这两本书,读者能够了解到不同观点,引发读者的思考,深化读者对行为保全及海事强制令的行为保全性质的理解。

3. 关正义:《扣押船舶法律制度研究》,法律出版社 2007 年版,第 253 页—第 265 页。

阅读引导:作者对玛瑞瓦禁令的形成、发展及其程序、内容进行了介绍,能够帮助读者较为全面地了解玛瑞瓦禁令,可作为初步了解玛瑞瓦禁令的参考。

4. 杨良宜、杨大明:《禁令》,中国政法大学出版社 2000 年版,第 274 页—第 407 页。

阅读引导:该书是专门介绍英国禁令制度的一本书,对英国的禁令制度作了十分全面的阐述。在第四章中,作者专门针对玛瑞瓦禁令进行了十分详细的阐述,并穿插了许多案例,此外还对美国和瑞士的做法进行了介绍。该书能够帮助读者对玛瑞瓦禁令形成全面、深入的理解,为读者以比较法的视角研究我国海事强制令制度提供帮助和参考。

5. 李仁春:《民事保全程序研究》,中国法制出版社 2005 年版,第 71 页—第 100 页。

阅读引导：该书是专门研究民事保全程序的一本书，第三章“民事保全的类型”对德国、法国、美国、英国以及我国的民事保全措施进行了全面的介绍。对于德国的假处分，作者进行了十分详细的阐述，对不同类型的假处分作了分类介绍，能够帮助读者较为全面地理解假处分制度，并在此基础上与海事强制令制度进行比较研究。

6. 肖健民：《论海事强制令中的“需要纠正被请求人违反法律规定或者合同约定的行为”》，载《中国海商法年刊》2010 年第 1 期。

阅读引导：作者对海事强制令适用条件中“需要纠正被请求人违反法律规定或者合同约定的行为”这一条款进行了详细论述。在讨论“需要纠正的违约行为”时，作者分情况讨论了不同效力的合同下，需要纠正的违约行为的认定问题。该文能够帮助读者对海事强制令的适用条件有更深的理解，并且能够启发读者对海事强制令的三个适用条件进行深入思考研究。

附录一：相关法律文书

文书 1-受理海事强制令申请通知书

中华人民共和国××海事法院
受理海事强制令申请通知书

（××××）×海法强字第××号

×××（写明海事强制令请求人的姓名或名称）：

×××（请求人）申请本院作出海事强制令。本院经审查认为，×××（请求人）的海事强制令申请，符合《中华人民共和国海事诉讼特别程序法》第五十四条的规定，决定予以受理。

×××（请求人）应在接到本通知七日内，向本院交纳案件申请费……元。

本院开户银行：　　　　　　　　账号：

特此通知。

××××年××月××日

（院印）

注：1.“（××××）×海法强字第××号”中，“（××××）”为年份，“×海法”为海事法院简称，“第××号”为案件编号。

2. 本通知书样式供海事法院在受理海事强制令案件后，通知海事强制令请求人时使用。

文书 2-提供担保通知书

中华人民共和国××海事法院
提供担保通知书

（××××）×海法强字第××号

×××（写明海事强制令请求人的姓名或名称）：

×××（海事强制令请求人）请求本院采取海事强制令的申请，本院于××××年××月××日决定受理。本院经审查认为，……（写明法院认为请求人应当提供担保或提供的担保不符合法律规定的理由）。依照《中华人民共和国海事诉讼特别程序法》第五十五条的规定，通知×××（海事强制令请求人）在接到本通知之日起××日内向本院提供……（列明担保方式、担保金额等）。逾期不提供的，本院将依法驳回×××（海事强制令请求人）的海事强制令申请。

特此通知。

××××年××月××日

（院印）

注：1．"（××××）×海法强字第××号"中，"（××××）"为年份，"×海法"为海事法院简称，"第××号"为案件编号。

2．本通知书样式供海事法院在受理海事强制令案件后，认为海事强制令请求人有必要提供担保时使用。

3．本通知书样式用于通知海事强制令请求人在一定期限内向海事法院提供符合要求的担保。

文书 3-准许或驳回海事强制令申请

中华人民共和国××海事法院
民事裁定书

（准许或驳回海事强制令申请用）

（××××）×海法强字第××号

请求人……（写明姓名或名称、住所地等基本情况）

被请求人……（写明姓名或名称、住所地等基本情况）

请求人×××因……（写明申请海事强制令的原因），于××××年××月××日向本院提出海事证据保全申请，要求责令被请求人……（写明名称、申请采取海事强制令的具体请求事项）。请求人×××已向本院提供……（写明担保的方式、金额等）担保。

本院经审查认为，……（写明准许或不准许请求人海事强制令申请的理由）。依照《中华人民共和国海事诉讼特别程序法》第五十七条的规定，裁定如下：

一、准许请求人×××的海事强制令申请；

二、责令被请求人……（写明被请求人名称及其在规定时间内作为或不作为的具体内容）。

（不符合海事强制令条件的，则将上述裁定内容改写为："驳回请求人海事强制令的申请。"）

如不服本裁定，可在裁定书送达之日起五日内，向本院申请复议一次。复议期间，不停止裁定的执行。

审判长　×××

审判员　×××

审判员　×××

××××年××月××日

（院印）

本件与原件核对无异

书记员　×××

注：1. "（××××）×海法强字第××号"中，"（××××）"为年份，"×海法"为海事法院简称，"第××号"为案件编号。

2. 本裁定书样式供海事法院准许或驳回请求人提出的海事强制令申请，依法作出裁定时使用。

文书4-海事强制令

中华人民共和国××海事法院
海事强制令

（责令被请求人作为或不作为用）

（××××）×海法强字第××号

本院于××××年××月××日作出（××××）×海法强字第××号民事裁定，准许请求人×××提出的海事强制令申请。现命令：

……（写明责令被请求人具体作为或不作为的内容）

此令。

院长 ×××

××××年××月××日

（院印）

注：1.“（××××）×海法强字第××号”中，“（××××）”为年份，“×海法”为海事法院简称，“第××号”为案件编号。

2. 本命令样式供海事法院根据海事强制令的裁定，决定命令被请求人作为或不作为一定行为时使用。

文书5-撤销海事强制令

中华人民共和国××海事法院
民事裁定书

（撤销海事强制令用）

（××××）×海法强字第××号

请求人……（写明姓名或名称、住所地等基本情况）

被请求人……（写明姓名或名称、住所地等基本情况）

被请求人×××不服×××海事法院××××年××月××日作出的（××××）×海法强字第××号民事裁定书，对……（写明裁定的具体内容）于××××年××月××日向本院提出复议。被请求人×××提出……（写明复议的理由和请求)。

本院经审查认为,……(写明复议成立的理由),依照《中华人民共和国海事诉讼特别程序法》第五十六条、第五十八条第二款的规定,裁定如下:

撤销本院××××年××月××日作出的(××××)×海法强字第××号民事裁定和海事强制令[如已执行的,加上"将已执行的海事强制令……"(写明具体处理措施)]。

审判长　×××
审判员　×××
审判员　×××
××××年××月××日
(院印)

本件与原件核对无异

书记员　×××

注:1."(××××)×海法强字第××号"中,"(××××)"为年份,"×海法"为海事法院简称,"第××号"为案件编号。

2. 本裁定书样式供海事法院对已作出的海事强制令予以撤销时使用。

3. 本裁定书样式用于海事法院认为被请求人复议成立,依法作出撤销海事强制令的裁定。对认为利害关系人提出异议成立的,可参照此样式制作裁定书。

文书6-处罚(或拘留)决定书

中华人民共和国××海事法院
处罚(或拘留)决定书

(拒不执行海事强制令用)

(××××)×海法强字第××号

被处罚人(或被拘留人)……(写明姓名、名称、国籍、住所地等)

本院在办理请求人×××申请海事强制令一案中,被请求人×××拒不执行已生效的(××××)×海法强字第××号海事强制令,……(写明拒不履行强制令的具体行为)。依照《中华人民共和国海事诉讼特别程序法》第五十九条的规定,决定如下:

对……(写明对被处罚人罚款的数额或对被拘留人拘留的期限)。

如不服本决定,可在收到决定书之次日起三日内,向××高级人民法院申请复议一次。复议期间,不停止决定的执行。

××××年××月××日

(院印)

注:1. “(××××)×海法强字第××号”中,“(××××)”为年份,“×海法”为海事法院简称,“第××号”为案件编号。

2. 本决定书样式供海事法院对拒不执行海事强制令的被请求人作出处罚决定时使用。

附录二:案例分析

1. 海事强制令

【案情简介】

上海甲公司与镇江乙公司签订船舶修理合同,约定修理期为10天,合同履行地为天津,与合同有关的争议交由上海海事法院管辖。约定的修理期过后,乙公司迟迟不能将船修理完毕,致使甲公司经营业务不能开展,损失巨大。同时,船舶在船坞上时间过长将造成船体损坏。为此,甲公司向法院提出海事强制令申请,请求法院责令乙公司继续履行船舶修理合同,将船舶修理完毕经船舶检验部门检验合格后下水交付申请人用于经营。

【问题思考】

(1) 甲公司与乙公司签订的协议管辖条款是否有效?为什么?若无效,甲公司应向何地海事法院提起诉讼?

(2) 甲公司若在诉中申请海事强制令,应向何地海事法院提出申请?为什么?

(3) 甲公司若在诉前申请海事强制令,应向何地海事法院提出申请?为什么?

(4) 甲公司申请的海事强制令是否能得到批准?为什么?

(5) 若海事强制令执行后,甲公司想就延迟履行的损失提起诉讼,应向何地海事法院起诉?为什么?

【案例简析】

本案中,甲、乙公司约定了上海海事法院作为合同有关争议的管辖法院。上海海事法院是原告住所地海事法院,在被告住所地、合同履行地、合同签订地、原告住所地、标的物所在地所在海事法院之中,管辖权协议有效,所以甲公司应根据管辖权协议向上海海事法院起诉。

甲公司若要在诉讼中申请海事强制令,应向已经受理了实体案件的上海海事法院提出。甲公司若要在诉讼前申请海事强制令,则根据《海事诉讼特别程序法》第52、53条的相关规定,向海事纠纷发生地海事法院提出,在本案中即船舶修理合同的履行地天津海事法院。从案情介绍看,本案基本符合海事强制令的三个条件,甲公司的申请应当得到批准。

若甲公司想在海事强制令执行之后,就延迟履行的损失提起诉讼,应当按照管辖权协议,向上海海事法院提起诉讼。

2. 玛瑞瓦案

【案情简介】

船东将"玛瑞瓦"号船期租给国际散装货船公司,合同规定每期租金必须提前半个月支付。租船人又将该轮租给印度政府使用。租船合同规定,90%的运费由租方预付,10%的运费以后再付。1975年5月29日,"玛瑞瓦"号船装载化肥运至印度,印度政府向国际散装货船公司支付了17.4万英镑运费。但"玛瑞瓦"号船的船东仅收到前两期的租金,没有收到应当于1975年6月12日支付的租金。国际散装货船公司声称,尽管有来自印度政府的转租收入,但其仍然无力付清全部租金,并要求终止租船合同。船东遂向法院提起诉讼,要求租船人给付租金30800美元以及违约损害赔偿。船东得知租船人在伦敦一家银行里有一笔钱,这笔钱是印度政府以前付给租船人的运费,本应用来偿还所拖欠的租金。由于担心租船人会立即转移自己在银行的存款,使法院的判决成为一纸空文,船东于是申请法院发出限制被告处分其财产的禁令。

【问题思考】

(1)如果本案发生在2000年之后,中国海事法院有没有可能对本案有管辖权?如果没有,那在什么情况下,中国海事法院能取得对本案的管辖权?

(2)如果本案发生在中国,船东应如何保障自己的权利?

【案例简析】

本案是英国第二个适用玛瑞瓦禁令的案件,玛瑞瓦禁令也是因此案得名。审理本案的丹宁法官认为,如果债务应当偿还而没有偿还,那么就存在着这样一种危险,即债务人可能转移他的财产以便在判决之前把它化为乌有。因此,法院在审理一个适当案件时,发布一项临时禁令,阻止债务人处分财产的权利。如果法院不发出这样的禁令进行干预,债权人就会遭受不公平的待遇。

本案中,不存在符合《海事诉讼特别程序法》规定的地域管辖和专属管辖的情形,本案与中国完全没有实际联系,因此中国海事法院对本案不享有管辖权。然而,如果双方当事人协议中国海事法院管辖,则中国海事法院将对本案享有管辖权。因为,根据《海事诉讼特别程序法》第8条,在海事纠纷的当事人都是外国人、无国籍人、外国企业或者组织的情况下，当事人书面协议选择中国海事法院管辖的，即使与纠纷有实际联系的地点不在中国领域内，中国海事法院对该纠纷也具有管辖权。

如果本案发生在中国，船东应在诉讼前或者诉讼过程中向海事法院申请海事请求保全，申请查封租船人的银行账户。申请行为保全并不完全恰当，应当申请财产保全。

第五章　海事证据保全

导读　“以事实为依据，以法律为准绳”是我国法制的一项基本原则。法官判案的“事实”以证据为依托，对证据进行的保护不容忽视。当海事请求人认为证据即将发生灭失或者有发生灭失的危险时，可以在提起海事诉讼前或海事诉讼过程中，向海事法院申请诉讼证据保全来对现有证据加以保存，以便日后查明案件事实，有效解决海事争端。本章围绕《海事诉讼特别程序法》的相关规定，对海事证据保全制度的概念、特点、条件、程序等展开介绍，学习的重点是掌握海事证据保全在具体海事诉讼中的运用。

关键词　海事证据保全　诉前证据保全　海事证据保全程序

第一节　海事证据保全概述

一、海事证据保全的概念

（一）民事诉讼中的证据保全

证据保全，是指在证据可能损毁、灭失或者以后难以取得的情况下，人民法院为了保存其证据作用，根据诉讼参加人的请求或依职权采取一定措施加以确定和保持的制度。民事诉讼是以证据为基础展开的，人民法院依据有关证据，查明案件事实，明晰各方争议焦点，作出公正裁判。对于当事人而言，证据意味着能否获得胜诉。没有证据，就无法证明自己的诉讼请求。

2007 年《民事诉讼法》中规定的证据保全仅指诉讼中的证据保全，发生在提起诉讼的同时或人民法院受理诉讼后开庭前，但这一规定不符合实际需要。实践中，起诉之后再进行证据保全，证据可能已经毁损或无法取得。况且当事人之间的纠纷不一定都是通过诉讼方式解决，把证据保全限制在起诉之后，实际上就排除了以和解或仲裁等方式解决纠纷情况之下的证据保全。

2012 年修正的《民事诉讼法》加入了诉前证据保全制度的规定，允许利害关系人在情况紧急、证据可能灭失或者以后难以取得的情况下，提起诉讼或者申请仲裁前向有关法院申请证据保全，这种做法既符合客观案件需要，也有利于保护当事人的诉讼权益，无疑是对原有制度的一大突破和进步。该法第 81 条规定，对于可能灭失或者以后难以取得的证据，当事人可以在诉讼过程中向人民法院申请保全,人民法院也可以主动采取保全措施。如果情况紧急,利害关系人可以在提起诉讼或者申请仲裁前向证据所在地、被申请人住所地或者对案件有管辖权的人民法院申请保全证据。

对于证据保全的具体程序,如申请的条件、管辖的法院、法院作出证据保全决定的时限、证据保全的具体措施等,参照保全和先予执行的有关程序。

《民事诉讼法》规定的证据保全制度对于查明案件事实,保证诉讼程序的顺利进行起到了重要作用,但是该规定也存在不足之处。例如,《民事诉讼法》允许人民法院主动采取证据保全措施,这一规定值得商榷。因为法院在民事诉讼中应作为中立的裁判者,理应不轻易地采取主动措施。减少甚至杜绝法院主动采取强制措施是现代民事审判发展的趋势,《民事诉讼法》的该项规定与这一趋势并不一致。①

(二)海事诉讼中的证据保全

较之普通民事证据,海事证据具有复杂性高,专业性强,证据分散,不易调查,难以全面收集、取得和保存的特征。对海事案件事实的认定一直令法院颇感棘手,若缺乏完善的海事证据保全制度,那么证据的灭失或无法取得则将在很大程度上使案件事实的查明受到限制,进而直接影响法院裁判。因此,建立并完善海事证据保全制度之重要性不言而喻。

依照《海事诉讼特别程序法》,海事证据保全是指海事法院根据海事请求人的申请,对有关海事请求的证据予以提取、保存或者封存的强制措施。海事请求人因情况紧急,不立即申请证据保全将会使有关海事请求权的证据灭失或者难以取得的,可以在起诉前或提交仲裁前向海事法院申请证据保全。证据保全不受当事人之间有关该海事请求在管辖、仲裁或适用法律方面的协议的约束。

我国《海事诉讼特别程序法》关于海事证据保全的规定超越了《民事诉讼法》有关证据保全的内容。两者的区别表现在:

第一,海事证据保全只能依海事请求人的申请,海事法院不能依职权采取保全措施,从而确保海事法院的诉讼中立地位,减少对当事人诉讼行为的主动干预。

第二,海事证据保全仅适用于对有关海事请求的证据进行保全,不适用于其他证据。

《海事诉讼特别程序法》无疑对证据保全立法理念进行了突破,对于其后的立法及司法解释起到了示范作用。

---

① 参见杨树明主编:《民事诉讼法·海事诉讼特别程序篇》,厦门大学出版社 2008 年版,第 116 页。

二、海事证据保全的特点

（一）海事证据保全的特点

1. 海事证据保全具有被动性。海事证据保全只能依据海事请求人的申请，海事法院不能依职权采取海事证据保全措施。这一规定与《民事诉讼法》的规定不同。海事证据保全取消了海事法院主动依职权采取证据保全的规定，从而减少了法院对当事人诉讼行为的干预，保持法院在诉讼中的中立地位，符合民事审判方式改革的要求。①

2. 海事证据保全对象的特定性。海事证据保全仅适用于对有关海事请求的证据进行保全，不适用于对其他证据的保全。《民事诉讼法》第 63 条对证据种类进行规定，包括当事人的陈述、书证、物证、视听资料、电子数据、证人证言、鉴定意见、勘验笔录。其中，只要是能客观真实地反映当事人海事请求的证据，海事法院都可以对其采取保全措施。例如，记载船舶航行轨迹的航海日志、轮机日志、航向记录、无线电记录等；记载船舶货物装载情况的船舶配载图、甲板记录、货运记录、舱单、提单等。

3. 海事证据保全具有紧急性。只有在情况紧急、若不立即采取行动证据便会灭失或以后难以取得的情况下，当事人才能向法院申请进行海事证据保全。海上运输不同于陆路运输，具有较大的不确定性和风险性，因此一般民事证据规定不完全适用于海上运输。远洋运输船舶航行在公海上时，一旦发生事故只能由船员自己采取措施保留证据。证据因自身特点而难以保存或者因保存不当而灭失，这些都会影响还原事故的真实情况。因此，船舶靠岸后，应立刻采取措施对证据进行保全，尽可能全面、完整地保留证据，为日后解决诉讼纠纷提供依据。

4. 海事证据保全的具体措施为提取、保存或者封存。根据具体情况，对证据予以封存，也可以提取复制件、副本，或者进行拍照、录像，制作节录本、调查笔录等。确有必要时，也可以提取证据原件。②

在海事司法实践中，还出现了公正性检验的保全方法，如 2001 年宁波海事法院受理的武钢集团国际经济贸易总公司诉前申请对“ABLE DIRECTOR”轮的适航性进行证据保全案，即采取了请有关部门指派专业人员登船检验、法官调取该检验报告的方法进行保全。不论采取哪一种方法，都应做到客观、真实地反映证据情况，达到查明案件事实的目的。③

---

① 参见韩立新、袁绍春、尹伟民编著：《海事诉讼与仲裁》，大连海事大学出版社 2007 年版，第 106 页。

② 参见《海事诉讼特别程序法》第 70 条。

③ 参见韩立新、袁绍春、尹伟民编著：《海事诉讼与仲裁》，大连海事大学出版社 2007 年版，第 107 页。

（二）海事证据保全与海事请求保全、海事强制令的异同点

1. 区别

海事证据保全、海事请求保全、海事强制令都是独立的特别程序，都属于以保全方式所体现的民事强制措施，但三者之间有着明显的区别。

（1）对象不同。海事请求保全和海事强制令所指向的对象是特定财产和行为。海事请求保全或海事强制令中，海事法院责令被请求人提交有关证据不属于证据保全；而海事证据保全措施的对象限定于与案件有关、能证明海事请求的证据材料，包括与海事请求有关的物证、书证、证人证言等。

（2）目的不同。申请海事请求保全和海事强制令的根本目的是取得被请求人提供的担保或纠正被请求人的行为；而申请海事证据保全的直接目的是固定和保护有关海事证据以便能够证明与海事请求有关的事实。

（3）法院管辖的连接点不同。海事法院对这三类案件行使管辖权分别以财产所在地、海事纠纷发生地和海事证据所在地为连接点。

2. 相同点

（1）由海事法院专门管辖。海事证据保全案件属于海事案件，应由海事法院专门管辖，其他法院不能受理。同时，《海事诉讼特别程序法》第五章对海事证据保全作出了专门的规定，海事法院审理时应依照本法。

（2）不受诉讼管辖协议和仲裁协议的约束。排除当事人之间关于海事请求的管辖协议和仲裁协议对于海事证据保全管辖的约束，使得海事证据保全的属地管辖原则得到强化。由证据所在地的海事法院作出证据保全，排除的是协议对海事证据保全管辖的约束力，而未否定协议对实体案件管辖的效力。

（3）作出海事证据保全、海事请求保全、海事强制令的海事法院取得实体案件的管辖权。海事证据保全的对象，往往是对海事请求具有重要证明作用的证据，可能关系到海事请求是否得到支持。由采取证据保全的海事法院对该案进行审理，可以快速有效地查明案件事实。由于证据保全多是对船上证据进行保全，而且通常发生在目的港，目的港在海上合同纠纷中本就属于确定实体管辖权的一个联系因素，因此，许多情况下，作出海事证据保全的海事法院对于实体纠纷本来就具有管辖权。

三、海事证据保全的法律意义

由于我国海事立法起步较晚，在此之前我国海事诉讼程序一直沿用《民事诉讼法》的相关规定。《海事诉讼特别程序法》出台后，其第五章以专章形式规定了海事证据保全制度。这是对民事证据保全制度的完善与突破，既反映海事诉讼领域的客观实际和内在诉求，又显示《海事诉讼特别程序法》的科学性与先进性，代表了海事立法的国际经验。

申请海事证据保全是为了使证据避免因情势变迁、物理上的变化,或其他意外原因而发生灭失或者有碍使用的隐患发生。有时海事诉讼的发生,并非完全是双方当事人各持己见的结果,而是因为一方当事人未能保全其证据,他方趁机否认其权利所致。如若证据完整无缺,便可减少案件发生的几率,即使发生诉讼,也便于在诉讼中达成和解。

因此,借助这种制度能够最大限度地弥补诸多的外界因素对证据的客观真实性所造成的不良影响,从而为法院发现事实真相提供可靠依据,同时,还有可能更好地化解当事人之间在事实问题上的分歧。[①] 所以,海事证据保全的目的在于事前防范,它可使法院正确认定事实,并且在一定程度上减少案件发生的几率。

除此之外,《海事诉讼特别程序法》先于《民事诉讼法》构建了诉前证据保全制度,其必要性体现在以下两个方面:

首先,构建诉前海事证据保全是满足海事审判特殊性的需要。海事案件具有突发性较强、取证时机稍纵即逝等特点,尤其是诸如船舶碰撞、搁浅、人身损害等海事侵权案件。构建诉前海事证据保全,确保船舶碰撞留下的痕迹、划痕、油漆样本、原始记录等,或水域污染案件中的污染物、涉外海事案件中外籍船方的证据资料等证据不会因时间的延续而消失。构建诉前海事证据保全能使法院依当事人申请,提前介入,查明事实,分清责任,定分止争。

其次,构建诉前海事证据保全是保护海事请求人合法权益的客观需要。通常情况下,海事诉讼当事人在占有、掌握证据上处于不平等地位,双方当事人获取证据的能力、距离证据的远近等差距甚大。海事法律关系具有国际性,一方当事人往往是外国籍的法人、自然人或其他组织。若海事纠纷发生后,对有关的证据不立即进行保全,等当事人起诉后再试图调查有关证据,外国当事人或其船舶早已离开国内,这样就会事倍功半。

此外,由于大多数海事纠纷发生于船舶营运或航行过程中,纠纷发生后若不对有关证据立即进行调查和收集,往往会丧失取证的最佳时机,等当事人提起诉讼后再调查和收集证据,这些证据可能已灭失或已不能反映案件发生时的真实情况。此外,证据分布的不平衡性也从某种程度上给当事人篡改证据提供了可能。例如,在倒签提单中如不及时对证据进行保全,船方可能就会有充足的时间来更改航海日志或甲板日志等。由此可见,为了提高胜诉的几率,越早介入证据调查,则越有利于获取真实材料。及时的诉前海事证据保全对于维护当事人权益和查明案件事实非常必要。

---

① 参见陈娴灵:《海事证据保全中的几个问题》,载《中国水运》2004 年第 9 期,第 43 页。

第二节 海事证据保全的管辖

证据保全的管辖法院即指海事请求保全的请求人应向哪一个海事法院申请海事证据保全。[①] 海事证据保全是一个独立的程序,请求人可以在诉讼前、诉讼中或仲裁前后申请海事证据保全。

一、诉前证据保全的管辖

诉前证据保全的管辖法院为被保全的证据所在地的海事法院,[②]原因有二:

其一,海事证据保全通常是在紧急情况下作出的,如果不能立即执行,就会丧失进行诉前证据保全的意义。因此,具有实体纠纷管辖权的海事法院显然不具备证据所在地法院的便利地位,不能及时对海事请求证据加以保全。

其二,由于海事证据保全的请求人并不一定会提起诉讼,具有实体管辖权的法院若提前介入,势必会造成不必要的诉讼资源浪费,还会造成与该方当事人共同寻找证据对抗对方当事人的嫌疑。[③] 因此,诉前证据保全以证据所在地的海事法院进行管辖为宜,而非具有实体管辖权的法院。

需要注意的是,即使当事人之间存在诉讼管辖协议或仲裁协议,证据所在地海事法院仍是唯一的诉前海事证据保全的管辖法院,海事证据保全不受该当事人之间关于海事请求的诉讼管辖协议或者仲裁协议的约束。[④]

通过诉前证据保全行为,对案件原本并无管辖权的证据所在地的海事法院取得对该海事请求的管辖权,海事证据保全成为确定案件实体管辖权的连接因素。但是,该管辖不是专属管辖。海事证据保全后,有关海事纠纷未进入诉讼或仲裁程序的,当事人就该海事请求可以向采取证据保全的海事法院或者其他有管辖权的海事法院提出诉讼,由对证据保全取得管辖权的海事法院同其他有管辖权的海事法院形成对案件的共同管辖,当事人可以选择其中任何一个法院提起诉讼。但当事人之间订有诉讼管辖协议或者仲裁协议的情况下,仍然由协议选择的法院或者仲裁机构处理该海事纠纷,不因诉前证据保全行为而影响协议的效力。

二、诉讼中证据保全的管辖

对于诉讼中的海事证据保全法院,《海事诉讼特别程序法》没有作出明确规定。由于诉讼中的海事证据保全是在提起诉讼的同时或在海事法院受理诉讼后

---

① 参见韩立新、袁绍春、尹伟民编著:《海事诉讼与仲裁》,大连海事大学出版社 2007 年版,第 110 页。
② 参见《海事诉讼特别程序法》第 63 条。
③ 参见张湘兰、郭漪:《诉前海事证据保全制度浅析》,载《法学评论》2005 年第 1 期。
④ 参见《海事诉讼特别程序法》第 64 条。

提出的，此时，受诉海事法院负有查明案件事实的法定责任，证据保全是其诉讼过程中采取的一种强制措施，因此，诉讼中的证据保全法院应为该案的受诉海事法院。

三、仲裁证据保全的管辖

民商事仲裁在仲裁中的证据保全，由仲裁委员会将当事人的申请提交至证据所在地的基层人民法院，涉外民商事仲裁提交至证据所在地的中级人民法院。[①] 仲裁前的证据保全，法律未作规定。

海事仲裁在仲裁中的证据保全，由仲裁委员会将当事人的申请提交至证据所在地的海事法院或其他法院；仲裁前的证据保全，依照《海事诉讼特别程序法》或其他有关法律，直接向被保全证据所在地海事法院或其他法院提出。[②] 由此，无论仲裁前还是仲裁后的证据保全，其管辖法院均为证据所在地海事法院或其他法院，但关于申请人申请程序的规定有所不同。

对于涉外海事案件，如果外国法院已受理相关海事案件或者有关纠纷已经提交仲裁，当事人向中国海事法院提出海事证据保全申请，并提供被保全的证据在中国领域内的相关证据的，海事法院也应当受理。[③]

第三节 海事证据保全的条件

一、主体资格——请求人是海事请求的当事人

海事证据保全只能依据海事请求人的申请而采取，海事法院不能依职权采取海事证据保全措施。但是，并非任何人都有资格申请海事证据保全并得到批准，只有同时具备确属海事请求且为该海事请求的当事人两个要素，才符合申请证据保全的主体条件。[④]

其一，海事请求是由于某种法定的海事事由而产生的实体请求。所谓海事事由，即请求人与被请求人之间在海上运输、生产和作业中，或者在与船舶有关的经营活动中存在的法律关系，海事事由的范围与我国海事法院受理海事案件的范围应当是一致的。

其二，请求人必须与海事请求有直接的利害关系。在诉前证据保全中，海事

---

① 参见《仲裁法》第 46 条、第 68 条。

② 参见《中国海事仲裁委员会仲裁规则》第 23 条第 2 款。

③ 参见韩立新、袁绍春、尹伟民编著：《海事诉讼与仲裁》，大连海事大学出版社 2007 年版，第 110—111 页。

④ 参见张湘兰、郭漪：《诉前海事证据保全制度浅析》，载《法学评论》2005 年第 1 期。

请求的当事人往往表现为争议的实体法律关系的双方主体；在诉讼中的证据保全中，海事请求的当事人表现为诉讼中的原告、被告和第三人。由此，海事证据保全请求人的范围不仅包括海事请求中的权利主体，也包括海事请求中的义务主体。只要证据存在着灭失或难以取得的可能，与争诉的民事权益有利害关系的任何一方均有权申请证据保全，以证明海事请求的存在与否。

二、客体标准——请求保全的证据对该海事请求具有证明作用

请求人申请证据保全的目的是证明其海事请求的存在与否，因此，请求保全的证据应对该海事请求具有证明作用。它包括以下两层含义：

首先，请求保全的证据与海事请求间具有关联性。关联性是诉讼证据的重要法律属性。凡是能够成为认定案件事实的证据，应当与待证事实之间存有内在的必然联系，否则便不具备诉讼价值。也就是说，当事人向法院申请保全的证据，必须是与所请求的事实有关联的证据材料。如船舶碰撞案件中，对方船舶的航海日志、海图、碰撞痕迹、碰撞部位油漆样本等与发生碰撞有关的，能证明碰撞事故确已发生，帮助碰撞责任认定的证据材料。

其次，请求保全的证据能够证明该海事请求。请求保全的证据还必须对海事请求具有证明作用。这种证明作用可能是直接的证明，即保全的证据与海事请求之间具有直接联系，能够单独证明海事请求存在与否；也可能是间接的证明，即保全的证据与海事请求之间具有间接联系，不能单独证明海事请求，需要与其他证据相结合来加以证明。①

当然，与案件有关联性的证据在个案中可能很多，只有那些对案件的真实情况能够起证明作用的证据才具有诉讼价值。同一证据在不同的案件中，因具体情况各异，对案件事实的证明作用也不尽相同。某一请求保全的证据对该海事请求是否具有证明作用，需视该海事请求的具体状况而定。②

三、对象要求——被请求人是与请求保全的证据有关的人

海事证据保全的被请求人范围比海事请求的当事人的范围更为广泛。海事证据保全的被请求人是与请求保全的证据有关的人。所谓“有关的人”，是指海事请求的当事人或者与请求保全的证据有牵连的其他人，既包括海事请求的当事人，也包括除了海事请求的当事人以外的持有证据的单位和个人以及知道案件情况的单位和个人。例如，在诉前海事证据保全这一特定环境下，有些证人虽然与证据保全的请求人没有任何法律上的关系，但这些人所掌握的材料很有可

① 参见韩立新、袁绍春、尹伟民编著：《海事诉讼与仲裁》，大连海事大学出版社 2007 年版，第 108 页。
② 参见杨树明主编：《民事诉讼法 · 海事诉讼特别程序篇》，厦门大学出版社 2008 年版，第 127 页。

能会对海事请求争议的真实情况有所证明,也有利于将来案件的查明,因此有必要对证人掌握的这些证据材料进行保全。

四、适用情形——情况紧急,不立即采取证据保全就会使该证据灭失或难以取得

证据灭失或难以取得的可能性是证据保全的前提条件。证据灭失是指证据不复存在,如物证腐烂变质、证人死亡。证据难以取得是指证据仍存在,但客观上难以取得,如即将离港的外轮上的证据。且证据难以取得不仅是当事人难以取得,法院也难以调查收集。如果当事人因客观原因无法自行收集,但可以通过法院调查收集,也不属于证据难以取得,不符合证据保全的条件。①

证据灭失或难以取得,在时间上有紧急、不紧急之分。海事证据保全应在情况紧急的条件下作出。所谓"情况紧急",是指在某些情况下,不立即采取证据保全,就可能会使该海事请求的证据灭失或之后难以取得,或因客观原因自己无法取得。

海事证据有其特殊性:

首先,由于海事纠纷多涉及不同国家的当事人,因此时常会碰到外籍船舶依有关规定拒绝申请人对其进行调查取证或者不配合申请人调查取证,致使相关海事请求证据无法提取。

其次,受客观条件限制,因情况紧急,请求人不能控制或掌握调查取证时机。例如,外籍船方的航行资料、货物装卸记录、通讯记录等证据,请求人不可能到外籍船上调取。船舶触碰水上设施留下的痕迹,如不进行保全将会被水淹没等。② 又如,因船舶漏油对海域所造成的污染、船舶碰撞后在船舶上留下的碰撞痕迹、船舶触碰港口设施留下的痕迹、共同海损发生地的海况和天气情况等。③ 当然,倘若并非紧急情况,证据没有灭失的危险或难以取得的可能,则无须采取诉前和诉讼中的证据保全。当事人可以在进入诉讼后自行收集,或由海事法院调查收集。

第四节　海事证据保全的程序

一、提出申请

海事证据保全是海事法院根据海事请求人的申请而对相关证据采取的强制措施。因此,海事证据保全程序的启动只能是当事人的申请,法院不能依职权主动

① 参见金正佳主编:《海事诉讼法论》,大连海事大学出版社 2001 年版,第 236 页。
② 参见张湘兰:《论建立海事诉前证据保全制度》,载《法学评论》1997 年第 2 期。
③ 参见张湘兰、郭漪:《诉前海事证据保全制度浅析》,载《法学评论》2005 年第 1 期。

采取证据保全措施。当事人的申请是启动海事证据保全程序唯一的、必要的步骤。

《最高人民法院关于民事诉讼证据的若干规定》设定了当事人向法院申请保全证据的期限。当事人应在举证期限届满前7日申请保全证据。逾期提出保全证据申请的，法院将不予准许。①

海事请求人申请海事证据保全，应当向海事法院提交书面申请。申请书应当载明：

（1）请求保全的证据，如航海日志、轮机日志、海图等。

（2）该证据与海事请求的联系，即被请求保全的证据对海事请求的证明作用。

（3）申请理由。申请理由中应当写明有关海事请求的基本情况，申请人应当提出初步证据证明自己是海事请求的当事人，被请求人是与请求保全的证据有关的人，并应当说明证据保全的必要性，即情况紧急，不立即采取证据保全就会使该海事请求的证据灭失或难以取得。

此外，申请书中还应当载明证据收集、调取的有关线索。

二、担保

海事担保的目的在于赔偿因保全申请错误导致的被请求人损失，故《海事诉讼特别程序法》将判断是否要求请求人提供担保的权力留给了海事法院。这是因为立法者希望保留一定的灵活性，照顾个别提供担保较困难而其请求权较为明显的请求人。

海事证据保全是一种强制措施，如若申请错误，其执行仍会使被请求人遭受经济损失。例如，对船舶航行资料等证据进行复制、拍照、摄影、封存等保全措施，会导致船舶在一定期间内滞期，强制执行势必给被申请人带来损失。如果海事请求人申请海事证据保全错误造成赔偿被请求人或者利害关系人损失，则须予以赔偿。②

如果海事法院要求请求人提供担保，则提供担保成为海事证据保全的要件之一，请求人必须提供，不提供担保的，海事法院将驳回其证据保全的申请。

海事请求人提供的担保，其方式、数额由海事法院决定。担保的方式为提供现金、设置抵押或者质押。担保的数额应当相当于因其申请可能给被请求人造成的损失。

三、审查和裁定

海事证据保全的申请是在紧急情况下提出的，证据可能将会很快灭失或难

---

① 参见《最高人民法院关于民事诉讼证据的若干规定》第23条。

② 参见《海事诉讼特别程序法》第71条。

以取得,因此海事法院接受申请后,应尽早对请求人的申请及理由进行审查,最迟在48小时内作出准予或者不准予的裁定,不得拖延。①

海事法院接受申请后,应当进行审查。审查的内容主要是海事证据保全的条件、管辖及在海事法院责令请求人提供担保的情况下,对担保进行审查。经过审查,认为申请符合《海事诉讼特别程序法》所规定的证据保全的条件,属于该海事法院管辖及提供的担保符合要求的,法院应当作出裁定并予以立即执行;对于不符合条件的,也应当作出裁定驳回申请。

对于申请书不符合要求以及不满足相关实质条件可否要求当事人补正,以及补正后的裁定时限等事项,《海事诉讼特别程序法》未予明确规定,应该视为法律允许这样做。

四、复议和异议

对于海事法院作出的裁定,当事人不服不能提起上诉,只能通过复议程序来实现对自己权利的救济。这里所指的当事人应当包括海事请求人和被请求人。当事人对裁定不服的,可以在收到裁定书之日起5日内申请复议一次,海事法院应当在收到复议申请之日起5日内作出复议决定,复议期间不停止裁定的执行。裁定正确的,通知驳回当事人的申请;裁定不当的,作出新的裁定以变更或撤销原裁定。被请求人申请复议的理由成立的,应当将保全的证据返还被请求人。②

利害关系人对于海事法院作出的海事证据保全的裁定如果有不同意见,可以通过异议程序进行救济。所谓利害关系人指海事请求人和被请求人以外的对保全的证据主张权利的人,主要是指除海事被请求人以外的但与被保全证据有关的人。在海事法院作出采取海事证据保全措施的裁定后,利害关系人对海事证据保全提出异议,海事法院经审查,认为理由成立的,应当裁定撤销海事证据保全;已经执行的,应当将与利害关系人有关的证据返还利害关系人;认为理由不成立的,应当书面通知利害关系人。

五、执行及证据的使用

在证据保全的过程中,《海事诉讼特别程序法》对提取证据原件附有"确有必要"的条件,体现了减少损失的原则。③

在执行的过程中,比较有争议的是关于证据搜查的问题。证据保全是一种强制措施,被请求人应当接受法院的证据保全裁定,并配合法院进行保全。《海事诉讼特别程序法》的草案曾规定,向海事法院提供有关证据是被请求人的义

① 参见《海事诉讼特别程序法》第68条。
② 参见《海事诉讼特别程序法》第69条。
③ 参见《海事诉讼特别程序法》第70条。

务,若拒绝提供或者隐匿证据,海事法院有权发出搜查令,对被请求人住所或者证据隐匿处进行搜查。考虑到法院不应当轻易采取强制措施干涉民事活动,该规定被删除。虽然如此,在司法实践中,被请求人仍然应当认真执行法院作出的裁定,并承担不执行裁定的法律后果。

在证据使用方面,采取证据保全后,所提取的证据材料应当由海事法院负责保存。海事请求人在采取海事证据保全的海事法院提起诉讼后,可以申请复制保全的证据材料。相关的海事纠纷在中国领域内的其他海事法院或者仲裁机构受理,海事请求人可以向受诉法院或者仲裁机构申请复制保全的证据材料。[①]

❑ 本章思考题

1. 请简述海事证据保全与一般民事证据保全的区别。

2. 诉前海事证据保全由哪个海事法院进行管辖?该海事法院能否取得对实体案件的管辖权?

3. 申请海事证据保全应该满足哪些条件?在实践中如何区分海事证据保全和利用法院职权调取证据?

4. 案例思考题:

【案情】申请人A公司与B公司签订航次租船合同,在租用其C轮运送矿砂过程中,由于船方过失造成装卸迟延,从而导致申请人遭受巨大损失。为查明造成装卸迟延的具体原因,申请人A公司向海事法院提出海事证据保全申请,请求对C轮上的相关船舶证书、船舶规范、船期内的航行日志及相关航行记录、装港事实记录、港口记录、海事声明事故报告、仓单、大副收据及相关的往来传真件等材料采取证据保全措施,并提供相应的担保。

【提问】

(1) 诉前海事证据保全有哪些条件?

(2) 本案是否满足诉前海事证据保全的条件?

❑ 本章所涉及法律、法规

(一) 2000年《海事诉讼特别程序法》(节选)

第六十二条　海事证据保全是指海事法院根据海事请求人的申请,对有关海事请求的证据予以提取、保存或者封存的强制措施。

第六十三条　当事人在起诉前申请海事证据保全,应当向被保全的证据所

① 参见《最高人民法院关于适用〈海事诉讼特别程序法〉若干问题的解释》第49条。

在地海事法院提出。

第六十四条 海事证据保全不受当事人之间关于该海事请求的诉讼管辖协议或者仲裁协议的约束。

第六十五条 海事请求人申请海事证据保全,应当向海事法院提交书面申请。申请书应当载明请求保全的证据、该证据与海事请求的联系、申请理由。

第六十六条 海事法院受理海事证据保全申请,可以责令海事请求人提供担保。海事请求人不提供的,驳回其申请。

第六十七条 采取海事证据保全,应当具备下列条件:

(一)请求人是海事请求的当事人;

(二)请求保全的证据对该海事请求具有证明作用;

(三)被请求人是与请求保全的证据有关的人;

(四)情况紧急,不立即采取证据保全就会使该海事请求的证据灭失或者难以取得。

第六十八条 海事法院接受申请后,应当在四十八小时内作出裁定。裁定采取海事证据保全措施的,应当立即执行;对不符合海事证据保全条件的,裁定驳回其申请。

第六十九条 当事人对裁定不服的,可以在收到裁定书之日起五日内申请复议一次。海事法院应当在收到复议申请之日起五日内作出复议决定。复议期间不停止裁定的执行。被请求人申请复议的理由成立的,应当将保全的证据返还被请求人。

利害关系人对海事证据保全提出异议,海事法院经审查,认为理由成立的,应当裁定撤销海事证据保全;已经执行的,应当将与利害关系人有关的证据返还利害关系人。

第七十条 海事法院进行海事证据保全,根据具体情况,可以对证据予以封存,也可以提取复制件、副本,或者进行拍照、录相,制作节录本、调查笔录等。确有必要的,也可以提取证据原件。

第七十一条 海事请求人申请海事证据保全错误的,应当赔偿被请求人或者利害关系人因此所遭受的损失。

第七十二条 海事证据保全后,有关海事纠纷未进入诉讼或者仲裁程序的,当事人就该海事请求,可以向采取证据保全的海事法院或者其他有管辖权的海事法院提起诉讼,但当事人之间订有诉讼管辖协议或者仲裁协议的除外。

(二)2003年《最高人民法院关于适用〈海事诉讼特别程序法〉若干问题的解释》(法释[2003]3号)(节选)

第四十七条 诉讼前申请海事证据保全,适用海事诉讼特别程序法第六十四条的规定。

外国法院已受理相关海事案件或者有关纠纷已经提交仲裁，当事人向中华人民共和国的海事法院提出海事证据保全申请，并提供被保全的证据在中华人民共和国领域内的相关证据的，海事法院应当受理。

第四十八条　海事请求人申请海事证据保全，申请书除应当依照海事诉讼特别程序法第六十五条的规定载明相应内容外，还应当载明证据收集、调取的有关线索。

第四十九条　海事请求人在采取海事证据保全的海事法院提起诉讼后，可以申请复制保全的证据材料；相关海事纠纷在中华人民共和国领域内的其他海事法院或者仲裁机构受理的，受诉法院或者仲裁机构应海事请求人的申请可以申请复制保全的证据材料。

第五十条　利害关系人对海事法院作出的海事证据保全裁定提出异议，海事法院经审查认为理由不成立的，应当书面通知利害关系人。

第五十一条　被请求人依据海事诉讼特别程序法第七十一条的规定要求海事请求人赔偿损失的，由采取海事证据保全的海事法院受理。

（三）2012 年《民事诉讼法》（节选）

第六十三条　证据包括：

（一）当事人的陈述；

（二）书证；

（三）物证；

（四）视听资料；

（五）电子数据；

（六）证人证言；

（七）鉴定意见；

（八）勘验笔录。

证据必须查证属实，才能作为认定事实的根据。

第八十一条　在证据可能灭失或者以后难以取得的情况下，当事人可以在诉讼过程中向人民法院申请保全证据，人民法院也可以主动采取保全措施。

因情况紧急，在证据可能灭失或者以后难以取得的情况下，利害关系人可以在提起诉讼或者申请仲裁前向证据所在地、被申请人住所地或者对案件有管辖权的人民法院申请保全证据。

证据保全的其他程序，参照适用本法第九章保全的有关规定。

（四）2002 年《最高人民法院关于民事诉讼证据的若干规定》（节选）

第二十三条　当事人依据《民事诉讼法》第七十四条的规定向人民法院申

请保全证据,不得迟于举证期限届满前七日。[①]

当事人申请保全证据的,人民法院可以要求其提供相应的担保。

法律、司法解释规定诉前保全证据的,依照其规定办理。

第二十四条 人民法院进行证据保全,可以根据具体情况,采取查封、扣押、拍照、录音、录像、复制、鉴定、勘验、制作笔录等方法。人民法院进行证据保全,可以要求当事人或者诉讼代理人到场。

(五) 1994 年《仲裁法》(节选)

第四十六条 在证据可能灭失或者以后难以取得的情况下,当事人可以申请证据保全。当事人申请证据保全的,仲裁委员会应当将当事人的申请提交证据所在地的基层人民法院。

第六十八条 涉外仲裁的当事人申请证据保全的,涉外仲裁委员会应当将当事人的申请提交证据所在地的中级人民法院。

(六) 2004 年《中国海事仲裁委员会仲裁规则》(节选)

第二十三条第二款 当事人申请证据保全,仲裁委员会应当将当事人的申请提交证据所在地的海事法院或其他法院;当事人在仲裁程序开始前申请证据保全的,应当依照《中华人民共和国海事诉讼特别程序法》第五章的规定或其他有关法律规定,直接向被保全的证据所在地海事法院或其他法院提出。

□ 本章扩展阅读

1. 韩立新、袁绍春、尹伟民编著:《海事诉讼与仲裁》,大连海事大学出版社 2007 年版。

阅读引导:该书结合海事司法、仲裁实践,以《海事诉讼特别程序法》《仲裁法》的规定为主线,阐述了海事诉讼和海事仲裁法律制度。其中第五章有关海事证据保全部分内容较为简练,主要围绕《海事诉讼特别程序法》的相关规定逐渐展开叙述。通过阅读该书,同学们可以在最短的时间内对海事证据保全制度有较为全面的了解,掌握《海事诉讼特别程序法》中有关海事证据保全的相关法律规定。

2. 张湘兰、郭漪:《诉前海事证据保全制度浅析》,载《法学评论》2005 年第 1 期。

阅读引导:该文对海事证据保全制度进行了初步研究,重点分析了诉前海事证据保全制度,并试图廓清其法律属性,探讨其在实践中存在的问题,思索其对民事诉前证据保全制度的借鉴意义。阅读此文有助于进一步正确理解诉前海事证据保全制度。

① 2012 年修正的《民事诉讼法》将原第 74 条改为第 81 条。

附录一：相关法律文书

文书1-受理海事证据保全申请通知书

中华人民共和国××海事法院
受理海事证据保全申请通知书

（××××）×海法证字第××号

×××（写明海事证据保全请求人的姓名或名称）：

×××（请求人）请求本院采取海事证据保全措施的申请书，本院于××××年××月××日收到。本院经审查认为，×××（请求人）的海事证据保全申请，符合《中华人民共和国海事诉讼特别程序法》第六十五条的规定，决定予以受理。

×××（请求人）应在接到本通知七日内，向本院交纳案件申请费……元。

本院开户银行：　　　　　　　　　　账号：

特此通知。

××××年××月××日

（院印）

注："（××××）×海法证字第××号"中，"（××××）"为年份，"×海法"为海事法院简称，"第××号"为案件编号。

文书2-提供担保通知书

中华人民共和国××海事法院
提供担保通知书

（海事证据保全用）

（××××）×海法证字第××号

×××（写明证据保全申请人的姓名或名称）：

×××（请求人）请求本院采取海事证据保全的申请，本院于××××年××月××日决定受理。本院经审查认为，……（写明法院认为请求人应当提供担保的理由）。依照《中华人民共和国海事诉讼特别程序法》第六十六条的规定，通知×××（请求人）在接到本通知之日起×日内向本院提供……（列明担保方式、担保金额等）。逾期不提供的，本院将依法驳回×××（请求人）的海事证据保全申请。

特此通知。

××××年××月××日

（院印）

注："（××××）×海法证字第××号"中，"（××××）"为年份，"×海法"为海事法院简称，"第××号"为案件编号。

文书3-驳回海事证据保全裁定书

中华人民共和国××海事法院
民事裁定书

（驳回海事证据保全申请用）

（××××）×海法证字第××号

请求人……（写明姓名或名称、住所地等基本情况）

被请求人……（写明姓名或名称、住所地等基本情况）

请求人×××于××××年××月××日向本院提出海事证据保全的申请，要求……（写明申请证据保全的具体内容）。本院受理后，于××××年××月××日向请求人×××发出提供担保通知书，要求请求人×××在接到通知后××日内提供申请海事证据保全的担保。……（写明请求人未提供担保的事实或提供的担保不符合法律规定的理由），依照《中华人民共和国海事诉讼特别程序法》第六十六条的规定，裁定如下：

驳回请求人×××的海事证据保全申请。

案件申请费××元，由请求人×××负担。

审判长　×××

审判员　×××

审判员　×××

××××年××月××日

（院印）

本件与原件核对无异

书记员　×××

注:"(××××)×海法证字第××号"中,"(××××)"为年份,"×海法"为海事法院简称,"第××号"为案件编号。

文书4-准许或驳回证据保全裁定书

中华人民共和国××海事法院
民事裁定书

(准许或驳回证据保全申请用)

(××××)×海法证字第××号

请求人……(写明姓名或名称、住所地等基本情况)

被请求人……(写明姓名或名称、住所地等基本情况)

请求人×××因……(写明申请海事证据保全的原因),于××××年××月××日向本院提出海事证据保全申请,要求对被请求人……(写明申请采取海事证据保全措施的具体请求事项)。请求人×××已向本院提供……(写明担保的方式、金额等)担保。

本院经审查认为,……(写明准许或不准许请求人海事证据保全申请,采取保全措施的理由)。依照《中华人民共和国海事诉讼特别程序法》第六十七、六十八条的规定,裁定如下:

……(写明对被请求人有关的证据采取封存、提取复制件、副本或者进行拍照、录像、制作节录本、调查笔录等保全措施的内容)。

(不符合海事证据保全条件的,则写为:"驳回请求人海事证据保全的申请。")

如不服本裁定,可在裁定书送达之日起五日内,向本院申请复议一次。复议期间,不停止裁定的执行。

利害关系人对本裁定有异议的,可在××××年××月××日前向本院提出异议(驳回请求人申请的,本段不写)。

审判长　×××

审判员　×××

审判员　×××

××××年××月××日

(院印)

本件与原件核对无异

书记员　×××

注:"(××××)×海法证字第××号"中,"(××××)"为年份,"×海法"为海事法院简称,"第××号"为案件编号。

文书5-撤销海事证据保全裁定书

中华人民共和国××海事法院
民事裁定书

(撤销海事证据保全用)

(××××)×海法证字第××号

请求人……(写明姓名或名称、住所地等基本情况)

被请求人……(写明姓名或名称、住所地等基本情况)

利害关系人……(写明姓名或名称、住所地等基本情况)

利害关系人×××不服本院××××年××月××日作出的(××××)×海法证字第××号民事裁定,对……(写明裁定的具体内容)于××××年××月××日向本院提出异议。利害关系人×××提出……(写明异议的理由和请求)。

本院经审查认为,……(写明异议成立的理由),依照《中华人民共和国海事诉讼特别程序法》第六十九条第二款的规定,裁定如下:

撤销本院××××年××月××日作出的(××××)×海法证字第××号民事裁定[如已执行,加上"将已经保全的证据……"(写明对证据的具体处理措施)]。

审判长　×××

审判员　×××

审判员　×××

××××年××月××日

(院印)

本件与原件核对无异

书记员 ×××

注:"(××××)×海法证字第××号"中,"(××××)"为年份,"×海法"为海事法院简称,"第××号"为案件编号。

附录二:案例分析

1. 申请证据保全[①]

【案情简介】

请求人:武钢集团国际经济贸易总公司

被请求人:马来西亚 Tauladan Gigih Sdh. Bhd. 公司

请求人持有的1号正本提单表明,被请求人所有的马来西亚籍"Able Director"轮于2001年7月23日在南非萨尔达尼亚(Saldanha)港装载135,830吨矿石驶往中国宁波港。

通常,从南非到宁波的航程不超过25天,该轮应该在2001年8月21日左右到达宁波港,但该轮实际到港时间却为2001年9月20日,较正常船期超过1个月。请求人经过初步调查,认为上述延误系该轮在开航前和开航当时处于不适航状态所致。

由于"Able Director"轮将在短时间内驶离宁波港,届时证明船舶是否适航的有关证据将无法获得,因此请求人于2001年9月27日向宁波海事法院提出诉前证据保全申请,要求对被请求人 Tauladan Gigih Sdh. Bhd. 公司所有的马来西亚籍"Able Director"轮本航次开航前和开航当时是否适航进行公证性检验,检验的范围包括但不限于船体强度和结构、主机及副机、航行通讯设备与仪表,以及与航行安全及货物运送相关的技术状态等。同时,请求人已向宁波海事法院提供了担保,保证如因申请错误给被请求人造成损失时承担赔偿责任。

【问题思考】

(1)本案中,请求人武钢集团申请诉前海事证据保全需要满足哪些条件?

(2)本案的海事证据保全具有什么特殊性?

---

① 参见北大法律信息网,引证号:CLI.C.22096。

【案例简析】

本案请求人申请诉前海事证据保全需要满足以下四个条件：

(1) 必须由请求人的申请才能启动海事证据保全，并且请求人必须与海事请求有直接的利害关系。本案中，武钢集团是提单持有人，与案件审理具有直接的利害关系。

(2) 请求保全的证据是对该海事请求具有证明作用。请求人要求对船舶在开航前和开航当时是否适航进行公证性检验，而船舶是否适航直接关系到请求人的海事请求能否被法院支持，因此，该份证据对本案的海事请求具有证明作用。

(3) 被请求人是与请求保全的证据有关的人。本案中，被请求人为 Tauladan Gigih Sdh. Bhd. 公司，它是“Able Director”轮的船舶所有人。

(4) 情况紧急，不立即采取证据保全就会使该证据灭失或难以取得。由于“Able Director”轮将在短时间离开宁波港，若不及时对其进行证据保全，今后将难以获得案件所需的关键证据。

本案所涉及的海事证据保全具有其特殊性。首先，申请保全的是一种特殊类型的证据。它不同于传统的对物证、书证、视听资料等进行保全，而是对船舶是否适航进行公证性检验。这一证据保全类型是海事诉讼案件所特有的。其次，因当事人申请保全的是一种特殊的证据，故本案不适用封存、复制、拍照、录相、制作节录本、调查笔录等一般保全方法，只能采取请有关部门指派专业人员登轮检验的方法进行保全，以获得检验报告。最后，法官并不直接进行保全活动。一般的保全活动通常是由法官进行的，比如提取物证、复印资料、拍照、录相、做调查笔录等。而本案对船舶状况和有关资料的检验、固定等保全活动，却是由专业人员来完成的，法官提取的仅仅是专业人员检验后所形成的检验报告，这也是由本案所保全的证据的属性所决定的。

2. 申请撤回海事证据保全①

【案情简介】

请求人：北京中钢联工贸有限责任公司

被请求人：“Patara”轮船舶所有人/光船承租人

2005 年 7 月 14 日，被请求人承运请求人的一批设备和耐火砖自天津运往印度。该批设备和耐火砖被分别装载于“Patara”轮第 1、2、3 及 5 舱。该轮计划在上海受载请求人的另一批货物。岂料在该轮挂靠上海港并准备装载其他货物时，请求人发现该轮第 3 舱内货物严重水损，使得耐火砖被水浸泡，并且第 1 舱

① 参见(2005)沪海法商保字第 24 号民事裁定书。

内的设备已有严重损坏。同时,该轮于2005年7月23日驶往江苏泰州港受载其他货物,严重违反了租船合同的约定,导致请求人另行租船将货物出运,使请求人遭受运费差额的损失。

为此请求人于2005年7月26日向上海海事法院提出海事证据保全申请,要求被请求人提供该轮的船舶证书、积载图、2005年7月10日至7月26日间的航海日志和航行计划或租船合同、上海引水站和上海海事局所记录的"Patara"轮在7月14日至7月26日间进出上海港的记录及引水申报计划等相关资料。同时,请求人已向法院提供了担保,保证承担因申请错误造成被请求人经济损失的赔偿责任。2005年7月27日,请求人以"Patara"轮未进入上海港为由撤回海事证据保全申请。

【问题思考】

(1)请求人能否向海事法院撤回海事证据保全申请?

(2)请求人若撤回海事证据保全申请,其所提供的担保应当如何处理?

(3)本案中,请求人向海事法院申请保全的证据是否合理?实践中如何把握证据保全与利用法院职权调取证据的界限?

【案例简析】

本案是一起因货损而引发的海上货物运输合同纠纷案,当事人向海事法院申请诉前证据保全,以及时保存证据,为今后案件的正确审理提供依据。在法院采取证据保全措施以前,当事人有权在法律规定的范围内处分自己的民事权利和诉讼权利,以正当理由申请撤回海事证据保全申请。法院一旦准许撤回海事证据保全,则相应缴纳的海事证据保全担保也应当如数返回给请求人。

请求人向海事法院要求保全的证据包括船舶证书、积载图、海航日志和航行计划、进出上海港的记录及引水申报计划等,但是本案是一起货损纠纷,请求人的货物是由于被水浸泡所导致的严重水损,因此,与该货损纠纷直接相关的证据应当是船舶积载图、航海日志。而船舶证书、上海引水站和上海海事局所记录的进出上海港记录和引水申报计划则与该货损争议无直接的证明关系,并且这些证据均不符合情况紧急,不及时采取保全措施日后将灭失或难以取得的情形。进出上海港记录、引水申报计划一直保存在上海引水站和上海海事局,请求人大可自行取证。而申请保全船舶证书则会使船舶滞留在上海港,这等于变向扣押船舶。因此,请求人所申请的证据保全不合理,有利用法院职权扣押船舶、调取证据之嫌。

海事法院在审查请求人提出的证据保全申请时,应当仔细审查、辨别其申请是否正确、合理,只有在符合法律规定的证据保全申请条件时才能准许其申请。在实践中,注意要准确鉴别申请证据保全和利用法院职权调取证据的区别。

第六章 海事担保

导读 海事担保是海事诉讼程序过程中的法律责任担保,是对海事损害赔偿责任或给付责任的特殊保障。海事请求人通过提交担保实现自身的海事请求,被请求人可以在因错误的海事请求而受到损害时以海事担保为赔偿。海事担保包括海事请求保全担保、海事强制令担保、海事证据保全担保等其他诉讼程序上的担保,它突破了民事实体法担保制度的附随性规则,具有相对独立性。本章主讲海事诉讼担保的概念、特征、种类和程序,读者需要掌握各类海事担保的程序,并对这些担保作出相应区分。

关键词 海事请求担保 海事强制令担保 海事证据保全担保 设立海事赔偿责任限制基金担保

第一节 海事担保概述

一、海事担保的概念

海事担保制度保障着海事请求的实现,当发生错误的海事请求造成被请求人损害时,海事担保制度还保证了被请求人得到赔偿。《海事诉讼特别程序法》第六章规定了海事诉讼担保的各项制度,它吸收了有关公约的规定,补充了《民事诉讼法》的不足,总结了海事司法经验,是《海事诉讼特别程序法》中一项颇具特色的制度。

海事领域所指的担保制度包括两种:一是海商活动中的一般债权担保;二是海事诉讼及其相关诉讼活动所涉及的担保。前者指实体法上的担保制度,后者仅指诉讼程序上的担保制度。我国《海事诉讼特别程序法》所规定的海事担保仅指后者,即在海事诉讼及其相关活动中,依照法律规定或当事人约定,为保障当事人的海事诉讼请求得以实现而提供的担保。

海事诉讼担保是诉讼程序中的法律责任担保,是海事损害赔偿责任或给付责任的特殊保障。它突破了民事实体法担保制度的附随性规则,具有相对独立性。[1]

---

① 参见郭瑜:《海商法研究》,法律出版社 2002 年版,第 112 页。

值得一提的是,《海事诉讼特别程序法》有关海事担保的管辖中所提到的海事担保,除了海事诉讼中涉及的担保外,还涉及海商事活动中的一般债权担保,如海运保函、船舶或货物抵押、船舶或货物留置、共同海损担保等债权担保。一般债权担保由《民法通则》、《担保法》及《海商法》等实体法规制,而海事诉讼及其相关活动中所涉及的担保则由《民事诉讼法》和《海事诉讼特别程序法》规范。

二、海事担保的特征

与一般债权担保相比,海事担保具有以下几个特征:

(一)海事担保具有不确定性

一般担保建立在民事实体法基础之上,用以督促债务人履行债务,是保障债权实现的一种制度。担保合同是从属于主合同的从合同,担保人和被担保人之间的法律地位平等。

海事担保是法院根据法律规定所采取的一种强制措施,是海事保全程序中所特有的责任保证。担保人承担法定义务,担保的设定不以被担保债权的存在为必要,只要可能存在或将来有可能发生债权债务关系即可,故海事担保的主债权通常表现为不确定之债权,而非既存的或确定的债权。债权存在与否须待进行实体诉讼之后才能确定。

(二)海事担保具有法定性

一般担保中,除留置权是依照法律规定直接成立并发生法律效力之外,其余都是当事人根据意思自治设定,并以合同的形式存在的。海事担保体现的不是合同关系,而是由法律直接明确规定,具有很强的法定性。例如,在海事请求人提交担保的问题上,虽然一些国家规定请求人必须提供担保,一些国家规定法官有自由裁量,另一些国家则规定请求人无须提供担保,但任何一种形式均不是当事人协商一致的结果,而是国家强制力的作用。

我国海事保全是否需要提供担保、担保的数额与方式由海事法院决定。由此可见,海事担保在很大程度上反映的是国家意志,当事人没有自由协商的余地。

(三)海事担保具有程序性

设立一般债权担保的意义主要体现在实体法层面,其宗旨在于对债务人及时履行义务形成督促作用,保障主债权的实现。海事担保与诉前保全或诉讼中保全等程序紧密相连,设立于诉讼中或与诉讼相关活动中,其意义主要体现在程序层面。

海事担保的程序性体现在以下几个方面:

首先,《海事诉讼特别程序法》规定了对海事担保纠纷提起诉讼由担保物所在地、被告住所地的法院管辖。

其次,在法院责令海事请求人提供担保时,该担保的提交与否关系到法院是否同意采取保全措施或先予执行等。

再次,被请求人提供担保主要是为了解除对财产的扣押,是保全措施的另一种形式。

最后,在当事人之间的主债权经审理确定后,海事担保随即转化为执行担保,担保确定债权的履行。

(四)海事担保具有条件性

我国法律对于如何设定一般债权担保未有强制性要求,而是由当事人自由协商设定。但因海事担保与诉讼程序紧密相连,故我国法律对海事担保的设定,尤其是针对与保全措施相关的海事担保(如海事请求人提交担保是为了获准保全被请求人的财产或其他的保全请求,被请求人提交担保是为了解除对被保全财产的扣押)的设定提出了特别要求,即要求提供的担保必须是充分的、可靠地,并要求在一定的时限内提供等。《海事诉讼特别程序法》第 76 条、第 16 条、第 29 条、第 47 条等均分别对提交担保的充分性、可靠性和时限性作出了要求。

(五)海事担保具有司法强制性

海事保全程序中,从法院的介入到法律的适用以及海事保全裁定的执行,无不给海事担保的设立蒙上强制性色彩。应当说,司法强制性是海事担保中较为直观的特征之一。司法的权威不但体现于请求人和被请求人的意志必须服从于法律的调整,还彰显于海事担保设立后对债权的保障作用,使得海事担保明显与一般意义上的担保不同。

海事担保与一般意义上的担保在作用方式上也存在区别:一般意义上的担保,担保法律关系直接与债权债务关系相联结,担保直接对债权发生作用,不受中间环节影响;而海事担保作用的方式具有间接性,即通过海事保全法律关系间接地对债权发生作用。因此,实施海事保全的及时性,提供担保的充分性、可靠性等都会对海事担保的保障功能发挥造成影响。

三、海事担保的方式

(一)现金担保

现金担保,是指一方向法院或者对方预交一定数额的现金以保证履行确定债务的担保方式。[①] 它是一种金钱担保。设定现金担保要求转移标的物的占有权,由法院或担保权利人取得对现金的占有。

海事担保实践中,现金担保是最为直观、最为可靠、最为方便的担保方式。对请求人而言,一旦其主张的债权成立,即可获得赔偿;而对被请求人而言,通过提交现金担保可以有效避免因法院扣押其巨额财产而导致影响正常的生产经营

① 参见杨树明主编:《民事诉讼法·海事诉讼特别程序篇》,厦门大学出版社 2008 年版,第 153 页。

活动。但是，由于现金担保存在资金占用，阻碍资金正常流转，从而产生影响被请求人正常使用的问题。

具体操作上，设定现金担保是将现金直接提交法院或者对方当事人，或者划入被担保的债权人的账户或法院指定的账户。当事人是否已得到担保以及海事法院对现金担保的审查均简化为只需查看现金是否已经到账即可。但当事人有时候提供存在困难，尤其是扣押船舶时，担保数额会很高。

1. 适用现金担保的情况

根据司法实践经验，海事诉讼中的现金担保仅适用于以下几种情况：

（1）小额担保。

（2）债务人或担保人资信较差或情况不明，且时间紧迫，一时无法寻得其他担保方式的。例如，境外海事请求人申请扣船，或被请求人为方便快捷，避免因小额海事请求而被扣押自营的大船。[①]

2. 现金担保与保释金的区别

《海事诉讼特别程序法》所规定的现金担保和英国法中的保释金不同。英国的船舶被扣押时，船舶所有人或船舶所有人的代表向扣押船舶的法院提交一定数额的保释金以获释船舶，并接受法院的审判。[②] 两者的区别体现在：

首先，现金担保适用于请求人担保与被请求人担保。保释金仅适用于被请求人为解除船舶扣押之目的。

其次，现金担保本质上是一种债的担保。保释金则主要旨在保证被请求人参加诉讼。

再次，现金担保可提交给法院，也可提交给对方当事人，其担保法律关系发生在请求人与被请求人之间。保释金则只能提交给法院，是当事人向法院作出的承诺。

最后，现金担保是债的担保，故要求提交的额度应与债权数额相当。保释金则无此要求，其所提交的数额一般不会太大。[③]

（二）保证担保

保证是指保证人承诺，当被保证人所负的债务或者责任明确时，保证人按照自己的承诺履行债务或者责任的行为。以保证的方式提供担保，保证人应当出具保证书。保证书的内容包括保证担保的事由、保证担保的数额和责任、保证的方式、保证担保的履行条件和其他需要承诺的事项。由于保证担保操作简单、手续简便、保管容易、运用灵活，因此是海事司法实践中应用频率最高、使用领域最

---

① 参见沈满堂：《海事担保的理论与实践(1)》，载《中国对外贸易》2001 年第 6 期，第 25 页。

② 参见英国《最高法院法规则第 75 号令》第 16 条。

③ 参见金正佳主编：《海事诉讼法论》，大连海事大学出版社 2001 年版，第 255 页。

广泛的一种担保形式。

1. 保证的方式

保证的方式有一般保证和连带责任保证,两者的主要区别在于保证人是否享有先诉抗辩权。如果保证合同中约定,只有在被担保的债权人经强制执行,确定没有履行能力的情况下,保证人才有义务履行保证,即保证人有先诉抗辩权,此时为一般保证。而如果债务人在主合同规定的债务履行期届满没有履行债务,债权人就可要求保证人承担相应的保证责任时,这种保证方式为连带责任保证,此时保证人无先诉抗辩权。

实践中,海事法院多采用连带责任保证方式,原因有二:首先,海事担保是在诉讼中提供的担保,一般说来,债权人已通过自力救济的手段,而债务人没有履行能力或存在履行困难,否则也不会诉诸法院。要求保证人提供连带责任的担保,可以保护债权人的利益。其次,从效率原则出发,执行连带责任保证程序简单,只要债务人到期不履行债务,债权人就可以直接要求保证人在保证范围内履行保证责任;而一般保证中,债权人需证明债务人到期不履行债务且没有履行能力时,才能要求保证人履行,因此程序就会变得较为繁琐。

2. 保证人

保证人的确定在海事担保中是一个关键问题。海事担保中的保证人应是除请求人、被请求人以外的第三人。

关于保证人的范围,依照我国《担保法》,除国家机关法人、公益法人、不具备法人资格且没有清偿能力的人之外的其他人,都可以成为担保人。由于海事担保必须是充分、可靠,且能在一定期限内提供,对于海事担保中保证人的资格限制得较为严格,保证人一般限于具有良好商业信誉并具有相当经济实力的金融机构以及资信较好的大型企业。对于境外保证人提供的担保,通常要求国内保证人加保,以实现保证的可靠性。

在实践中,主要有以下几类保证人:

(1) 保险公司或互保协会。在涉及对物诉讼并扣船或威胁扣船的案件中,最多发生的类别应是货损货差赔偿,而这是船东在互保协会主要受保赔的一项。① 为承保人提供担保是保险人的义务,因此它不涉及费用,只要是互保协会保赔的范围,如货损货差索赔,这种保证是不另向船东收费的。②

(2) 银行。有些国家或地区对这种担保比较重视。例如在南非,如果双方不能就担保的形式和内容达成一致,法院将接受南非银行的担保或者在南非可

---

① 参见杨良宜:《海事法》,大连海事大学出版社 1999 年版,第 97 页。

② 同上书,第 98 页。

执行的外国银行的担保。[1] 我国台湾地区规定,船舶扣押后,只接受台湾地区银行所提供的担保,即使是外国的担保也要通过我国台湾地区银行来担保。[2] 银行担保的弊端是手续费和每年征收的“担保费用”较为高昂。

(3) 资信好的大公司。其所提供的担保又称“保释担保”。保释担保提交的对象是法院而非对方当事人。在英国,法院管辖区内的任何自然人和法人,只要有财力支付诉前保全金额,都可以提供保释担保。目前,这种担保仍然存在,却很少见。杨良宜先生分析英国法律背景后认为,除程序上的繁琐外,如果对方当事人质疑担保人的财力,会延误船舶的释放,而且对船东而言,会被视作自动现身去接受英国法院的管辖权。

(三) 抵押担保

抵押担保是指海事请求人、被请求人或第三人不转移对财产的占有,而将该财产作为债权担保,当请求人申请的海事保全不当或被请求人不履行法定义务时,债权人从抵押物折价或拍卖、变卖的价款中得到优先受偿的一种担保方式。在海事诉讼中,海事请求人或第三人以抵押方式向海事法院提供担保的,抵押权人为被请求人;被请求人或第三人以抵押方式提供担保的,不论担保提供给海事法院还是海事请求人,抵押权人均为海事请求人。

请求人只能向海事法院提供抵押担保,并应当说明抵押物的名称、数量、质量、状况、所在地、所有权权属,并附有关证据。被请求人将担保提交给请求人时,两者间应订立抵押合同。

对于一些财产的抵押,法律规定以登记作为生效要件,抵押担保自登记之日起生效。办理抵押物登记,应向登记部门提供以下文件:抵押合同或海事法院的准予抵押担保裁定书、抵押物的所有权或使用权证书。对于不需要登记的财产抵押,抵押合同自签订之日起生效。由此可见,设定抵押的程序较为复杂、抵押物变现时间长、手续复杂,但是鉴于当今社会市场风险较大,抵押担保又不失为一种较为可靠的方式。

(四) 质押担保

质押担保是指债务人或第三人将其动产或财产权利移交给债权人占有,并以该动产或财产权利作为债权的担保,债务人不履行债务时,债权人有权以该动产或财产权利合法出售的款项优先受偿的一种担保方式。抵押和质押的根本区别在于抵押物不需要转移占有,而出质的财产须转移占有。

质押包括动产质押和财产权利质押。动产是可以交付而转移占有的有体

---

① 参见吴佳贵:《南非扣船法律制度和船东的风险规避》,载《海商法研究(第二辑)》,法律出版社2000年版,第21页。

② 参见司玉琢等编著:《海商法详论》,大连海事大学出版社1995年版,第514—515页。

物。船舶虽属特殊动产，由于其无法交付转移占有，故不能设立质押，只能进行抵押。财产权利既可以是汇票、本票、债券、存款单、仓单、提单等证券权利，也可以包括股票、著作权、专利权、商标权中的财产权。

质押担保的缺陷在于质押中的财产权利无法符合担保所要求的可靠性，如即使拥有提单的权利，也会面临无单放货的风险。此外，由于质押需要转移财产占有，可能会产生一系列的问题，如质权人难以保管质押财产、出质人因丧失对财产的使用权而有所不便。基于上述原因，实务中很少采用质押作为海事担保。

四、海事担保的法律意义

担保法律制度自罗马法以来就备受各国立法的重视，并处于不断的发展和完善中。从中国出现专业化的海事诉讼时起，海事担保就被广泛地使用起来。没有担保的诉讼是一种风险巨大的诉讼，一种纯法律的诉讼，也是一种有悖于“公力救济”初衷的诉讼。国家从维护社会秩序、维护公平正义的角度出发，授予债权人请求公力救济的权利，以保障债权人债务人双方权利义务的基本平衡，当然需要建立与之配套的保障措施和制度。

海事诉讼是海上纠纷权利人进行公力救济的最常见途径，它具有合法性、强制性、程序性和公允性。有统计表明，海事审判虽然依法救济了大量的海上侵权，但仍存在大量善良的债权人仅仅得到了法律上或所谓程序上的救济，在执行力度上面却表现得十分软弱的情况，而“无担保之讼”就是其中最主要的原因。

从理论上说，债权本身带有隐性的担保因素，债权既为请求权，债务人则以其全部财产作为债权实现的应有担保。但债权人不能直接支配债务人的财产，债权人欲实现其债权必须借助债务人的合作。债权的这一特性，使得债务人可能通过处分自己的财产逃避债务，损害债权人的利益。

诉讼本身自有风险，海事诉讼也不例外。诉讼风险是诉讼当事人在诉讼过程中可能遭遇的对己不利的各种因素和结果，主要分为两类，其一是争议裁判风险，包括程序和实体上的成败风险；其二是财产执行风险，包括被执行财产的灭失、隐藏、转移或不足及减少。

根据古老的保险机制，人们无法最终消灭风险，只能减少和分散这些风险。诉讼中的风险也只能通过建立制度予以控制，这个制度便是诉讼担保。诉讼担保制度使得债权人将债务人的财产据以为担保，并取得现实稳定的利益，从而有效地改善债权固有的不足。当然，诉讼担保仍然不可能消灭风险，其真正意义无非是增加了债权可能实现的机会。[①]

① 参见沈满堂：《海事担保的理论与实践(1)》，载《中国对外贸易》2001年第6期。

第二节 海事担保的程序

一、海事担保的提交与接受

(一) 请求人提交的担保

请求人提供的担保也称为反担保,目的在于当申请错误给被请求人造成损失时,赔偿被请求人的经济损失。例如,申请扣船有误,请求人应当承担申请扣船错误的责任。

无论是海事请求保全、海事强制令还是海事证据保全等,海事法院都"可以责令"其提交担保,即提交担保并不是海事保全程序得以进行的必要条件。但若法院在受理通知书中载明要求请求人提交担保,请求人不提交的,法院应驳回其申请。

当法院在决定是否"责令"请求人提交担保时,应当分情况考量。对于诉前请求保全的,由于请求人与被请求人之间处于责任不清、债务不明的情况,且诉讼前保全往往是在情况紧急、较短的时间内作出的,因此法院更倾向于要求请求人提供担保,避免错误申请给对方造成损失。对于诉中请求保全的审查则不及诉前提供担保来得严格。

(二) 被请求人提交的担保

被请求人提交担保的目的是使被扣船货得以获释,因为在海事请求保全程序中,被请求人提供足额担保后,海事法院应当及时解除保全。

被请求人担保的提交对象,可以是海事法院,也可以是请求人。

担保提交给海事法院的,海事法院应审查其可靠性和充分性等,以抵押或质押方式提交担保的,还应要求登记。海事法院通过审查认为可以接受的,应及时作出解除保全的裁定。

担保提交给海事请求人的,可以由请求人向海事法院提出解除保全的申请,并附上已经设定有效担保的相应证据。海事法院核实后准许其解除保全申请的,应及时作出解除保全的裁定。

二、海事担保的债权范围

(一) 海事担保的债权范围及数额

海事担保的债权范围是指海事担保人承担担保责任的范围。我国《担保法》规定保证、抵押、质押担保的范围包括主债权、违约金、损失赔偿金和实现债权的费用等。《海事诉讼特别程序法》对海事担保的范围未作规定,仅对海事担保的数额作出了规定。海事担保的范围是估算和确定担保数额的依据,它不仅关系到数额的估算和确定，而且还关系到执行阶段承担担保责任范围的确定，因此有必要对海事担保的债权范围予以界定。

1. 海事担保请求人提供担保的债权范围及数额

以往的司法解释对请求人提交反担保的数额规定不尽一致。《最高人民法院关于适用〈民事诉讼法〉若干问题的意见》第 98 条规定，担保的数额应相当于请求保全的数额。《1994 年扣船规定》认为，担保是赔偿被请求人可能因请求人的申请错误所遭受的损失，所以提交担保的数额应相当于被请求人的损失。应当说，以《民事诉讼法》的意见确定提交反担保的数额在实践中比较容易操作，但这样做与请求人提供担保是为了保证赔偿因申请保全所造成的被请求人损失这一主要目的相左。

《海事诉讼特别程序法》吸收了《1994 年扣船规定》的做法，海事请求人提供担保的数额，应相当于因其申请可能给被请求人造成的损失，具体数额由海事法院决定。《海事诉讼特别程序法》没有对"损失"包括哪些具体项目作出相应的规定，法官要对损失的具体项目和数额进行裁量，先估算损失的范围，后确定数额。因采取的海事请求保全措施以及保全对象等的不同，损失范围也不尽一致，而且请求人提供担保是保证赔偿将来可能产生的损失，因此实践中对"因申请可能给被请求人造成的损失"的范围和数额的确定是一个较难把握的问题。

在海事法院以往的实践中，对于扣押船舶，要求请求人提交担保的债权范围及其数额包括：一是船期损失。船期损失根据船舶扣押的期限及其吨位而定。《海事诉讼特别程序法》规定海事请求保全扣押船舶的期限为 30 天，船期损失应为 30 乘以该船舶当时的市场日租金。二是与扣船有因果关系的其他损失，包括船舶被扣押期间的成本支出和可预见的利润损失，如不能执行下一个预定航次所产生的经济损失等。

对于扣押船载货物，所担保的最直接的债权为货物的堆存费用。《海事诉讼特别程序法》规定扣押船载货物的期限为 15 天，该数额即为 15 乘以每天的堆存费。对于其他损失，如因货物被扣押而造成的市场差价，这一价格是很难在扣货当时估算的。

《民事诉讼法》规定的其他保全措施如冻结账户、查封其他的财产等，原则上应以保全措施可能造成的有因果关系的直接经济损失为估算依据。此外，请求人提供担保的债权范围还应包括实现直接经济损失这一债权所支出的必要费用，如诉讼费等。这是"因申请可能给被请求人造成的损失"这一措辞的应有之义，且我国《担保法》规定的担保方式所担保的债权范围都包括实现担保债权所需费用。

2. 被请求人提供担保的债权范围及其数额

《海事诉讼特别程序法》对被请求人所担保的债权范围未作规定，被请求人就海事请求保全提供担保的数额,应与其债权数额相当,但不得超过被保全的财产价值。因此,被请求人提供担保所担保的债权范围应参照《担保法》的规定,包括主债权及其利息、违约金、损害赔偿金和实现债权所需的费用等(如财产保全申请费、执行费、诉讼费)。担保的数额应与海事请求人的债权数额相当。

《海事诉讼特别程序法》借鉴了《1999 年扣船公约》的规定,对被请求人提供担保的数额规定了最高限额,即"不得超过被保全的财产的价值"。这一规定是否合理值得探讨。

第一,《1999 年扣船公约》主要是为了保护船舶所有人的利益,它仅限扣押船舶这一项保全措施;且考虑到在海运实践中,如果要求提交的担保超过船舶本身的价值,船舶所有人可能宁愿放弃该船舶而不提交担保,如此反而失去了海事担保制度的意义。《海事诉讼特别程序法》第 76 条所规定之担保,不仅适用于扣船,还适用于扣货、冻结账户、查封其他财产等保全。对于冻结账户,显然不能以账户上有多少资金来限定提供担保的数额。

第二,要求提供担保的价值相当于被扣押船舶的价值,其法理依据是对物诉讼,请求人一般以物的价值受偿。但我国不实行对物诉讼,所有的诉讼都是对人的,债务人所有的财产都是债权人的债权担保,没有必要把被请求人提供的担保限定在被保全的财产之内。

第三,把要求提供的担保数额限定为不能超过被保全财产价值,在双方对提供的担保有争议时如何处理也是一个问题。一般来说,如果被请求人对提供担保的数额有异议,要求不超过被保全财产的价值的,应该提交证明该财产价值的证据,如财产的评估报告等。对方有异议时,可以申请法院委托专门机构进行评估。如若这样,必将花费不少时间,甚至可能延误保全的时机。

第四,对于担保的最高限额的规定实际作用有限。我国《民事诉讼法》和《海事诉讼特别程序法》没有禁止请求人申请保全多项财产,直至保全的财产价值与请求的债权相当。因此,请求人可以通过保全多项财产的方式绕开这一规定,从而达到最终目的。

事实上,《海事诉讼特别程序法》已从以下几个方面较好地解决了请求人漫天要价、要求提供担保过高的问题:

首先,界定了提供担保的基本数额,即与请求人的债权数额相当。

其次,灵活规定了担保数额的决定方式。被请求人提供担保的数额应先由双方当事人协商决定。在当事人对提供担保的数额无法达成一致意见的情况下,海事法院可以根据请求人所请求的债权及其所要保全的财产依职权决定担保的数额。

再次,担保提供后,提供担保的人可以申请减少、变更或取消该担保。

最后，海事请求人要求提交的担保过高，造成被请求人损失的，应承担损害赔偿责任，这也在一定程度上制约了请求人故意要求巨额担保的问题。

因此，对《海事诉讼特别程序法》规定的被请求人提供担保的最高限额，应从立法意图和依据等方面考察，予以正确理解和适用。

（二）海事担保的发还

担保的发还，是指在一定的条件下将担保人所提供的担保返还给担保人。当请求人或被请求人自己提供担保时，则返还给他们自身；如果请求人没有对被请求人提起诉讼，或者虽请求人提起诉讼但被驳回的，海事法院应当将担保发还给被请求人或担保人。例如，请求人就扣船所依据的海事请求对被请求人提起诉讼，海事法院审理判决被请求人不承担责任，海事法院或请求人应将被请求人的担保发还被请求人或担保人。[①]

如果请求人未在规定的期限内提起诉讼或提交仲裁，《1999 年扣船公约》《海事诉讼特别程序法》均规定，法院应当及时解除保全或者返还担保。对于《1999 年扣船公约》及《海事诉讼特别程序法》的做法，理论界存在两种观点。

一种观点认为，这种做法是必要的、合理的。因为如果允许海事请求人迟迟不提起诉讼或申请仲裁而保持被请求人提供的担保，不仅不能促使纠纷早日解决，而且容易使扣船这种手段被滥用以致损害船舶所有人的利益。[②]

另一种观点认为，《1999 年扣船公约》的规定是与立法宗旨及司法实践相违背的。[③] 这主要是因为提供担保的最终目的是保证将来判决或裁决得以执行，释放船舶并不是最终的目的。实践中经常存在被请求人提供担保后，请求人与被请求人双方和解的情况。因为和解无强制力，所以一旦因请求人未在规定的期限内起诉或仲裁便将船舶释放，此时若被请求人不履行债务，而船舶已经被释放，担保也被发还，请求人的利益将无法得到保护。故未在规定期限内起诉或仲裁的，应解除扣押船舶，但对已经提供的担保，只要在诉讼时效内起诉即可，无须发还担保。[④]

（三）海事担保的减少、变更及取消

由于海事担保在计算时，双方的责任和损失均未确定，担保的必要性、种类、数额都是根据当时的情形估计得出的，不排除因海事请求人要求了过高的债权而导致担保数额过大。此时，大笔的资金因提交担保而无法流动，不利于担保人的正常营运活动。

---

① 参见金正佳、翁子明：《海事请求保全专论》，大连海事大学出版社 1996 年版，第 97—98 页。

② 参见翁子明：《粗评我国扣船制度的变化——兼评对扣船公约的借鉴》，载《海商法研究》2000 年第 1 辑。

③ 参见邬先江：《论 '99 国际扣船公约对我国的影响》，载《中国海商法年刊》1999 年版。

④ 同上书。

对担保人来说,担保的目的是确保海事请求的实现或补偿因错误申请而造成的损失,绝非惩罚担保人,所以,应视具体案件的情况而适当减少、变更或取消担保,减轻担保人的负担。对海事请求人来说,由于法律规定海事请求人要求被请求人提供的担保数额应与债权相当。对于过高的担保,若导致了被请求人的损失,请求人对此应当赔偿。所以,减少、变更或取消被请求人的担保,可以减轻请求人的责任。

《海事诉讼特别程序法》颁布以前,相关法律和司法解释对海事担保的减少、变更和取消等问题的规定存在空白。为了避免法院未作出实体处理前,因裁定减少、变更或取消担保而给当事人的实体权利带来损失,实践中一般不予准许减少、变更和取消海事担保。

《海事诉讼特别程序法》吸收了《1999 年扣船公约》增设的海事担保的减少、变更和取消制度,规定"担保提供以后,提供担保的人有正当理由的,可以向海事法院申请减少、变更或者取消担保"。此时,海事法院只作程序上的审查,而非实体意义上的审查,故而不会影响到实体判决。

对于《海事诉讼特别程序法》中所提到的减少、变更或取消担保要有"正当理由",可以理解为:(1) 海事请求人请求担保的数额过高;(2) 被请求人已采取其他有效的担保方式;(3) 海事请求人的请求权消灭。

(四) 海事担保的执行

海事担保的执行,是指海事法院就海事请求人与被请求人(或第三人)之间的纠纷经过实体审理后作出的判决发生法律效力,确定被担保人的债务,但被担保人在履行期限届满后不履行债务,从而执行海事担保。

海事请求人担保的执行是指海事保全错误、不当或要求提供的担保过高,法院判定海事请求人承担责任。海事请求人在判定的期限之内不履行债务的,法院根据被请求人或第三人的申请,对请求人提供的担保予以执行。被请求人担保的执行是指海事法院或仲裁机构经过实体审理,判定被请求人应承担责任,被请求人在规定的期间之内没有履行或没有全部履行其确定债务的,海事法院根据海事请求人的申请,对被请求人提供的担保予以执行。

对于海事请求人或被请求人自己提供的担保,债务确定且履行期限届满后不履行的,可以直接执行其担保,对此实践中不会有异议。但是,如何执行由第三人提供的海事担保是一个值得探讨的问题。我们认为,此时的海事担保已转化为执行担保。因此,如果第三人是以抵押或质押的方式提供担保,可以直接执行其担保。对于第三人是以保证的方式提供的担保,最高人民法院 1994 年 4 月 1 日给山东省高级人民法院的《关于在财产保全时为被申请人提供担保的当事人应否在判决书或调解书中明确其承担义务及在执行过程中可否直接执行保证人财产的复函》确定了以下观点:案件审结后,被告不能按时给付债务,需要执行保证人的财产的，裁定追加保证人为被执行人，按照其保证责任的范围执行其财产。

第三节 海事请求保全担保

一、扣船中的担保

各种海事保全形式中，扣押船舶最为典型，因扣押船舶而产生的海事担保在数量上也占绝对优势，现予以重点介绍。

关于扣船请求人应否提供担保的问题，各公约的规定有所不同。《1985 年扣船公约草案》规定，作为扣船或允许继续扣押在押船舶的一个条件，法院可赋予请求扣船当时或已实施扣船的请求方提供某种担保的义务，其数额根据被请求方因扣船可能发生的损失和请求方可能构成的责任，由扣船法院决定。这种损失包括但不限于因下列原因对被告可能产生的损失：(1) 扣船错误或不正当；(2) 请求并获得过量的担保。《1994 年扣船公约草案》和《1997 年扣船公约草案》的规定与《1985 年扣船公约草案》类似。三个公约草案还规定，如果申请人按规定提供了担保，则提供此种担保的人可随时请求减少、变更或取消该担保。

《1999 年扣船公约》规定，扣船法院"可以"要求扣押请求人提供反担保以补偿因错误或"不公正"扣船对船舶所有人或光船承租人带来的损失。由此可见，《1999 年扣船公约》没有强制规定请求人提供扣船反担保，但允许扣船法院自由决定是否提供担保及担保的条件、种类和金额。这相较于《1952 年扣船公约》迈出了一大步，与"不公正"扣船规定结合起来，体现了对被扣船舶所有人和光船承租人利益的保护。①

我国《海事诉讼特别程序法》赋予法院一定的自由裁量权，由海事法院决定是否需要海事请求人提供担保。如果案件当事人之间的权利义务关系比较明确、事实比较清楚、申请人申请扣船错误的可能性极小，且其为国内资信情况良好的企业法人，即使申请扣船错误，也有足够的资金赔偿被请求人因此遭受的损失，该情况下再责令其提供担保也就失去了意义。

关于被请求人提供担保的问题。扣押船舶的主要目的就是获得被请求人的海事请求担保。《1952 年扣船公约》规定，法院或其他适当司法机关应在被请求人提供充分保证金或其他担保后，允许释放在其管辖区内扣押的船舶。但对任何船舶的权利和所有权方面的争议，或任何船舶共有人之间对该船舶所有权、占有权、营运权或收入方面的争议而扣押船舶的除外。《1985 年扣船公约草案》和

---

① 参见邢海宝：《海事诉讼特别程序研究》，法律出版社 2002 年版，第 334—335 页。

《1994年扣船公约草案》没有规定例外情况，仅规定当被请求人提供了令人满意的担保时，应释放被扣押的船舶。《1997年扣船草案》和《1999年扣船公约》第4条第1款规定的例外与《1952年扣船公约》相似，即对任何船舶的所有权和占有权方面的争议，或任何船舶共有人之间对该船舶营运权或收入方面的争议而扣押船舶除外。同时，被请求人因提供了担保而提出释放船舶的要求不得解释为：对赔偿责任的认可或对辩护权或责任限制权的放弃。

（一）一般扣船案中的海事担保

海事法院专属管辖扣押船舶中的海事担保案件，地方人民法院为执行生效判决需要扣押船舶的，应当就近委托海事法院执行。海事请求人向有管辖权的海事法院申请扣押船舶，其申请范围包括《海事诉讼特别程序法》第21条项下所规定的22类海事请求，以及为执行判决、仲裁裁决以及其他法律文书的申请。

此外，《海事诉讼特别程序法》第23条对海事法院可以扣押船舶的范围进行了规定。海事请求人申请扣船，应当在申请书中载明已知的申请扣押船舶的名称，不能立即查明被请求人名称的，不影响申请的提出。[①]

海事法院责令扣船请求人提供担保的，担保金额依照因申请扣船不当可能给被请求人造成的损失为原则来确定。申请扣船错误造成被请求人的经济损失包括船期损失，即船舶被扣期间的成本支出和可预见利润收入损失等；以及与船舶被扣有因果关系的其他损失，即不能履行下一预定航次所发生的损失等。船期损失根据扣押期限和船舶吨位大小确定。另外，可加上必要的扣押费用。如果请求人主张过高的担保额，或者超出规定期限仍继续扣押，海事法院应当责令请求人及时追加一定数量的担保。[②]

海事请求人在申请获准后交纳相关费用时，可由海事请求人预先垫付，最后由当事人按照责任比例进行分担。海事法院在审查时，重点关注扣船主体、拟扣船舶与海事请求之间的关系、请求事项与案件事实理由之间的关系以及当事人所提供的证据和担保等事项。

若海事法院认为符合立案条件，应在48小时内作出扣船裁定，并在裁定书中明确表述责令被请求人提供担保的方式、数额、币种，或言明要求提供其他可靠的等值担保。在作出裁定立即执行时，若船舶停泊港远离海事法院所在地且情况紧急的，也可委托当地法院执行扣押。扣押外轮（包含方便旗船舶）时，一般由边防部门派员看管，海事法院认为确有必要的，也可以直接派员登轮监护。被请求人在扣船后提供担保并得到认可后，法院应根据被请求人的申请解除船舶扣押。如果被请求人不提供担保或所提供的担保不被认可，船舶将被继续扣

① 参见杨树明主编：《民事诉讼法 · 海事诉讼特别程序篇》，厦门大学出版社2008年版，第168页。
② 参见邢海宝：《海事诉讼特别程序研究》，法律出版社2002年版，第337页。

押，最长延续至执行阶段。若船况较差不适宜长期扣押或看管费用太高，海事请求人可以在起诉或申请仲裁后申请拍卖船舶。

倘若已证实当事人扣押船舶申请不当，或者于法定期限内海事请求人未提起诉讼或申请仲裁，则法院或海事请求人应及时降低或返还被请求人提供的担保。若证明当事人的扣船申请错误，则应返还被请求人所提供的担保，但不返还海事请求人提供的担保，应将该担保或海事请求人的其他财产用于赔偿被请求人或利害关系人的相关损失。若是请求人要求提供的担保数额过高，则应消减被请求人所提供担保中“过高”的那一部分。①

（二）扣押“合伙船舶”案中的海事担保

因合伙船舶中船舶登记所有人与实际所有人不完全一致，合伙船舶的所有权关系较为复杂，纠纷的审理也较为棘手，从而导致获取海事担保存在障碍。例如，登记船东与实际船东不一致、登记船东与实际船东分离。由此，在海事保全阶段仅通过初步审查就查明船舶合伙情况并作出下一步决定，对法官而言实属不易。

合伙船舶实际为多人共有船舶所有权，责任主体的认定较为困难。除此之外，扣押合伙船舶还会涉及对被请求人的认定，即以登记为准或是以实际所有人为准的问题。若以登记为准，则容易漏掉一些实际所有人，而全部责任将归由登记所有人承担。如此一来，显然对登记所有人有失公平。若以实际所有人为准，又会出现两大难点，即如何维护国家船舶登记制度的严肃性以及如何解决实际所有人之认定困难。

有学者认为：首先，若司法实践中所遇到的船舶合伙情况较为复杂，一时不易作出认定的，则应当允许在申请和执行扣押的过程中裁定追加或变更被请求人，以此解决“认定难”的问题。其次，经扣押合伙船舶而获取海事担保的关键在于正确认定被请求人，且在解决认定问题的过程中，不但要确保责任分配中的公平与正义，还要保证不能有损于或违背于国家船舶登记制度的严肃性。

合伙船舶登记所有人毕竟不同于方便旗船船东，合伙船舶登记所有人系在国内登记，故不存在送达和实际承担责任上的障碍。因此，无论合伙船舶的登记所有人与实际所有人是否一致或相分离，若均采取将合伙船舶的登记所有人与实际所有人共同列为被请求人的方式，有利于解决上述两大难点。②

（三）“重复扣船”和“多次扣船”案中的海事担保

1. “重复扣船”的海事担保

重复扣船是指基于同一海事请求两次或多次扣押同一船舶或其他被请求人

---

① 参见杨树明主编：《民事诉讼法 · 海事诉讼特别程序篇》，厦门大学出版社 2008 年版，第 169—170 页。

② 同上书，第 175 页。

所有或光租的船舶。法律原则上禁止重复扣押船舶的行为,但有例外:

(1)被请求人未提供充分的担保。没有充分的担保包括担保性质不当、担保物难以拍卖或变卖、担保实现受到外汇管制限制等,而不考虑请求人有无过错。提供相应担保后至解除船舶扣押之前,若同一海事请求人发现原来所要求提供的担保金额不足或性质不当,则不能申请再次扣船,而应当申请增加金额或者变更担保。

(2)担保人可能不能全部或者部分履行担保义务。由于接受担保者负有审查担保之责,所以若担保是向请求人提供的,则请求人理应承担因其审查不严所产生之不良后果。若担保是向海事法院提供的,由于请求人无过错,此时应当准许申请重复扣船。

(3)海事请求人因合理的原因同意释放被扣押的船舶或者返还已提供的担保;或者不能通过合理措施阻止释放被扣押的船舶或者返还已提供的担保。海事请求人应当在没有重大误解或者受胁迫、欺诈,或者请求人具有其他合理原因时才能申请重复扣船,以最终获得满意的担保。

2."多次扣船"的海事担保

多次扣船,是指基于不同的海事请求两次或多次扣押同一船舶或同一被请求人所有或光租的其他船舶。它与重复扣船的区别在于扣船所依据的海事请求是否相同。若基于相同的海事请求两次或多次扣押船舶即称为重复扣船,若基于不同的海事请求两次或多次扣押船舶即称为多次扣船。

尽管多次扣船的情况在实践中已非罕见,但有关扣船的国际公约和我国国内立法均未对其作出明确规定。从理论上讲,各个不同的海事请求之间是相对独立的,只要符合扣押船舶的条件,不同的申请人基于各自不同的海事请求均可以申请扣押船舶,即使各个申请都是针对同一船舶的(且扣押可能由两个或两个以上海事法院实施)。这是因为船舶一般价值较大,故同一船舶在一般情况下亦可起到保全数个海事请求的作用。① 此外,法律也没有规定先申请扣船的债权人享有优先权,所以申请者的先后顺序在担保提供和权益兑现等方面并无影响。

早期多次扣船的程序是参照诉讼案件合并审理之模式,将两个以上的扣船申请合并为一案处理,即以一个裁定、一个扣押命令扣船。但这与"一诉一案"的诉讼原则不符,所以后期的司法实务采取将数个扣船申请分别单独处理的做法,即分别裁定、扣押的方式。

诚然,为尽量缩短扣船时间,当第二或第三个海事请求人于第一次扣押期间,提出扣船申请的,可以先行裁定责令被请求人提供担保而不执行扣押;被请

---

① 参见李守芹、李洪积:《中国的海事审判》,法律出版社 2002 年版,第 167 页。

求人对第二或第三个请求人不提供担保的，当先前的扣押（即第一次扣押）解除时，即刻执行第二或第三个请求人的扣船申请，如此顺延，这样既符合诉讼原则，又于某种程度上起到避免扣押时间过度延长的作用。也有学者提出，为了便于简化程序、维护责任人的合法权益、缩短船舶被扣押的时间，执行第二或第三个请求人的扣船申请时，大可不必等到第一次扣押结束后再进行。需要注意的是，一般情况下，司法实务中的多次扣船仅限于两次扣押，两次以上的极为罕见。[①]

（四）船舶"活扣押"案中的海事担保

活扣押是指对船舶采取非实际扣押，即海事法院在作出扣船裁定且强制扣押船舶后，经海事请求人同意而采取的限制船东对船舶的处分或抵押，但在一定条件下可以允许船舶继续航行或营运的一种扣押方式。

有观点认为，由于"活扣押"方式不限制船舶使用，一般不会造成营运损失，也不会产生监管费用，故请求人没有必要提供担保。"活扣押"没有期限限制，船舶照常营运直至判决执行，因此被请求人的担保也不是必要的。当然，如果被请求人为获得转让、抵押等处分权，也可以提供担保以解除"活扣押"。但司法实务中，海事法院通常仍然要求海事请求人提供担保，主要是基于以下几点理由：

首先，从法理层面看，"活扣押"发生于"海事法院裁定对船舶实施保全后"，而在此之前，请求人一般早就已经主动提供或者是因法院责令其提供了担保。因此，海事法院要求请求人提供担保早就成为一种客观存在。此外，当事人及海事法院不能绝对确保申请船舶扣押的正确性，即使是"活扣押"也可能存在申请错误。由此可见，海事法院要求请求人提供担保也是源于现实需要。

其次，"活扣押"存在一些弊端。"活扣押"过程中，法院不能对被扣押船舶施行有效控制，无法避免一些当事人利用船舶管理上的漏洞，隐瞒扣押事实，利用"活扣押"逃避债务，将被扣船舶转让、抵押或出租，从而导致影响请求人海事请求的实现。

最后，被"活扣押"的船舶可能在继续营运过程中发生海事事故，从而产生新的债务，或者被"活扣押"的船舶灭失或毁损，而该船舶未投保或即使投了保但其后却因各种原因被保险公司拒赔。诸如此类的情况都会使"活扣押"的目的落空或大打折扣，造成法院无法执行等状况。加之，船舶在营运中还可能产生船舶优先权，而请求人的海事请求权不在此列，其利益就很难得到保障。事实上，船舶优先权的发生十分常见。因此，实施船舶"活扣押"的过程中，被请求人提供的担保是不能省去的。

---

① 参见杨树明主编：《民事诉讼法 · 海事诉讼特别程序篇》，厦门大学出版社 2008 年版，第 175—178 页。

实践中应将船舶是否已经投保作为是否采取“活扣押”措施的参考条件。若被扣押船舶未投保,或保险不足额或保险的有效期已过,则海事法院应当责令被请求人投保。若被请求人拒绝投保,则可由请求人投保,保险费由被请求人负担。若发现实际情况中存在单船公司或经济状况不良、信誉较差的船公司等风险较大的状况,而被请求人又拒不投保且对请求人投保也不予配合的,海事请求人可申请法院将“活扣押”转为“死扣押”,并责令被请求人提供担保。

当海事请求人和法院认为被请求人履约能力恶化,或被请求人违反“活扣押”裁定的规定要求,或者出现了当事人之间约定的、以不损害社会和第三人利益为前提条件的、可以将“活扣押”转为“死扣押”的情形时,就可以将“活扣押”转为“死扣押”。这时,请求人可要求法院责令被请求人提供担保。

(五)扣押“姊妹船”案中的海事担保

“姊妹船”是指对海事请求负有责任的船舶所有人、经营人或承租人所拥有的除当事船舶以外的其他船舶。扣押“姊妹船”的实质目的是扣押被请求人的其他财产,一般常在无法扣押当事船舶或者扣押“姊妹船”更为便捷时采用。应当说,扣押“姊妹船”不失为获取海事担保的有效途径。

《海事诉讼特别程序法》赋予海事法院具有扣押“姊妹船”的权限,可以扣押对海事请求负有责任的船舶所有人、光船承租人、定期租船人或者航次租船人在实施扣押时所有的其他船舶,但与船舶所有权或者占有有关的请求除外。

从本质上讲,扣押“姊妹船”中的海事担保与扣押当事船舶中的海事担保区别不大,仅仅是基于前述“船舶所有人、光船承租人、定期租船人或者航次租船人”对海事请求负有责任的初步证据之推定,且对“姊妹船”认定之正确与否与扣押申请不当的风险联系在一起。所以,司法实务中均要求请求人提供担保,且海事法院在扣押“姊妹船”时对请求人担保的审查,较之于扣押“当事船舶”时对请求人提供之担保的审查严格许多。

二、强制拍卖船舶中的担保

申请强制拍卖船舶涉及的担保有两种:一是拍卖错误的责任担保,即指请求人提供担保,以备补偿申请强制拍卖船舶错误造成被请求人损失;二是拍卖费用担保,指请求人对强制拍卖船舶过程中所发生的费用提供担保。

关于为防止拍卖错误而产生的责任担保,理论界存在两种截然不同的意见。一种观点认为,海事法院应当责令请求人提供责任担保。因为强制拍卖船舶属于保全措施的一种,海事法院需审查是否具备强制拍卖船舶的条件。若符合则裁定拍卖船舶,至于申请是否正确则有待实体案件判决后才能确定。因此,只要是保全措施都可能发生申请错误,就有必要责令请求人提供相应的担保。

如果船舶原本即属无辜被扣,则不能因为被请求人不提供担保而将责任推给被请求人。强制拍卖的直接原因是请求人提出申请,被请求人不提供担保只是导致强制拍卖的一个因素,并且不能仅以实际操作是否困难作为请求人是否应该提供担保的前提。请求人提供担保的数额原则上应以申请卖船错误可能造成被请求人的损失为标准。被请求人的损失主要是由于船舶被拍卖造成的营运损失和船舶本身的市场损失。被请求人的损失不是船舶价值,也不得超过船舶价值。因为拍卖船舶所得价款就是船舶价值的体现,而船舶价款暂时由海事法院保存。如果卖船申请错误,船舶价款应当归还给被请求人。在船舶价值上,被请求人没有损失。

另一种意见认为,不必责令请求人提供担保。首先,申请强制拍卖船舶是否符合条件,扣船海事法院可以通过审查确定。准许与否都不会发生错误的问题。其次,被请求人本可以提供担保避免船舶被强制拍卖,被请求人明知拒不提供担保会导致强制拍卖船舶,而在扣船期限内拒不提供担保,放任强制拍卖结果的发生。因此,强制拍卖船舶所带来的损失应由被请求人承担。再次,即使要求请求人提供担保,担保数额也无法确定。担保数额是否应以被卖船舶价值确定?如果是,则请求人无法接受;如果不是,则难以确定。最后,如果存在强制卖船错误,那么它实质上也是扣船错误的延伸。请求人在申请扣船时已经提供了担保,这一担保可用作强制卖船错误的担保。《海事诉讼特别程序法》采纳了这一主张,即不责令请求人提供担保。

关于费用担保,海事法院的卖船执行表明,只要正确执行规定,就不必要求请求人在申请卖船时向海事法院提供费用担保。因为在售船期间的一切费用由请求人垫付。法院在收到强制拍卖船舶的申请后,即通知请求人垫付强制拍卖船舶费用。如果请求人不垫付的,法院可以驳回申请。

三、扣押船载货物中的担保

扣押船载货物,是指依据海事请求申请扣押处于被请求人掌管之下的、尚未装船或已装船和已卸下的货物。当事人申请诉前扣押船载货物的,货物所在地的海事法院具有管辖权;若当事人在诉讼中扣押船载货物的,则受理实体案件的海事法院具有管辖权。

诉前申请扣押船载货物的,请求人应当提供担保。若不提供担保的,海事法院应当驳回其申请。诉中申请扣押船载货物,是否应当提供担保由海事法院决定。海事法院通知请求人提供担保,请求人不提供的,驳回其申请。海事请求人提供担保的数额应相当于因其扣押货物可能给被请求人造成的损失,包括扣押期间的仓储保管费、货物在扣押期间发生的毁损灭失、市场损失、担保费用、利息损失及因货物被扣造成的其他直接经济损失。海事请求人要求被请求人提供担保的数额,可以略高于其债权数额。

就扣押期限而言,海事请求保全扣押船载货物的期限为 15 日。海事请求人在 15 日内提起诉讼或者申请仲裁以及在诉讼或者仲裁过程中申请扣押船载货物的,扣押船载货物的期限不受 15 日限制。[①] 海事请求人和被请求人协议进行和解或者协议约定了担保期限的,海事法院可以根据海事请求人的申请,裁定认可约定的担保期限。[②] 船载货物扣押期间届满,被请求人不提供担保,而且货物不宜继续扣押的,海事请求人可以在提起诉讼或者申请仲裁后,向扣押船载货物的海事法院申请拍卖货物。如果货物无法保管、不易保管或者保管费用可能超过其价值,海事请求人可以申请提前拍卖。[③]

与扣押船载货物一样,扣押船用燃油、船用物料必须先基于海事请求人的申请,且船用燃油、船用物料应属于被请求人所有。船用燃油、船用物料作为船舶的组成部分时,属于船东所有。船用燃油、船用物料也可由租船人所有,这时船用燃油、船用物料属于船舶以外的其他财产。鉴于《海事诉讼特别程序法》第 50 条的规定,即"海事请求人对与海事请求有关的船用燃油、船用物料申请海事请求保全"适用"船载货物的扣押与拍卖"一节之规定,扣押船用燃油、船用物料中的海事担保,包括请求人担保的提交和被请求人担保的提供、担保方式和数额的确定等问题,与扣押船载货物中的海事担保并无二致,只是实践中用得较少。[④]

第四节　非海事请求保全担保

一、海事强制令担保

(一) 请求人提供担保

与海事请求保全一样,无论是诉前还是诉讼中的海事强制令都有要求请求人提供担保的必要,以备赔偿因申请强制令错误而造成被请求人的经济损失。海事法院具有自由裁量权,决定是否要求海事请求人提供担保。若海事法院责令海事请求人提供担保,请求人不提供的,海事法院将驳回其申请。[⑤]

海事强制令的担保数额原则上应当相当于实施海事强制令可能造成被请求人的经济损失。例如,承运人因滞期费留置货物,而收货人申请法院强制承运人交付货物,则收货人必须提供与承运人主张的滞期费相当的担保。海事强制令属于行为保全措施,与财产保全相比,其担保数额的确定难度较大,必须根据案

---

① 参见《海事诉讼特别程序法》第 46 条。

② 参见《最高人民法院关于适用〈海事诉讼特别程序法〉若干问题的解释》第 25 条。

③ 参见《海事诉讼特别程序法》第 47 条。

④ 参见杨树明主编:《民事诉讼法 · 海事诉讼特别程序篇》,厦门大学出版社 2008 年版,第 189—190 页。

⑤ 参见《海事诉讼特别程序法》第 55 条。

件的具体情况而定,有时还需要当事人追加担保金额。①

(二)被请求人提供担保

海事强制令所依据的海事请求不是给付请求,因此,原则上不允许被请求人提供担保代替其为一定行为或不为一定行为。但在被请求人继续行为或不行为可能造成的损害可以用金钱计算时,经被请求人申请,请求人同意,海事法院也可以接受被请求人的担保,解除保全措施。确定争议法律关系目前状态的裁定,则不得以担保代替实际执行。②

就被请求人而言,从担保的角度看,被请求人一旦提供了担保,请求人的海事请求权就有了较为可靠的保证,从而达到了谨慎使用海事强制令的目的。然而,在海事强制令中,被请求人提供的担保实际上是被请求人变更海事法院的海事强制令内容的一种方式,对它的作用应根据具体情况具体分析:倘若请求人的请求无法用金钱替代,被请求人提供担保而致请求人的请求落空的,或者虽然请求人的请求可以用金钱替代,但请求人不同意被请求人通过提供担保而撤销海事强制令的,海事法院均不得因被请求人提供担保而撤销海事强制令。倘若海事法院认为被请求人提供的担保能够避免请求人的损失,或者担保的提供确使海事强制令的签发成为不必要的,海事法院可以不采用海事强制令而让被请求人提供担保。

(三)海事强制令担保的数额

海事强制令所指向的对象是被请求人的行为,原则上其数额相当于因申请海事强制令错误可能造成被请求人的经济损失。行为无法用金钱加以衡量,只能由法院依其行为所影响的利益,并综合考虑各种具体情况加以评估,实事求是地作出决定。因此,海事强制令担保数额确定的基本原则是,应当足以保护被请求人的利益和防止请求人滥用权利。在该原则的指导下,根据具体案情作出考虑。

由于海事强制令的签发不需要听取被请求人的抗辩,所以被请求人可能遭受的损失的举证责任就落在请求人身上。由于该担保并不是法律强制的,请求人可以认为自己的申请并不会对被请求人造成任何损失,即使请求人考虑到相关损失可能存在,其举证证明的损失也往往金额过低,此时需要法官斟酌。

正如前文所述,考虑到海事强制令程序处理紧急情况的要求,在请求人提供证据充分时,可以凭借哪些证据所证明的金额由法官自由裁量决定担保数额。如果请求人提供的证据不充分,而且时间又允许,则可以召开听证程序,通过双方举证来决定最终的担保数额。若时间不允许,则可先依据法官对可能产生的

① 参见邢海宝:《海事诉讼特别程序研究》,法律出版社 2002 年版,第 354 页。

② 同上。

风险的评估来自由裁量担保数额,也可以要求请求人提供无限额担保,以保护被请求人的利益,但这势必会增加请求人的负担。

另外,请求人依法院要求提供的担保也未必足够。因为海事强制令的执行有时候可能会影响到其他利害关系人的利益,给无辜的第三方也造成损失。请求人对利害关系人的损失也应承担赔偿责任。[①] 但法院确定担保数额的参照标准是“可能给被请求人造成的损失”,该标准并未包括给第三方可能造成的损失。所以,法院据此确定的担保数额最后可能不足以赔偿被请求人和第三方的损失。故在海事强制令签发后,如果被请求人能够提出合理的证据证明由法官自由裁量的请求人担保数额不足以弥补可能造成的损失,则可请求法院增加请求人的担保数额。法院经审查,认为申请合理的,应责令请求人作相应增加,即赋予被请求人要求请求人担保数额增加的请求权,以平衡保护双方利益。[②]

二、海事证据保全担保

海事证据保全是指海事法院依海事请求人的申请,对有关海事请求的证据予以提取、保存或者封存的强制措施。它不同于财产保全,不以当事人的财产为保全对象,因而不会直接给被请求人的财产造成损失。然而,由于证据保全为强制措施,一方当事人申请保全可能给相对一方当事人或其他利害关系人的财产权益带来损害,即该强制措施的施行可能会给被请求人带来损失。例如,对船上的航行资料等证据进行复制、照相、摄影,可能导致船舶在一定时间内的滞期。[③]因此,请求人在申请海事证据保全时,海事法院将视保全的内容,决定是否须提供一定数额的担保。这种担保的数额原则上应相当于执行保全时可以预见的被请求人可能受到的损失。

当然,海事证据保全是否需要提供担保与证据保全方法有密切联系。例如,一般采取拍照、录像、录音、复制、制作笔录等方法进行证据保全的,明显不会对他人造成损害,可不必要求请求人提供相应的担保。而对涉及建筑物、船舶、货物、鲜活商品、名贵物品等予以查封、扣押,有可能对这些证据造成直接损害或者妨碍其正常使用而造成损失的,法院则应要求其提供相应的担保。

海事证据保全是不能以提供担保的方式来免除强制措施的,因为很可能拟保全的证据就是确定被请求人在整个案件中应否承担责任的证据。而对于前述的海事强制令来说,在某些具体情况下,可以提供担保方式免除强制措施。例如,强制放货,可以该批货的价值为限提供现金担保从而免除海事强制令。[④]

---

① 参见《海事诉讼特别程序法》第 60 条。
② 参见杨树明主编:《民事诉讼法 · 海事诉讼特别程序篇》,厦门大学出版社 2008 年版,第 197 页。
③ 参见邢海宝:《海事诉讼特别程序研究》,法律出版社 2002 年版,第 354—355 页。
④ 参见倪福茨、肖梓勃:《对海事担保问题之管见》,载《珠江水运》2001 年第 11 期。

三、设立海事赔偿责任限制基金担保

海事赔偿责任限制基金是指依《海商法》规定要求限制海事赔偿责任的责任人,在有管辖权的法院设立的担保在赔偿责任限额内清偿限制性债务的保证金。设立海事赔偿责任限制基金可以提供现金,也可以提供经海事法院认可的担保。以担保设立基金的,海事法院接受担保之日即为基金设立之日。

1. 担保的方式

(1) 金融机构提供担保

一般来说,限制基金的种类由海事法院决定。若当事人以担保方式设立海事赔偿责任限制基金则可以出具金融机构提供的可靠担保。所谓的可靠担保是指针对所有限制性债权人的可随时支配并属不可撤销的担保。法院对此是否认可主要建立在可靠担保能否保证责任限制基金的请求人届时能承担的赔偿责任的基础上。

(2) 请求人自己的保证

从基金的性质只是保证请求人承担有限的赔偿责任看,经审查充分可靠的请求人的保证,法院可以接受;但担保须是针对所有限制性债权人的,而且随时可以支配,不可撤销。

2. 担保的数额

我国《海商法》对责任限制基金的数额有明确的规定,即规定基金的数额除根据船舶吨位计算的限额外,还应包括该金额自事故发生之日起至向法院设立基金之日止的利息。① 利率一般按法院地银行同期存款利率确定。

此外,《海商法》采用了国际货币基金组织的特别提款权作为责任限制金额的货币单位。设立责任限制基金时无须准确地将特别提款权兑换,计算出人民币数额,可提交大概的责任限制基金数额。法院最后裁决的限制金额如有必要,须按当日的汇率兑换成人民币。②

《海事诉讼特别程序法》对于基金的金额计算略有不同,担保数额为基金数额及其在基金设立期间的利息。③ 当然,基金的数额最后由海事法院依法确定。

3. 担保的程序

设立海事赔偿责任限制基金程序,依照《海事诉讼特别程序法》,可以参照海事请求保全、海事强制令、海事证据保全等程序中关于担保的处理。④

---

① 参见《海商法》第213条。
② 参见《海商法》第277条。
③ 参见《海事诉讼特别程序法》第108条。
④ 参见《海事诉讼特别程序法》第79条。

四、先予执行担保

先予执行,是指海事法院在终局判决之前,为解决权利人生活或生产经营的继续,依法裁定义务人预先履行一定数额的金钱或财务等措施的制度。关于海事案件中的先予执行担保,《海事诉讼特别程序法》没有专门规定,可适用第六章"海事担保"和《民事诉讼法》的有关规定。[①]

海事法院可以责令请求人提供担保,请求人不提供担保的,驳回申请。是否提交先予执行的担保,决定权在海事法院。海事法院应当根据案件的具体情况,确定请求人是否提供担保。由于先予执行的请求人一般都是生活确有困难的弱势群体,且案件双方当事人的权利义务关系已较为明确,所以实践中,责令交付担保的情况不多。当然,鉴于案件没有最终判决,如果海事法院认为确有必要提供担保的,也可以责令请求人提供担保。担保的方式有现金担保、保证人担保、抵押担保等。

请求人败诉的,海事法院判决时将一同撤销先予执行裁定,返还已执行的款物。对于被请求人因此造成的经济损失,请求人应当予以赔偿。

□ 本章思考题

1. 为什么说海事诉讼担保突破了一般债权担保的附随性规定,具有相对独立性? 海事诉讼担保与一般债权担保的区别表现在哪? 请举例说明。

2. 在海事担保的各种担保方式中,既有现金担保,也有人的担保(保证,亦即信用担保),又有物的担保。不过,在司法实践中,应用得较多的是现金担保和保证担保,物的担保的方式则较少采用,试分析其中原因。

3. 司法实务中,应当如何认定海事担保的数额?

4. 案例思考题:

【案情】甲公司与乙公司签订一份航次租船合同,将A轮租给乙公司,从美国承运3万吨水泥至中国港口。载货前,甲公司通知乙公司,因船舶存有缺陷,无法承运本次货物,要求解约。乙公司只得支付更多的运费,寻找他船承运货物。随后,乙公司以甲公司不履行签订的租船合同,造成其经济损失为由,向A轮所在地的德国某地方法院提出诉前扣押A轮的财产保全申请。2月,法院裁定扣押该轮,并责令甲公司提供大银行不可撤销的70万德国马克的保证金。甲公司向法院提供了50万美元的现金担保后,法院释放A轮。3月,甲公司以A

① 参见邢海宝:《海事诉讼特别程序研究》,法律出版社2002年版,第357页。

轮不属其所有为由,向法院提出“反对书”,要求判令乙公司承担因错误申请扣船而造成的经济损失。4月,乙公司以甲公司不履行双方签订的航次租船合同,造成其经济损失为由,向中国上海海事法院提出诉前财产保全申请,请求扣押甲公司所有的、停泊于上海港的B轮,要求甲公司提供120万美元的担保。对此,乙公司提供了20万美元的反担保。

【提问】

(1)本案中,有几种担保的方式?请作简要说明。

(2)乙公司能否因同一海事请求再次申请扣押甲公司所有的其他船舶?请说明理由。

□ 本章所涉及法律、法规

2000年《海事诉讼特别程序法》(节选)

第六条 ……

(六)因海事担保纠纷提起的诉讼,由担保物所在地、被告住所地海事法院管辖;因船舶抵押纠纷提起的诉讼,还可以由船籍港所在地海事法院管辖。

第十六条 海事法院受理海事请求保全申请,可以责令海事请求人提供担保。海事请求人不提供的,驳回其申请。

第二十九条 船舶扣押期间届满,被请求人不提供担保,而且船舶不宜继续扣押的,海事请求人可以在提起诉讼或者申请仲裁后,向扣押船舶的海事法院申请拍卖船舶。

第四十七条 船载货物扣押期间届满,被请求人不提供担保,而且货物不宜继续扣押的,海事请求人可以在提起诉讼或者申请仲裁后,向扣押船载货物的海事法院申请拍卖货物。

对无法保管、不易保管或者保管费用可能超过其价值的物品,海事请求人可以申请提前拍卖。

第五十五条 海事法院受理海事强制令申请,可以责令海事请求人提供担保。海事请求人不提供的,驳回其申请。

第六十六条 海事法院受理海事证据保全申请,可以责令海事请求人提供担保。海事请求人不提供的,驳回其申请。

第七十三条 海事担保包括本法规定的海事请求保全、海事强制令、海事证据保全等程序中所涉及的担保。

担保的方式为提供现金或者保证、设置抵押或者质押。

第七十四条 海事请求人的担保应当提交给海事法院;被请求人的担保可以提交给海事法院,也可以提供给海事请求人。

第七十五条 海事请求人提供的担保,其方式、数额由海事法院决定。被请求人提供的担保,其方式、数额由海事请求人和被请求人协商;协商不成的,由海事法院决定。

第七十六条 海事请求人要求被请求人就海事请求保全提供担保的数额,应当与其债权数额相当,但不得超过被保全的财产价值。

海事请求人提供担保的数额,应当相当于因其申请可能给被请求人造成的损失。具体数额由海事法院决定。

第七十七条 担保提供后,提供担保的人有正当理由的,可以向海事法院申请减少、变更或者取消该担保。

第七十八条 海事请求人请求担保的数额过高,造成被请求人损失的,应当承担赔偿责任。

第七十九条 设立海事赔偿责任限制基金和先予执行等程序所涉及的担保,可以参照本章规定。

第一百零八条 ……

设立海事赔偿责任限制基金可以提供现金,也可以提供经海事法院认可的担保。

❑ 本章扩展阅读

1. 杨树明主编:《民事诉讼法 · 海事诉讼特别程序篇》,厦门大学出版社 2008 年版。

阅读引导:该书第七章对海事担保制度作了较为详尽的介绍。它将海事担保制度分为海事请求保全担保、海事强制令担保、海事证据保全担保等,并分别进行较为详细的阐述。其中,对于海事请求保全担保中的扣船担保,作者又细分成"活扣押""死扣押""扣押姐妹船"等诸多扣船情形中的担保,使读者对海事请求保全有更加全面的了解。

2. 金正佳主编:《海事诉讼法论》,大连海事大学出版社 2001 年版。

阅读引导:该书有关海事担保的编写体例是按照《海事诉讼特别程序法》的有关规定依次编排,而非根据不同海事请求加以分类,因此阅读本书能帮助读者在最短时间内了解我国《海事诉讼特别程序法》第六章关于海事担保的规定。同时,该书的编排体例有助于读者从宏观上把握海事担保在司法实践中的各项程序要求。

3. 沈满堂:《海事担保的理论与实践(1)》,载《中国对外贸易》2001 年第 6 期;《海事担保的理论与实践(2)》,载《中国对外贸易》2001 年第 8 期。

阅读引导:结合审判实务中出现的诸多问题,作者从理论、实践两个角度分别对海事担保制度加以阐述。同时,结合案例,指出立法上可能存在的缺陷,并提出了完善建议。

附录一:相关法律文书

文书1-海事强制令提供担保通知书

中华人民共和国××海事法院
提供担保通知书

(海事强制令用)

(××××)×海法强字第××号

×××(写明海事强制令请求人的姓名或名称):

×××(海事强制令请求人)请求本院采取海事强制令的申请,本院于××××年××月××日决定受理。本院经审查认为,……(写明法院认为请求人应当提供担保或提供的担保不符合法律规定的理由)。依照《中华人民共和国海事诉讼特别程序法》第五十五条的规定,通知×××(海事强制令请求人)在接到本通知之日起××日内向本院提供……(列明担保方式、担保金额等)。逾期不提供的,本院将依法驳回×××(海事强制令请求人)的海事强制令申请。

特此通知。

××××年××月××日

(院印)

注:"(××××)×海法强字第××号"中,"(××××)"为年份,"×海法"为海事法院简称,"第××号"为案件编号。

文书2-海事证据保全提供担保通知书

中华人民共和国××海事法院
提供担保通知书

(海事证据保全用)

(××××)×海法证字第××号

×××(写明证据保全请求人的姓名或名称):

×××(请求人)请求本院采取海事证据保全的申请,本院于××××年×

××月××日决定受理。本院经审查认为,……(写明法院认为请求人应当提供担保的理由)。依照《中华人民共和国海事诉讼特别程序法》第六十六条的规定,通知×××(请求人)在接到本通知之日起××日内向本院提供……(列明担保方式、担保金额等)。逾期不提供的,本院将依法驳回×××(请求人)的海事证据保全申请。

特此通知。

××××年××月××日

(院印)

注:"(××××)×海法证字第××号"中,"(××××)"为年份,"×海法"为海事法院简称,"第××号"为案件编号。

文书3-设立基金担保函

担保函

(为设立基金提供担保用)

担保人……(写明名称、住所地等基本情况)

被担保人……(写明名称、住所地等基本情况)

应被担保人×××的要求,×××(担保人)为其"××"轮××××年××月××日××事故设立海事赔偿责任限制基金提供担保。担保金额为××××法院(××××)×海法限字第××号民事裁定书所确定的基金数额……(写明货币种类及金额)及在基金设立期间的利息。×××(担保人)保证在贵院分配该笔基金时,按贵院通知,将上述款项一次性汇入指定账户。

此致

中华人民共和国××海事法院

担保人　×××(盖章)

法定代表人　×××(签字)

××××年××月××日

附录二:案例分析

1. 错误申请担保[①]

【案情简介】

2002年4月12日,深圳赤湾港航股份有限公司(以下简称“深圳公司”)以“米勒”轮(MILOS)所卸载的货物短重1403.264公吨为由,向广州海事法院申请诉前扣押“米勒”轮,要求伯莱姆布罗斯船务有限公司(以下简称“伯莱姆布罗斯船务”)提供人民币3,000,000元的担保。广州海事法院于同日裁定准许深圳公司的扣船申请,责令伯莱姆布罗斯船务提供人民币3,000,000元的担保并预交扣船执行费20,000元。4月15日,中国船东互保协会(以下简称“CPI”)应伯莱姆布罗斯船务的要求,出具了担保金额为人民币3,000,000元的信誉担保。4月23日,伯莱姆布罗斯船务通过CPI缴纳了扣船执行费人民币20,000元。

5月12日,深圳公司对伯莱姆布罗斯船务提起诉讼,要求伯莱姆布罗斯船务赔偿其货物损失及其他费用。经广州海事法院一审和广东省高级人民法院二审,均认定伯莱姆布罗斯船务既不是船舶所有人,也不是承运人或实际承运人,不需要对据以申请扣押船舶的海事请求负责,因而驳回了深圳公司对伯莱姆布罗斯船务的诉讼请求。伯莱姆布罗斯船务遂要求法院判令深圳公司赔偿因错误要求其提供担保而造成的损失。

【问题思考】

(1)本案中深圳公司是否存在错误要求伯莱姆布罗斯船务提供担保?

(2)如果是错误的,伯莱姆布罗斯船务可以向深圳公司要求哪些赔偿?

【案例简析】

本案是一起因错误扣船而引发的海事担保纠纷案。深圳公司向法院申请扣押“米勒”轮,并要求伯莱姆布罗斯船务提供担保。随后深圳公司对伯莱姆布罗斯船务提起的诉讼经一、二审法院审理,均认定伯莱姆布罗斯船务不需要对据以申请扣押船舶的海事请求负责,据此驳回深圳公司的诉讼请求。故深圳公司要求伯莱姆布罗斯船务提供担保是错误的,深圳公司应当承担错误要求伯莱姆布罗斯船务提供担保的责任。

伯莱姆布罗斯船务请求的担保金手续费及相应的CPI代理费、通讯费,是因深圳公司要求其提供担保所直接产生的,深圳公司应予赔偿。由于扣船执行费已在原诉讼案中判决由深圳公司承担并由深圳公司直接向伯莱姆布罗斯船务支付,伯莱姆布罗斯船务可以直接申请执行,故在本案中不能再行提出请求。

---

① 参见(2004)广海法初字第106号民事判决书。

2. 担保的发还①

【案情简介】

1994 年 2 月 8 日，扬帆公司与圣文森特籍的“苏春”轮发生船舶碰撞，扬帆公司随即向大连海事法院申请扣押“苏春”轮。同日，大连海事法院裁定将“苏春”轮在大连港予以扣押，同时责令“苏春”轮船东提供担保。“苏春”轮船东即向扬帆公司提供了大连太平洋保险公司（以下简称“大连太保”）出具的 6 万美元担保函。扬帆公司据此向大连海事法院申请解除对“苏春”轮的扣押。次日，大连海事法院发布了解除扣押船舶命令。

1994 年 7 月 7 日，扬帆公司向大连海事法院提起请求“苏春”轮船东赔偿船舶碰撞损失的诉讼。大连海事法院于 9 月 13 日通知大连太保作为第三人参加诉讼。9 月 20 日，“苏春”轮船东向大连海事法院递交申请，以“扬帆公司未能在 30 日内提起诉讼，超过了法定期限”为由，请求法院发还其提供的担保函。

【问题思考】

“苏春”轮船东能否以“扬帆公司未能在 30 日内提起诉讼，超过了法定期限”为由，请求法院发还其提供的担保函？

【案例简析】

1991 年通过的《民事诉讼法》第 251 条第 2 款规定，涉外案件的利害关系人可以在起诉前向人民法院申请财产保全。诉讼前扣押船舶，是海事法院根据海事请求人的申请采取的诉前财产保全措施。1994 年《最高人民法院关于海事法院诉讼前扣押船舶的规定》第 4 条第 4 项规定：“被申请人按海事法院裁定提供担保后，经海事法院认可，或者申请人因正当理由申请解除扣船命令的，海事法院应当及时发布解除扣船命令。”由此可以看出，扣押船舶请求人与被请求人之间的担保关系，是在国家强制力干预下形成的。

1991 年通过的《民事诉讼法》第 252 条规定：“人民法院裁定准许诉前财产保全后，申请人应当在三十日内提起诉讼。逾期不起诉的，人民法院应当解除财产保全”。本案中，扬帆公司是在 1994 年 2 月 8 日申请扣船，当即得到大连海事法院的准许，但是该公司直至同年 7 月 7 日才提起诉讼，已经超过期限。依照法律的规定，法院应当解除此案的财产保全，发还大连太保出具的担保函。

---

① 参见北大法律信息网，引证号：CLI. C. 66864。

第七章 送 达

导读 送达是诉讼中一项必不可少的程序。当事人通过送达获悉诉讼文书中的相关内容与信息,海事法院通过送达进行合法的诉讼活动。船舶极强的流动性意味着海事案件不仅牵涉到境外送达,更需要及时有效地送达。本章的主要内容是海事送达的原则、特点和方式。学习本章时,应注意区分海事送达中可适用民事送达的方式与海事送达独有的送达方式。

关键词 送达 一般民事送达 海事特别送达

第一节 一般民事送达

一、一般民事送达

(一) 一般民事送达的概念

民事诉讼中的送达,是指人民法院按照法律规定的程序和方式,将司法文书送交给诉讼当事人或其他诉讼参与人的行为。

送达是诉讼中一项必不可少的制度,具有重要的现实意义。通过送达,当事人可以了解诉讼文书中的相关内容与信息,以便能够及时有效地行使权利、履行义务。同时,送达是诉讼开始的前提。诉讼文书的送达为人民法院进一步推进诉讼程序提供了合法的前提。

(二) 一般民事送达的特点

一般民事送达包括以下几个特点:

第一,送达的主体只能是人民法院。当事人及任何其他诉讼参与人不是送达的主体。虽然当事人或其他诉讼参与人也要向人民法院呈交诉讼文书或相互之间递交其他文书,但这种行为不能称为送达,因此不适用有关送达的规定。

第二,送达的文书是诉讼文书,包括判决书、裁定书、调解书、决定书、支付令、起诉状、答辩状、传票、通知书等。①

---

① 上述文书在我国《民事诉讼法中》被称为诉讼文书,在最高人民法院、外交部和司法部于 1986 年 8 月 14 日联名发布的《关于我国法院与外国法院通过外交途径相互委托送达法律文书若干问题的通知》中上述文书被称为法律文书,在我国缔结的司法协助中上述文书被称为司法文书。本文采用诉讼文书的说法。

第三,送达必须依照法定程序和方式进行。我国《民事诉讼法》对送达的程序和方式都作出了比较具体的规定,人民法院实施送达行为时必须依照规定办理,违法的送达行为不能产生相应的法律效力。

二、一般民事诉讼文书的送达方式

送达包括域内送达和域外送达,而域外送达又包括我国法院向域外当事人送达文书以及国外法院向域内当事人送达法律文书。域内送达和域外送达有不同的送达方式。

(一) 域内送达

对于国内案件,《民事诉讼法》规定了 6 种诉讼文书的送达方式,包括直接送达、留置送达、委托送达、邮寄送达、转交送达和公告送达。其中关于留置送达,2012 年《民事诉讼法》第 86 条作了相应的调整,增加了采用拍照、录像等方式来证明诉讼文书已送达。如果受送达人或者他的同住成年家属拒绝接收诉讼文书的,送达人可以邀请有关基层组织或者所在单位的代表到场,说明情况,在送达回证上记明拒收事由和日期,由送达人、见证人签名或者盖章,把诉讼文书留在受送达人的住所;也可以把诉讼文书留在受送达人的住所,并采用拍照、录像等方式记录送达过程,即视为送达。

(二) 我国法院向域外当事人送达诉讼文书

对在中华人民共和国领域内没有住所的当事人送达诉讼文书,《民事诉讼法》第 267 条规定了以下几种方式:

1. 依据受送达人所在国与我国缔结或共同参加的国际条约中规定的方式进行送达。目前,国际立法上关于域外文书送达最具影响力的公约是 1965 年在海牙国际司法会议上通过的《关于向国外送达民事或商事司法文书和司法外文书公约》(简称《海牙送达公约》)。我国于 1991 年 3 月 2 日加入该公约,该公约于 1992 年 1 月 1 日对我国生效。除了国际公约,也可依据各国之间互相缔结的双边司法协助条约进行送达。截至目前,我国共对外与 30 个国家订立了民商事方面的司法协助协定。[①]

2. 通过外交途径送达。对于我国法院通过外交途径向国外当事人送达法律文书的,应按照下列程序和要求办理:

(1) 要求送达的法律文书须经省、自治区、直辖市高级人民法院审查,由外交部领事司负责转递。

(2) 须准确注明受送达人姓名、性别、年龄、国籍及其在国外的详细外文地

① 虽然我国和一些国家签订了刑事司法协助协定,但由于海事法院不审理刑事案件,本书并不介绍我国刑事司法协助协定的缔约情况。

址,并将该案的基本情况函告外交部领事司,以便转递。

(3) 须附有送达委托书。如对方法院名称不明,可委托当事人所在地区主管法院。委托书和所送达的法律文书还须附有该国文字或该国同意使用的第三国文字译本。如该国对委托书及法律文书有公证、认证等特殊要求,将由外交部领事司逐案通知。

3. 通过我国驻受送达人所在国的使领馆代为送达。人民法院对在我国领域内没有住所的具有我国国籍的当事人送达诉讼文书的,可委托中华人民共和国驻受送达人所在国的使领馆代为送达。[①] 通过驻外国使领馆送达诉讼文书的对象,仅限于在我国领域内没有住所却具有我国国籍的当事人,并不包括向在域外具有外国国籍的当事人送达法律文书。我国法院欲向公约成员国的我国公民送达民事或商事司法文书,可以委托我国驻该国使领馆代为送达。委托书和所送司法文书应由有关中级人民法院或专门人民法院送交有关高级人民法院转最高人民法院,由最高人民法院径送或经由司法部转交我国驻该国使领馆送达当事人。[②]

4. 向当事人委托的有权代其接受送达的诉讼代理人送达。

5. 向受送达人在我国领域内设立的代表机构或有权接受送达的分支机构、业务代办人送达。

6. 邮寄送达。依照相关的国际公约,如果送达目的地国不表示异议,外国法院可以通过邮寄的途径直接向身在国外的人送交司法文书。[③] 如果受送达人所在国允许送达,我国海事法院可以通过邮寄送达的方式进行送达。需要注意的是,关于邮寄送达的认定时间,我国2012年《民事诉讼法》对2007年《民事诉讼法》中有关邮寄送达的期间进行了修改,由原先六个月缩短为三个月。[④]

7. 传真、电子邮件等能够确认受送达人收悉的送达方式。这是2012年《民事诉讼法》的新增之处,我国第一次用法律的形式承认了传真、电子邮件等能够确认受送达人收悉的送达方式。

8. 公告送达。当上述各种方式均不能采用时,使用公告送达。自公告之日起满三个月的,视为已送达。

此外,我国也允许法院通过外国中央机关送达诉讼文书。在我国法院请求海牙送达公约成员国向该国公民或第三国公民或无国籍人送达民事或商事司法文书的情况下,有关中级人民法院或专门人民法院应将请求书和所送司法文书

---

① 参见《民事诉讼法》第267条。

② 参见1992年《最高人民法院、外交部、司法部关于执行〈关于向国外送达民事或商事司法文书和司法外文书公约〉有关程序的通知》(外发[1992]8号)第5条。

③ 参见《海牙送达公约》第10条第1款。

④ 参见2012年《民事诉讼法》第267条第6款、2007年《民事诉讼法》第245条第6款。

送有关高级人民法院转最高人民法院，由最高人民法院送司法部转送给该国指定的中央机关；必要时，也可由最高人民法院送我国驻该国使馆转送给该国指定的中央机关。

（三）国外法院向域内当事人送达法律文书

1. 国外法院通过外交途径委托我国法院送达法律文书

凡已同我国建立外交关系的国家的法院，通过外交途径委托我国法院向我国公民或法人以及在华的第三国或无国籍当事人送达法律文书，除该国同我国已订有协议的按协议处理外，一般根据互惠原则办理。

具体的程序是：由该国驻华使馆将法律文书交外交部领事司转递给有关高级人民法院，再由该高级人民法院指定有关中级人民法院送达给当事人。当事人在所附送达回证上签字后，中级人民法院将送达回证退回高级人民法院，再通过外交部领事司转退给对方；如未附送达回证，则由有关中级人民法院出具送达证明交有关高级人民法院，再通过外交部领事司转给对方。①

2. 国外法院通过外交途径向当事人送达法律文书

国外法院通过驻外使领馆途径向我国境内当事人送达文书，仅以受送达人为发出国国民为限。只有文书送达给文书发出国国民时，才能通过其外交或领事代表机构向其身在中华人民共和国境内的人完成司法文书送达。即如果公约成员国驻华使领馆直接向其在华的本国公民送达民事或商事司法文书，如不违反我国法律，可不表示异议。②

第二节 海事送达

一、海事诉讼文书送达的特点

由于海事诉讼具有涉外性，海事诉讼文书的送达程序也相对较为复杂，除了民事诉讼文书送达的一般共性之外，还具有其他一些特点，主要表现在以下几个方面：

（一）海事送达诉讼文书的多样性

海事法院除了送达一般诉讼文书之外，还包括其他民事诉讼中不曾出现的特种文书，包括海事强制令、海事请求保全申请书、扣押船舶的命令、协助执行的通知书等。

---

① 参见 1986 年《关于我国法院和外国法院通过外交途径相互委托送达法律文书若干问题的通知》第 1 条第 1 款。

② 参见 1991 年《全国人民代表大会常务委员会关于批准加入〈关于向国外送达民事或商事司法文书和司法外文书公约〉的决定》第 2 条。

（二）海事送达的两难性

一方面，由于海事案件大多涉及域外因素，船舶流动性强、送达难度大、各国立法对涉外文书送达方式的不同规定，直接导致海事诉讼文书的送达难度往往要大于一般民事送达，送达方式的可行性也经常因某些国家的不同规定而受阻。很多情况下，倘若海事案件一方当事人是国外的公司或个人，并且在国内没有办事机构或常见居所地，诉讼文书要有效送达当事人就必须寄送到国外。因此，相较于国内送达，海事域外送达往往耗时久并且送达效果不甚理想。实践中，被送达人不知所终的情况也并不少见，很大程度上增加了域外送达的难度。

另一方面，由于船舶流动性大，调查船舶所处的具体位置通常非常困难。有时即使费尽周折打探到船舶以及国外当事人所在何处，也可能出现船舶已经离港或即将离港的情况。可见，海事诉讼文书的送达往往比一般民事送达更为紧迫。

（三）海事送达多涉及域外送达

海事案件涉外因素复杂，经常涉及多方当事人。对于涉外案件而言，只能通过域外送达的方式向当事人送达文书，即一般根据我国参加的国际公约或双边条约规定或是通过外交途径送达。随着经济全球化，航运企业经营方式也越发灵活，一般在世界各国设有分支机构。[①] 海事诉讼文书可以直接向受送达人在中华人民共和国领域内设立的代表机构、分支机构、业务代办人送达。[②]

（四）扣船文书送达有特殊性

在海事诉讼过程中，海事请求人可以选择在不同国家申请扣押船舶，由于实践中船舶经营人或船舶所有人不容易查明，很难向其送达诉讼文书。因此，大部分国家的法律基本上都允许受理法院在除船长为一方当事人的情况外，可以直接将扣押船舶的诉讼文书送达给船长或拟人化的船舶。

二、海事送达的一般原则

我国的司法实践中，送达的主体一般是法院。[③] 法律文书是否有效及时地送达当事人，关系到诉讼当事人是否有权参与诉讼、如何参与诉讼、判决何时生效以及生效判决能否得到外国法院的承认与执行。海事送达原则是送达的标准和依据，对规范送达行为，完善送达程序，督促审判机关进行依法送达，有着重要的意义。

---

① 参见韩立新、袁绍春、尹伟民编著：《海事诉讼与仲裁》，大连海事大学出版社 2007 年版，第 115 页。

② 参见《海事诉讼特别程序法》第 80 条第 1 款第 2 项。

③ 大陆法系中，法院职权送达较多，很少有当事人送达文书的情况。英美法系中，文书送达大多由当事人及其律师进行，法院只在特殊情况下才会送达文书。

(一) 合法性原则

合法性原则是文书送达的最根本原则。这一原则要求海事法院在送达文书时,应当严格按照法律规定进行。

此原则包括两项基本内容:

其一,选择送达的方式要依法进行。直接送达有困难时,如果能采取委托送达的方式,则不宜采取邮寄送达;送达调解协议书,就要完全排除留置送达的方式。此外,对于受送达人下落不明,只有在采取其他方式均无法送达的情况下,才可采用公告送达的方式。因为公告送达是一种推定送达的形式,受送达人很有可能在公告期内事实上并不知公告内容,而法律仍将其视为送达。因此,公告送达方式的选择,必须符合法律规定的条件。

其二,送达程序要符合法律规定。如委托送达的,委托法院应当出具委托函,并附需要送达的诉讼文书、送达回证。受委托法院送达后,应将送达回证再发回委托法院。

根据有关国际公约和大多数国家的司法实践,倘若没有按照受送达国规定的送达方式送达文书,即使一国作出有效判决,该判决也很难在受送达国得到承认和执行。因此,域外送达不仅需要国内法的规定,同时也应该遵守受送达国所规定的特殊要求。

(二) 引起受送达人注意原则

向当事人送达诉讼文书的目的在于引起受送达人的注意,使其可以按照文书中的要求行使权利、履行义务。如果文书的送达方式足以引起受送达人的注意,使其知悉自己的权利和义务,则送达方式可视为有效。引起受送达人注意原则是确立送达方式的重要立法原则之一。

具体来说,如果是直接送达或委托送达,受送达人或被委托人签收并接受送达文书,则可视为受送达人知悉其内容。在诉讼当事人明知道文书的内容仍然拒绝接受文书的情况下,如送达人采用留置送达的方式即可视为受送达人已经接受文书并知晓相关文书的内容。在其他方式都不能成功送达文书的情况下,可采用公告送达,而公告送达的目的也是为了引起受送达人的注意。

(三) 文书代收人的义务性原则

基于代收人接受受送达人文书义务的性质不同,可分为两种:

第一,若受送达人是自然人,其同住成年家属就有义务接受文书。如果受送达人是法人或其他组织的,其负责收件的人就有义务接受文书,此种义务属于法定义务。

第二,有权接受送达的诉讼代理人、受送达人的代表机构,或者有权接受送达的分支机构、业务代办人机构也有义务接受受送达人的文书,而此种义务属于约定义务。

（四）送达方式的适当性原则

送达的合法性是送达方式适当性的前提。只有送达方式在符合合法性的基础上，才可考虑送达方式的适当性。送达方式的适当性是指海事法院在送达文书的过程中，应当根据法律的规定或是当事人的约定，考虑案情，选择符合实际的、公平合理的送达方式。

我国《海事诉讼特别程序法》在一般民事送达方式之外，还规定了特别的三种送达方式，包括向受送达人委托的诉讼代理人送达，向受送达人在中华人民共和国领域内设立的代表机构、分支机构或者业务代办人送达以及通过能够确认收悉的其他适当方式送达。而第三种方式目前已被 2012 年《民事诉讼法》所采用。

三、海事诉讼文书的送达方式

各国在域外送达方面有不同的做法。大陆法系国家以及世界大多数国家认为送达文书属于行使司法权的行为，因此这些国家不允许外国司法机关或个人到其境内直接送达文书，也不允许本国司法机关直接到国外送达文书。相反，英美法系国家则认为，除了强制性文书的送达外，一般通知的送达并不属于行使司法权的行为，因而鼓励当事人参加诉讼活动，其允许外国在不采取强制措施的前提下直接向内国送达文书，而无须经过本国的允许。[①]

目前，关于送达的国际公约主要是 1965 年《海牙送达公约》。对于该公约在国内的适用问题，应遵循《最高人民法院关于涉外民事或商事案件司法文书送达问题若干规定》。如果受送达人所在国与中国签订有司法协助协定，可以依照司法协助协定规定的方式送达；如果受送达人所在国是《海牙送达公约》的成员国，可以依照公约规定的方式送达；如果受送达人所在国与中国签订有司法协助协定，且为《海牙送达公约》的成员国，人民法院依照司法协助协定的规定办理。[②]

在我国，仅适用《民事诉讼法》有关送达的规定已经不能满足海事诉讼的需要。对于海事诉讼的送达，我国不仅仅适用《民事诉讼法》相关的规定，《海事诉讼特别程序法》、2006 年《最高人民法院关于涉外民事或商事案件司法文书送达问题若干规定》以及其他立法和司法解释对海事案件文书的域外送达也都作了

---

① 参见贺万忠：《国际海事诉讼法》，世界知识出版社 2009 年版，第 381 页。

② 参见《最高人民法院关于涉外民事或商事案件司法文书送达问题若干规定》第 6 条、第 7 条。

专门的规定。[①]

（一）向受送达人委托的诉讼代理人送达

对于在我国领域内没有住所的当事人送达诉讼文书，可向受送达人委托的有权代其接受送达的诉讼代理人送达。[②] 虽然《民事诉讼法》和《海事诉讼特别程序法》都规定法院可以向当事人委托的诉讼代理人送达文书，但二者还是有一定差别的。根据《民事诉讼法》，境外当事人委托诉讼代理人代理诉讼，若为全权代理的，即为有权代其接受送达；委托部分代理诉讼事项的，只要没有明确约定不得代为接受送达法律文书，亦有权代其接受送达。按照《海事诉讼特别程序法》的规定，该诉讼代理人无须经过当事人授权即可接受送达。不管是国内海事案件还是涉外海事案件，只要当事人委托了诉讼代理人，该代理人就有义务接受送达的文书。

对于外籍当事人委托的诉讼代理人，我国有特殊的规定。涉外民事诉讼中的外籍当事人，可以委托本国人为诉讼代理人，也可以委托本国律师以非律师身份担任诉讼代理人；外国驻华使领馆官员受本国公民委托，可以个人名义担任诉讼代理人，但在诉讼中不享有外交特权和豁免权。[③]

涉外海事案件的当事人基本不在我国领土之内，向本人送达诉讼文书往往困难重重，费时费力，而向受送达人委托的诉讼代理人送达诉讼文书则相对简便易行，也是国际上通行的一种送达方式，其行为的效力已为大多数国家所认可。在司法实践操作中，应当注意把握以下事项：

1. 委托代理人除包括受送达人授权委托的代其进行诉讼的代理人外，还应包括受送达人委托的其他有权代其接受送达诉讼文书的代理人。一般来说，当事人委托诉讼代理人代理诉讼，如果委托诉讼代理人的授权委托书中没有明确注明排除代理人接受诉讼文书权限的，应认为诉讼代理人有权代当事人接受诉讼文书的送达。不过，在海事诉讼送达中，法院不需要审查诉讼代理人是否有权代当事人接受文书，只要当事人委托了诉讼代理人，该代理人就有义务接受诉讼文书。

2. 即使人民法院是向居住在我国境内的受送达人的诉讼代理人送达诉讼文书，该送达行为仍应按照涉外诉讼程序规定的期间执行。

---

① 对于《海事送达公约》在我国实施的相关文件包括：1991 年 3 月 2 日《全国人大常务委员会关于批准加入〈关于向国外送达民事或商事司法文书和司法外文书公约〉的决定》、1992 年 3 月 4 日《最高人民法院、外交部、司法部关于执行〈关于向国外送达民事或商事司法文书和司法外文书公约〉有关程序的通知》、1992 年 9 月《司法部、最高人民法院、外交部关于执行海牙送达公约的实施办法》。若是在无条约签订的情况下适用最高人民法院、外交部、司法部 1986 年颁布的《关于我国法院和外国法院通过外交途径相互委托送达法律文书若干问题的通知》。

② 参见《民事诉讼法》第 267 条第 4 款、《海事诉讼特别程序法》第 80 条第 1 款第 1 项。

③ 参见《最高人民法院关于适用〈民事诉讼法〉若干问题的意见》第 308 条。

（二）向受送达人设立的代表机构、分支机构或者业务代办人送达

按照民诉法的规定，人民法院对在中国领域内没有住所的当事人送达诉讼文书，可以采用向受送达人在中华人民共和国领域内设立的代表机构或者有权接受送达的分支机构、业务代办人送达的方式。[①] 我国《民事诉讼法》中规定的代表机构不同于分支机构和业务代办人，向代表机构送达受送达人的诉讼文书无须考量其是否被有效授权。相反，向分支机构、业务代办人送达文书时，二者必须是经当事人有效授权。

对此，《海事诉讼特别程序法》的规定相对灵活：在海事送达中，代表机构、分支机构、业务代办人皆无须经过受送达人的授权，三者都有义务代收受送达人的诉讼文书。所以，海事诉讼中法律文书的送达，也可以采用向受送达人在中华人民共和国领域内设立的代表机构、分支机构、业务代办人送达的方式，且条件更为宽松。[②]

（三）通过能够确认收悉的其他适当方式送达

所谓"能够确认收悉"是指法院在送达文书时，能够有证据证明该送达方式能够引起受送达人的注意并使其了解诉讼文书的内容。这一规定源于 1993 年《船舶优先权和抵押权国际公约》，它体现了现代国际通讯事业的发展对诉讼程序的影响。[③] 虽然我国实务中已有法院采取此种做法送达诉讼文书，但正式把"通过能够确认收悉的送达方式"纳入立法的是 2012 年修订的《民事诉讼法》。虽然国内民事案件和涉外民事案件都可采用传真、电子邮件等确认受送达人收悉的方式进行送达，但仍存在一定的不同之处：国内送达采用此种方式需要经过当事人同意，而域外送达中采用此方式送达无须当事人同意，法院可以视情况直接采用。对于具有涉外因素的海事案件，海事法院可以在未经当事人同意的情况下，采用传真、电子邮件等确认受送达人收悉的方式送达。

尽管《民事诉讼法》只列举了传真、电子邮件方式，但并不排除法院采取其他确认受送达人收悉的送达方式。对"其他适当送达方式"的理解，除了传真、电子邮件方式，也应该包括合同约定的送达方式，向负有连带责任的担保人、承运人和实际承运人、全程承运人、区段承运人、合伙人送达，以及通过一方当事人向另一方当事人送达诉讼文书的送达方式。送达方式的多样性为日后海事法院送达文书提供了新的途径，预留了一定的空间，很大程度上解决了海事案件送达

---

① 参见《民事诉讼法》第 267 条第 5 款。

② 参见《海事诉讼特别程序法》第 80 条第 1 款第 2 项。

③ 1993 年《船舶优先权和抵押权国际公约》第 11 条第 3 款规定："本条第 2 款所指通知应采取书面形式，并以签收邮件或能确认收悉的任何电子或其他适当手段发给已知的第 1 款所指有关人员。此外，通知应在进行强制出售的国家报刊上公布，如果进行强制出售的当局认为适当，也应在其他出版物上公布。"

难的问题。

1. 通过传真、电子邮件方式送达。随着网络技术的普及,电子手段送达法律文书已普遍化并逐渐法定化。这一手段具有快速、简便、价格低廉的特点。相较于其他送达方式,其不仅送达速度快,送达效果也是相对理想的。国际上,英国早已采用电子邮件的方式送达法律文书;美国许多州允许电子送达;欧盟对于电子送达也持肯定的态度;新西兰、德国等国家也立法通过允许电子邮件或传真送达。我国台湾地区也允许用电信传真或其他科技设备传达诉讼文书。在我国,《海事诉讼特别程序法》早已承认了此种送达方式。海事案件中,法院可以根据实际情况,采用传真或其他电子手段对诉讼文书进行有效的送达。

实践中,用电子邮件送达文书虽然及时便捷,但是电子邮件的传输依赖网络系统的运行,倘若网络系统出现故障,很可能发出的邮件信息成为垃圾数据,导致邮件数据丢失,受送达人很有可能不能收到或是无法准时收到送达文书。因此,各国为了确保受送达人收悉,一般利用电子邮箱的回复功能,即受送达人的计算机在收到法院的送达文书时自动发出反馈信息,以此表明其收到电子邮件。《民事诉讼法》仅规定以传真、电子邮件等到达受送达人特定系统的日期为送达日期,而未考虑网络存在风险,邮件可能丢失,实乃不足之处。

2. 通过合同约定的方式进行送达。当事人可以在争议发生之前,也可以在争议发生之后,对送达手段、时间、地址或者代收人的名称进行约定,法院可以根据约定送达海事诉讼文书。这其实是当事人意思自治的一种表现。[①]

3. 向负有连带责任的一方当事人进行送达。在海事诉讼中,由于涉案当事人复杂,一般存在多名被告对案件负有连带责任的情况,而事实上原告往往只知道合同承运人或全程承运人的地址或联系方式,可能对其他负有连带责任的当事人的具体信息完全不知。倘若要一一对这些被告送达诉讼文书,送达难度可想而知,势必会影响案件审理的进程。法律如果允许将诉讼文书送达给负有连带责任的某一被告,再由该被告转交给其他连带责任方,显然会大大减轻法院的送达负担,提高送达的效率。

4. 通过一方当事人向另一方当事人送达诉讼文书。这其实与英美法系国家的诉讼当事人之间互相送达诉讼文书的规定相似,很大程度上减轻了法院的工作负担。通过这种方式送达文书,送达文书的一方当事人必须向海事法院提交受送达人已经接受诉讼文书并知悉相关内容的证明。不过,一般情况下,为避免纷争,裁判文书是不应该由一方当事人送达给另一方当事人的。

(四)向当事船舶的船长送达

海事诉讼中,由于当事人可以任意选择在不同的国家扣押船舶,很容易造成

---

① 参见金正佳主编:《海事诉讼法论》,大连海事大学出版社 2001 年版,第 279 页。

扣船的法律文书难以送达到当事人手中。海事请求人申请扣押当事人船舶，甚至可以不提供被请求人名称。[①] 很多时候，法院不可能了解被扣押船舶所有人的相关信息，而诉讼文书也基本是无法送达的。鉴于船长是船舶所有人的当然代表，许多国家的法律明确规定，船长有权代表船舶所有人处理有关诉讼事宜。船舶扣押的法律文书、海事强制令以及海事证据保全可以向当事船舶的船长送达。实践中，绝大多数船长对海事法院向其送达的有关船舶扣押的法律文书，或是海事强制令等其他诉讼文书基本上是不会提出异议的，即使船长在送达时提出异议，事后船舶所有人、光船租赁人也会应诉答辩。可见，法院、当事人无法获知船舶所有人的具体名称、地址、联系方式时，将相关诉讼文书送达给船长，在一定程度上可以保证案件审理的顺利进行。

英国《有关海事诉讼程序的规则》明确规定，不但扣押令可以向扣押财产送达，而且传票也同样可以向已经扣押的财产送达。这表明英国也允许除了扣押令之外，其他诉讼文书也可以直接送达给船舶或货物，即可以送达给船长。

我国司法实践基本上承认向当事船舶的船长送达的方式。除了船长作为原告的案件，其他应当向被告送达的开庭传票等法律文书，可以向被扣押的被告船舶的船长送达。[②]

我国还规定，海事法院接受请求人海事强制令或证据保全的申请后，应当在48小时内作出裁定，裁定应当立即执行。海事强制令和证据保全裁定执行的紧迫性要求裁定能够向船长送达以立即启动送达程序。

□ 本章思考题

1. 受送达人所在国与我国存在有司法协助协定，且双方都为《海牙送达公约》的成员国，海事法院应依照司法协助协定还是依据公约送达文书？

2. 海事法院可否向未经过授权的分支机构、业务代办人送达海事诉讼文书？

3. 案例思考题：

【案情】甲公司与案外人乙公司（丙公司的代理公司）签订航次租船合同，约定由丙公司将甲公司的货物运至上海港。甲公司向乙公司支付了50万元运费，乙公司却因资金紧张未向丙公司支付运费。故丙公司以未收到运费为由，将价值1500万元的货物留置在船上。留置货物后产生了滞期费、港口费等共计300万元。由于双方当事人多次协商未果，甲公司向法院申请海事强制令。法院执行海

---

① 参见《海事诉讼特别程序法》第25条。

② 参见《最高人民法院关于适用〈海事诉讼特别程序法〉若干问题的解释》第54条。

事强制令时，由于船长不予配合，经过执行法官多次示明留置货物的后果后，仍拒绝表态。执行法官只得向运输货物的船舶留置送达民事裁定书和海事强制令。

【提问】

(1) 诉讼文书的送达方式有哪些？本案中，执行法官采用的留置送达是否合理？

(2) 向当事船舶的船长进行送达，其效力应如何认定？如此送达的优势如何？劣势如何？

4. 案例思考题：

【案情】甲向厦门海事法院提起诉讼，要求美国A公司赔偿无单放货导致的货款损失20万元。依照传统做法，向国外当事人送达起诉材料，法院需要邮寄，由省高院送至最高院，再委托司法部或外交部进行送达，耗时数月。为提高送达效率，厦门海事法院找到"业务代办人"厦门B货代公司，B公司迅速将情况告知A公司。A公司即刻派专人处理。案件快速地得到了解决。

根据《海事诉讼特别程序法》，国外公司的"业务代办人"，是指与国外公司有着长期代理关系的国内业务代办公司，其业务主要是代为揽活、代为收取费用、代为签发提单等事项。

【提问】

(1)"业务代办人"的法律地位如何？

(2) 向"业务代办人"进行送达属于什么送达方式？

❑ 本章所涉及法律、法规

(一) 2012年《民事诉讼法》(节选)

第二十五章　送达、期间

第二百六十七条　人民法院对在中华人民共和国领域内没有住所的当事人送达诉讼文书，可以采用下列方式：

(一) 依照受送达人所在国与中华人民共和国缔结或者共同参加的国际条约中规定的方式送达；

(二) 通过外交途径送达；

(三) 对具有中华人民共和国国籍的受送达人，可以委托中华人民共和国驻受送达人所在国的使领馆代为送达；

(四) 向受送达人委托的有权代其接受送达的诉讼代理人送达；

(五) 向受送达人在中华人民共和国领域内设立的代表机构或者有权接受送达的分支机构、业务代办人送达；

(六) 受送达人所在国的法律允许邮寄送达的，可以邮寄送达，自邮寄之日起满三个月，送达回证没有退回，但根据各种情况足以认定已经送达的，期间届满之日视为送达；

（七）采用传真、电子邮件等能够确认受送达人收悉的方式送达；

（八）不能用上述方式送达的，公告送达，自公告之日起满三个月，即视为送达。

第二百六十八条　被告在中华人民共和国领域内没有住所的，人民法院应当将起诉状副本送达被告，并通知被告在收到起诉状副本后三十日内提出答辩状。被告申请延期的，是否准许，由人民法院决定。

第二百六十九条　在中华人民共和国领域内没有住所的当事人，不服第一审人民法院判决、裁定的，有权在判决书、裁定书送达之日起三十日内提起上诉。被上诉人在收到上诉状副本后，应当在三十日内提出答辩状。当事人不能在法定期间提起上诉或者提出答辩状，申请延期的，是否准许，由人民法院决定。

第二百七十条　人民法院审理涉外民事案件的期间，不受本法第一百四十九条、第一百七十六条规定的限制。

（二）《海事诉讼特别程序法》（节选）

第七章　送达

第八十条　海事诉讼法律文书的送达，适用《中华人民共和国民事诉讼法》的有关规定，还可以采用下列方式：

（一）向受送达人委托的诉讼代理人送达；

（二）向受送达人在中华人民共和国领域内设立的代表机构、分支机构或者业务代办人送达；

（三）通过能够确认收悉的其他适当方式送达。

有关扣押船舶的法律文书也可以向当事船舶的船长送达。

第八十一条　有义务接受法律文书的人拒绝签收，送达人在送达回证上记明情况，经送达人、见证人签名或者盖章，将法律文书留在其住所或者办公处所的，视为送达。

（三）2003年《最高人民法院关于适用〈海事诉讼特别程序法〉若干问题的解释》（法释[2003]3号）（节选）

六、送达

第五十三条　有关海事强制令、海事证据保全的法律文书可以向当事船舶的船长送达。

第五十四条　应当向被告送达的开庭传票等法律文书，可以向被扣押的被告船舶的船长送达，但船长作为原告的除外。

第五十五条　海事诉讼特别程序法第八十条第一款（三）项规定的其他适当方式包括传真、电子邮件（包括受送达人的专门网址）等送达方式。

通过以上方式送达的，应确认受送达人确已收悉。

(四) 1965 年《关于向国外送达民事或商事司法文书和司法外文书公约》(我国 1991 年生效)(节选)

第一条 在所有民事或商事案件中,如有须递送司法文书或司法外文书以便向国外送达的情形,均应适用本公约。

在文书的受送达人地址不明的情况下,本公约不予适用。

第一章 司法文书

第二条 每一缔约国应指定一个中央机关,负责根据第三条至第六条的规定,接收来自其他缔约国的送达请求书,并予以转递。

每一缔约国应依其本国法律组建中央机关。

第三条 依文书发出国法律有权主管的当局或司法助理人员应将符合本公约所附范本的请求书送交文书发往国中央机关,无须认证或其他类似手续。

请求书应附有须予送达的文书或其副本。请求书和文书均须一式两份。

第四条 如中央机关认为该请求书不符合本公约的规定,应及时通知申请者,并说明其对请求书的异议。

第五条 文书发往国中央机关应按照下列方法之一,自行送达该文书,或安排经由一适当机构使之得以送达:

(一) 按照其国内法规定的在国内诉讼中对在其境内的人员送达文书的方法,或

(二) 按照申请者所请求采用的特定方法,除非这一方法与文书发往国法律相抵触。

除本条第一款第(二)项规定外,均可通过将文书交付自愿接受的收件人的方法进行送达。

如依上述第一款送达文书,则中央机关可要求该文书以文书发往国的官方文字或其中之一写成,或译为该种文字。

依本公约所附格式填写的请求书中包括被送达文书概要的部分应连同文书一并送达。

第六条 文书发往国中央机关或该国为此目的可能指定的任何机关应依本公约所附范本格式出具证明书。

证明书应说明文书已经送达,并应包括送达的方法、地点和日期,以及文书被交付人。如文书并未送达,则证明书中应载明妨碍送达的原因。

申请者可要求非中央机关或司法机关出具的证明书由上述一个机关副署。

证明书应直接送交申请者。

第八条 每一缔约国均有权直接通过其外交或领事代表机构向身在国外的人完成司法文书的送达,但不得采用任何强制措施。

任何国家均可声明其对在其境内进行此种送达的异议,除非该文书须送达

给文书发出国国民。

第九条 此外，每一缔约国有权利用领事途径将文书送交另一缔约国为此目的指定的机关，以便送达。

如有特别情况需要，每一缔约国可为同一目的使用外交途径。

第十条 如送达目的地国不表异议，本公约不妨碍：

（一）通过邮寄途径直接向身在国外的人送交司法文书的自由；

（二）文书发出国的司法助理人员、官员或其他主管人员直接通过送达目的地国的司法助理人员、官员或其他主管人员完成司法文书的送达的自由；

（三）任何在司法程序中有利害关系的人直接通过送达目的地国的司法助理人员、官员或其他主管人员完成司法文书的送达的自由。

第十一条 本公约不妨碍两个或更多缔约国达成协议，允许采用上述各条所规定的递送途径以外的途径，特别是通过其各自机关直接联系的途径，以便送达司法文书。

第十二条 发自缔约一国的司法文书的送达不应产生因文书发往国提供服务所引起的税款或费用的支付或补偿。

申请者应支付或补偿下列情况产生的费用：

（一）有司法助理人员或依送达目的地国法律主管人员的参与；

（二）特定送达方法的使用。

第十三条 如果送达请求书符合本公约的规定，则文书发往国只在其认为执行请求将损害其主权或安全时才可拒绝执行。

一国不得仅根据下列理由拒绝执行，即：依其国内法，该国主张对该项诉讼标的专属管辖权，或其国内法不允许进行该项申请所依据的诉讼。

在拒绝执行的情况下，中央机关应迅速通知申请者，并说明拒绝的理由。

第十四条 在为了送达而递送司法文书的过程中可能产生的困难，应通过外交途径解决。

第十五条 如须根据本公约向国外递送传票或类似文书，以便送达，而被告没有出庭，则在确定以下情况之前，不得作出判决：

（一）该文书已依文书发往国的国内法所规定的在国内诉讼中对在其境内的人送达文书的方法予以送达；或

（二）该文书已依本公约规定的其他方法被实际交付被告或其居所。

并且，在上述任何一种情况下，送达或交付均应在能保证被告进行答辩的足够时间内完成。

每一缔约国均可声明，只要满足下述条件，即使未收到送达或交付的证明书，法官仍可不顾本条第一款的规定，作出判决：

（一）已依本公约所规定的一种方法递送该文书；

（二）法官根据具体案件认为自递送文书之日起不少于六个月的适当期间已满；

（三）尽管为获取证明书已通过文书发往国的主管机关尽了一切合理的努力，但仍未收到任何种类的证明书。

虽有上述各款规定，法官仍可在紧急情况下决定采取任何临时性或保护性的措施。

第十六条 如须根据本公约向国外递送传票或类似文书，以便送达，且已对未出庭的被告作出败诉判决，则在满足下述条件的情况下，法官有权使被告免于该判决因上诉期间届满所产生的丧失上诉权的效果：

（一）被告非因自己的过失，未能在足够期间内知悉该文书，以便提出答辩，或未能在足够期间内知悉该判决，以便提起上诉，并

（二）被告对该案的实质问题提出了表面可以成立的答辩理由。

被告只能在其知悉该判决后的合理期间内提出免除丧失上诉权效果的申请。

每一缔约国均可声明对在该声明中所指明的期间届满后提出的申请不予受理，但这一期间在任何情况下均不得少于自判决之日起的一年。

本条不适用于有关人的身份或能力的判决。

第二章 司法外文书

第十七条 缔约一国的机关和司法助理人员发出的司法外文书可依本公约的方法并按照本公约各条规定递送到缔约另一国，以便送达。

第三章 一般条款

第十八条 每一缔约国除指定中央机关外，还可指定其他机关，并应确定这些机关的主管范围。

但在任何情况下，申请者均有权将请求书直接送交中央机关。

联邦制国家有权指定一个以上的中央机关。

第十九条 只要缔约国的国内法允许使用上述各条规定之外的其他方法递送来自国外的文书，以便在其境内送达，本公约不影响此类规定。

第二十条 本公约不妨碍两个或更多的缔约国达成协议，以免除下列规定的适用：

（一）第三条第二款关于须予递送的文书必须一式两份的要求；

（二）第五条第三款和第七条关于文字的要求；

（三）第五条第四款的规定；

（四）第十二条第二款的规定。

（五）1991年《全国人民代表大会常务委员会关于批准加入〈关于向国外送达民事或商事司法文书和司法外文书公约〉的决定》

第七届全国人民代表大会常务委员会第十八次会议决定：批准加入1965年11月15日订于海牙的《关于向国外送达民事或商事司法文书和司法外文书公约》，同时：

一、根据公约第二条和第九条规定，指定中华人民共和国司法部为中央机关和有权接收外国通过领事途径转递的文书的机关。

二、根据公约第八条第二款声明，只在文书须送达给文书发出国国民时，才能采用该条第一款所规定的方式在中华人民共和国境内进行送达。

三、反对采用公约第十条所规定的方式在中华人民共和国境内进行送达。

四、根据公约第十五条第二款声明，在符合该款规定的各项条件的情况下，即使未收到任何送达或交付的证明书，法官仍可不顾该条第一款的规定，作出判决。

五、根据第十六条第三款声明，被告要求免除丧失上诉权效果的申请只能在自判决之日起的一年内提出，否则不予受理。

（六）1986年《最高人民法院、外交部、司法部关于我国法院和外国法院通过外交途径相互委托送达法律文书若干问题的通知》（外发［1986］47号）

全国各有关法院、各驻外使领馆：

目前，在我国与外国没有双边协议的情况下，有关涉外民事、经济等方面诉讼的法律文书，一般按互惠原则通过外交途径送达。过去，由于送达的法律文书不多，没有制定统一的规定。随着我国实行对外开放政策，涉外民事、经济等方面诉讼案件中需要送达的法律文书日益增多，为适应新的形势，针对过去在法律文书送达方面的问题，现根据我国民事诉讼法（试行）的有关规定，对我国法院和外国法院通过外交途径相互委托送达民事、经济等方面诉讼的法律文书的若干问题通知如下：

一、凡已同我国建交国家的法院，通过外交途径委托我国法院向我国公民或法人以及在华的第三国或无国籍当事人送达法律文书，除该国同我国已订有协议的按协议处理外，一般根据互惠原则按下列程序和要求办理：

1. 由该国驻华使馆将法律文书交外交部领事司转递给有关高级人民法院，再由该高级人民法院指定有关中级人民法院送达给当事人。当事人在所附送达回证上签字后，中级人民法院将送达回证退高级人民法院，再通过外交部领事司转退给对方；如未附送达回证，则由有关中级人民法院出具送达证明交有关高级人民法院，再通过外交部领事司转给对方。

2. 委托送达法律文书须用委托书。委托书和所送法律文书须附有中文译本。

3. 法律文书的内容有损我国主权和安全的，予以驳回；如受送达人享有外交特权和豁免，一般不予送达；不属于我国法院职权范围或因地址不明或其他原因不能送达的，由有关高级人民法院提出处理意见或注明妨碍送达的原因，由外交部领事司向对方说明理由，予以退回。

二、外国驻华使、领馆可以直接向其在华的本国国民送达法律文书，但不得损害我国主权和安全，不得采取强制措施。如对方通过外交途径委托我方向其在华的该国国民送达法律文书，亦可按第一条的规定予以送达。

三、对拒绝转递我国法院通过外交途径委托送达法律文书的国家或有特殊限制的国家，我可根据情况采取相应措施。

四、我国法院通过外交途径向国外当事人送达法律文书，应按下列程序和要求办理：

1. 要求送达的法律文书须经省、自治区、直辖市高级人民法院审查，由外交部领事司负责转递。

2. 须准确注明受送达人姓名、性别、年龄、国籍及其在国外的详细外文地址，并将该案的基本情况函告外交部领事司，以便转递。

3. 须附有送达委托书。如对方法院名称不明，可委托当事人所在地区主管法院。委托书和所送法律文书还须附有该国文字或该国同意使用的第三国文字译本。如该国对委托书及法律文书有公证、认证等特殊要求，将由外交部领事司逐案通知。

五、我国法院向在外国领域内的中国籍当事人送达法律文书，如该国允许我使、领馆直接送达，可委托我驻该国使、领馆送达。此类法律文书可不必附有外文译本。

六、我国法院和外国法院通过外交途径相互委托送达法律文书的收费，一般按对等原则办理。外国法院支付我国法院代为送达法律文书的费用，由外交部领事司转交有关高级人民法院；我国法院支付外国法院代为送达法律文书的费用，由有关高级人民法院交外部领事司转递。但应委托一方要求用特殊方式送达法律文书引起的费用，由委托一方负担。

七、中、日（本）双方法院委托对方法院代为送达法律文书，除按上述有关原则办理外，还应依照最高人民法院一九八二年十日十二日《关于中、日两国之间委托送达法律文书使用送达回证问题的通知》办理。

八、我国法院和外国法院通过外交途径相互委托代为调查或取证，参照以上有关规定办理。

（七）1992 年《最高人民法院、外交部、司法部关于执行〈关于向国外送达民事或商事司法文书和司法外文书公约〉有关程序的通知》（外发[1992]8 号）

全国各有关法院、各驻外使领馆：

1991年3月2日，第七届全国人民代表大会常务委员会第十八次会议决定批准我国加入1965年11月15日订于海牙的《关于向国外送达民事或商事司法文书和司法外文书公约》（以下简称《公约》），并指定司法部为中央机关和有权接收外国通过领事途径转递的文书的机关。该公约已自1992年1月1日起对我国生效。现就执行该公约的有关程序通知如下：

一、凡公约成员国驻华使、领馆转送该国法院或其他机关请求我国送达的民事或商事司法文书，应直接送交司法部，由司法部转递给最高人民法院，再由最高人民法院交有关人民法院送达给当事人。送达证明由有关人民法院交最高人民法院退司法部，再由司法部送交该国驻华使、领馆。

二、凡公约成员国有权送交文书的主管当局或司法助理人员直接送交司法部请求我国送达的民事或商事司法文书，由司法部转递给最高人民法院，再由最高人民法院交有关人民法院送达给当事人。送达证明由有关人民法院交最高人民法院退司法部，再由司法部送交该国主管当局或司法助理人员。

三、对公约成员国驻华使、领馆直接向其在华的本国公民送达民事或商事司法文书，如不违反我国法律，可不表示异议。

四、我国法院若请求公约成员国向该国公民或第三国公民或无国籍人送达民事或商事司法文书，有关中级人民法院或专门人民法院应将请求书和所送司法文书送有关高级人民法院转最高人民法院，由最高人民法院送司法部转送给该国指定的中央机关；必要时，也可由最高人民法院送我国驻该国使馆转送给该国指定的中央机关。

五、我国法院欲向在公约成员国的中国公民送达民事或商事司法文书，可委托我国驻该国的使、领馆代为送达。委托书和所送司法文书应由有关中级人民法院或专门人民法院送有关高级人民法院转最高人民法院，由最高人民法院径送或经司法部转送我国驻该国使、领馆送达给当事人。送达证明按原途径退有关法院。

六、非公约成员国通过外交途径委托我国法院送达的司法文书按最高人民法院、外交部、司法部1986年8月14日联名颁发的外发(1986)47号《关于我国法院和外国法院通过外交途径相互委托送达法律文书若干问题的通知》办理。公约成员国在特殊情况下通过外交途径请求我国法院送达的司法文书，也按上述文件办理。

七、我国与公约成员国签订有司法协助协定的，按协定的规定办理。

八、执行公约中需同公约成员国交涉的事项由外交部办理。

九、执行公约的其他事项由司法部商有关部门处理。

❑ 本章扩展阅读

1. 何其生:《域外送达制度研究》,北京大学出版社 2006 年版。

阅读引导:该书为研究涉外民事送达的专著。读者可借其全面了解不同国家的涉外民事送达制度,以及有关国际公约的规定。

2. 郭树理:《〈海牙民商事司法文书与司法外文书域外送达公约〉述评》,载《比较法研究》2002 年第 2 期。

阅读引导: 1965 年《海牙送达公约》是国际立法上关于域外文书送达最具影响力的公约,也是迄今为止在这一领域最为成功的范例。该文以海牙公约为主线,先是介绍了海牙公约的主要内容,进而深层次阐述了该公约先进之处以及不足之处,对于读者全面了解海牙公约有所帮助。

3. 徐丽丽:《我国涉外送达的送达方式及法律适用的协调》,载《当代法学》2003 年第 10 期。

阅读引导:该文对我国域外送达制度进行了专门研讨,并指出可能存在的法律适用冲突与解决办法。

附录一:相关法律文书

文书-送达回证

中华人民共和国××海事法院
送达回证

案由		案号	
送达文书名称和件数			
受送达人			
送达地址			
受送达人签名或盖章	签名:　　年　　月　　日		
代收人及代收理由	签名:　　年　　月　　日		
备考			

填发人　　　　送达人

注:1. 送达民事、行政诉讼文书,按照或参照民事诉讼法第七十八条、第七十九条的规定办理。

2. 代收诉讼文书的,由代收人签名或盖章后,还应注明其与受送达人的关系及代收理由。

附录二:案例分析

【案情简介】

原告:×××服装有限公司

被告一:×××货运代理有限公司

被告二:美国×××航运公司

×××服装有限公司诉×××货运代理有限公司与美国×××航运公司无单放货一案中,被告二美国×××航运公司系国外公司,并且未曾出庭,某海事法院在开庭后作出缺席判决。被告一×××货运代理有限公司与美国航运公司系初次生意,仅向法院提供了美国公司的电子邮箱联系方式,并不知晓其详细具体地址。该海事法院在作出判决后,在明知国外公司电子邮箱的情况下,不仅没有通过电子邮箱向国外公司送达诉讼文书,也未曾尝试其他方式送达,就径直在人民法院公报上对判决书进行公告送达。

【问题思考】

(1) 法院采取公告送达是否恰当?为什么?

(2) 法院能否采用电子邮件送达?

【案例简析】

公告送达是一种推定送达,是一种不得已而采用的送达方式。在直接送达、留置送达、邮寄送达、委托送达、转交送达、电子方式送达等其他送达方式均不能有效送达的情况下,法院所采取的将诉讼文书的主要内容予以公告的方式。公告期满后推定为已经送达,产生送达效果。

《海事诉讼特别程序法》及其司法解释早已承认法院可以通过传真、电子邮件向当事人送达的方式。随着《民事诉讼法》修正案的出台,我国在民事领域已经全面确认了通过传真、电子邮件等能够确认当事人知悉的送达方式,并且规定法院只有在采用包括传真、电子邮件等其他方式均不能送达的情况下,才能采用公告送达。本案中,该海事法院明知被告美国公司的邮箱地址,却并未尝试通过此途径送达,而径直采用公告送达方式的行为是不合法的,对于国外公司诉讼权利的保障也是不利的。另外,如果牵涉到国内判决需要在国外申请强制执行的话,这种不合法的送达方式也会是外国法院拒绝协助执行我国法院判决的理由。

第八章　海事审判程序

导读　海事审判程序是海事诉讼中最核心的部分。尽管许多基本原则与民事审判程序基本一致,但是海事案件的特殊性决定了海事审判不能完全照搬民事审判的所有制度和程序。例如,海事审判程序中专门设立船舶碰撞案件审理程序、共同海损案件审理程序以及海上保险人行使代位请求权程序,以应对具有特殊性的海事案件的审理需求。此外,海事审判中的简易程序、督促程序以及公示催告程序也有其不同于一般民事审判程序的特点。掌握这些海事审判程序与一般民事审判程序的不同点,并理解其背后的原因,是本章学习的重点。

关键词　简易程序　督促程序　公示催告程序　船舶碰撞案件审理程序　共同海损案件审理程序　海上保险人行使代位请求权程序

第一节　海事审判程序概述

一、海事审判程序的体系结构

海事审判程序,是海事法院及其上级法院在审理海事案件时所适用的程序。从基本原则看,海事审判程序与一般民事审判程序基本相同。许多一般民事审判中的基本制度,如庭审程序、调解制度、回避制度等,都同样适用于海事审判。然而,由于海事案件本身的特殊性以及海事法院相当于中级人民法院的层级特性,海事审判也有一些自身的独特性。对此,《海事诉讼特别程序法》第八章审判程序专门对海事审判中不同于一般民事审判的特殊程序进行了规定。对于《海事诉讼特别程序法》没有规定的部分,则适用《民事诉讼法》的规定。

结合《海事诉讼特别程序法》和《民事诉讼法》中关于审判程序的规定,可以将海事审判程序分为三大类:

第一类是与一般民事审判程序相同的程序,包括第一审程序、第二审程序以及审判监督程序。《海事诉讼特别程序法》对这一类程序没有进行规定,在海事审判实践中,这一类程序完全适用《民事诉讼法》的相关规定。

第二类是海事审判中特有的程序,包括船舶碰撞案件审理程序、共同海损案件审理程序以及海上保险人行使代位请求权程序。这一类程序是专门针对特殊海事案件设立的审判程序,由《海事诉讼特别程序法》专门规定,《民事诉讼法》

中没有对这一类程序的规定。

第三类是与一般民事审判程序规定有所不同的程序，包括简易程序、督促程序以及公示催告程序。这一类程序在《民事诉讼法》中均有所规定，并非海事审判中特有的程序，但是《海事诉讼特别程序法》对其作了一些特别规定。因此，海事审判中的这一类程序优先适用《海事诉讼特别程序法》，《海事诉讼特别程序法》没有规定的则适用《民事诉讼法》。

对于第一类审判程序，由于其在海事案件审判中并无特殊性，因此本书在此不再赘述。第二类审判程序是海事审判程序中特有的最为重要的部分，将在本章余下部分分节进行讨论。本节将针对第三类审判程序逐一进行介绍。

二、简易程序

（一）适用简易程序的法院

在一般民事审判程序中，简易程序是第一审程序的简化，是基层人民法院和它的派出法庭审理简单的民事案件所适用的程序。只有基层人民法院和它的派出法庭才能适用简易程序，中级人民法院、高级人民法院以及最高人民法院均不能适用简易程序。[①] 因为简易程序的适用条件是基层人民法院及其派出法庭审理的第一审案件；中级人民法院、高级人民法院以及最高人民法院受理的不是第一审案件或者受理的是有重大影响的第一审案件，所以均不适合适用简易程序。

海事法院虽然是第一审海事案件的管辖法院，但是在层级上相当于中级人民法院，如果按照《民事诉讼法》的规定，则所有的海事案件将均不能适用简易程序。然而，在实践中海事法院受理的海事案件中有相当一部分是简单案件。如果这些案件在审判过程中必须依照第一审程序进行，不能适用简易程序，不仅会造成司法审判资源的浪费，而且会给当事人纠纷的解决增加诉累。因此，《海事诉讼特别程序法》第98条赋予了海事法院适用简易程序的可能性。[②] 该条明确规定海事法院审理的简单海事案件可以适用《民事诉讼法》简易程序的规定，为海事审判简易程序的适用扫清了障碍。

（二）适用简易程序的案件范围

《海事诉讼特别程序法》和《民事诉讼法》都将简单案件限定为事实清楚、权利义务关系明确、争议不大的案件。根据《最高人民法院关于适用〈民事诉讼法〉若干问题的意见》第168条的规定，“事实清楚”，是指当事人双方对争议的事实陈述基本一致，并能提供可靠的证据，无须人民法院调查收集证据即可判明

---

① 参见《民事诉讼法》第157条。

② 《海事诉讼特别程序法》第98条规定：“海事法院审理事实清楚、权利义务关系明确、争议不大的简单的海事案件，可以适用《中华人民共和国民事诉讼法》简易程序的规定。”

事实、分清是非;"权利义务关系明确",是指谁是责任的承担者,谁是权利的享有者,关系明确;"争议不大",是指当事人对案件的事实、责任以及诉讼标的争执无原则性分歧。以上三个条件,相辅相成,缺一不可,必须同时具备才能适用简易程序。

此外,《民事诉讼法》第 157 条第 2 款还规定了例外适用简易程序的情况,即若当事人双方约定适用简易程序,即使案件不符合上述三个条件,也可以适用简易程序。然而,《海事诉讼特别程序法》并没有采纳《民事诉讼法》的该款例外规定。《海事诉讼特别程序法》第 98 条明确规定只有符合上述三个条件的简单海事案件才可以适用简易程序。因此,在海事审判程序中,当事人没有被赋予合意选择适用简易程序的权利。

(三)小额诉讼程序的适用

2012 年《民事诉讼法》在第八章简易程序中加入了一条关于小额诉讼程序的规定。对于基层人民法院和它派出的法庭审理事实清楚、权利义务关系明确、争议不大、简单的民事案件,标的额为各省、自治区、直辖市上年度就业人员年平均工资 30% 以下的,实行一审终审。

由于《海事诉讼特别程序法》第 98 条规定海事法院可以适用简易程序,因此对于符合条件的简单海事案件,海事法院也可以适用小额诉讼程序进行审理。这一点在《最高人民法院关于海事法院可否适用小额诉讼程序问题的批复》中得到了明确肯定。

此外,由于海事法院并非按照行政区划进行设立,其管辖区域往往涉及多个省、自治区、直辖市,因此其下设的派出法庭往往分布于多个省、自治区、直辖市。这就使得在确定小额诉讼标的限额时,存在两个标准,即海事法院所在地标准及派出法庭所在地标准。这一点在《最高人民法院关于海事法院可否适用小额诉讼程序问题的批复》中予以了明确。海事小额诉讼的标的额以实际受理案件的海事法院或其派出法庭所在的省、自治区、直辖市上年度就业人员年平均工资 30% 为限。这样的规定,更加符合小额诉讼标的限额设定的初衷。

三、督促程序

督促程序,是指人民法院根据债权人的申请,以支付令的方式,催促债务人在法定期间内向债权人履行给付金钱和有价证券的义务。如果债务人在法定期间内未履行义务又不提出书面异议,债权人可以根据支付令向人民法院申请强制执行的程序。督促程序一方面使债权人能简捷、迅速地收回自己的债权,减少诉累;另一方面又使人民法院能够省时省力地处理债务纠纷,提高诉讼效率。[①]

---

① 参见常怡主编:《民事诉讼法学》,中国政法大学出版社 2008 年版,第 355 页。

海事审判中,也同样需要督促程序发挥其优势。

根据《民事诉讼法》的规定,督促程序只能由基层人民法院适用。《海事诉讼特别程序法》第 99 条的规定,使得海事法院同样能够适用督促程序。[①]

(一) 督促程序的适用条件

海事审判中督促程序的适用条件与一般民事审判中的督促程序基本相同:

第一,债权人申请给付的范围仅限于金钱或者有价证券;

第二,债务人履行给付金钱或者有价证券义务的期限已经届满且数额确定;

第三,债权人与债务人没有其他的债权债务纠纷,债务关系单向,不存在可以彼此抵消的债权债务关系;

第四,支付令能够送达债务人。

除以上四个条件之外,海事督促程序还有一个额外的适用条件,即债权人给付金钱或者有价证券的申请必须基于海事事由,否则海事法院将对案件没有管辖权。

由于海事案件具有比一般民事案件更强的涉外性,因此,在对支付令能够送达债务人这一适用条件进行解释时,《海事诉讼特别程序法》采取了比《民事诉讼法》更加宽松的解释方法。在《民事诉讼法》下,支付令能够送达债务人要求债务人必须在我国境内。[②] 根据《海事诉讼特别程序法》第 99 条第 2 款的规定,债务人是外国人、无国籍人、外国企业或者组织的,但在中华人民共和国领域内有住所、代表机构或者分支机构并能够送达支付令的,债权人可以向有管辖权的海事法院申请支付令。

(二) 督促程序的管辖

对于海事督促程序案件的地域管辖,《海事诉讼特别程序法》没有特别规定,应当与一般民事督促程序案件一样适用《民事诉讼法》第 21 条关于地域管辖的一般规定,即由被告住所地的海事法院管辖。在债务人是外国人、无国籍人、外国企业或者组织的情况下,由其在中国领域内的住所、代表机构或者分支机构所在地的海事法院管辖。

四、公示催告程序

一般民事审判中的公示催告程序,是指人民法院根据申请人的申请,以公示方式告知并催促不明身份的利害关系人在法定期间内申报权利,逾期无人申报权利的,则根据申请人的申请依法作出除权判决,宣告票据无效的程序。在航运

---

① 《海事诉讼特别程序法》第 99 条规定:"债权人基于海事事由请求债务人给付金钱或者有价证券,符合《中华人民共和国民事诉讼法》有关规定的,可以向有管辖权的海事法院申请支付令。"

② 参见李国光主编:《民事诉讼法及配套规定新释新解》,人民法院出版社 2006 年版,第 1765 页。

实务中，提单等提货凭证持有人在提货凭证遗失、被盗或者灭失的情况下，通常无权向承运人、货物保管人等主张提取货物，而承运人、货物保管人等也因为无法确定货物所有权人而无法交付货物。承运人或者货物保管人如果将货物交付给未出示正本提货凭证的提货人，可能被法院判令承担无单放货的法律责任。

为解决提货凭证遗失、被盗或者灭失后出现的实际问题，《海事诉讼特别程序法》将民事审判程序中的公示催告程序引入海事审判程序，将提货凭证纳入公示催告程序的适用范围。公示催告程序的管辖法院是货物所在地的海事法院，如果提单等提货凭证失控或者灭失，其合法持有人可以向货物所在地的海事法院申请公示催告。①

（一）公示催告程序的适用对象

海事公示催告的适用对象为失控或灭失的提货凭证。所谓"失控"，是指提货凭证的相对丧失，《最高人民法院关于适用〈海事诉讼特别程序法〉若干问题的解释》第 70 条进一步将"失控"明确为被盗或者遗失，与《民事诉讼法》第 218 条的规定保持一致。所谓"灭失"，是指提货凭证的绝对丧失，即提货凭证因焚毁、撕毁、严重涂抹等原因毁灭或者丧失其功能。

"提货凭证"的范围，除了提单，一般还包括运单、提货单、仓单等。

运单（Waybill），又称为货运单，是指货物在航空、铁路、公路、水路运输中使用的运输单证，是收货人在目的地提取货物的单证，不具有物权凭证的功能。在国内水路货物运输中，运输合同的当事人通常使用水路货物运单和水水联运货物运单。

提货单（Delivery Order），又称小提单、交货单或交割单，是指船公司或其代理交给收货人凭以向船上或者仓库提领货物的单证，通常是收货人以正本提单换取得到，用以办理海关纳税手续后提取货物的凭证。

仓单（Warehouse Receipt），是指船公司或者收货人将运输的货物储存于某一仓库后，由仓库管理人签发的用于提取被保管货物的凭证。仓单的性质与提货单相似，仅为提货凭证，不具有物权凭证的功能。

《海事诉讼特别程序法》在立法过程中曾经将上述四类提货凭证作为可以申请公示催告的提货凭证明确予以列举，但最终没有保留列举性规定，而是作出了非列明的弹性规定。② 随着航运实务的发展，提货凭证将可能不限于上述四类。

（二）海事公示催告程序与民事公示催告程序的比较

由于海事审判中的公示催告程序适用于提货凭证，而一般民事审判中的公

---

① 参见《海事诉讼特别程序法》第 100 条。

② 参见金正佳主编：《海事诉讼法论》，大连海事大学出版社 2001 年版，第 399—400 页。

示催告程序适用于票据，如果海事公示催告程序完全依照《民事诉讼法》第十八章公示催告程序的规定进行，审判实践中会遇到一些困难。因此，《最高人民法院关于适用〈海事诉讼特别程序法〉若干问题的解释》第 70 条至第 78 条对海事公示催告程序作了详细具体的规定。

《最高人民法院关于适用〈海事诉讼特别程序法〉若干问题的解释》中的规定与《民事诉讼法》第十八章的规定在程序的总体设计上基本保持一致。由于提货凭证与票据的不同特性，《最高人民法院关于适用〈海事诉讼特别程序法〉若干问题的解释》针对提货凭证的特点，作了一些与《民事诉讼法》不同的规定。

1．申请书的内容

根据《民事诉讼法》，申请人向人民法院申请公示催告时，应在申请书中写明票面金额、出票人、持票人、背书人等票据主要内容和申请的事实及理由。海事公示催告的适用对象是提货凭证，申请书的内容必须要能够反映提货凭证中的重要信息，应当在其中载明：提单等提货凭证的种类、编号、货物品名、数量、承运人、托运人、收货人、承运船舶名称、航次以及背书情况和申请的事实及理由等。

此外，在实践中，提单持有人除了持有正本提单之外，通常还可能持有副本提单。副本提单与正本提单记载的内容相同，只是没有承运人的签字盖章，不可转让流通。由于副本提单能够完整地反映正本提单的正面内容，对于确定提单的真实性很有帮助，因此，《最高人民法院关于适用〈海事诉讼特别程序法〉若干问题的解释》第 71 条特别规定，申请人向海事法院申请公示催告时，有副本的应当附有单证的副本。

2．公示催告的期间

《民事诉讼法》中公示催告期间为 60 日以上，具体时间由人民法院根据情况决定。由于提货凭证项下的义务是对货物的交付，而非对金钱的支付，因此，海事法院在受理公示催告的申请后，应当通知承运人、承运人的代理人或者货物保管人停止交付货物。另外，提货凭证项下的货物受时间、空间的限制较大，并不像票据项下的金钱那样不受时间、空间等因素的影响，提货凭证的公示催告期间并不适宜太长。正是考虑到这一点，《最高人民法院关于适用〈海事诉讼特别程序法〉若干问题的解释》第 72 条将海事公示催告的最短期间规定为 30 天。虽然这一期间大大短于《民事诉讼法》规定的 60 天，但是并不会因此就造成利害关系人申报权利的困难。这是因为，提货凭证的流转周期并不像票据那么长，提货凭证一般只会在货物到达目的地之前的期间内进行流转。货物到达目的地后，提货凭证权利人通常会尽快提取货物，利害关系人更容易在较短的时间内获知公示催告。

3. 公示催告期间货物的存储保管

一般民事公示催告的适用对象是票据,公示催告期间并不需要对票据项下的金钱进行存储保管。然而,海事公示催告的适用对象是提货凭证,公示催告期间,提货凭证项下的货物不能交付,将会带来存储保管货物的问题。

第一,货物在公示催告期间,会产生存储保管的费用及风险,这些费用及风险显然不应由海事法院承担,由承运人承担也是不合理的。公示催告的申请人,作为提货凭证失控或灭失的责任人以及公示催告程序的最终受益人,由其承担存储保管费用及风险最为合理。《最高人民法院关于适用〈海事诉讼特别程序法〉若干问题的解释》第 74 条即明确规定,有关货物的存储保管费用及风险由申请人承担。

第二,有些货物由于其本身属性并不适宜长期保管,等待公示催告期间结束,货物可能已经腐烂变质或者失去其原有价值。因此,对于这样的特殊货物,需要在公示催告期间结束之前,给予其一定的特别措施。根据《最高人民法院关于适用〈海事诉讼特别程序法〉若干问题的解释》第 75 条的规定,对于国家重点建设项目待安装、施工、生产的货物,救灾物资,或者货物本身属性不宜长期保管以及季节性货物,申请人在提供充分可靠担保的情况下,可以在公示催告期间申请提取货物。至于担保的形式及数额,则由海事法院根据具体情况确定,原则上应当与货物的价值相当。

第二节　船舶碰撞案件审理程序

船舶碰撞纠纷案件是典型的海事案件,涉及财产损害赔偿、人身伤亡损害赔偿等问题,在海上交通事故中占有较大的比例。由于船舶碰撞纠纷案件在实际审判中存在证据缺乏、损失认定标准不一等问题,《海事诉讼特别程序法》第八章在《海商法》及其司法解释的基础上,对船舶碰撞诉讼程序性问题如举证期间、海事事故调查表等作了专门调整,补充并发展了《民事诉讼法》的相关规定。

一、船舶碰撞诉讼程序的特点

船舶碰撞案件不同于其他的民事诉讼案件,具有如下特点:

(一) 案件情况复杂,带有较强的技术性

船舶碰撞诉讼程序主要针对船舶碰撞案件的具体特点,该类船舶碰撞案件的引起因素复杂。实践中,船舶碰撞事故的发生不但可能受到各种客观因素的影响,诸如船舶机器存在缺陷、水文气象条件差等,而且还可能受到多种人为因素的影响,诸如船员技能较低、船员未尽职等。同时,船舶碰撞案件中,碰撞双方可能互有过错与责任。因此,船舶碰撞案件的复杂性给法院审理带来不小的难度。在判断事故原因和认定当事人责任上，如果没有专业的技术支持，很难得出正确的结论。

（二）证据比较缺乏，证明材料容易遗失或被涂改

由于船舶航行于大海上，当发生海上碰撞事故后，船舶留下的航行痕迹可能很快便消失。发生碰撞的船舶由于受损严重而在大海中沉没，则有关的航海日志、海图等书证也极有可能会随船灭失。因此，船舶碰撞案件的证据与其他案件的证据相比，更具有易失性，这在很大程度上造成船舶碰撞案件的证据材料较为缺乏。

此外，由于船舶碰撞事故的突发性，事故现场很难有与案件无利害关系的目击者，这就使得有关方很难收集到除船员外的证人证言或其他类型的直接证据。即使是船员的证言，一方面，由于时间的缘故，证人的记忆未必准确，且经过较长时间的非诉调解或协商，船员已经对陈述进行了自觉或不自觉的修正，偏离了原有事实；另一方面，实践中船员为减轻责任而篡改证据材料的情况也时有发生。因此，船舶碰撞案件证据的单一性也在一定程度上导致了船舶碰撞案件证据材料的缺乏。

（三）需要事实推理，审理过程逻辑性强

船舶碰撞具有发生时间的先后性，大体包括碰撞前的船舶对遇状态、碰撞时的船舶相撞情况和碰撞后的船舶运动状况，各过程之间具有内在的逻辑因果顺序。每个过程的不同环节构成事故经过的原因链。

由于船舶碰撞案件证据材料大多为当事人的陈述或船员证人证言，能够直接证明事故经过的物证或视听材料等证据并不多，因此，在审理船舶碰撞案件时，法院常常需要运用事实推理方法，分析碰撞过程中的各个原因链。如果原因链一环扣一环，则可以认定船舶发生了碰撞事故，并可根据碰撞的情况认定各方当事人的碰撞责任比例。反之，如果原因链中断，则不能认定船舶发生碰撞事故。

船舶碰撞案件的上述特点，使得《民事诉讼法》规定的第一审普通程序审理船舶碰撞案件表现出了较大的不适应性。因此，制定专门规范船舶碰撞案件的诉讼程序，保证案件审理的公正和高效，显得尤为重要。为此，我国《海事诉讼特别程序法》第八章第一节专门就船舶碰撞诉讼程序作出了规定。

二、船舶碰撞案件的适用范围

（一）船舶碰撞的构成要件

根据《海商法》，船舶碰撞是指船舶在海上或者与海相通的可航水域发生接

触造成损害的事故。[1] 此处的船舶,是指海船和其他海上移动式装置,但不包括用于军事、政府公务的船舶和20总吨以下的小型船艇。[2] 此外,船舶因操纵不当或者不遵守航行规章,虽然实际上没有同其他船舶发生碰撞,但是使其他船舶以及船上的人员、货物或者其他财产遭受损失的,也属于船舶碰撞。[3]

由此可以看出,我国船舶碰撞构成要件应包括:

1. 碰撞双方均为《海商法》上的船舶。此条件排除了船舶和非船舶、非船舶之间的碰撞,排除了军事船舶、政府公务船舶和其他船舶的碰撞,同时排除了20吨以下小型船艇间的碰撞以及内河船舶间的碰撞。

2. 船舶碰撞以实际致损为原则,以非实际接触为补充。

3. 碰撞必须发生在海上或与海相通的可航水域。

4. 间接碰撞须当事船有过失。

5. 船舶碰撞应造成损害结果。

(二) 船舶碰撞诉讼程序的适用

1. 适用船舶碰撞诉讼程序

我国《海事诉讼特别程序法》并未对船舶碰撞诉讼程序的适用范围作出规定,但是考虑到船舶碰撞诉讼程序的适用应当依据现行实体法的有关规定。因此,我国海事诉讼中船舶碰撞诉讼程序主要适用于以下两种情况:

(1) 直接碰撞案件。

(2) 间接碰撞案件,即《海商法》第170条规定的船舶因操纵不当或者不遵守航行规章,虽然实际上没有同其他船舶发生碰撞,但使其他船舶及船上的人员货物或其他财产遭受损失的情形。这种情况下,碰撞双方要填写《海事事故调查表》,没有实际接触的一方(如违反交通规则而引起其他船舶发生碰撞的一方)也要填写。对于浪损情况下发生的碰撞,碰撞各方即使没有实际接触,同样也要填写《海事事故调查表》。

2. 不适用船舶碰撞诉讼程序

以下几种情况不适用于我国船舶碰撞诉讼程序,而应适用普通程序审理:

(1) 船舶触碰案件,包括船舶触碰码头、灯塔、灯船、防波堤、非可航的钻井平台或其他固定建筑物案件。此类事故是船舶单方面行为引起的,一般情况下由船方承担全部责任,无须运用《海事事故调查表》及相应的程序性规定。

(2) 在与海不相通的水域上发生的船舶碰撞案件。主要是指设备比较简单的内河船、湖泊船在内河或在湖泊上所发生的碰撞案件。此类案件不属于海事

---

① 参见《海商法》第165条。

② 参见《海商法》第3条。

③ 参见《海商法》第170条。

法院的管辖范围，因而只能向地方人民法院起诉，地方人民法院可不适用船舶碰撞诉讼程序审理此类案件。

（3）碰撞一方或双方为政府公务船舶或军事船舶的碰撞案件。根据我国《海商法》的规定，军事船舶或政府公务船舶不属于海商法意义上的船舶范畴，因此，即使发生碰撞事故，也不适用《海商法》关于船舶碰撞的规定，同样也不适用《海事诉讼特别程序法》关于审理船舶碰撞案件的程序规定。

三、审理船舶碰撞案件的特殊程序

鉴于船舶碰撞案件的特殊性，《民事诉讼法》有关审判程序的一般规定已难以满足审理此类案件的需要。因此，《海事诉讼特别程序法》充分借鉴了英美法系的法律实践，在第八章第一节专门规定了审理船舶碰撞案件的特殊程序，以保证案件的公正和高效审理。

（一）海事事故调查表的运用

原告在起诉时、被告在答辩时，应当如实填写《海事事故调查表》。[①] 这一规定是借鉴了英美法系国家海事诉讼程序法关于初步文书的规定，有别于我国《民事诉讼法》关于起诉与答辩的相关规定。

1.《海事事故调查表》的重要作用

海事碰撞案件具有区别于其他诉讼案件的特殊之处，特别是在证据方面。海事碰撞事故发生后，相关证据材料极易灭失且很难收集。诸如航海日志、海图、无线电通讯记录等材料只能在一定程度上反映事故发生的部分细节，更多情况下都是依赖船员的事后回忆和陈述。然而，碰撞船舶的船员通常会趋利避害，只选择陈述对其有利的碰撞情况，对其不利的情况则只字不提。更有甚者，为了减轻责任，歪曲事实，作出虚假陈述，影响诉讼公正。

针对这一特点，英国与加拿大等国在其海事诉讼程序中设计了初步文书这一制度，要求诉讼当事人在提交诉讼文书之前各自填写初步文书，并相互保密，从而将双方的原始陈述固定下来，避免后期的篡改与失实。只有事先要求双方当事人将事实说明，告知双方该陈述将来无法更改，这样双方才不会扭曲事实，胡乱造假。因为都不知道将来会出现什么证据而产生矛盾或令自己不可信赖。[②]

我国《海事诉讼特别程序法》规定的《海事事故调查表》同英国、加拿大等国的初步文书类型一样，也是基于防止假证的目的。通过分析当事人在调查表中如实陈述的碰撞前船舶会遇情况、紧迫局面的形成情况、当事船舶采取的避让措

① 参见《海事诉讼特别程序法》第82条。
② 参见杨良宜：《海事法》，大连海事大学出版社1999年版，第575页。

施以及碰撞当时的情况等重要资料，既可以分清各当事船舶的碰撞责任，又可以在没有其他有力证据材料时，依据调查表中记载的内容判定碰撞各方的责任比例，公正、准确地审理船舶碰撞案件。

2.《海事事故调查表》的填写内容

根据我国《海事诉讼特别程序法》第82条的规定，《海事事故调查表》的填写主体为船舶碰撞案件中的原、被告双方当事人，填写时间分别为原告在起诉时、被告在答辩时。《海事诉讼特别程序法》没有对《海事事故调查表》的具体内容作出规定，留待最高人民法院以司法解释的形式加以规定。《海事事故调查表》的内容应当以格式化的方式进行统一。这样既有利于各船公司和承运人在事故发生后迅速以格式化的文书保留证据，也有利于法院在审理过程中获取较为准确和详尽的证据材料，从而达到公正审理，及时定分止争的效果。

借鉴英国初步文件的内容，我国《海事事故调查表》的内容大体上包括以下几个部分：

第一部分为基本信息，主要有：填表方的船名、注册港；船的技术数据（如船体长与宽、吨位、马力、碰撞时吃水与船上所装的货物等）；碰撞日期与时间；碰撞地点；天气状况；水流状况；碰撞前船舶状况（最初看见来船时，或来船出现而采取任何行动前，其中较早的所在位置/地点、航向与船速，以及来船的距离和方位等）；以及碰撞部分、碰撞角度等这样一系列对于确定船舶碰撞情况所不可缺少的基本信息。

第二部分由以下内容组成：（1）填表方需要补充的其他任何事实和事项；（2）填表方关于事故过失和其他过错之全部主张；（3）填表方主张的救济。[①] 为了查清事实，调查表中也可以要求当事人填写调查表第一部分内容没有涉及的、当事人认为对案件的审理结果有一定影响的事实及证据材料。作出这样的弹性规定，既能够满足第一部分填写内容完整性的要求，也可以为当事人陈述其所知道的事实预留空间，对调查表的内容构成有益的补充，使调查表的内容主次分明，轻重并行，更好地发挥调查表的功能。

3.《海事事故调查表》的法律效力

我国《海事诉讼特别程序法》并未明确《海事事故调查表》的法律地位，但结合该法第85条规定之“当事人不能推翻其在《海事事故调查表》中的陈述和已经完成的举证”分析，立法似乎将《海事事故调查表》的法律地位等同于一种证据形式。

首先，《海事事故调查表》中包含了许多不同性质的证据。如当事船舶所有

① 参见杨树明主编：《民事诉讼法·海事诉讼特别程序篇》，厦门大学出版社2008年版，第218—219页。

权证书和国籍证书,属于书证;发生海域的气象水文情况属于视听资料。

其次,根据《海事诉讼特别程序法》第 85 条的规定,当事人不能推翻其在《海事事故调查表》中的陈述和已经完成的举证。对照我国《民事诉讼法》规定的 7 种证据形式,《海事事故调查表》应属于“当事人的陈述”这一证据形式。只要一方当事人不认可对方当事人填写的《海事事故调查表》,法院就很难以《海事事故调查表》为根据定案,无法解决海事司法实践中存在的因缺乏证据而难以定案的问题。

英国、加拿大的船舶碰撞诉讼程序明确规定,初步文书构成起诉状或答辩状的一部分,属于当事人自认,无须质证即被作为定案的证据,其法律效力高于起诉状或答辩状。初步文书具有固定整个碰撞发生当时事实情况的作用,所有证据材料的准备都围绕初步文书中记载的有关事项进行。如果初步文书记载的当事人对碰撞案件事实的陈述与起诉或者答辩状不同时,法院通常以初步文书为准。

我国可以参照英美法系的做法,明确《海事事故调查表》的法律地位和法律效力,定性为当事人承认。通过在《海事事故调查表》中如实陈述船舶碰撞的情况,依据调查表的内容判定各方的责任,确立其在碰撞案件的事实方面比起诉状或答辩状具有更高的法律地位。只有这样才能充分发挥调查表在船舶碰撞案件中的特殊积极作用,为我国法院正确及时地审理船舶碰撞案件提供可靠、充分的事实证据材料。

4.《海事事故调查表》的保密措施

英国和加拿大均在各自的立法中规定了法院收到当事人提交的初步文书后需要采取的保密措施。即法院收到初步文书时应将其密封并在密封的文件袋上加盖法院印章,注明提交初步文书的时间。这样做的目的是防止先提交的初步文书被对方当事人利用,保证初步文书真正起到防范作假的作用。

我国《海事诉讼特别程序法》中虽未对提交《海事事故调查表》应当采取的保密措施作出规定,然而,从立法精神考虑,为了避免可能造成一方当事人先提交的《海事事故调查表》中载明的当事人对碰撞当时情形的陈述为对方当事人所利用,在审判实践中应当借鉴英美法系国家的做法,对当事人提交的《海事事故调查表》采取保密措施。①

5. 司法实践中的问题

《海事诉讼特别程序法》第 82 条规定,当事人在起诉或者答辩时应当如实填写《海事事故调查表》,但却未对当事人不履行上述义务需要承担的法律后果作出规定,使得《海事事故调查表》在司法实践中的运用面临严峻的挑战。

---

① 参见金正佳主编:《海事诉讼法论》,大连海事大学出版社 2001 年版,第 344 页。

英国和加拿大等国家的立法均对当事人未如实填写或者提交初步文书需要承担的法律后果进行了详尽的规定。例如,《加拿大海事诉讼规则》规定,原告未能提交初步文书,经被告申请,法院可以驳回原告的起诉;被告如未能提交初步文书,法院可以对被告的答辩不予考虑。①

我国应当参照上述国家的立法经验和做法,明确当事人不履行如实填写《海事事故调查表》义务的法律后果,即原告若不填写调查表,经被告申请,法院可以驳回原告的起诉;被告若不填写调查表,法院可以对被告的答辩不予考虑。同时,我国还应明确,一方做假证时,如果调查表中的陈述对其不利,法院可以据此作出判决;如果调查表中的陈述对其有利,法院应当以另一方或其他各方当事人陈述的事实判定碰撞责任。如果发现各方当事人均有做假行为,法院应当根据实际情况对各方当事人作出相应的判决。

(二) 起诉状、答辩状的送达

海事法院向当事人送达起诉状或者答辩状时,不附送有关证据材料。② 之所以规定"送状不附证"原则,主要是为避免司法实践中时常出现的一方当事人为逃避责任,根据对方提交的证据材料修改己方证据材料的情况,保证法院迅速准确地查明案件事实,作出公正审理。以往的司法实践中,法院向当事人送达起诉状或答辩状副本时,附送证据材料的并不多见。《海事诉讼特别程序法》在《民事诉讼法》规定的基础上进一步明确了"送状不附证"原则,更加完善了审理船舶碰撞案件的诉讼程序,有助于防止当事人篡改、伪造证据。

《海事诉讼特别程序法》没有涉及起诉状或答辩状的内容要求,但由于《海事事故调查表》已经较为详尽地涉及相关的案件情况,为避免证据材料的事先泄露,起诉状和答辩状不需要包括《海事事故调查表》中已包含的内容,只需要满足我国《民事诉讼法》对此类文书的基本要求即可。

(三) 举证规则

我国《民事诉讼法》没有就举证时限作出规定,而《海事诉讼特别程序法》率先以法律的形式对船舶碰撞案件审理的举证时限作出规定,并根据船舶碰撞案件的特点,规定"举证完成后才可阅卷"。

1. 举证时限

当事人应在开庭审理前一段合理的时间内完成举证,具体至何日,由受诉海事法院根据实际情况决定。原、被告起诉或答辩,向法院提交证据材料后,还能继续收集证据并向法院提供,直至法院确定的举证期间届满为止。为公平及防止假证,举证期限内当事人提交的证据材料应当密封保存。

---

① 参见金正佳主编:《海事诉讼法论》,大连海事大学出版社 2001 年版,第 343 页。

② 参见《海事诉讼特别程序法》第 83 条。

2. 举证说明书

当事人完成举证后应当向法院出具完成举证说明书，并且产生如下法律后果：

(1) 当事人已经完成举证。一般情况下，当事人不能再向法院提交任何证据材料。

(2) 当事人可以申请查阅对方的证据材料。在未出具完成举证说明书之前，当事人不能查阅对方的证据材料。

(3) 禁止翻供。如无特殊事由，当事人不能推翻其在《海事事故调查表》中的陈述和已经完成的举证。

3. 禁止翻供及例外原则

禁止翻供，是指诉讼当事人不能以任何借口否定已经向法院作出的供述。在船舶碰撞案件的审理中，当事人出具完成举证说明书后，不能继续收集新的证据材料推翻其在《海事事故调查表》中所作的陈述和已经完成的举证。

禁止翻供的例外，是指当事人向法院提供有充分理由说明不能在举证期间内提交的新证据，推翻已经在诉讼文书及证据材料中作出的对其不利的主张或自认。船舶碰撞诉讼程序中的"新证据"则是指当事人在填写完《海事事故调查表》，出具完举证说明书之前尚未掌握的证据，不包括当事人在这之前有能力取得却怠慢不取，或者已经获得却未提交的证据。

（四）船舶检验和估价

碰撞事故发生后，诉讼当事人通常需要对受损船舶进行检验、估价和修理。为防止出现受损船舶的估价和修理费用与实际遭受的损害程度不相符合的情况，避免损失当事人夸大受损程度，保护各当事方的合法权益，《海事诉讼特别程序法》第 86 条规定："船舶检验、估价应当由国家授权或者其他具有专业资格的机构或者个人承担。非经国家授权或者未取得专业资格的机构或者个人所作的检验或者估价结论，海事法院不予采纳。"

因此，非经国家授权或者未取得专业资格的机构或者个人所作的检验或者估价结论不具有法律效力，不能作为证据被海事法院采信。对于已经取得专业资格的机构或者个人所作的检验或者估价结论，也需经过质证才能作为证据使用。法律对"其他具有专业资格的机构或者个人"的范围缺乏明确界定，这可能会给司法实践引发不必要的争议。因此，本书认为应当对"具有专业资格的个人"作狭义理解，即指那些取得船舶检验和估价资格的个人。

（五）审理期限

依据我国《民事诉讼法》第 149 条的规定，海事法院适用普通程序审理的非涉外案件，审理期限为 6 个月。有特殊情况需要延长的，由本院院长批准，可以延长 6 个月，还需要延长的，需报请上级法院批准。至于涉外案件，则无审理期限的限制。

与《民事诉讼法》规定不同,《海事诉讼特别程序法》中船舶碰撞案件的审理期限为 1 年,有特殊情况需要延长的,由本院院长批准。[①] 这一规定将涉外与国内的船舶碰撞案件一并对待,统一限制为 1 年,从而使不具有涉外因素的船舶碰撞案件的审限从 6 个月延长至 1 年,这也是考虑到船舶碰撞案件一般案情较为复杂,证据材料收集困难等特殊原因。至于涉外的船舶碰撞案件的审限虽然与《民事诉讼法》的规定相比有了限制,但《海事诉讼特别程序法》也给予了适当考虑,即在特殊情况下,可以由院长批准,延长审理期限。

第三节 共同海损案件审理程序

共同海损(General Average)是海商法中较为古老的一项制度,其历史可以追溯到罗马法时代。共同海损是指在同一海上航程中,当船舶、货物和其他财产遭遇共同危险时,为了共同安全,有意地、合理地采取措施所直接造成的特殊牺牲、支付的特殊费用,由各受益方按比例分摊的法律制度。共同海损的损失由获益各方分担,其成立应具备一定的条件,即海上危险必须是共同的、真实的;共同海损的措施必须是有意的、合理的、有效的;共同海损的损失必须是特殊的、异常的,并由共同海损措施直接造成。

一、共同海损案件的特点

依据《最高人民法院关于海事法院受案范围的若干规定》,共同海损案件不属于列明的海事侵权纠纷案件或者海商合同纠纷案件,而属于其他海事、海商案件。这类案件具有如下特点:

(一) 案件复杂,专业性较强

共同海损诉讼涉及多方当事人,包括船方、货方、保险人、救助人等,当事人在共同海损分摊中还涉及共同海损理算问题。同时,共同海损能否成立、共同海损与单独海损的区分、共同海损损失与费用的分摊、当事各方提供担保的有效性等多个问题,其复杂性及专业性决定了共同海损案件不仅需要法院的审判,还需要专业机构的帮助。

(二) 共同海损案件与非共同海损案件并存,并具有相对独立性

在海上运输中,引起船货损失的原因复杂,海损案件在多数情况下存在共同海损与单独海损并存的情况。例如,在卸货过程中由于承运人的过失造成火灾,引起了货物损失的单独海损纠纷,承运人为了灭火向货舱灌水又引致共同海损

---

① 参见《海事诉讼特别程序法》第 87 条。

纠纷。多数情况下,区分某一项损失属于共同海损还是单独海损较为困难。因此,实践中经常会发生共同海损案件和非共同海损案件并存的情况。

共同海损案件的相对独立性,是指当事人可以不受因同一海损事故提起的非共同海损诉讼程序的影响,直接就共同海损损失向责任人提起诉讼。当事人就同一海损事故的分摊向责任人提起追偿诉讼的,以及对向受理共同海损案件的海事法院提起非共同海损的诉讼,海事法院可以合并审理。

(三) 案件的审理期限较长

共同海损案件的复杂性和专业性使得案件审理相对较为困难,案件审理期限需要作适当延长。与船舶碰撞案件类似,海事法院审理共同海损案件,应当在立案后1年内审结。有特殊情况需要延长的,由本院院长批准。[①]

二、共同海损诉讼与共同海损理算的关系

共同海损发生后,船长应及时报告船东或其代理,在船东的授权下由船东代理,或由船东本人在共同海损事故发生后第一卸货港宣告共同海损。在此之后,如果提单或租约中规定有共同海损理算地点的,须通知并委托该地点的理算师进行理算。但是,共同海损理算不是共同海损诉讼的必经程序。司法实践中,在发生海损事故后,利害关系人提起诉讼不以共同海损理算为条件。利害关系人可以根据实际情况将已经进行理算或直接将尚未进行理算的纠纷向海事法院提起共同海损诉讼。

共同海损理算是由共同海损理算机构根据理算规则确定共同海损的损失、费用及各受益方的分摊价值,并据此确定利害关系人应当分摊共同海损的数额。共同海损理算在一定程度上解决了共同海损案件的复杂性和专业性给审判工作带来的困难。共同海损理算主要是考虑损失与分摊的数字问题,对海事事故是否构成共同海损以及共同海损是否为要求分摊的一方的过失造成等因素并不予以考虑。因此,如果海损事故不具备共同海损的成立要件或者共同海损是由于要求分摊共损一方的不可免责的过失所造成的,那么即使进行了共同海损理算,理算也因为共同海损本身不存在而失去意义。理算结果也因为未排除不可免责过失引起的共同海损分摊部分而不正确,需要重新进行理算。

承运人宣告共同海损理算后,利害关系人如认为海损事故不构成共同海损理算或事故是由于要求分摊共同海损一方不可免责的过失造成的,利害关系人通常应向法院提起共同海损诉讼,以明确共同海损责任。因此,未经理算的纠纷通常包括两种情形:(1) 海损事故的各方利害关系人未能就共同海损理算机构或理算规则达成协议,难以实现共同海损理算;(2) 承运人虽然宣告共同海损,

---

① 参见《海事诉讼特别程序法》第92条。

但其他利害关系人认为共同海损是由于承运人不可免责的过失所引起的。由于利害关系人之间就是否构成共同海损及责任分摊存在争议，难以达成合意提供共同海损担保。这种情况下，承运人可以向法院提起共同海损诉讼，申请法院对船载货物进行扣押、拍卖，以尽快解决争议。

海事法院受理未经理算的共同海损理算案件后，可以根据实际情况决定是否委托理算机构及委托哪一家理算机构进行理算。诉讼当事人也可以在起诉后，根据协议自行委托理算机构理算。例如，我国《海事诉讼特别程序法》第88条规定："当事人就共同海损的纠纷，可以协议委托理算机构理算，也可以直接向海事法院提起诉讼。海事法院受理未经理算的共同海损纠纷，可以委托理算机构理算。"

共同海损理算报告能否作为分摊责任的依据取决于当事人对理算报告是否存有异议。若当事人没有异议，那么共同海损理算报告可以作为分摊责任的依据，法院无须对合法性再进行分析和定性。若有异议，则由海事法院决定是否采纳该理算报告。经分析后认为某项异议成立，需要变更理算结果的，海事法院可依据实际情况决定自行变更或交由理算机构变更。由此可见，在海事诉讼程序法律制度中，共同海损理算报告的法律地位相当于一份证据材料，其效力并不是绝对的，需要经过质证与认证才能予以确定。

三、共同海损诉讼中的证据规则

共同海损案件举证责任第一步是提出证据证明该损失构成共同海损。共同海损案件首先应确定该损失属于共同海损。

构成共同海损，必须具备以下几个条件：

1. 必须是遭遇海上危险，且该危险是真实存在或不可避免的。

2. 共同海损的危险必须是共同的。海上危险必须是同一航程中的财产所共同面临的，如果是空载船，或单纯为某一方利益，或为救助他船产生的救助费用，因缺少共同危险则不能构成共同海损。

3. 共同海损的措施必须是有意且合理的。明知采取此项措施将导致船货牺牲或支付额外费用，但为使船货免遭更大损失而主动采取的措施为有意的共同海损措施。

4. 共同海损的牺牲必须是特殊的，支出的费用必须是额外的。为解除船货共同危险采取有意而合理措施的结果必然是既不同于因意外事故造成损失的单独海损，也不同于在正常营运情况下所发生的合理损耗和开支。共同海损的牺牲和费用应该是采取共同海损措施所产生的直接后果。

决定是否可以请求其他方分摊时，要考虑共同海损与当事人过失的关系。根据我国《海商法》及国际惯例等有关规定，引起共同海损特殊费用的事故，如果是由于航程中一方可以免责的过失造成,其他受益方应当分摊。如果事故属于航程一方不可免责的过失造成的,则由过失方承担牺牲和费用,不能要求其他方分摊。因此,共同海损案件举证责任第二步是提出证据证明该损失系航程一方可以免责的过失造成,属于可以请求分摊费用的损失。

四、共同海损案件与同一事故其他相关案件的合并审理

共同海损案件包括共同海损构成案件、共同海损请求案件及共同海损分摊请求案件。共同海损构成案件是由诉讼当事人对事故是否构成共同海损产生争议而引发的案件。共同海损请求案件包括未经共同海损理算而向海事法院起诉的案件,以及虽经共同海损理算,但因某项损失或费用未被理算师认定为共同海损项目或者认定的数额明显过低而提起的诉讼。共同海损分摊请求案件,是指经过共同海损理算后所提起的要求有关利害关系人依照获救的共同海损价值的大小按比例分摊共同海损的诉讼案件。

同一海损事故其他相关案件主要是指非共同海损案件,即同一海损事故中,单独海损受损人就非共同海损损失向责任人提起的诉讼。共同海损案件与同一事故其他相关案件之间具有相对独立性,共同海损事故的利害关系人可以根据实际情况提起共同海损诉讼、非共同海损诉讼和共同海损追偿诉讼。当事人可以不受因同一海损事故提起的非共同海损诉讼程序的影响,直接就共同海损损失向责任人提起诉讼。

为了更好地查明事实,确定损失及分清责任,海事法院受理上述案件后,可以进行合并审理。即当事人就同一海损事故共同海损分摊向责任人提起追偿诉讼的,以及对向受理共同海损案件的海事法院提起非共同海损的诉讼,海事法院可以合并审理。这种做法便于海事法院更好地查明事实,确定损失及分清责任,从而节省司法资源。

五、共同海损案件的审理期限

共同海损案件的审限为1年,从立案之日起算。1年的审限并没有区分案件是否具有涉外因素。有特殊情况需要延长的,由受案法院院长批准。

对于共同海损案件的审理是否应当包括理算期间的问题。我国《海事诉讼特别程序法》并未规定是否应将理算期间计入审理期限。对此,国内学者和实务界认为,由于共同海损的理算比较复杂和繁琐,理算时间相对也较长,如果将其计入审理期限,将会导致实际审理的期间非常短,难以保证案件审理结果的公正。因此,共同海损案件的1年审限不应当包括共同海损的理算时间。①

---

① 参见金正佳主编:《海事诉讼法论》,大连海事大学出版社2001年版,第360页。

第四节　海上保险人行使代位请求权程序

海上保险是一切保险的起源。海上贸易的获利与风险共存,为了转移或减少风险,长期的航海实践中逐渐形成了海上保险这一制度。

我国《海事诉讼特别程序法》第八章第三节规定了海上保险人行使代位请求赔偿权的相应程序,但该规定仅仅从原则上加以阐述,并没有给出具体规定,从而导致该问题在理论上和实践中出现不少争论。

一、海上保险人行使代位求偿权的条件

海上保险代位求偿权(The Right of Subrogation in Maritime Insurance),是指因第三人造成保险事故,保险人向被保险人支付保险赔偿后,在保险赔偿范围内可以代位行使被保险人对第三人请求赔偿的权利。因此,海上保险人行使代位求偿权应包括以下几个条件:

(一)被保险人因海上保险事故对第三人享有损害赔偿请求权

由第三人行为引起的海上保险事故,被保险人因此而获得对第三人的损害赔偿请求权。保险人的代位求偿权是基于债权转移派生的权利。被保险人因保险事故对第三人的赔偿请求权是保险人行使代位请求赔偿权的基础。

(二)海上保险人已经向被保险人实际支付保险赔偿

保险人已经实际支付保险赔偿是保险人行使代位求偿权的前提和提起求偿之诉的条件。保险人只有在向被保险人实际支付了保险赔偿之后,才能取得被保险人因该损失而在法律上可获得的其他"利益",这也是保险法上代位原则的基本要求。

(三)海上保险人行使代位求偿权以保险赔偿范围为限

海上保险人只能在保险赔偿范围内代位行使被保险人对第三人请求赔偿的权利,海上保险人不能因行使代位求偿权而获得额外利益,其代位权利仅限于保险人实际给付被保险人的数额。

《保险法》中,因第三人对保险标的的损害而造成保险事故的,保险人自向被保险人赔偿保险金之日起,在赔偿金额范围内代位行使被保险人对第三人请求赔偿的权利。[①]《海商法》的规定与《保险法》不同。根据《海商法》,保险人从第三人取得的赔偿,超过其支付的保险赔偿的,超过部分应当退还给被保险人。[②] 这意味着,保险人可以超出赔偿范围向第三人行使代位求偿权。由于《海

① 参见《保险法》第60条。
② 参见《海商法》第254条第2款。

商法》与《保险法》规定的不一致导致海事司法实践就保险人是否可以超出赔偿金额范围行使代位求偿权发生争议。《海事诉讼特别程序法》第 93 条的明确规定使这一争议得以解决。

（四）海上保险人应当在保险责任范围内赔偿被保险人的损失

从《海事诉讼特别程序法》第 93 条规定的“保险事故”和《海商法》第 252 条规定的“保险责任范围内”看，保险人对保险合同约定的责任范围内的赔偿享有代位求偿权是毋庸置疑的，主要问题是保险人对超出保险合同约定的责任范围的赔偿是否可以同样行使代位求偿权。对此不应一概而论，应当具体情况具体分析。

如果保险人超出责任范围的“自愿给付”行为非常明确具体，则其不应当对该“自愿给付”享有代位求偿权。如果保险人与被保险人之间对保险条款中保险责任的约定不明确，或者对保险事故是否为承保风险所引起存有争议，只要上述不明确或者争议在保险人支付保险赔偿时业已存在，保险人对其“自愿给付”仍可以行使代位求偿权。这种情况下，应当将保险人支付给被保险人的保险赔偿视为保险责任范围内的保险赔款，以避免保险人与被保险人之间因保险合同纠纷引起不必要的诉讼，使保险人能够以自己的名义对第三人提起索赔。

二、海上保险人行使代位求偿权的方式

《海事诉讼特别程序法》颁布实施之前，我国《海商法》和《保险法》虽然规定保险人在实际支付保险赔偿后可以享有对第三人的代位求偿权，但对保险人如何行使代位求偿权，法律却未作出明确规定。理论界大致存在以下观点：

第一种观点认为，代位求偿权应当由保险人以被保险人的名义行使。因为债权是特定人之间的民事法律关系，保险人与第三人没有直接的法律关系，不能就特定的债向第三人主张权利。这一观点与英国普通法的通常做法相一致。英国的保险判例认为，原则上，保险人向被保险人给付保险赔偿后，提起诉讼请求第三人赔偿的，应当以被保险人的名义为之。

第二种观点认为，代位求偿权只能以保险人的名义行使。因为，保险人是以支付保险赔偿为对价取得代位求偿权的，被保险人因其权利已转移而不再享有对第三人的赔偿请求权，保险人因受让被保险人的赔偿请求权而实际成为真正的权利人，其有权以自己的名义独立行使体现自身经济权益的一系列权利，包括代位求偿权。

第三种观点认为，保险人既可以自己的名义，也可以被保险人的名义向第三人求偿。因为，保险人无论以自己的名义还是以被保险人的名义向第三人进行追偿，目的是一致的，均为从责任方取得赔偿。这种观点在保险实务中较为流

行，得到各保险公司的普遍接受。例如，中国人民保险公司的《代位求偿书》表述为："立书人同意贵公司以贵公司或立书人的名义向责任方追偿或诉讼。"又如，中国平安保险公司的《赔款收据及权益转让书》写道："立书人同意将已取得赔款部分的保险标的一切权益转给贵公司，并授权贵公司可以以立书人的名义向责任方追偿或诉讼。"

《海事诉讼特别程序法》颁布之前，上述三种观点在实践中未能达成共识，致使各海事法院在审判实践中就同一问题时常出现不同甚至相反的认定。

《海事诉讼特别程序法》第94条、第95条明确了海上保险人代位求偿权的行使方式，从而厘清了之前在该问题上所存在的争议，确立了海上保险人以自己名义提起代位求偿的诉讼地位。根据《海事诉讼特别程序法》相关规定，海上保险人行使代位求偿权共有三种方式：

第一，海上保险人以自己的名义提起代位求偿诉讼。保险事故发生后，海上保险人作出实际赔付，被保险人如果未向第三人提起索赔诉讼，海上保险人应当以自己的名义向第三人提起代位求偿诉讼。[①]

第二，海上保险人可以向法院提出变更当事人的请求，以自己的名义行使代位求偿权。保险事故发生后，海上保险人作出实际赔付取得代位求偿权之前，被保险人已经以自己的名义对第三人提起索赔诉讼的，海上保险人支付保险赔偿后可以向受理案件的法院提出变更当事人的请求，进而以自己的名义行使代位求偿权。[②]

《海事诉讼特别程序法》在确立了保险人以自己名义提起代位之诉的原则后，同时还规定海上保险人的这种独立的诉讼地位并不受到诉讼进程的影响。即使在保险人作出实际赔付取得代位求偿权之前，被保险人已经以自己的名义对第三人提起索赔诉讼的，保险人在支付保险赔偿后仍可以向受理案件的法院提出变更当事人的请求，进而以自己的名义行使代位求偿权。《海事诉讼特别程序法》通过这样的安排，既是对保险人依法取得的对第三人独立赔偿请求权的确认，也有利于该项权利的行使和实现。因为在以往的保险实践中，保险人在以被保险人的名义向第三人追偿时，往往不能得到被保险人的积极配合，因为被保险人已从保险人手中领取了保险金，其遭受的损失已实际获得赔偿。而规定保险人应以自己的名义起诉，就可以摆脱被保险人不合作的烦恼。

第三，海上保险人作为共同原告向第三人请求赔偿。保险事故发生后，被保险人如果因为投保不足额保险、协议取得的保险赔偿不足以弥补损失、保险合同约定有免赔额等原因未能从保险人处取得足以弥补第三人造成损失的保险赔

① 参见《海事诉讼特别程序法》第94条。
② 参见《海事诉讼特别程序法》第95条第1款。

偿,保险人和被保险人可以作为共同原告向第三人请求赔偿。[①]

《海事诉讼特别程序法》赋予保险人与被保险人可以作为共同原告向第三人请求赔偿的权利,具有重大现实意义:

首先,解决了司法实践中存在的被保险人和保险人需要凭借一套索赔单证分别向第三人提起诉讼的矛盾。

其次,从程序上确保被保险人可以就未取得赔偿的部分继续向第三人行使索赔权。

最后,解决了第三人诉累问题。原先第三人既要面对保险人的代位求偿索赔,又要应对被保险人的损害赔偿请求。特别是在涉外保险诉讼中,保险人与被保险人的择地行诉常常导致一个海上保险事故由两个法院进行审理的情况,无形中增加了第三人的讼累。《海事诉讼特别程序法》实施后,第三人的讼累问题因保险人与被保险人可以作为共同原告提起诉讼而得到解决。

三、海上保险人行使代位求偿诉讼的文件及权益转让书

保险人提起诉讼或者申请参加诉讼,须向受理该案的海事法院提交保险人支付保险赔偿的凭证,以及参加诉讼应当提交的其他文件。也就是说,无论海上保险人是以自己的名义提起代位求偿诉讼,还是向法院申请变更当事人后以自己的名义继续被保险人已经提起的诉讼,抑或与被保险人作为共同原告提起诉讼,又或者是参加进被保险人已经提起的诉讼,均需要向法院提交下列文件:

第一,海上保险人已经作出实际赔付的凭证。这种凭证可以是银行转账单据,也可以是被保险人收取现金后出具的证据。除了以金钱作出的实际赔付外,海上保险人还可以购置替代物,采取债权债务抵消等方式赔付。无论采取何种赔付方式,海上保险人均应当收集有关实际赔付的证据材料。其意义在于,表明保险人符合行使代位求偿权所要求的初步条件,明确海上保险人代位求偿权的索赔范围。

第二,参加诉讼应当提交的其他文件。主要是指诉讼方面所需要的文件,包括诉讼文书和诉讼证据材料等。

关于权益转让书的问题。分析我国《海事诉讼特别程序法》的有关规定可知,该法并没有要求向第三人提起代位求偿诉讼的保险人必须向法院提交被保险人出具的权益转让书。也就是说,被保险人向保险人出具的权益转让书并非保险人取得代位求偿权的必要条件。只要保险标的所发生的保险事故是由第三人造成的,保险人在向被保险人支付保险赔偿后,就可以在保险赔偿的范围内代

---

① 参见《海事诉讼特别程序法》第 95 条第 2 款。

位行使被保险人对第三人请求赔偿的权利，无论保险人是否已经取得被保险人的权益转让书。

由于代位求偿权是法定权利，只要保险人作出符合法律规定的取得代位求偿权条件的赔偿，代位求偿权即可成立，无须再由被保险人出具权益转让书来加以证明。因此，对于已经作出实际赔付的保险人而言，被保险人出具的权益转让书的属性只是一份明示海上保险人可行使代位求偿权的协议书。反之，如果保险人作出的实际赔付不能满足法律规定的取得代位求偿权的条件，即使被保险人向其出具权益转让书也不能有效地使保险人取得代位求偿权。

本章思考题

1. 海事诉讼是否有必要引入小额诉讼程序？为什么？如果有必要，海事诉讼是否应当设立独立的海事小额诉讼程序？海事案件的小额诉讼程序具体应当如何规定？

2. 若由于承运人疏忽签发出两套正本提单，一套正本提单在托运人手中，另一套正本提单不知去向，此种情况下承运人是否能够申请公示催告？为什么？除了申请公示催告，承运人是否有别的救济手段？

3. 船舶碰撞案件中的证据具有哪些特点？实践中，为了更好地收集船舶碰撞案件证据，会采取哪些特殊的证据规则？

4. 海事局在我国船舶碰撞案件调查中起到什么样的作用？对审判实践会产生怎样的影响？请从利弊两个角度进行分析。

5. 简述保险代位求偿权与《合同法》中代位权的区别与联系。

6. 案例思考题：

【案情】A轮在广州港承运B公司托运的不锈钢管，C公司作为承运人D公司的代理人签发全程提单，记名收货人为美国E公司。中国人民保险公司接受B公司的投保，出具保险单。E公司将船载货物出售给美国F公司，而F公司又将货物出售给G公司。货物在目的港卸下后发现短少。中国人民保险公司向E公司支付保险赔偿金后，取得E公司向其出具的权益转让书。之后，中国人民保险公司向承运人提起代位求偿索赔诉讼。

【提问】

(1) 本案中，哪一公司对货物短缺拥有求偿权？

(2) 中国人民保险公司提起的代位求偿索赔诉讼是否适当？

□ 本章所涉及法律、法规

（一）2012年《民事诉讼法》（节选）

第二编 审判程序

第十二章 第一审普通程序

第一节 起诉和受理

第一百一十九条 起诉必须符合下列条件：

（一）原告是与本案有直接利害关系的公民、法人和其他组织；

（二）有明确的被告；

（三）有具体的诉讼请求和事实、理由；

（四）属于人民法院受理民事诉讼的范围和受诉人民法院管辖。

第一百二十条 起诉应当向人民法院递交起诉状，并按照被告人数提出副本。

书写起诉状确有困难的，可以口头起诉，由人民法院记入笔录，并告知对方当事人。

第一百二十一条 起诉状应当记明下列事项：

（一）原告的姓名、性别、年龄、民族、职业、工作单位、住所、联系方式，法人或者其他组织的名称、住所和法定代表人或者主要负责人的姓名、职务、联系方式；

（二）被告的姓名、性别、工作单位、住所等信息，法人或者其他组织的名称、住所等信息；

（三）诉讼请求和所根据的事实与理由；

（四）证据和证据来源，证人姓名和住所。

第一百二十二条 当事人起诉到人民法院的民事纠纷，适宜调解的，先行调解，但当事人拒绝调解的除外。

第一百二十三条 人民法院应当保障当事人依照法律规定享有的起诉权利。对符合本法第一百一十九条的起诉，必须受理。符合起诉条件的，应当在七日内立案，并通知当事人；不符合起诉条件的，应当在七日内作出裁定书，不予受理；原告对裁定不服的，可以提起上诉。

第一百二十四条 人民法院对下列起诉，分别情形，予以处理：

（一）依照行政诉讼法的规定，属于行政诉讼受案范围的，告知原告提起行政诉讼；

（二）依照法律规定，双方当事人达成书面仲裁协议申请仲裁、不得向人民法院起诉的，告知原告向仲裁机构申请仲裁；

（三）依照法律规定，应当由其他机关处理的争议，告知原告向有关机关申请解决；

（四）对不属于本院管辖的案件，告知原告向有管辖权的人民法院起诉；

（五）对判决、裁定、调解书已经发生法律效力的案件，当事人又起诉的，告知原告申请再审，但人民法院准许撤诉的裁定除外；

（六）依照法律规定，在一定期限内不得起诉的案件，在不得起诉的期限内起诉的，不予受理；

（七）判决不准离婚和调解和好的离婚案件，判决、调解维持收养关系的案件，没有新情况、新理由，原告在六个月内又起诉的，不予受理。

第二节　审理前的准备

第一百二十五条　人民法院应当在立案之日起五日内将起诉状副本发送被告，被告应当在收到之日起十五日内提出答辩状。答辩状应当记明被告的姓名、性别、年龄、民族、职业、工作单位、住所、联系方式；法人或者其他组织的名称、住所和法定代表人或者主要负责人的姓名、职务、联系方式。人民法院应当在收到答辩状之日起五日内将答辩状副本发送原告。

被告不提出答辩状的，不影响人民法院审理。

第一百二十六条　人民法院对决定受理的案件，应当在受理案件通知书和应诉通知书中向当事人告知有关的诉讼权利义务，或者口头告知。

第一百二十七条　人民法院受理案件后，当事人对管辖权有异议的，应当在提交答辩状期间提出。人民法院对当事人提出的异议，应当审查。异议成立的，裁定将案件移送有管辖权的人民法院；异议不成立的，裁定驳回。

当事人未提出管辖异议，并应诉答辩的，视为受诉人民法院有管辖权，但违反级别管辖和专属管辖规定的除外。

第一百二十八条　合议庭组成人员确定后，应当在三日内告知当事人。

第一百二十九条　审判人员必须认真审核诉讼材料，调查收集必要的证据。

第一百三十条　人民法院派出人员进行调查时，应当向被调查人出示证件。

调查笔录经被调查人校阅后，由被调查人、调查人签名或者盖章。

第一百三十一条　人民法院在必要时可以委托外地人民法院调查。

委托调查，必须提出明确的项目和要求。受委托人民法院可以主动补充调查。

受委托人民法院收到委托书后，应当在三十日内完成调查。因故不能完成的，应当在上述期限内函告委托人民法院。

第一百三十二条　必须共同进行诉讼的当事人没有参加诉讼的，人民法院应当通知其参加诉讼。

第一百三十三条　人民法院对受理的案件，分别情形，予以处理：

（一）当事人没有争议，符合督促程序规定条件的，可以转入督促程序；

（二）开庭前可以调解的，采取调解方式及时解决纠纷；

（三）根据案件情况，确定适用简易程序或者普通程序；

（四）需要开庭审理的，通过要求当事人交换证据等方式，明确争议焦点。

第三节　开庭审理

第一百三十四条　人民法院审理民事案件，除涉及国家秘密、个人隐私或者法律另有规定的以外，应当公开进行。

离婚案件，涉及商业秘密的案件，当事人申请不公开审理的，可以不公开审理。

第一百三十五条　人民法院审理民事案件，根据需要进行巡回审理，就地办案。

第一百三十六条　人民法院审理民事案件，应当在开庭三日前通知当事人和其他诉讼参与人。公开审理的，应当公告当事人姓名、案由和开庭的时间、地点。

第一百三十七条　开庭审理前，书记员应当查明当事人和其他诉讼参与人是否到庭，宣布法庭纪律。

开庭审理时，由审判长核对当事人，宣布案由，宣布审判人员、书记员名单，告知当事人有关的诉讼权利义务，询问当事人是否提出回避申请。

第一百三十八条　法庭调查按照下列顺序进行：

（一）当事人陈述；

（二）告知证人的权利义务，证人作证，宣读未到庭的证人证言；

（三）出示书证、物证、视听资料和电子数据；

（四）宣读鉴定意见；

（五）宣读勘验笔录。

第一百三十九条　当事人在法庭上可以提出新的证据。

当事人经法庭许可，可以向证人、鉴定人、勘验人发问。

当事人要求重新进行调查、鉴定或者勘验的，是否准许，由人民法院决定。

第一百四十条　原告增加诉讼请求，被告提出反诉，第三人提出与本案有关的诉讼请求，可以合并审理。

第一百四十一条　法庭辩论按照下列顺序进行：

（一）原告及其诉讼代理人发言；

（二）被告及其诉讼代理人答辩；

（三）第三人及其诉讼代理人发言或者答辩；

（四）互相辩论。

法庭辩论终结，由审判长按照原告、被告、第三人的先后顺序征询各方最后意见。

第一百四十二条　法庭辩论终结,应当依法作出判决。判决前能够调解的,还可以进行调解,调解不成的,应当及时判决。

第一百四十三条　原告经传票传唤,无正当理由拒不到庭的,或者未经法庭许可中途退庭的,可以按撤诉处理;被告反诉的,可以缺席判决。

第一百四十四条　被告经传票传唤,无正当理由拒不到庭的,或者未经法庭许可中途退庭的,可以缺席判决。

第一百四十五条　宣判前,原告申请撤诉的,是否准许,由人民法院裁定。

人民法院裁定不准许撤诉的,原告经传票传唤,无正当理由拒不到庭的,可以缺席判决。

第一百四十六条　有下列情形之一的,可以延期开庭审理:

(一) 必须到庭的当事人和其他诉讼参与人有正当理由没有到庭的;

(二) 当事人临时提出回避申请的;

(三) 需要通知新的证人到庭,调取新的证据,重新鉴定、勘验,或者需要补充调查的;

(四) 其他应当延期的情形。

第一百四十七条　书记员应当将法庭审理的全部活动记入笔录,由审判人员和书记员签名。

法庭笔录应当当庭宣读,也可以告知当事人和其他诉讼参与人当庭或者在五日内阅读。当事人和其他诉讼参与人认为对自己的陈述记录有遗漏或者差错的,有权申请补正。如果不予补正,应当将申请记录在案。

法庭笔录由当事人和其他诉讼参与人签名或者盖章。拒绝签名盖章的,记明情况附卷。

第一百四十八条　人民法院对公开审理或者不公开审理的案件,一律公开宣告判决。

当庭宣判的,应当在十日内发送判决书;定期宣判的,宣判后立即发给判决书。

宣告判决时,必须告知当事人上诉权利、上诉期限和上诉的法院。

宣告离婚判决,必须告知当事人在判决发生法律效力前不得另行结婚。

第一百四十九条　人民法院适用普通程序审理的案件,应当在立案之日起六个月内审结。有特殊情况需要延长的,由本院院长批准,可以延长六个月;还需要延长的,报请上级人民法院批准。

第四节　诉讼中止和终结

第一百五十条　有下列情形之一的,中止诉讼:

(一) 一方当事人死亡,需要等待继承人表明是否参加诉讼的;

(二) 一方当事人丧失诉讼行为能力,尚未确定法定代理人的;

（三）作为一方当事人的法人或者其他组织终止，尚未确定权利义务承受人的；

（四）一方当事人因不可抗拒的事由，不能参加诉讼的；

（五）本案必须以另一案的审理结果为依据，而另一案尚未审结的；

（六）其他应当中止诉讼的情形。

中止诉讼的原因消除后，恢复诉讼。

第一百五十一条　有下列情形之一的，终结诉讼：

（一）原告死亡，没有继承人，或者继承人放弃诉讼权利的；

（二）被告死亡，没有遗产，也没有应当承担义务的人的；

（三）离婚案件一方当事人死亡的；

（四）追索赡养费、扶养费、抚育费以及解除收养关系案件的一方当事人死亡的。

第五节　判决和裁定

第一百五十二条　判决书应当写明判决结果和作出该判决的理由。判决书内容包括：

（一）案由、诉讼请求、争议的事实和理由；

（二）判决认定的事实和理由、适用的法律和理由；

（三）判决结果和诉讼费用的负担；

（四）上诉期间和上诉的法院。

判决书由审判人员、书记员署名，加盖人民法院印章。

第一百五十三条　人民法院审理案件，其中一部分事实已经清楚，可以就该部分先行判决。

第一百五十四条　裁定适用于下列范围：

（一）不予受理；

（二）对管辖权有异议的；

（三）驳回起诉；

（四）保全和先予执行；

（五）准许或者不准许撤诉；

（六）中止或者终结诉讼；

（七）补正判决书中的笔误；

（八）中止或者终结执行；

（九）撤销或者不予执行仲裁裁决；

（十）不予执行公证机关赋予强制执行效力的债权文书；

（十一）其他需要裁定解决的事项。

对前款第一项至第三项裁定，可以上诉。

裁定书应当写明裁定结果和作出该裁定的理由。裁定书由审判人员、书记员署名，加盖人民法院印章。口头裁定的，记入笔录。

第一百五十五条　最高人民法院的判决、裁定，以及依法不准上诉或者超过上诉期没有上诉的判决、裁定，是发生法律效力的判决、裁定。

第一百五十六条　公众可以查阅发生法律效力的判决书、裁定书，但涉及国家秘密、商业秘密和个人隐私的内容除外。

第十三章　简易程序

第一百五十七条　基层人民法院和它派出的法庭审理事实清楚、权利义务关系明确、争议不大的简单的民事案件，适用本章规定。

基层人民法院和它派出的法庭审理前款规定以外的民事案件，当事人双方也可以约定适用简易程序。

第一百五十八条　对简单的民事案件，原告可以口头起诉。

当事人双方可以同时到基层人民法院或者它派出的法庭，请求解决纠纷。基层人民法院或者它派出的法庭可以当即审理，也可以另定日期审理。

第一百五十九条　基层人民法院和它派出的法庭审理简单的民事案件，可以用简便方式传唤当事人和证人、送达诉讼文书、审理案件，但应当保障当事人陈述意见的权利。

第一百六十条　简单的民事案件由审判员一人独任审理，并不受本法第一百三十六条、第一百三十八条、第一百四十一条规定的限制。

第一百六十一条　人民法院适用简易程序审理案件，应当在立案之日起三个月内审结。

第一百六十二条　基层人民法院和它派出的法庭审理符合本法第一百五十七条第一款规定的简单的民事案件，标的额为各省、自治区、直辖市上年度就业人员年平均工资百分之三十以下的，实行一审终审。

第一百六十三条　人民法院在审理过程中，发现案件不宜适用简易程序的，裁定转为普通程序。

第十四章　第二审程序

第一百六十四条　当事人不服地方人民法院第一审判决的，有权在判决书送达之日起十五日内向上一级人民法院提起上诉。

当事人不服地方人民法院第一审裁定的，有权在裁定书送达之日起十日内向上一级人民法院提起上诉。

第一百六十五条　上诉应当递交上诉状。上诉状的内容，应当包括当事人的姓名，法人的名称及其法定代表人的姓名或者其他组织的名称及其主要负责人的姓名；原审人民法院名称、案件的编号和案由；上诉的请求和理由。

第一百六十六条　上诉状应当通过原审人民法院提出，并按照对方当事人或者代表人的人数提出副本。

当事人直接向第二审人民法院上诉的,第二审人民法院应当在五日内将上诉状移交原审人民法院。

第一百六十七条　原审人民法院收到上诉状,应当在五日内将上诉状副本送达对方当事人,对方当事人在收到之日起十五日内提出答辩状。人民法院应当在收到答辩状之日起五日内将副本送达上诉人。对方当事人不提出答辩状的,不影响人民法院审理。

原审人民法院收到上诉状、答辩状,应当在五日内连同全部案卷和证据,报送第二审人民法院。

第一百六十八条　第二审人民法院应当对上诉请求的有关事实和适用法律进行审查。

第一百六十九条　第二审人民法院对上诉案件,应当组成合议庭,开庭审理。经过阅卷、调查和询问当事人,对没有提出新的事实、证据或者理由,合议庭认为不需要开庭审理的,可以不开庭审理。

第二审人民法院审理上诉案件,可以在本院进行,也可以到案件发生地或者原审人民法院所在地进行。

第一百七十条　第二审人民法院对上诉案件,经过审理,按照下列情形,分别处理:

(一)原判决、裁定认定事实清楚,适用法律正确的,以判决、裁定方式驳回上诉,维持原判决、裁定;

(二)原判决、裁定认定事实错误或者适用法律错误的,以判决、裁定方式依法改判、撤销或者变更;

(三)原判决认定基本事实不清的,裁定撤销原判决,发回原审人民法院重审,或者查清事实后改判;

(四)原判决遗漏当事人或者违法缺席判决等严重违反法定程序的,裁定撤销原判决,发回原审人民法院重审。

原审人民法院对发回重审的案件作出判决后,当事人提起上诉的,第二审人民法院不得再次发回重审。

第一百七十一条　第二审人民法院对不服第一审人民法院裁定的上诉案件的处理,一律使用裁定。

第一百七十二条　第二审人民法院审理上诉案件,可以进行调解。调解达成协议,应当制作调解书,由审判人员、书记员署名,加盖人民法院印章。调解书送达后,原审人民法院的判决即视为撤销。

第一百七十三条　第二审人民法院判决宣告前,上诉人申请撤回上诉的,是否准许,由第二审人民法院裁定。

第一百七十四条　第二审人民法院审理上诉案件，除依照本章规定外，适用第一审普通程序。

第一百七十五条　第二审人民法院的判决、裁定，是终审的判决、裁定。

第一百七十六条　人民法院审理对判决的上诉案件，应当在第二审立案之日起三个月内审结。有特殊情况需要延长的，由本院院长批准。

人民法院审理对裁定的上诉案件，应当在第二审立案之日起三十日内作出终审裁定。

第十五章　特别程序

第一节　一般规定

第一百七十七条　人民法院审理选民资格案件、宣告失踪或者宣告死亡案件、认定公民无民事行为能力或者限制民事行为能力案件、认定财产无主案件、确认调解协议案件和实现担保物权案件，适用本章规定。本章没有规定的，适用本法和其他法律的有关规定。

第一百七十八条　依照本章程序审理的案件，实行一审终审。选民资格案件或者重大、疑难的案件，由审判员组成合议庭审理；其他案件由审判员一人独任审理。

第一百七十九条　人民法院在依照本章程序审理案件的过程中，发现本案属于民事权益争议的，应当裁定终结特别程序，并告知利害关系人可以另行起诉。

第一百八十条　人民法院适用特别程序审理的案件，应当在立案之日起三十日内或者公告期满后三十日内审结。有特殊情况需要延长的，由本院院长批准。但审理选民资格的案件除外。

第三节　宣告失踪、宣告死亡案件

第一百八十三条　公民下落不明满二年，利害关系人申请宣告其失踪的，向下落不明人住所地基层人民法院提出。

申请书应当写明失踪的事实、时间和请求，并附有公安机关或者其他有关机关关于该公民下落不明的书面证明。

第一百八十四条　公民下落不明满四年，或者因意外事故下落不明满二年，或者因意外事故下落不明，经有关机关证明该公民不可能生存，利害关系人申请宣告其死亡的，向下落不明人住所地基层人民法院提出。

申请书应当写明下落不明的事实、时间和请求，并附有公安机关或者其他有关机关关于该公民下落不明的书面证明。

第一百八十五条　人民法院受理宣告失踪、宣告死亡案件后，应当发出寻找下落不明人的公告。宣告失踪的公告期间为三个月，宣告死亡的公告期间为一年。因意外事故下落不明，经有关机关证明该公民不可能生存的，宣告死亡的公告期间为三个月。

公告期间届满,人民法院应当根据被宣告失踪、宣告死亡的事实是否得到确认,作出宣告失踪、宣告死亡的判决或者驳回申请的判决。

第一百八十六条 被宣告失踪、宣告死亡的公民重新出现,经本人或者利害关系人申请,人民法院应当作出新判决,撤销原判决。

第五节 认定财产无主案件

第一百九十一条 申请认定财产无主,由公民、法人或者其他组织向财产所在地基层人民法院提出。

申请书应当写明财产的种类、数量以及要求认定财产无主的根据。

第一百九十二条 人民法院受理申请后,经审查核实,应当发出财产认领公告。公告满一年无人认领的,判决认定财产无主,收归国家或者集体所有。

第一百九十三条 判决认定财产无主后,原财产所有人或者继承人出现,在民法通则规定的诉讼时效期间可以对财产提出请求,人民法院审查属实后,应当作出新判决,撤销原判决。

第六节 确认调解协议案件

第一百九十四条 申请司法确认调解协议,由双方当事人依照人民调解法等法律,自调解协议生效之日起三十日内,共同向调解组织所在地基层人民法院提出。

第一百九十五条 人民法院受理申请后,经审查,符合法律规定的,裁定调解协议有效,一方当事人拒绝履行或者未全部履行的,对方当事人可以向人民法院申请执行;不符合法律规定的,裁定驳回申请,当事人可以通过调解方式变更原调解协议或者达成新的调解协议,也可以向人民法院提起诉讼。

第七节 实现担保物权案件

第一百九十六条 申请实现担保物权,由担保物权人以及其他有权请求实现担保物权的人依照物权法等法律,向担保财产所在地或者担保物权登记地基层人民法院提出。

第一百九十七条 人民法院受理申请后,经审查,符合法律规定的,裁定拍卖、变卖担保财产,当事人依据该裁定可以向人民法院申请执行;不符合法律规定的,裁定驳回申请,当事人可以向人民法院提起诉讼。

第十六章 审判监督程序

第一百九十八条 各级人民法院院长对本院已经发生法律效力的判决、裁定、调解书,发现确有错误,认为需要再审的,应当提交审判委员会讨论决定。

最高人民法院对地方各级人民法院已经发生法律效力的判决、裁定、调解书,上级人民法院对下级人民法院已经发生法律效力的判决、裁定、调解书,发现确有错误的,有权提审或者指令下级人民法院再审。

第一百九十九条　当事人对已经发生法律效力的判决、裁定，认为有错误的，可以向上一级人民法院申请再审；当事人一方人数众多或者当事人双方为公民的案件，也可以向原审人民法院申请再审。当事人申请再审的，不停止判决、裁定的执行。

第二百条　当事人的申请符合下列情形之一的，人民法院应当再审：

（一）有新的证据，足以推翻原判决、裁定的；

（二）原判决、裁定认定的基本事实缺乏证据证明的；

（三）原判决、裁定认定事实的主要证据是伪造的；

（四）原判决、裁定认定事实的主要证据未经质证的；

（五）对审理案件需要的主要证据，当事人因客观原因不能自行收集，书面申请人民法院调查收集，人民法院未调查收集的；

（六）原判决、裁定适用法律确有错误的；

（七）审判组织的组成不合法或者依法应当回避的审判人员没有回避的；

（八）无诉讼行为能力人未经法定代理人代为诉讼或者应当参加诉讼的当事人，因不能归责于本人或者其诉讼代理人的事由，未参加诉讼的；

（九）违反法律规定，剥夺当事人辩论权利的；

（十）未经传票传唤，缺席判决的；

（十一）原判决、裁定遗漏或者超出诉讼请求的；

（十二）据以作出原判决、裁定的法律文书被撤销或者变更的；

（十三）审判人员审理该案件时有贪污受贿，徇私舞弊，枉法裁判行为的。

第二百零一条　当事人对已经发生法律效力的调解书，提出证据证明调解违反自愿原则或者调解协议的内容违反法律的，可以申请再审。经人民法院审查属实的，应当再审。

第二百零二条　当事人对已经发生法律效力的解除婚姻关系的判决、调解书，不得申请再审。

第二百零三条　当事人申请再审的，应当提交再审申请书等材料。人民法院应当自收到再审申请书之日起五日内将再审申请书副本发送对方当事人。对方当事人应当自收到再审申请书副本之日起十五日内提交书面意见；不提交书面意见的，不影响人民法院审查。人民法院可以要求申请人和对方当事人补充有关材料，询问有关事项。

第二百零四条　人民法院应当自收到再审申请书之日起三个月内审查，符合本法规定的，裁定再审；不符合本法规定的，裁定驳回申请。有特殊情况需要延长的，由本院院长批准。

因当事人申请裁定再审的案件由中级人民法院以上的人民法院审理，但当事人依照本法第一百九十九条的规定选择向基层人民法院申请再审的除外。最高人民法院、高级人民法院裁定再审的案件，由本院再审或者交其他人民法院再审，也可以交原审人民法院再审。

第二百零五条　当事人申请再审，应当在判决、裁定发生法律效力后六个月内提出；有本法第二百条第一项、第三项、第十二项、第十三项规定情形的，自知道或者应当知道之日起六个月内提出。

第二百零六条　按照审判监督程序决定再审的案件，裁定中止原判决、裁定、调解书的执行，但追索赡养费、扶养费、抚育费、抚恤金、医疗费用、劳动报酬等案件，可以不中止执行。

第二百零七条　人民法院按照审判监督程序再审的案件，发生法律效力的判决、裁定是由第一审法院作出的，按照第一审程序审理，所作的判决、裁定，当事人可以上诉；发生法律效力的判决、裁定是由第二审法院作出的，按照第二审程序审理，所作的判决、裁定，是发生法律效力的判决、裁定；上级人民法院按照审判监督程序提审的，按照第二审程序审理，所作的判决、裁定是发生法律效力的判决、裁定。

人民法院审理再审案件，应当另行组成合议庭。

第二百零八条　最高人民检察院对各级人民法院已经发生法律效力的判决、裁定，上级人民检察院对下级人民法院已经发生法律效力的判决、裁定，发现有本法第二百条规定情形之一的，或者发现调解书损害国家利益、社会公共利益的，应当提出抗诉。

地方各级人民检察院对同级人民法院已经发生法律效力的判决、裁定，发现有本法第二百条规定情形之一的，或者发现调解书损害国家利益、社会公共利益的，可以向同级人民法院提出检察建议，并报上级人民检察院备案；也可以提请上级人民检察院向同级人民法院提出抗诉。

各级人民检察院对审判监督程序以外的其他审判程序中审判人员的违法行为，有权向同级人民法院提出检察建议。

第二百零九条　有下列情形之一的，当事人可以向人民检察院申请检察建议或者抗诉：

（一）人民法院驳回再审申请的；

（二）人民法院逾期未对再审申请作出裁定的；

（三）再审判决、裁定有明显错误的。

人民检察院对当事人的申请应当在三个月内进行审查，作出提出或者不予提出检察建议或者抗诉的决定。当事人不得再次向人民检察院申请检察建议或者抗诉。

第二百一十条　人民检察院因履行法律监督职责提出检察建议或者抗诉的需要，可以向当事人或者案外人调查核实有关情况。

第二百一十一条　人民检察院提出抗诉的案件,接受抗诉的人民法院应当自收到抗诉书之日起三十日内作出再审的裁定;有本法第二百条第一项至第五项规定情形之一的,可以交下一级人民法院再审,但经该下一级人民法院再审的除外。

第二百一十二条　人民检察院决定对人民法院的判决、裁定、调解书提出抗诉的,应当制作抗诉书。

第二百一十三条　人民检察院提出抗诉的案件,人民法院再审时,应当通知人民检察院派员出席法庭。

第十七章　督促程序

第二百一十四条　债权人请求债务人给付金钱、有价证券,符合下列条件的,可以向有管辖权的基层人民法院申请支付令:

(一) 债权人与债务人没有其他债务纠纷的;

(二) 支付令能够送达债务人的。

申请书应当写明请求给付金钱或者有价证券的数量和所根据的事实、证据。

第二百一十五条　债权人提出申请后,人民法院应当在五日内通知债权人是否受理。

第二百一十六条　人民法院受理申请后,经审查债权人提供的事实、证据,对债权债务关系明确、合法的,应当在受理之日起十五日内向债务人发出支付令;申请不成立的,裁定予以驳回。

债务人应当自收到支付令之日起十五日内清偿债务,或者向人民法院提出书面异议。

债务人在前款规定的期间不提出异议又不履行支付令的,债权人可以向人民法院申请执行。

第二百一十七条　人民法院收到债务人提出的书面异议后,经审查,异议成立的,应当裁定终结督促程序,支付令自行失效。

支付令失效的,转入诉讼程序,但申请支付令的一方当事人不同意提起诉讼的除外。

第十八章　公示催告程序

第二百一十八条按照规定可以背书转让的票据持有人,因票据被盗、遗失或者灭失,可以向票据支付地的基层人民法院申请公示催告。依照法律规定可以申请公示催告的其他事项,适用本章规定。

申请人应当向人民法院递交申请书,写明票面金额、发票人、持票人、背书人等票据主要内容和申请的理由、事实。

第二百一十九条　人民法院决定受理申请,应当同时通知支付人停止支付,并在三日内发出公告，催促利害关系人申报权利。公示催告的期间，由人民法院根据情况决定，但不得少于六十日。

第二百二十条 支付人收到人民法院停止支付的通知，应当停止支付，至公示催告程序终结。

公示催告期间，转让票据权利的行为无效。

第二百二十一条 利害关系人应当在公示催告期间向人民法院申报。

人民法院收到利害关系人的申报后，应当裁定终结公示催告程序，并通知申请人和支付人。

申请人或者申报人可以向人民法院起诉。

第二百二十二条 没有人申报的，人民法院应当根据申请人的申请，作出判决，宣告票据无效。判决应当公告，并通知支付人。自判决公告之日起，申请人有权向支付人请求支付。

第二百二十三条 利害关系人因正当理由不能在判决前向人民法院申报的，自知道或者应当知道判决公告之日起一年内，可以向作出判决的人民法院起诉。

（二）2000年《海事诉讼特别程序法》（节选）

第八章 审判程序

第一节 审理船舶碰撞案件的规定

第八十二条 原告在起诉时、被告在答辩时，应当如实填写《海事事故调查表》。

第八十三条 海事法院向当事人送达起诉状或者答辩状时，不附送有关证据材料。

第八十四条 当事人应当在开庭审理前完成举证。当事人完成举证并向海事法院出具完成举证说明书后，可以申请查阅有关船舶碰撞的事实证据材料。

第八十五条 当事人不能推翻其在《海事事故调查表》中的陈述和已经完成的举证，但有新的证据，并有充分的理由说明该证据不能在举证期间内提交的除外。

第八十六条 船舶检验、估价应当由国家授权或者其他具有专业资格的机构或者个人承担。非经国家授权或者未取得专业资格的机构或者个人所作的检验或者估价结论，海事法院不予采纳。

第八十七条 海事法院审理船舶碰撞案件，应当在立案后一年内审结。有特殊情况需要延长的，由本院院长批准。

第二节 审理共同海损案件的规定

第八十八条 当事人就共同海损的纠纷，可以协议委托理算机构理算，也可以直接向海事法院提起诉讼。海事法院受理未经理算的共同海损纠纷，可以委托理算机构理算。

第八十九条　理算机构作出的共同海损理算报告，当事人没有提出异议的，可以作为分摊责任的依据；当事人提出异议的，由海事法院决定是否采纳。

第九十条　当事人可以不受因同一海损事故提起的共同海损诉讼程序的影响，就非共同海损损失向责任人提起诉讼。

第九十一条　当事人就同一海损事故向受理共同海损案件的海事法院提起非共同海损的诉讼，以及对共同海损分摊向责任人提起追偿诉讼的，海事法院可以合并审理。

第九十二条　海事法院审理共同海损案件，应当在立案后一年内审结。有特殊情况需要延长的，由本院院长批准。

第三节　海上保险人行使代位请求赔偿权利的规定

第九十三条　因第三人造成保险事故，保险人向被保险人支付保险赔偿后，在保险赔偿范围内可以代位行使被保险人对第三人请求赔偿的权利。

第九十四条　保险人行使代位请求赔偿权利时，被保险人未向造成保险事故的第三人提起诉讼的，保险人应当以自己的名义向该第三人提起诉讼。

第九十五条　保险人行使代位请求赔偿权利时，被保险人已经向造成保险事故的第三人提起诉讼的，保险人可以向受理该案的法院提出变更当事人的请求，代位行使被保险人对第三人请求赔偿的权利。

被保险人取得的保险赔偿不能弥补第三人造成的全部损失的，保险人和被保险人可以作为共同原告向第三人请求赔偿。

第九十六条　保险人依照本法第九十四条、第九十五条的规定提起诉讼或者申请参加诉讼的，应当向受理该案的海事法院提交保险人支付保险赔偿的凭证，以及参加诉讼应当提交的其他文件。

第九十七条　对船舶造成油污损害的赔偿请求，受损害人可以向造成油污损害的船舶所有人提出，也可以直接向承担船舶所有人油污损害责任的保险人或者提供财务保证的其他人提出。

油污损害责任的保险人或者提供财务保证的其他人被起诉的，有权要求造成油污损害的船舶所有人参加诉讼。

第四节　简易程序、督促程序和公示催告程序

第九十八条　海事法院审理事实清楚、权利义务关系明确、争议不大的简单的海事案件，可以适用《中华人民共和国民事诉讼法》简易程序的规定。

第九十九条　债权人基于海事事由请求债务人给付金钱或者有价证券，符合《中华人民共和国民事诉讼法》有关规定的，可以向有管辖权的海事法院申请支付令。

债务人是外国人、无国籍人、外国企业或者组织，但在中华人民共和国领域

内有住所、代表机构或者分支机构并能够送达支付令的，债权人可以向有管辖权的海事法院申请支付令。

第一百条　提单等提货凭证持有人，因提货凭证失控或者灭失，可以向货物所在地海事法院申请公示催告。

（三）2003年《最高人民法院关于适用〈海事诉讼特别程序法〉若干问题的解释》（法释[2003]3号）（节选）

七、关于审判程序

第五十六条　海事诉讼特别程序法第八十四条规定的当事人应当在开庭审理前完成举证的内容，包括当事人按照海事诉讼特别程序法第八十二条的规定填写《海事事故调查表》和提交有关船舶碰撞的事实证据材料。

前款规定的证据材料，当事人应当在一审开庭前向海事法院提供。

第五十七条　《海事事故调查表》属于当事人对发生船舶碰撞基本事实的陈述。经对方当事人认可或者经法院查证属实，可以作为认定事实的依据。

第五十八条　有关船舶碰撞的事实证据材料指涉及船舶碰撞的经过、碰撞原因等方面的证据材料。

有关船舶碰撞的事实证据材料，在各方当事人完成举证后进行交换。当事人在完成举证前向法院申请查阅有关船舶碰撞的事实证据材料的，海事法院应予驳回。

第五十九条　海事诉讼特别程序法第八十五条规定的新的证据指非当事人所持有，在开庭前尚未掌握或者不能获得，因而在开庭前不能举证的证据。

第六十条　因船舶碰撞以外的海事海商案件需要进行船舶检验或者估价的，适用海事诉讼特别程序法第八十六条的规定。

第六十一条　依据《中华人民共和国海商法》第一百七十条的规定提起的诉讼和因船舶触碰造成损害提起的诉讼，参照海事诉讼特别程序法关于审理船舶碰撞案件的有关规定审理。

第六十二条　未经理算的共同海损纠纷诉至海事法院的，海事法院应责令当事人自行委托共同海损理算。确有必要由海事法院委托理算的，由当事人提出申请，委托理算的费用由主张共同海损的当事人垫付。

第六十三条　当事人对共同海损理算报告提出异议，经海事法院审查异议成立，需要补充理算或者重新理算的，应当由原委托人通知理算人进行理算。原委托人不通知理算的，海事法院可以通知理算人重新理算，有关费用由异议人垫付；异议人拒绝垫付费用的，视为撤销异议。

第六十四条　因与共同海损纠纷有关的非共同海损损失向责任人提起的诉讼，适用海事诉讼特别程序法第九十二条规定的审限。

第六十五条　保险人依据海事诉讼特别程序法第九十五条规定行使代位请

求赔偿权利,应当以自己的名义进行;以他人名义提起诉讼的,海事法院应不予受理或者驳回起诉。

第六十六条　保险人依据海事诉讼特别程序法第九十五条的规定请求变更当事人或者请求作为共同原告参加诉讼的,海事法院应当予以审查并作出是否准予的裁定。当事人对裁定不服的,可以提起上诉。

第六十七条　保险人依据海事诉讼特别程序法第九十五条的规定参加诉讼的,被保险人依此前进行的诉讼行为所取得的财产保全或者通过扣押取得的担保权益等,在保险人的代位请求赔偿权利范围内对保险人有效。被保险人因自身过错产生的责任,保险人不予承担。

第六十八条　海事诉讼特别程序法第九十六条规定的支付保险赔偿的凭证指赔偿金收据、银行支付单据或者其他支付凭证。仅有被保险人出具的权利转让书但不能出具实际支付证明的,不能作为保险人取得代位请求赔偿权利的事实依据。

第六十九条　海事法院根据油污损害的保险人或者提供财务保证的其他人的请求,可以通知船舶所有人作为无独立请求权的第三人参加诉讼。

第七十条　海事诉讼特别程序法第一百条规定的失控指提单或者其他提货凭证被盗、遗失。

第七十一条　申请人依据海事诉讼特别程序法第一百条的规定向海事法院申请公示催告的,应当递交申请书。申请书应当载明:提单等提货凭证的种类、编号、货物品名、数量、承运人、托运人、收货人、承运船舶名称、航次以及背书情况和申请的理由、事实等。有副本的应当附有单证的副本。

第七十二条　海事法院决定受理公示催告申请的,应当同时通知承运人、承运人的代理人或者货物保管人停止交付货物,并于三日内发出公告,敦促利害关系人申报权利。公示催告的期间由海事法院根据情况决定,但不得少于三十日。

第七十三条　承运人、承运人的代理人或者货物保管人收到海事法院停止交付货物的通知后,应当停止交付,至公示催告程序终结。

第七十四条　公示催告期间,转让提单的行为无效;有关货物的存储保管费用及风险由申请人承担。

第七十五条　公示催告期间,国家重点建设项目待安装、施工、生产的货物,救灾物资,或者货物本身属性不宜长期保管以及季节性货物,在申请人提供充分可靠担保的情况下,海事法院可以依据申请人的申请作出由申请人提取货物的裁定。

承运人、承运人的代理人或者货物保管人收到海事法院准予提取货物的裁定后,应当依据裁定的指令将货物交付给指定的人。

第七十六条　公示催告期间,利害关系人可以向海事法院申报权利。海事法院收到利害关系人的申报后,应当裁定终结公示催告程序,并通知申请人和承运人、承运人的代理人或者货物保管人。

申请人、申报人可以就有关纠纷向海事法院提起诉讼。

第七十七条　公示催告期间无人申报的,海事法院应当根据申请人的申请作出判决,宣告提单或者有关提货凭证无效。判决内容应当公告,并通知承运人、承运人的代理人或者货物保管人。自判决公告之日起,申请人有权请求承运人、承运人的代理人或者货物保管人交付货物。

第七十八条　利害关系人因正当理由不能在公示催告期间向海事法院申报的,自知道或者应当知道判决公告之日起一年内,可以向作出判决的海事法院起诉。

❑ 本章扩展阅读

1. 李浩主编:《民事诉讼法学》,高等教育出版社 2007 年版,第 229 页—第 294 页、第 419 页—第 441 页。

阅读引导:该书第五篇"诉讼程序"和第六篇"非讼程序"部分,对民事审判程序中的第一审程序、简易程序、第二审程序、审判监督程序、督促程序、公示催告程序作了系统全面的介绍,并且在其中穿插了许多相应的案例进行佐证,适合读者初步了解民事审判程序全貌。海事审判程序中有相当一部分程序都与民事审判程序相同,通过阅读该书,并将民事审判程序与海事审判程序进行比较,读者能够基本了解海事审判程序的整体架构。

2. 刘仲屹、王保民:《小额诉讼程序及其在我国民事诉讼法修改中的完善》,载《比较法研究》2012 年第 5 期。

阅读引导:该文以域外民事诉讼立法对小额诉讼的规范为视角,对小额诉讼程序展开研究。作者从小额诉讼程序的产生、小额诉讼程序的要件、小额诉讼的审理与判决三个方面,对世界各国小额诉讼程序进行比较研究,并探讨了各国小额诉讼程序立法实践对我国的启示。

3. 李伟群:《除权判决的效力与票据善意取得之间的关系——从中、日票据法比较的角度》,载《法学》2006 年第 6 期。

阅读引导:该文以民事公示催告程序中失票人与善意取得者之间的利益平衡为角度,从中、日学者不同的观点、立场出发展开讨论。读者通过本文能够加深对公示催告程序的理解,思考公示催告程序中的利益冲突与平衡问题。

4. 金正佳主编:《海事诉讼特别程序法》,大连海事大学出版社 2001 年版。

阅读引导:该书第八章介绍了海事诉讼审判程序,对英美法系审理船舶碰撞案件中的初步文书制度作了详细介绍,对我国《海事事故调查表》运用具有十分重要的借鉴作用。该书还指出了船舶碰撞案件在司法实践中可能存在的问题，例如，海事局的调查处理对审判实践的影响、船舶碰撞证据收集和保全的问题、专家证据的运用等，并给出了相应的解决对策。关于海上保险人代位求偿权的问题，该书从民法学和民事诉讼法基本原理的角度进行分析，并运用比较研究法，阐述了海上保险人代位求偿权和合同法中代位求偿权的联系与区别，从而加深读者对海上保险人代位求偿权的认识。

5. 曾立新、陈欣：《海上保险人的共同海损赔偿责任辨析——中、英法律和条款之比较》，载《国际商务（对外经济贸易大学学报）》2009 年第 2 期。

阅读引导：共同海损与海上保险都是现代海商法中重要的法律制度，两者之间存在着密切的联系。在对外贸易实务中，海上保险人出于保护自身利益的目的，在保险单中，对共同海损责任认定及共同海损赔偿计算都有特别规定。该文论述了共同海损理算结果和海上保险赔偿责任之间的区别，并将中、英两国的海上保险法律规定和条款进行比较，指出中国《海商法》和海上保险条款的相关规定过于笼统，不利于实务操作，同时也给出了相应的修改建议。

附录一：相关法律文书

文书 1-支付令

中华人民共和国××海事法院
支付令

（××××）×海法督字第××号

申请人……（写明姓名或名称等基本情况）

被申请人……（写明姓名或名称等基本情况）

申请人×××于××××年××月××日向本院申请支付令。……（简要写明申请人提供的海事债权债务关系的事实、证据）要求被申请人×××给付……（写明请求给付金钱或者有价证券的名称和数量）。

本院经审查认为，申请人的申请符合《中华人民共和国海事诉讼特别程序法》第九十九条规定的条件，依照《中华人民共和国民事诉讼法》第一百九十一条的规定，特发出如下支付令：

被申请人×××应当自收到本支付令之日起十五日内，给付申请人……（写明应给付的金钱或有价证券的名称和数量），并承担本案受理费……元。

被申请人有异议的,应当自收到本支付令之日起十五日内向本院提出书面异议;逾期不提出书面异议,本支付令即发生法律效力。

审判员　×××
××××年××月××日
(院印)

本件与原件核对无异

书记员　×××

注:1. "(××××)×海法督字第××号"中,"(××××)"为年份,"×海法"为海事法院简称,"第××号"为案件编号。

2. 本样式供有管辖权的海事法院受理支付令的申请后,经审查符合法定条件,决定向被申请人发出支付令时使用。

文书 2-终结督促程序裁定书

中华人民共和国××海事法院
民事裁定书

(终结督促程序用)

(××××)×海法督字第××号

申请人……(写明姓名或名称、住所地等基本情况)

被申请人……(写明姓名或名称、住所地等基本情况)

本院受理申请人×××的支付令申请后,于××××年××月××日发出(××××)×海法督字第××号支付令,限令被申请人×××在收到支付令之日起十五日内清偿债务,或者向本院提出书面异议。被申请人×××已在规定期间提出书面异议。本院依照《中华人民共和国民事诉讼法》第一百九十二条、第一百四十条第一款第(十一)项的规定,裁定如下:

终结本案的督促程序。

本院××××年××月××日(××××)×海法督字第××号支付令自行失效,申请人×××可以依法起诉。

本案受理费……元,由申请人×××承担。

本裁定为终审裁定。

审判员 ××××
××××年××月××日
（院印）

本件与原件核对无异

书记员 ××××

注:1.“(××××)×海法督字第××号”中,“(××××)”为年份,“×海法”为海事法院简称,“第××号”为案件编号。

2. 本裁定书样式供海事法院在受理基于海事事由申请支付令的案件并发出支付令后,债务人在规定期间提出书面异议,依法终结督促程序时使用。

文书3-公示催告的公告

中华人民共和国××海事法院
公 告

（公示催告程序用）

(××××)×海法催字第××号

申请人×××因……(写明失控或灭失的提货凭证的名称和主要内容以及申请理由),向本院申请公示催告,本院决定受理。依照《中华人民共和国民事诉讼法》第一百九十四条的规定,现予公告。自公告之日起××日内,利害关系人应向本院申报权利。届时如果无人申报权利,本院将依法作出判决,宣告上述提货凭证无效。在公示催告期间,转让该提货凭证的行为无效。

特此公告。

××××年××月××日
（院印）

注:1.“(××××)×海法催字第××号”中,“(××××)”为年份,“×海法”为海事法院简称,“第××号”为案件编号。

2. 本公告样式供海事法院在受理海事公示催告案件后,于三日内采取登报或用张贴方式发出公告后,催促利害关系人对该项失控或灭失的提货凭证或其他事项申报权利时使用。

文书4-终结海事公示催告裁定书

中华人民共和国××海事法院
民事裁定书

（终结海事公示催告程序用）

（××××）×海法催字第××号

申请人……（写明姓名或名称、住所地等基本情况）

申报人……（写明姓名或名称、住所地等基本情况）

申请人×××因……（写明提货凭证及其失控、灭失的情况），向本院申请公示催告。本院受理后于××××年××月××日发出公告，催促利害关系人在××日内申报权利。现申报人×××已在规定期间向本院申报权利。依照《中华人民共和国民事诉讼法》第一百九十六条第二、三款、第一百四十条第一款第（十一）项的规定，裁定如下：

一、终结本案的公示催告程序。

二、申请人（或申报人）可以向海事法院起诉。

三、本案受理费及公告费……元，由申请人×××负担。

本裁定为终审裁定。

审判员　×××

××××年××月××日

（院印）

本件与原件核对无异

书记员　×××

注：1. “（××××）×海法催字第××号”中，“（××××）”为年份，“×海法”为海事法院简称，“第××号”为案件编号。

2. 本样式供海事法院在受理海事公示催告案件，发出催促利害关系人申报权利的公告后，在规定期间收到利害关系人的申报，依法终结公示催告程序时使用。

3. 本裁定书应送达申请人和承运人或其代理人。

文书5-公示催告除权判决书

中华人民共和国××海事法院
民事判决书

(公示催告除权用)

(××××)×海法催字第××号

申请人……(写明姓名或名称、住所地等基本情况)

申请人×××申请宣告提货凭证无效一案,本院受理后依法于××××年××月××日发出公告,催促利害关系人在××日内申报权利。现公示催告期间已满,无人向本院提出申报。依照《中华人民共和国民事诉讼法》第二百二十条的规定,判决如下:

一、宣告……(写明提货凭证名称、货物金额和签发人、持有人、背书人等)无效;

二、自本判决公告之日起,申请人×××有权向承运人×××请求提货。

案件受理费及公告费……元,由申请人×××负担。

本判决为终审判决。

审判员　×××

××××年××月××日

(院印)

本件与原件核对无异

书记员　×××

注:1. "(××××)×海法催字第××号"中,"(××××)"为年份,"×海法"为海事法院简称,"第××号"为案件编号。

2. 本判决书样式供海事法院在受理海事公示催告案件,并发出催促利害关系人申报权利的公告后,在规定期间无人提出申报,依法宣告提货凭证无效时使用。

文书6-船舶碰撞案件调查表

中华人民共和国××海事法院
海事事故调查表

（审理船舶碰撞案件用）

（封面）

原（被）告________（签名或盖章）

填表人姓名________职务________

填表时间________

（注：调查表封面内容占一页）

海事事故发生情况和经过

（注：以上内容为另页）

填表须知

1. 此表应在起诉或答辩时由发生海事事故的当事船舶船长或值班驾驶人员或其他有关人员按各船的实际情况及设备如实逐项填写，如有伪造将依法承担责任。

2. 须用钢笔或毛笔并使用中国的语言和文字（如系外文填写，须译成中文），填写字迹要工整，意思表示要明确，凡涂改处须加盖印章或按指印。

3. 当事人应根据所填写的内容，在开庭审理前提供相应的证据材料，凡系外文版本的材料，应附中文译本。附当事船舶应提供的书面的证据：

(1) 当事船舶所有权的所有权证书和国籍证书；

(2) 当事船舶的船舶检验证书和适航证书；

(3) 当事船舶的航行签证簿和营运许可证或类似的文件；

(4) 当事船舶在航行中的航行日志、甲板、轮机、车钟、电台、雷达等原始记录簿或类似文件；

(5) 当事船舶罗经自差表和碰撞时所使用的原始海图及自动航向记录；

(6) 当事船舶的船长、值班驾驶员、轮机员的适任证书，船员人数、名单、地址及相应的职务证书；

(7) 发生海事水域的气象、水文情况证明材料；

(8) 当事船舶的海事报告或海事声明；

(9) 当事船舶的海损检验报告；

(10) 当事船舶发生海事时在场证人的证言；

(11) 其他与本案有关的证据材料。

上述证据各船按实际情况的设备提供。

（注："填表须知"内容另占一页）

注：1. 本调查表样式系根据《海事诉讼特别程序法》第82条的规定制定的，由当事人填写并提供，供各海事法院在审理船舶碰撞案件时使用。

2. 此调查表在作为证据时，仅作为当事人的陈述使用。

文书7-代位求偿变更当事人申请书

代位求偿变更当事人申请书

（诉讼中保险人提起代位求偿用）

××（海事）法院：

钧院……（写明当事人与案由）一案，我××保险公司作为×××（写明当事人的名称）的保险人，已于××××年××月××日支付了承保范围内的全部理赔款项。为了行使代位求偿权，现向贵院申请变更当事人（或申请作为共同当事人参加诉讼），以代位行使×××（写明当事人的名称）的权利。

特此申请，请予准许。

附：……（保险合同及理赔清单、赔款支付凭证）。

申请人　×××（签章）

××××年××月××日

注：1. 本样式由取得代位权的保险人提出，供各海事法院及其上诉审法院在审理案件时使用。

2. 申请人在提交本申请书时同时应提交保险合同、理赔清单、赔款支付凭证。

3. 依据《海事诉讼特别程序法》第95条第2款规定，保险人或被保险人要求作为共同原告参加诉讼时的申请，也可参照本申请书，将申请事由改为要求参加诉讼。

附录二：案例分析

1. 共同海损[①]

【案情简介】

"Sea Diamond"轮载有香港民安保险有限公司（以下简称"民安保险"）承保

① 参见（2002）沪海法海初字第18号民事判决书。

的货物由喀麦隆驶往中国蛇口港。2000年4月26日,该轮与统一和平海运有限公司(以下简称"统一海运")所属"Orient Honesty"轮在中国长江口发生碰撞,导致"Sea Diamond"轮左舷船壳板严重受损,船和货物处于危险之中。4月30日,"Sea Diamond"轮就近驶入上海港,并卸下船上所有货物进厂修理。

经该轮船东宣布共同海损,香港德理有限公司(以下简称"德理公司")进行了共同海损理算,太平保险有限公司(以下简称"太平保险")为此向德理公司出具了共同海损担保。经理算,货方应分摊的共同海损金额为70,144.15美元。民安保险通过德理公司向"Sea Diamond"轮船东支付了上述分摊金额。指示收货人中盛实业有限公司向民安保险出具了收据,并将追偿权转让给民安保险。太平保险亦将其权利及义务转让给民安保险。另案中,法院判决统一海运在此次船舶碰撞损害赔偿纠纷案中应承担60%的责任。

【问题思考】

(1)本案中存在哪些法律关系?

(2)共同海损追偿具有哪些要件?本案中,哪些主体可以行使共同海损分摊费用追偿?追偿比例是多少?

【案例简析】

本案是一起共同海损分摊费用追偿纠纷案件,共包含以下几层法律关系:(1)基础法律关系,即权利人据以向义务人追偿共同海损分摊费用的侵权(法定)或合同(约定)法律关系。本案为货物保险人民安保险向对船舶碰撞负有责任的"Orient Honesty"轮船舶所有人统一海运请求侵权行为损害赔偿的法律关系。(2)共同海损法律关系,即追偿权利人分摊共同海损费用并据以向本船或对方船追偿的法律关系。本案为民安保险因其承保的货物参与共同海损分摊而向本船所有人支付分摊费用的法律关系。(3)其他相关法律关系,以本案为例,一般涉及保险人赔付及代位求偿的法律关系,即民安保险代指示收货人中盛实业有限公司支付共同海损分摊费用,因而取得代位求偿权,有权向统一海运请求损害赔偿的法律关系;担保人出具共同海损保函或提供保证金,保证支付分摊费用的法律关系,即太平保险为货主支付分摊费用进行担保的法律关系;还有德理公司为船、货方进行共同海损理算的法律关系等。这些法律关系均围绕共同海损及其追偿而产生,对追偿权利人的权利取得与行使有一定影响。

首先应将共同海损要件与共同海损追偿要件予以区分。共同海损的要件有四项:(1)船舶、货物和其他财产处于同一海上航程,面临共同的、真实存在的危险;(2)所采取的措施是为了船舶、货物和其他财产的共同安全,且是有意的、合理的;(3)所造成的牺牲和支付的费用是特殊的;(4)所采取的措施取得了一定效果,达到了全部或部分保全船舶、货物和其他财产的目的。

依据本案判决,共同海损追偿的要件亦有四项:(1)构成共同海损且其费用已分摊。(2) 追偿权利人已支付共同海损分摊费用。对追偿权利人而言,未支付分摊费用,即未实际受有损失,所以不得进行追偿。(3) 追偿义务人对共同海损负有法定责任或约定责任。所以,义务人应当依据侵权行为或合同等基础法律关系承担损害赔偿责任。(4) 追偿义务人在其责任范围内负赔偿之责。

本案中,统一海运已经另案判决对涉案船舶碰撞承担60%的责任,民安保险行使共同海损分摊费用追偿权时,即应以统一海运所承担的碰撞责任的比例为限。同理,如船方对碰撞损失依法享有责任限制,其对追偿权利人承担损害赔偿之责亦应在其责任限制范围之内。

货方(货物所有人及其保险人)进行的共同海损追偿,可分为向本船船舶所有人的追偿,及向对方船舶所有人(第三人)的追偿。本案属于向对方船的追偿。而上述共同海损追偿的四项要件,无论向本船追偿还是向对方船追偿均适用。

2. 海上保险人行使代位求偿权[①]

【案情简介】

1999年10月16日,鹰星公司承保自荷兰鹿特丹运往中国上海的29卷装饰纸。投保人为香港添百利木业有限公司(以下简称"添百利公司"),收货人是江苏美亚装饰耐火板有限公司(以下简称"美亚公司"),保险条款为一切险加战争险(协会A条款01/01/82)。

该批货物于1999年10月6日装船,中国外运股份有限公司(以下简称"中外运")的代理人中外运德国公司签发了以中外运作为承运人的已装船清洁提单,承运船舶为"Hanjin Savannah"轮。该批货物于1999年11月6日到达上海港,1999年11月16日收货人美亚公司从码头提货,开箱后发现货物有水湿现象。1999年11月17日,中国外轮理货公司出具了发现货物水湿的报告。1999年11月23日,鹰星公司在目的港的检验代理人中国人民保险公司上海分公司委托上海东方公估行对受损货物进行了检验并出具了检验报告,认定货损原因系承运船舶在运输过程中淡水进入集装箱所致,认定货物实际损失为23,521.96美元。

鹰星公司依保险条款向收货人美亚公司进行了赔偿,收货人美亚公司授权香港美亚新染化有限公司(以下简称"美亚新公司")接受赔款。鹰星公司按美亚公司的指示进行了付款,并从美亚公司处得到代位求偿权益转让书。鹰星公司据此向被告主张权利,请求被告赔偿其损失。

【问题思考】

(1) 本案中,保险人鹰星公司如何从被保险人美亚公司处获得对第三人的代位求偿权?

---

① 参见北大法律信息网,引证号:CLI. C. 874164。

(2) 保险人鹰星公司行使代位求偿诉讼是否超过诉讼时效?

【案例简析】

《海商法》第252条就海上保险代位求偿问题作了规定:“保险标的发生保险责任范围内的损失是由第三人造成的,被保险人向第三人要求赔偿的权利,自保险人支付赔偿之日起,相应转移给保险人。”由此可见,保险人的代位求偿权是基于法律规定而产生的,其适用具有强制性。

代位求偿权既然是法定权利,其适用必然应符合法定的条件,才能为法律所认可。这些条件包括:(1) 被保险人因海上保险事故对第三人有损害赔偿请求权;(2) 保险人已经向被保险人实际支付保险赔偿;(3) 保险人行使代位求偿权以保险赔偿范围为限;(4) 保险人应当在保险责任范围内赔偿被保险人的损失。

本案中中外运承运涉案货物,其应为承运人。本案中的提单为中外运的格式提单,标识为Sinotrans,由中外运德国公司代承运人签发,按航运业惯例通过该提单可以识别的唯一承运人为中外运。承运人在海上运输过程中未尽谨慎管货义务,对涉案货物发生货损应承担责任,收货人美亚公司对中外运享有损害赔偿请求权。

保险人鹰星公司根据保险条款的规定应向收货人美亚公司进行赔偿。虽然鹰星公司是将赔款交给了美亚新公司,但其是根据收货人美亚公司对美亚新公司接受赔款的授权。根据我国民法关于债权转移的规定,债权人可以将债权转移,债务人向新债权人清偿债务的行为,视为债务人向原债权人清偿债务。因此,本案中保险人鹰星公司完成了保险赔偿并取得了收货人的代位求偿权已转让书,其在保险赔偿范围内享有了收货人对承运人的损害赔偿权。

《海商法》第257条规定,就海上货物运输向承运人要求赔偿的请求权,时效期间为一年,自承运人交付或应当交付货物之日起计算。代位求偿权的实质是法定债权让与,时效作为实体权利,也应当包括在受让的权利之内,因此,保险人行使代位求偿权向第三人要求赔偿的权利,其时效期间应当和被保险人向第三人要求赔偿的时效期间一致,即一年。《海商法》第264条规定,根据保险合同向保险人要求保险赔偿的请求权,时效期间为两年,自保险事故发生之日起计算。

由于运输合同诉讼时效与保险合同诉讼时效不一致,而且《海商法》也没有像规定承运人向第三人的追偿时效一样规定保险人的代位追偿时效,但一般认为,既然是代位权,保险人对于责任方索赔的诉讼时效应当依被保险人对于责任方的诉讼时效决定。这很容易导致保险人向被保险人赔偿后向第三人追偿时往往已过了时效期间,使得保险人的代位求偿权得不到时效上的保证。尤其是被保险人和承运人为外国当事人的情况时,其追偿时效的矛盾就更突出。之所以如此,是因为与其他民事权利相比,保险人行使代位求偿权的期间有其特殊性。

从保险事故发生到保险人向第三人追偿,有两个索赔阶段,一是被保险人向保险人索赔;二是保险人代位向第三人索赔。保险人向第三人索赔的前提条件是向被保险人作出赔偿。但有时保险人与被保险人就是否应予赔偿而发生纠纷,如果经过一审、二审后,保险人败诉,则保险人在赔偿被保险人后,被保险人对第三人的请求可能已过诉讼时效,这就会剥夺保险人的代位求偿权。因此,当被保险人首先向保险人提起诉讼请求赔偿,而保险合同诉讼一时难以解决时,应当加重被保险人在保险诉讼期间所负有的向责任第三人索赔的义务,以保护运输合同诉讼时效。否则,保险人可以援引《海商法》第 253 条的规定:“被保险人……由于过失致使保险人不能行使追偿权利的,保险人可以相应扣减保险赔偿。”因此,被保险人必须在一年内向第三人提出赔偿请求。本案中原告保险人在一年内起诉,未超过法律规定的诉讼时效。

第九章　设立海事赔偿责任限制基金程序

导读　发生海上事故时，责任人可以通过向海事法院申请设立海事赔偿责任限制基金，在基金的限额内承担赔偿责任，使其船舶或其他财产获得某种特殊的保护，防止责任人的财产被重复扣押。本章的学习中，应注意掌握海事赔偿责任限制基金程序的设立和执行中的法律问题，体会海事赔偿责任限制基金设立的意义，并对海事赔偿责任限制加以区分。

关键词　海事赔偿责任限制　海事赔偿责任限制程序　海事赔偿责任限制基金程序

第一节　海事赔偿责任限制基金程序概述

一、海事赔偿责任限制概述

海事赔偿责任限制(Limitation of Liability for Maritime Claims)是海商法特有的制度，是指船舶发生重大海难给货主带来损失时，对事故负有责任的船舶所有人、救助人、保险人或其他人，对受害人提出的损害赔偿责任，可根据法律将自己的赔偿责任限制在一定范围之内的一种法律规定。①

海事赔偿责任限制制度实际上是对船舶所有人、船舶承租人、经营人、救助人和保险人的一种倾向性保护。基于海上风险的考虑，出于保护航运业发展的需要，该政策具有一定的现实意义。不同于民法中按实际发生进行损失赔偿的民事损害赔偿制度，海事赔偿责任限制制度则将船舶所有人、救助人等的赔偿责任限制在一定的限额内。因此，该制度通过对船东、保险人以及救助人损害赔偿责任的限制，一定程度上减轻了航运风险和承运人负担。

经过长期实践，国际上基本形成了被世界主要航运国家普遍认可的海事赔偿责任限制法律制度。目前，国际上主要适用的关于海事赔偿责任限制的公约包括《1957 年海船所有人责任限制国际公约》和《1976 年海事赔偿责任限制公约》。

我国也对海事赔偿责任限制作出了相关的法律规定，《海商法》充分吸收了

---

① 参见屈广清主编:《海事诉讼与海事仲裁法》，法律出版社 2007 年版，第 113 页。

《1976 年海事赔偿责任限制公约》的相关内容，以专章形式规定了责任人根据法律可依法享受责任限制，并对海事赔偿责任限制的主体、海事赔偿责任限制的债权范围、责任限额以及计算方法、受偿顺序均作出比较详细的规定。

二、海事赔偿责任限制基金程序概述

海事赔偿责任限制基金，就是责任人向海事法院申请设立的保证金，保证在其责任限制范围内向债权人予以赔偿，对于超过基金限额的部分，责任人可以依法免除赔偿责任。设立基金程序性质上是一种执行程序，它解决的是民事权利义务已经确定的情况下，如何就基金向多数债权人平均执行的问题，而并不解决当事人之间的实体权利义务纠纷。

我国《海商法》第十一章对海事赔偿责任限制基金作出了相关的规定，船舶所有人、船舶承租人、船舶经营人、救助人、对海事赔偿请求承担责任的保险人，以及船舶所有人、船舶承租人、船舶经营人或者救助人对其行为、过失负有责任的人员，均可以依法享有赔偿责任限制，并在有管辖权的法院设立责任限制基金。

然而，《海商法》虽然对设立海事赔偿责任限制基金的法律效果作出了规定，但对基金设立的具体条件和程序并没有作出相应的规范。在《海事诉讼特别程序法》颁布前，海事法院也审理了一些申请设立海事赔偿责任限制基金的案件，但由于缺乏具体的程序性规范，设立海事赔偿责任限制基金的适用程序一直处于探索阶段，各海事法院的做法也不完全统一。因此，《海事诉讼特别程序法》及其他相关司法解释的出台，对海事赔偿责任限制基金的设立程序作出了详细的规定，弥补了这一立法空白，为权利人行使权利提供了程序上的保障。

设立海事赔偿责任限制基金的方式有两种：一种是在债权人未对责任人提起诉讼的情况下，责任人主动向法院申请设立海事赔偿责任限制基金；另一种是债权人提起海事索赔诉讼之后，责任人提出的有关海事赔偿责任限制的抗辩。在法院审理该类案件中，法院对于当事人提交的责任限制申请只是进行初步的审查，而最终申请人是否能够享受责任限制要经过当事人的举证、质证等法定程序之后才能确定。

设立海事赔偿责任限制基金有两个目的：

一是使基金申请人有效承担有限赔偿责任。通过设立基金，在减少责任人赔偿额度，降低航运风险的同时，也保障了债权人在限额内获得赔偿的权利。

二是通过及时设立基金，基金申请人的船舶和其他财产能够免受扣押或查封，债权人的权利受到基金的对抗。

三、申请设立海事赔偿责任限制基金程序与海事赔偿责任限制程序的关系

海事赔偿责任限制，是船舶在营运中发生重大海损事故时，作为责任方的承运人等可依法将其赔偿责任限制在一定金额范围内。海事赔偿责任限制基金，则是被初步认定对海损事故负有责任并申请责任限制的人，向海事法院申请设立的一项担保性质的基金，其主要目的是避免申请人的船舶等财产因海损事故遭到扣押或查封。

应当注意，《海事诉讼特别程序法》规定的是海事赔偿责任限制基金的设立程序，而非海事赔偿责任限制程序。对于海事赔偿责任限制基金的设立，法院只作程序性审查，即对设立基金申请的主体资格、事故所涉及的债权性质和申请设立基金的数额进行审查，而申请人是否根据法律规定享受赔偿责任限制，不是法院应当审查的范围。

申请设立海事赔偿责任限制基金与海事赔偿责任限制相互独立，设立基金程序并不妨碍责任限制程序的同时进行，更不能取代其进行。设立海事赔偿责任限制基金涉及的是程序性的争议，而海事赔偿责任限制要解决的是实体争议。

首先，设立基金不是责任人申请限制赔偿责任的必经程序与前提条件。责任人设立基金只能表明其申请限制责任的意向，并不能表明其有限制责任的权利。倘若责任人不设立基金，只要符合法定条件，仍可申请责任限制，并不丧失申请责任限制的权利。[①] 法院准予责任人设立基金也不意味着确认责任人享有责任限制的权利。责任人是否存在法定的丧失责任限制权利的情况，以致最终能否享受海事赔偿责任限制，还需通过实体审理才能确定。

其次，责任人是否丧失限制赔偿责任的权利并不能影响其设立基金。《1976 年海事赔偿责任限制公约》和我国《海商法》中均没有规定将申请设立基金的主体限定为有权限制责任的人。我国法律之所以规定设立海事赔偿责任限制基金不以责任人有权限制赔偿责任作为设立基金的条件，其主要目的是在重大事故发生之后，海事赔偿责任问题确定之前，允许有关责任人尽快设立责任限制基金，以避免其船舶或其他财产遭受扣押或多次扣押。[②]

总之，海事赔偿责任限制基金的设立与是否享受责任限制之间并无必然的因果关系，海事赔偿责任限制基金的设立审查程序也不同于最终决定责任人能否享受责任限制的实体审理。具体表现在：

1. 在内容上，设立基金程序仅审查申请人的主体资格、所申请限制的债权

---

① 参见《最高人民法院关于审理海事赔偿责任限制相关纠纷案件的若干规定》第 13 条。

② 参见张江艳：《设立海事赔偿责任限制基金程序问题的研究》，载《海大法律评论》2007 年第 00 期。

性质、基金数额是否符合法定标准，并不实质审查责任人的行为。相反，海事赔偿责任限制程序主要审查责任人的行为是否构成丧失责任限制的情形，即损失是否由于责任人的故意或明知可能造成损失而轻率地作为或不作为造成的。

2. 在目的上，责任人设立海事赔偿责任限制基金主要是为了使其财产免受扣押，申请海事赔偿责任限制程序的目的在于限制责任人的赔偿责任，如果责任人有权限制赔偿责任，但没有通过法定程序申请设立基金，虽不影响责任人的责任限制，但不能阻止限制性债权人申请扣押责任人的船舶或其他财产。①

四、申请设立海事赔偿责任限制基金程序与诉讼和仲裁的关系

（一）申请设立海事赔偿责任限制基金程序与诉讼的关系

为同一特定海事事故，倘若责任人申请设立海事赔偿责任限制基金与当事人提起诉讼同时发生，就会出现设立基金特别程序与普通程序的交叉。这两种程序相互独立，却又相互影响、相互联系。

首先，申请设立责任限制基金在时限上受到诉讼程序的影响。设立责任限制基金的申请可以在诉前或诉讼中提出，但最迟应当在一审判决作出前提出。②

其次，申请设立责任限制基金在管辖上与诉讼程序有密切的联系。在设立海事赔偿责任限制基金后，当事人如果就有关海事纠纷行使诉讼权，除非当事人之间订有有效的诉讼管辖协议或者仲裁协议，应当向设立海事赔偿责任限制基金的海事法院提起诉讼。对于诉讼中申请的基金，应向正在审理海事纠纷案件的有管辖权的海事法院提出，但当事人之间订有有效诉讼管辖协议或者仲裁协议的除外。③

可见，不管是设立海事赔偿责任限制基金程序在先，还是普通诉讼程序在先，当事人之后申请的任一程序的管辖权都要受到先设立程序的影响和制约。

（二）申请设立海事赔偿责任限制基金程序与有关仲裁的关系

结合《海事诉讼特别程序法》，责任人只能向有管辖权的法院申请设立基金，而有关实体争议，当事人之间可以订立仲裁协议。由于申请设立基金程序不对责任人是否有权享有责任限制进行实体审理，因此，当事人订有有关仲裁协议的，对于责任人是否有权限制责任的问题，应该提交仲裁机构裁决。

《海事诉讼特别程序法》只规定了设立海事赔偿责任限制基金的申请最迟应在一审判决前提出，而未明确仲裁情况下申请设立海事赔偿责任限制基金的时限。如果仲裁未就责任人是否有权设立海事赔偿责任限制基金作出裁决，当

① 参见金正佳主编：《海事诉讼法论》，大连海事大学出版社 2001 年版，第 409 页。

② 参见《海事诉讼特别程序法》第 101 条第 3 款。

③ 参见《最高人民法院关于适用〈海事诉讼特别程序法〉若干问题的解释》第 81 条。

事人可以另行协议仲裁,或在有管辖权的海事法院进行诉讼。

五、设立海事赔偿责任限制基金的管辖

根据我国《海商法》第213条的规定,只有法院才有权力决定海事赔偿责任限制基金的设立。除了海事法院以外的任何机构都不能对申请人能否设立责任限制基金主张管辖。根据申请设立基金的时间不同,管辖分为两种情况:在诉讼前设立海事赔偿限制基金的,应当根据法律规定向具有管辖权的法院提出;在诉讼中申请设立责任限制基金的,必须向正在审理案件的有管辖权的海事法院提出。对于设立海事赔偿责任限制基金程序的管辖,法律对在起诉前和起诉中申请的规定是不同的。

(一)起诉前申请设立海事赔偿责任限制基金的管辖

诉前申请设立海事赔偿责任限制基金的案件,不受当事人管辖协议、仲裁协议的约束。因为当事人在海事合同中约定的管辖协议、仲裁协议只能约束有关海事合同争议的管辖,并不约束基于海事合同争议发生的责任限制案件的管辖。因此,诉前申请设立海事赔偿责任限制基金,应向事故发生地、合同履行地或者船舶扣押地的海事法院提出。① 事故发生地不能简单地理解为事故发生的具体地点,还应包括海事事故当事船舶最先达到地,即事故发生后船舶到达的第一个港口的海事法院。② 发生在中华人民共和国领域外的海事事故,船舶发生事故后进入中华人民共和国领域内的第一到达港可以视为事故发生地。关于合同履行地,是指合同当事人实现权利和履行义务的具体地点。如果合同中规定了履行地点并且实际履行地与约定的相同,则该地为合同履行地;如果实际履行地与约定的不同,则以实际履行地为准。③

由于法律规定了多个法院可以行使管辖权,实践中经常出现不同的责任人向不同的法院申请设立海事赔偿责任限制基金的情况。同一海事事故中,不同的责任人在起诉前向不同的海事法院申请设立海事赔偿责任限制基金的,后立案的海事法院应当将案件移送先立案的海事法院管辖。④

基金设立后,债权人提起海事诉讼的管辖分为两种情况:(1) 当事人之间订有诉讼管辖协议的,依照有效的协议条款向相关法院提起诉讼;(2) 没有管辖协议的,海事赔偿责任限制基金设立后,设立基金的海事法院对相关纠纷具有管辖

① 参见《海事诉讼特别程序法》第102条。

② 参见杨树明主编:《民事诉讼法·海事诉讼特别程序篇》,厦门大学出版社2008年版,第248页。

③ 参见韩立新、袁绍春、尹伟民编著:《海事诉讼与仲裁》,大连海事大学出版社2007年版,第163页。

④ 参见《最高人民法院关于审理海事赔偿责任限制相关纠纷案件的若干规定》第2条。

权。[①] 海事请求人向其他海事法院提起诉讼的,受理案件的海事法院应当将案件移送设立海事赔偿责任限制基金的海事法院。

(二)起诉中申请设立海事赔偿责任限制基金的管辖

《海事诉讼特别程序法》并未涉及诉讼中申请设立基金的管辖问题。但是,之后出台的《最高人民法院关于适用〈海事诉讼特别程序法〉若干问题的解释》第81条规定,当事人在诉讼中申请设立海事赔偿责任限制基金的,应当向受理相关海事纠纷案件的海事法院提出,除非当事人之间订有有效诉讼管辖协议或者仲裁协议。

对于相关海事纠纷由不同海事法院受理,责任人申请设立海事赔偿责任限制基金的,应当依据诉讼管辖协议向最先立案的海事法院提出;当事人之间未订立诉讼管辖协议的,向最先立案的海事法院提出。[②] 这体现了海事赔偿责任限制中一个重要的原则,即"一次事故一个限额"。[③] 不论一次事故中有多少个限制性债权人的索赔,倘若因同一事故引起若干海事请求,并且当事方在不同法院起诉,根据海事赔偿责任限制"一次事故一个限额"的原则,申请人选择最先立案的法院申请设立基金即可,不必分别在不同的受诉海事法院重复申请。

需要注意的是,《海事诉讼特别程序法》第103条规定:"设立海事赔偿责任限制基金不受当事人之间关于诉讼管辖协议或者仲裁协议的约束。"而《海事诉讼特别程序法法》第109条规定:"设立海事赔偿责任限制基金以后,当事人就有关海事纠纷应当向设立海事赔偿责任限制基金的海事法院提起诉讼,但当事人之间订有诉讼管辖协议或者仲裁协议的除外。"表面上看,这两个法条似乎存在冲突,其实不然。第103条的前提是责任人在诉讼前申请设立基金,即使当事人之间存在诉讼管辖协议或者仲裁协议,也不受其约束,仍只能根据《海事诉讼特别程序法》第102条的规定选择管辖法院。第109条的前提是在基金设立之后,当事人就有关海事纠纷提起诉讼,应当向设立海事赔偿限制基金的海事法院申请。如果当事人之间订有诉讼管辖协议或者诉讼协议,应按照约定确定诉讼管辖。

第二节 海事赔偿责任限制基金的设立程序

按照《海事诉讼特别程序法》第九章的规定,设立海事赔偿责任限制基金的程序主要由申请、受理、公告与通知、利害关系人异议的提出与审查、基金的设立,以及设立基金的终结六个阶段组成。

---

① 参见《海事诉讼特别程序法》第109条、《最高人民法院关于审理海事赔偿责任限制相关纠纷案件的若干规定》第4条。

② 参见《最高人民法院关于审理海事赔偿责任限制相关纠纷案件的若干规定》第3条。

③ 参见屈广清主编:《海事诉讼与海事仲裁法》,法律出版社2007年版,第115页。

一、申请

（一）申请设立责任限制基金的时间限制

考虑到海事赔偿责任限制基金的设立涉及众多海事债权人的利益，适当地限制提出设立海事赔偿责任限制基金申请的期间有一定的必要性。因此，《海事诉讼特别程序法》将设立责任限制基金申请的时间限定在起诉前或起诉中，最迟在一审判决作出前提出申请。[①]

（二）申请的形式要件

申请应当以书面形式提出，并且附有相关证据。

申请书应载明的事项有：

1. 申请人的名称、地址、当事船舶的船名、国籍及吨位；
2. 已知的包括债权人的利害关系人的名称、地址、联系方式；
3. 引起责任限制的海难事故的经过、可能产生的责任及损失情况；
4. 所涉及的债权性质、金额，申请责任限制基金的数额、理由及证据。

（三）设立责任限制基金的主体

对于设立海事赔偿责任限制基金的申请，需要有适格的责任限制申请人。在目前普遍适用的三个有关海事赔偿责任限制的国际公约中，责任限制的主体逐步扩大。《1924 年关于海船船舶所有人责任限制某些统一规则的国际公约》仅仅规定了船舶所有人，《1957 年海船所有人责任限制国际公约》则扩大为承租人、经理人和经营人，《1976 年海事索赔责任限制公约》又增加了救助人和保险人。

我国《海商法》认定的设立主体是船舶所有人、救助人、保险人，而《海事诉讼特别程序法》第 101 条第 1 款增加规定承租人、经营人也享有申请的权利。船舶所有人包括船舶承租人和船舶经营人。船舶经营人是指登记的船舶经营人，或者接受船舶所有人委托实际使用和控制船舶并应当承担船舶责任的人，但不包括无船承运业务经营者。[②]

（四）申请的债权性质

发生重大海损事故后，必须根据事故产生的债权的性质决定责任人是否能享受责任限制权利。在海商法理论中，一般将可享受责任限制和不能享受责任限制的债权分别称为“限制性债权”和“非限制性债权”。其中只有限制性债权才可要求享受责任限制的权利，才可设立责任限制基金。[③] 在我国，申请人仅可对《海商法》第 207 条规定的“限制性债权”申请设立基金，并以《海商法》第 208

---

① 参见《海事诉讼特别程序法》第 101 条。
② 参见《最高人民法院关于审理海事赔偿责任限制相关纠纷案件的若干规定》第 12 条。
③ 参见杨树明主编：《民事诉讼法 · 海事诉讼特别程序篇》，厦门大学出版社 2008 年版，第 249 页。

条规定的除外项目为例外。

目前我国《海商法》承认的限制性债权包括：

1. 在船上发生的或者与船舶营运、救助作业直接相关的人身伤亡或者财产的灭失、损坏，包括对港口工程、港池、航道和助航设施造成的损坏，以及由此引起的相应损失的赔偿请求；

2. 海上货物运输因迟延交付或者旅客及其行李运输因迟延到达造成损失的赔偿请求；

3. 与船舶营运或者救助作业直接相关的，侵犯非合同权利的行为造成其他损失的赔偿请求；

4. 责任人以外的其他人，为避免或者减少责任人依照本章规定可以限制赔偿责任的损失而采取措施的赔偿请求，以及因此项措施造成进一步损失的赔偿请求。

此外，《海商法》第 208 条对五类情况作出了排除性规定：

1. 对救助款项或者共同海损分摊的请求；

2. 中华人民共和国参加的国际油污损害民事责任公约规定的油污损害的赔偿请求；

3. 中华人民共和国参加的国际核能损害责任限制公约规定的核能损害的赔偿请求；

4. 核动力船舶造成的核能损害的赔偿请求；

5. 船舶所有人或者救助人的受雇人提出的赔偿请求，根据调整劳务合同的法律，船舶所有人或者救助人对该类赔偿请求无权限制赔偿责任，或者该项法律作了高于本章规定的赔偿限额的规定。

虽然我国《海商法》就海事赔偿责任限制规定了除外条款，但这些除外条款并不当然表明责任人无权申请设立海事赔偿责任限制基金，只是不能依照《海商法》享受海事赔偿责任限制，并不排斥当事人根据其他法律或公约设立海事赔偿责任限制基金。[①] 本章下文中所涉及的船舶油污造成的损害，责任人就可以依据《国际油污损害民事责任公约》以及我国《海事诉讼特别程序法》设立油污损害赔偿责任限制基金。

我国《海商法》基本沿袭了《1976 年海事索赔责任限制公约》，略微存在不同之处。与《1976 年海事索赔责任限制公约》相比，我国《海商法》并未将有关沉没、遇难、搁浅或者被弃船舶的起浮、清除、拆毁或者使之变为无害提起的索赔，或者因船上货物的清除、拆毁或者使之无害提起的索赔请求列为限制性债

---

① 参见郑田卫：《海事赔偿责任限制基金程序的法律控制》，载《中国律师 2005 年海商法研讨会论文集》，第 156 页。

权。之后出台的《最高人民法院关于审理海事赔偿责任限制相关纠纷案件的若干规定》第17条重申了此项规定。

（五）申请设立基金的数额

责任人在有管辖权的法院设立责任限制基金后，基金数额分别依照《海商法》第210条、第211条规定的限额，加上自责任产生之日止的相应利息。此处的“相应利息”，是指自海事事故发生之日起至基金设立之日止，按中国人民银行确定的金融机构同期1年期贷款基准利率计算。以担保方式设立海事赔偿责任限制基金的，基金设立期间的利息按中国人民银行确定的金融机构同期1年期贷款基准利率计算。①

对于超过20总吨，但不满300总吨的船舶，依照交通部颁布的《关于不满300总吨船舶及沿海运输、沿海作业船舶海事赔偿责任限额的规定》，确定基金设立的数额。

二、审查和受理

当事人向海事法院申请设立责任限制基金之后，法院应当对当事人提交的申请书及其他材料进行必要的审查，判定责任人的申请是否符合申请设立基金的形式要件，用以初步确定能否享受责任限制和相关责任限额。法院审查的内容包括：申请人是否符合《海商法》规定的责任限制主体资格、申请人申请设立基金所针对的是否属于限制性债权以及基金数额是否符合法律的规定。经过审查，如果申请符合法律规定的形式要求，并且理由充分，程序合法，法院应在7日内立案。否则，法院应在7日内裁定不予受理。申请人对裁定不服的，可以上诉。

三、公告与通知

海事法院受理设立海事赔偿责任限制基金申请后，应当在7日内向已知的利害关系人发出通知，同时通过报纸或者其他新闻媒体发布公告。②

关于通知和公告的内容，包括：

1. 申请人的名称；
2. 申请的事实和理由；
3. 设立海事赔偿责任限制基金事项；
4. 办理债权登记事项；
5. 需要告知的其他事项。

---

① 参见《最高人民法院关于审理海事赔偿责任限制相关纠纷案件的若干规定》第21条。
② 参见《海事诉讼特别程序法》第105条。

另外，设立海事赔偿责任限制基金应当通过报纸或者其他新闻媒体连续公告3日。如果涉及的船舶是可以航行于国际航线的，还应当通过对外发行的报纸或者其他新闻媒体发布公告。①

需要注意的是，通知和公告是有所不同的，主要区别在于所针对的对象不同。通知是发给已知的利害关系人，而公告是发给未知的利害关系人。但是，通知和公告的目的是一致的，都是让有关利害关系人知悉当事人申请设立责任限制基金的情况，以便及时主张自己的权利。因为，海事法院设立基金的程序既是对申请人的特殊保护，也要在一定程度上维护对方当事人的合法权益。

四、利害关系人异议的提出及审查

（一）异议的提出

设立海事赔偿责任限制基金，既要强调对责任人的特殊保护，又要维护其他当事人的合法利益。利害关系人对申请人申请设立海事赔偿责任限制基金有异议的，应当在收到通知之日起7日内、未收到通知的在公告之日起30日内，以书面形式向海事法院提出。对于提出的异议，利害关系人应负举证责任。

利害关系人在规定的期限内没有提出异议的，海事法院裁定准予申请人设立海事赔偿责任限制基金，即如果已经超过提出异议的期限，利害关系人原则上不得再提出异议。

（二）法院的审查

对于当事人提出的异议，海事法院应当进行审查，并在15日内作出裁定。法院裁定异议成立的，裁定驳回申请人的申请；异议不成立的，裁定准予申请人设立海事赔偿责任限制基金。对于法院的裁定当事人不服的，也可以在收到裁定书之日起7日内提起上诉。二审法院应当在收到上诉状之日起15日内作出裁定。

在多个利害关系人先后分别提出异议的情况下，海事法院可以一次性作出裁定，而不需要一一解决。至于如何计算提出异议的期限，只有自最后一个收到通知的利害关系人异议期届满，海事法院才可以确定异议人的人数，并对所有异议人的异议进行审查，从而作出裁定。

根据我国《海事诉讼特别程序法》的规定，责任人向海事法院提出设立海事赔偿责任限制基金的申请后，海事法院不作实体审理，而只限于初步的程序性审查，即针对利害关系人提出的异议，主要审查申请人是否符合法律规定的设立海事赔偿责任限制基金的要件，并不审查申请人是否有丧失责任限制的情形。因此，海事法院对利害关系人异议的审查，是依据《海商法》第207条的规定（限制

---

① 参见《最高人民法院关于适用〈海事诉讼特别程序法〉若干问题的解释》第82条。

性债权)和第208条的规定(排除项目),而不是根据该法第209条的规定(责任人的行为)。只要申请人设立基金的申请符合第207条和第208条的规定,海事法院就可裁定准予设立基金。[①] 海事法院在发布责任人申请设立责任限制基金的公告后,利害关系人没有异议或是利害关系人提出的异议不成立的条件下,才能准予申请人设立基金。由此一来利害关系人就有机会提出异议,行使相应的诉讼权利,并能利用财产保全手段保障自己的合法利益。[②]

五、基金的设立

海事法院准予申请人设立基金的裁定生效后,申请人才可以设立基金。《海事诉讼特别程序法》第108条第1款对基金的设立作出了相应规定,准予申请人设立海事赔偿责任限制基金的裁定生效后,申请人应当在海事法院设立海事赔偿责任限制基金。

(一)基金设立的方式

关于设立基金的形式,可以提供现金,也可以提供经海事法院认可的担保。

1. 现金方式

以现金设立基金的,基金应该支付到海事法院指定的账号上,基金到达海事法院指定的账户之日为基金设立之日。基金与强制拍卖船舶所得价款不同,基金是用来清偿特定事故中产生的限制性债权,而强制拍卖船舶所得价款是用于清偿所有与被拍卖价款有关的债权。[③]

2. 担保方式

以担保设立基金的,海事法院接受担保之日起为基金设立之日。是否接受担保,由海事法院决定。关于担保的具体标准,我国目前并没有明确的法律规定。实践中,现金担保方式、设置抵押或质押一般不在设立基金担保方式之列。所谓的担保一般为信用担保,即由申请人以外的第三人向海事法院提供的信用担保,保证以确定的基金数额清偿特定海事事故的限制性债权,而银行信用担保相较于其他一般担保更容易为法院接受。[④]

(二)基金设立的数额

海事赔偿责任限制基金的数额,是海事赔偿责任限额加上自事故发生之日起至基金设立之日为止的利息。倘若是以担保方式设立的限制基金,担保的数额是基金数额加上事故发生之日起至基金设立期间的利息。根据《1957年渔船所有人责任限制国际公约》,如船东在设立责任限制基金之前,已经向部分受害

---

① 参见曾惠芬:《申请设立海事赔偿责任限制基金》,载《中国船检》2004年第3期。
② 参见杨树明主编:《民事诉讼法·海事诉讼特别程序篇》,厦门大学出版社2008年版,第256页。
③ 参见韩立新、袁绍春、尹伟民编著:《海事诉讼与仲裁》,大连海事大学出版社2007年版,第169页。
④ 参见金正佳主编:《海事诉讼法论》,大连海事大学出版社2001年版,第421页。

人作出了赔偿，则船东可将其计算在整个基金数额内，但其必须证明作出的赔偿是法律所承认的责任限制。①

六、申请设立基金错误的后果

申请设立基金的错误是指当基金设立之后，出现海事债权不属于限制债权，申请人不是适格主体，基金数额不符合法律规定的情形，或经过实体审理发现，损害结果是由于责任人的故意或者明知可能造成损失而轻率地作为或不作为造成的。

申请人申请设立海事赔偿责任限制基金错误的，应当赔偿利害关系人因此所遭受的损失。在申请人申请设立基金错误且其所设立的基金不足以担保所有利害关系人的赔偿请求时，利害关系人可以申请法院扣押责任人的船舶或者对责任人的其他财产采取保全措施。

在设立基金之前利害关系人已经向海事法院申请过扣押责任人的船舶，如经过实体审理证实基金设立错误，根据《海事诉讼特别程序法》第 24 条，被请求人未提供充分的担保的，利害关系人可以再次申请法院扣船或采取其他保全措施。如果利害关系人的海事请求权经过实体审理得以确认，再次扣船或其他保全费用由责任人自行承担，但第一次因设立基金而申请保全未果所发生的费用由利害关系人支付的部分，不能与再次保全费用一起直接判决由责任人承担，而应作为责任人错误申请设立基金所造成的损失另行判决由责任人承担。②

在基金设立之前，利害关系人本可以很便利地对责任人的船舶进行扣押，但是由于基金的错误设立，可能导致利害关系人扣船或采取保全措施的难度加大，费用增多。例如，本来可以在某地较方便地扣船或采取保全措施，因为基金的设立而不能实现，而后又因为法院查明基金设立错误，最终必须去异地扣船或采取其他保全措施，必然增加额外费用和难度。一般认为，这类额外费用应由责任人承担。

法院对申请错误基金规定的法律后果，是对船舶所有人和海事债权人之间利益的平衡，既保障了责任人获得责任限制的权利，又注重维护利害关系人的合法权益。

七、设立海事赔偿责任限制基金程序的终结

设立海事赔偿责任限制基金程序由下列情形而终结：

1. 准许申请人设立基金的裁定生效后，申请人按照裁定设立基金。

---

① 参见邢海宝：《海事诉讼特别程序研究》，法律出版社 2002 年版，第 441 页。

② 参见金正佳主编：《海事诉讼法论》，大连海事大学出版社 2001 年版，第 427 页。

2. 准许申请人设立基金的裁定生效后,申请人未在裁定规定的期限内设立基金,海事法院可以裁定终结该程序。

3. 设立海事赔偿责任限制基金的申请被裁定驳回。

4. 申请人在设立海事赔偿责任限制基金前,撤回设立基金的申请。

第三节 油污损害的海事赔偿责任限制基金的设立程序

伴随着石油开发和石油加工业的迅速发展,海上石油运输量不断增加,由此引发的海上油污事件也日益增多。为了保障海上运输业的正常发展,使得油污受损害人得到合理的赔偿,区别于一般海事赔偿责任限制的船舶油污损害赔偿责任限制被特别设立出来。该制度是在发生油污损害事故时,作为船舶所有人、保险人或提供财务保证的其他人可依据法律的规定,将其赔偿责任限制在一定的限额内。[①]

油污损害赔偿的国际机制主要由四个公约构成,分别包括国际海事组织主持制定的 1969 年、1992 年《国际油污损害民事责任公约》(以下简称“1969CLC”或“1992CLC”),1971 年《设立国际油污损害赔偿基金公约》(以下简称“1971FC”)和 1992 年《设立国际油污损害赔偿基金公约》(以下简称“1992FC”)。它们均对于船舶在海上营运期间,由于排放或溢出油类物质而导致的污染损害而设立基金作出了规定。该四项公约已经成为统一船舶油污损害赔偿的国际法律制度的基石。

我国在 1980 年加入了 1969CLC,公约于同年 4 月 29 日对我国生效。1995 年 1 月 5 日,我国又加入了 1992 CLC。由于 1992CLC 是 1969 CLC 的议定书,我国目前主要依照 1992 CLC 处理油污损害赔偿案件。关于 1992FC,我国目前也已经加入,但仅适用于香港特别行政区,故本书并不对此进行详细介绍。

从我国的国内立法看,我国没有调整船舶油污损害民事赔偿的专门立法,仅仅是在国内不同的法律和行政法规中有一些零星的、原则性的关于油污民事责任的规定,并未形成完整的体系,可操作性差。《海事诉讼特别程序法》第 101 条规定:“船舶造成油污损害的,船舶所有人及其责任保险人或者提供财务保证的其他人为取得法律规定的责任限制的权利,应当向海事法院设立油污损害的海事赔偿责任限制基金。”同时,《海商法》第 208 条规定,海事赔偿责任限制的规定不适用于我国参加的国际油污损害民事责任公约规定的油污损害的赔偿请求。可见,一方面我国《海商法》排除船舶油污损害赔偿责任限制的适用,另一

---

① 参见杨志祥:《船舶油污损害赔偿责任限制的国际立法及对我国之借鉴》,载《北京理工大学学报》2004 年第 3 期。

方面《海事诉讼特别程序法》又要求船舶所有人或责任人在造成油污损害之后，应当设立船舶油污损害的海事赔偿责任限制基金。限于我国目前没有专门的法律或司法解释规制船舶油污损害赔偿责任限制基金的设立，我国当前在处理有关船舶油污损害案件只能适用相关国际公约。

一、申请

（一）管辖

油污损害赔偿责任限制基金的申请只能向油污损害发生地、采取预防措施地的缔约国法院申请设立。1992CLC 第 9 条规定："当某一事件在一个或若干个缔约国的领土，包括领海或第二条所述的区域中造成了污染损害，或已经在上述领土包括领海或区域中采取了防止或减轻污染损害的预防措施，索赔诉讼仅可在上述任何一个缔约国或若干个缔约国的法院提起"。① 而该公约第 5 条第 3 款规定："为取得本条第一款规定的责任限制权利，船舶所有人应在按第九条提起诉讼的任何一个缔约国的法院或其他主管当局设立相当于其责任限额的基金；如未提起诉讼，则应在可以按第九条提起诉讼的任何一个缔约国的任何一个法院或其他主管当局设立此项基金。"可见，油污损害赔偿责任限制基金只能向油污损害发生地、采取预防措施地的缔约国法院申请设立，不管基金设立之前索赔人是否向法院提起诉讼。

尽管我国《海事诉讼特别程序法》规定了当事人起诉前可以在船舶扣押地海事法院申请设立海事赔偿责任限制基金，但若油污事故发生地和采取预防措施地均不在船舶扣押地，我国海事法院不能基于扣船而对油污损害赔偿案件拥有管辖权，也不能对是否能够设立油污损害海事赔偿责任限制基金进行审理。

（二）设立油污损害责任限制基金的主体

依照 1992CLC 第 5 条第 11 款和《海事诉讼特别程序法》，设立油污损害责任限制基金的主体是船舶所有人、油污责任保险人和提供财务保证的其他人。油污责任保险人、提供财务保证的其他人设立油污损害责任限制基金的条件和效力，与船舶所有人设立的基金相同。即使按照第 2 款的规定船舶所有人无权限制其赔偿责任的情况下，仍可设立此项基金。但在此种情况下，基金的设立不得影响任何索赔人要求船舶所有人赔偿的权利。②

---

① 1992 CLC 第 2 条规定："本公约专门适用于(1) 在下列区域内造成的污染损害：① 缔约国的领土，包括领海，以及，② 缔约国根据国际法设立的专属经济区，或者，如果缔约国尚未设立这种区域，则为该国根据国际法所确定的超出并毗连与其领海的区域，且自该国测量其领海宽度的基线算起，外延不超过 200 海里。(2) 为预防或减轻这种损害而在任何地方采取的预防措施。"

② 1992 CLC 第 5 条第 2 款规定："如经证明油污损害是由于船舶所有人本人有意造成这种伤害或是明知可能造成这种伤害而毫不在意的行为或不为所引起，船舶所有人无权按照本人约定限制其责任。"

（三）设立油污损害责任限制基金的客体

按照 1992 CLC，油类是指任何持久性烃类矿物油，如原油、燃油、重柴油和润滑油。不论作为货物装运于船上，或是作为这类船舶的燃料。其他任何油类不可以成为油污损害赔偿责任限制基金设立的客体。

二、基金的设立

（一）设立油污损害责任限制基金的数额

不超过 5000 吨位船舶的赔偿限额为 300 万计算单位；超过此吨位的船舶，除前面所述数额外，每增加一吨位，赔偿限额增加 420 计算单位，但是此总额在任何情况不应超过 5970 万计算单位。所谓计算单位，是指国际货币基金组织所规定的特别提款权。

（二）设立油污损害责任限制基金的结果

依照 1992CLC 第 6 条第 1 款，设立油污损害责任限制基金后：

1. 对污染损害提出索赔的任何人不得就其索赔，对船舶所有人的任何其他财产行使任何权利；

2. 法院退还因对污染损害提出索赔而扣留的属于船舶所有人的任何船舶或其他财产，对其为避免扣留而提出的保证金或其他保证也同样应予退还。

三、设立油污损害的海事赔偿责任限制基金与设立一般海事赔偿责任限制基金的区别和联系

（一）申请人不同

按照 1992CLC 的规定，有权申请设立油污损害责任限制基金的主体限定于船舶所有人、保险人或提供财务保证的其他人。对此，《海事诉讼特别程序法》第 101 第 2 款也作出了相应的规定。因此，享受油污海事赔偿责任限制的主体具有相对的单一性，而享受一般海事赔偿责任限制的主体包括船舶所有人、承租人、经营人、救助人、保险人。

（二）管辖不同

根据 1992CLC 第 9 条的规定，油污事故由事故发生地或采取预防措施地的缔约国法院管辖，油污损害赔偿责任限制基金应在提起诉讼的缔约国法院设立，并未规定缔约国法院可基于扣船而取得管辖权。因此，设立油污责任基金只能通过事故发生地或采取预防措施地的缔约国法院管辖。

对于一般海事赔偿责任限制基金的设立，当事人在起诉前可以向事故发生地、合同履行地或者船舶扣押地海事法院申请设立基金。

（三）基金设立的目的不同

申请设立油污损害责任限制基金是责任人享受责任限制权利的必经程序，

是责任人取得责任限制所必须履行的义务。责任人如果想要取得责任限制的权利就必须先设立基金。1992CLC 第 5 条第 3 款明确规定:“船舶所有人应在按公约有关规定，于任一缔约国提起诉讼的法院或其他主管当局设立总金额相当于其赔偿责任限额的基金；如未提起诉讼，则应在能按公约规定的任一缔约国提起诉讼的任何法院或其他主管当局设立此种基金。”我国《海事诉讼特别程序法》第 101 条第 2 款也作了类似的规定:“船舶造成油污损害的,船舶所有人及其责任保险人或者提供财务保证的其他人为取得法律规定的责任限制的权利，应当向海事法院设立油污损害的海事赔偿责任限制基金。”从“应当”二字可以看出,油污损害责任人要限制责任就必须设立油污责任基金。

一般海事赔偿责任限制基金的设立与否均不影响责任人享有责任限制。设立基金并不是责任人申请限制赔偿责任的必经程序与前提条件。

(四) 审查内容不同

油污损害责任限制基金的申请专用于清偿污染损害,法院应当进行实体审查。对于设立一般海事赔偿责任限制基金,海事法院不进行实体审查,只审查设立基金申请人的主体资格、事故所涉及的债权性质和申请基金的数额。

(五) 申请人的债权性质不同

油污损害的海事赔偿责任限制基金属于非限制性债权,根据 1992CLC 第 2 条,污染损害包括:

1. 油类从船上溢出或排放引起的污染在该船之外所造成的灭失或损害，无论此种溢出或排放发生于何处。但是,对环境损害(不包括此种损害的利润损失）的赔偿，应限于已实际采取或将要采取的合理恢复措施费用。

2. 预防措施的费用及预防措施造成的新的灭失或损害。[①]

一般海事赔偿责任限制基金所清偿的债权是限制性债权,责任主体依法享受责任限制,以对抗债权人的债权范围。

(六) 产生的后果不同

《海商法》第 214 条规定:“责任人设立责任限制基金后,向责任人提出请求的任何人,不得对责任人的任何财产行使任何权利;已设立责任限制基金的责任人的船舶或者其他财产已经被扣押,或者基金设立人已经提交抵押物的,法院应当及时下令释放或者责令退还。”对于油污限制责任基金的设立,仅仅设立油污责任基金不能产生上述禁止对船舶所有人的财产行使权利的法律效果。要达到这种法律效果,除设立油污责任基金外,还须经过实体审理确定船舶所有人可以享受的权利。

① 参见郭萍、陈雷:《论建立和完善我国有关船舶油污损害赔偿责任限制程序的必要性》,载《中国海商法年刊》2003 年版。

（七）分配方式不同

油污损害的海事赔偿责任限制基金的清偿顺序，公约没有明确规定，仅要求基金应在索赔人之间依其确定的索赔额比例分配。所有油污损害应同等地按比例从基金中受偿。

一般海事赔偿责任限制基金，应按《海商法》第210条规定的人身伤亡赔偿请求、港航设施的损害赔偿请求、其他非人身伤亡的赔偿请求的先后顺序按比例受偿。

❑ 本章思考题

1. 法院应在何时作出准许或不准许设立海事赔偿责任限制基金的裁定？
2. 阐述申请设立海事责任限制基金程序与诉讼的关系。
3. 有权设立油污损害赔偿责任限制基金的主体有哪些？
4. 申请人应该向什么法院申请设立油污损害赔偿责任限制基金？
5. 案例思考题：

【案情】甲公司所属的A与乙公司所属的B两轮相撞，导致A轮严重受损，B轮沉没，且B轮上所载货物全部灭失。甲公司向乙公司提起诉讼，要求乙公司赔偿损失。乙公司所在地海事法院受理此案。之后，甲公司又向该法院申请设立海事赔偿责任限制基金。乙公司则向事故发生地海事法院申请设立海事赔偿责任限制基金，并提起诉讼，要求甲公司赔偿，法院予以受理。

【提问】

（1）本案中，两地海事法院是否有管辖权？如果都有管辖权，应如何处理？如果都没有，应如何处理？

（2）本案中，甲公司提出的海事赔偿责任限制的申请是否符合要求？

（3）本案中，乙公司提出的海事赔偿责任限制的申请是否符合要求？

6. 案例思考题：

【案情】甲公司所属A轮停泊中与码头发生触碰，造成码头及机器受损。甲公司向事故所在地海事法院申请设立海事赔偿责任限制基金。债权人对此持有异议，认为事故系船长错误操作所致，其产生的一系列费用不属于海事赔偿责任限制基金的范围，申请人不能享有海事赔偿责任限制。

【提问】

（1）海事赔偿责任限制基金的范围是什么？本案的费用是否属于该项范围？

（2）海事法院对海事赔偿责任限制基金的申请应如何进行审查？

（3）海事法院对海事赔偿责任限制基金申请的异议应如何进行审查？

□ 本章所涉及法律、法规

（一）1992年《海商法》（节选）

第十一章 海事赔偿责任限制

第二百零四条 船舶所有人、救助人，对本法第二百零七条所列海事赔偿请求，可以依照本章规定限制赔偿责任。

前款所称的船舶所有人，包括船舶承租人和船舶经营人。

第二百零五条 本法第二百零七条所列海事赔偿请求，不是向船舶所有人、救助人本人提出，而是向他们对其行为、过失负有责任的人员提出的，这些人员可以依照本章规定限制赔偿责任。

第二百零六条 被保险人依照本章规定可以限制赔偿责任的，对该海事赔偿请求承担责任的保险人，有权依照本章规定享受相同的赔偿责任限制。

第二百零七条 下列海事赔偿请求，除本法第二百零八条和第二百零九条另有规定外，无论赔偿责任的基础有何不同，责任人均可以依照本章规定限制赔偿责任：

（一）在船上发生的或者与船舶营运、救助作业直接相关的人身伤亡或者财产的灭失、损坏，包括对港口工程、港池、航道和助航设施造成的损坏，以及由此引起的相应损失的赔偿请求；

（二）海上货物运输因迟延交付或者旅客及其行李运输因迟延到达造成损失的赔偿请求；

（三）与船舶营运或者救助作业直接相关的，侵犯非合同权利的行为造成其他损失的赔偿请求；

（四）责任人以外的其他人，为避免或者减少责任人依照本章规定可以限制赔偿责任的损失而采取措施的赔偿请求，以及因此项措施造成进一步损失的赔偿请求。

前款所列赔偿请求，无论提出的方式有何不同，均可以限制赔偿责任。但是，第（四）项涉及责任人以合同约定支付的报酬，责任人的支付责任不得援用本条赔偿责任限制的规定。

第二百零八条 本章规定不适用于下列各项：

（一）对救助款项或者共同海损分摊的请求；

（二）中华人民共和国参加的国际油污损害民事责任公约规定的油污损害的赔偿请求；

（三）中华人民共和国参加的国际核能损害责任限制公约规定的核能损害的赔偿请求；

（四）核动力船舶造成的核能损害的赔偿请求；

（五）船舶所有人或者救助人的受雇人提出的赔偿请求，根据调整劳务合同的法律，船舶所有人或者救助人对该类赔偿请求无权限制赔偿责任，或者该项法律作了高于本章规定的赔偿限额的规定。

第二百零九条　经证明，引起赔偿请求的损失是由于责任人的故意或者明知可能造成损失而轻率地作为或者不作为造成的，责任人无权依照本章规定限制赔偿责任。

第二百一十条　除本法第二百一十一条另有规定外，海事赔偿责任限制，依照下列规定计算赔偿限额：

（一）关于人身伤亡的赔偿请求

1. 总吨位 300 吨至 500 吨的船舶，赔偿限额为 333000 计算单位；

2. 总吨位超过 500 吨的船舶，500 吨以下部分适用本项第 1 目的规定，500 吨以上的部分，应当增加下列数额：

501 吨至 3000 吨的部分，每吨增加 500 计算单位；

3001 吨至 30000 吨的部分，每吨增加 333 计算单位；

30001 吨至 70000 吨的部分，每吨增加 250 计算单位；

超过 70000 吨的部分，每吨增加 167 计算单位。

（二）关于非人身伤亡的赔偿请求

1. 总吨位 300 吨至 500 吨的船舶，赔偿限额为 167000 计算单位；

2. 总吨位超过 500 吨的船舶，500 吨以下部分适用本项第 1 目的规定，500 吨以上的部分，应当增加下列数额：

501 吨至 30000 吨的部分，每吨增加 167 计算单位；

30001 吨至 70000 吨的部分，每吨增加 125 计算单位；

超过 70000 吨的部分，每吨增加 83 计算单位。

（三）依照第（一）项规定的限额，不足以支付全部人身伤亡的赔偿请求的，其差额应当与非人身伤亡的赔偿请求并列，从第（二）项数额中按照比例受偿。

（四）在不影响第（三）项关于人身伤亡赔偿请求的情况下，就港口工程、港池、航道和助航设施的损害提出的赔偿请求，应当较第（二）项中的其他赔偿请求优先受偿。

（五）不以船舶进行救助作业或者在被救船舶上进行救助作业的救助人，其责任限额按照总吨位为 1500 吨的船舶计算。

总吨位不满 300 吨的船舶，从事中华人民共和国港口之间的运输的船舶，以及从事沿海作业的船舶，其赔偿限额由国务院交通主管部门制定，报国务院批准后施行。

第二百一十一条　海上旅客运输的旅客人身伤亡赔偿责任限制，按照 46666 计算单位乘以船舶证书规定的载客定额计算赔偿限额，但是最高不超过

25000000 计算单位。

中华人民共和国港口之间海上旅客运输的旅客人身伤亡,赔偿限额由国务院交通主管部门制定,报国务院批准后施行。

第二百一十二条　本法第二百一十条和第二百一十一条规定的赔偿限额,适用于特定场合发生的事故引起的,向船舶所有人、救助人本人和他们对其行为、过失负有责任的人员提出的请求的总额。

第二百一十三条　责任人要求依照本法规定限制赔偿责任的,可以在有管辖权的法院设立责任限制基金。基金数额分别为本法第二百一十条、第二百一十一条规定的限额,加上自责任产生之日起至基金设立之日止的相应利息。

第二百一十四条　责任人设立责任限制基金后,向责任人提出请求的任何人,不得对责任人的任何财产行使任何权利;已设立责任限制基金的责任人的船舶或者其他财产已经被扣押,或者基金设立人已经提交抵押物的,法院应当及时下令释放或者责令退还。

第二百一十五条　享受本章规定的责任限制的人,就同一事故向请求人提出反请求的,双方的请求金额应当相互抵消,本章规定的赔偿限额仅适用于两个请求金额之间的差额。

(二) 2000 年《海事诉讼特别程序法》(节选)

第九章　设立海事赔偿责任限制基金程序

第一百零一条　船舶所有人、承租人、经营人、救助人、保险人在发生海事事故后,依法申请责任限制的,可以向海事法院申请设立海事赔偿责任限制基金。

船舶造成油污损害的,船舶所有人及其责任保险人或者提供财务保证的其他人为取得法律规定的责任限制的权利,应当向海事法院设立油污损害的海事赔偿责任限制基金。

设立责任限制基金的申请可以在起诉前或者诉讼中提出,但最迟应当在一审判决作出前提出。

第一百零二条　当事人在起诉前申请设立海事赔偿责任限制基金的,应当向事故发生地、合同履行地或者船舶扣押地海事法院提出。

第一百零三条　设立海事赔偿责任限制基金,不受当事人之间关于诉讼管辖协议或者仲裁协议的约束。

第一百零四条　申请人向海事法院申请设立海事赔偿责任限制基金,应当提交书面申请。申请书应当载明申请设立海事赔偿责任限制基金的数额、理由,以及已知的利害关系人的名称、地址和通讯方法,并附有关证据。

第一百零五条　海事法院受理设立海事赔偿责任限制基金申请后,应当在七日内向已知的利害关系人发出通知,同时通过报纸或者其他新闻媒体发布公告。

通知和公告包括下列内容：

（一）申请人的名称；

（二）申请的事实和理由；

（三）设立海事赔偿责任限制基金事项；

（四）办理债权登记事项；

（五）需要告知的其他事项。

第一百零六条　利害关系人对申请人申请设立海事赔偿责任限制基金有异议的，应当在收到通知之日起七日内或者未收到通知的在公告之日起三十日内，以书面形式向海事法院提出。

海事法院收到利害关系人提出的书面异议后，应当进行审查，在十五日内作出裁定。异议成立的，裁定驳回申请人的申请；异议不成立的，裁定准予申请人设立海事赔偿责任限制基金。

当事人对裁定不服的，可以在收到裁定书之日起七日内提起上诉。第二审人民法院应当在收到上诉状之日起十五日内作出裁定。

第一百零七条　利害关系人在规定的期间内没有提出异议的，海事法院裁定准予申请人设立海事赔偿责任限制基金。

第一百零八条　准予申请人设立海事赔偿责任限制基金的裁定生效后，申请人应当在海事法院设立海事赔偿责任限制基金。

设立海事赔偿责任限制基金可以提供现金，也可以提供经海事法院认可的担保。

海事赔偿责任限制基金的数额，为海事赔偿责任限额和自事故发生之日起至基金设立之日止的利息。以担保方式设立基金的，担保数额为基金数额及其在基金设立期间的利息。

以现金设立基金的，基金到达海事法院指定账户之日为基金设立之日。以担保设立基金的，海事法院接受担保之日为基金设立之日。

第一百零九条　设立海事赔偿责任限制基金以后，当事人就有关海事纠纷应当向设立海事赔偿责任限制基金的海事法院提起诉讼，但当事人之间订有诉讼管辖协议或者仲裁协议的除外。

第一百一十条　申请人申请设立海事赔偿责任限制基金错误的，应当赔偿利害关系人因此所遭受的损失。

（三）2003年《最高人民法院关于适用〈海事诉讼特别程序法〉若干问题的解释》（法释[2003]3号）（节选）

八、关于设立海事赔偿责任限制基金程序

第七十九条　海事诉讼特别程序法第一百零一条规定的船舶所有人指有关船舶证书上载明的船舶所有人。

第八十条　海事事故发生在中华人民共和国领域外的，船舶发生事故后进入中华人民共和国领域内的第一到达港视为海事诉讼特别程序法第一百零二条规定的事故发生地。

第八十一条　当事人在诉讼中申请设立海事赔偿责任限制基金的，应当向受理相关海事纠纷案件的海事法院提出，但当事人之间订有有效诉讼管辖协议或者仲裁协议的除外。

第八十二条　设立海事赔偿责任限制基金应当通过报纸或者其他新闻媒体连续公告三日。如果涉及的船舶是可以航行于国际航线的，应当通过对外发行的报纸或者其他新闻媒体发布公告。

第八十三条　利害关系人依据海事诉讼特别程序法第一百零六条的规定对申请人设立海事赔偿责任限制基金提出异议的，海事法院应当对设立基金申请人的主体资格、事故所涉及的债权性质和申请设立基金的数额进行审查。

第八十四条　准予申请人设立海事赔偿责任限制基金的裁定生效后，申请人应当在三日内在海事法院设立海事赔偿责任限制基金。申请人逾期未设立基金的，按自动撤回申请处理。

第八十五条　海事诉讼特别程序法第一百零八条规定的担保指中华人民共和国境内的银行或者其他金融机构所出具的担保。

第八十六条　设立海事赔偿责任限制基金后，向基金提出请求的任何人，不得就该项索赔对设立或以其名义设立基金的人的任何其他财产，行使任何权利。

（四）2010年《最高人民法院关于审理海事赔偿责任限制相关纠纷案件的若干规定》（法释[2010]11号）（节选）

为正确审理海事赔偿责任限制相关纠纷案件，依照《中华人民共和国海事诉讼特别程序法》、《中华人民共和国海商法》的规定，结合审判实际，制定本规定。

第一条　审理海事赔偿责任限制相关纠纷案件，适用海事诉讼特别程序法、海商法的规定；海事诉讼特别程序法、海商法没有规定的，适用其他相关法律、行政法规的规定。

第二条　同一海事事故中，不同的责任人在起诉前依据海事诉讼特别程序法第一百零二条的规定向不同的海事法院申请设立海事赔偿责任限制基金的，后立案的海事法院应当依照民事诉讼法的规定，将案件移送先立案的海事法院管辖。

第三条　责任人在诉讼中申请设立海事赔偿责任限制基金的，应当向受理相关海事纠纷案件的海事法院提出。

相关海事纠纷由不同海事法院受理，责任人申请设立海事赔偿责任限制基金的，应当依据诉讼管辖协议向最先立案的海事法院提出；当事人之间未订立诉讼管辖协议的,向最先立案的海事法院提出。

第四条 海事赔偿责任限制基金设立后,设立基金的海事法院对海事请求人就与海事事故相关纠纷向责任人提起的诉讼具有管辖权。

海事请求人向其他海事法院提起诉讼的,受理案件的海事法院应当依照民事诉讼法的规定,将案件移送设立海事赔偿责任限制基金的海事法院,但当事人之间订有诉讼管辖协议的除外。

第五条 海事诉讼特别程序法第一百零六条第二款规定的海事法院在十五日内作出裁定的期间,自海事法院受理设立海事赔偿责任限制基金申请的最后一次公告发布之次日起第三十日开始计算。

第六条 海事诉讼特别程序法第一百一十二条规定的申请债权登记期间的届满之日,为海事法院受理设立海事赔偿责任限制基金申请的最后一次公告发布之次日起第六十日。

第七条 债权人申请登记债权,符合有关规定的,海事法院应当在海事赔偿责任限制基金设立后,依照海事诉讼特别程序法第一百一十四条的规定作出裁定;海事赔偿责任限制基金未依法设立的,海事法院应当裁定终结债权登记程序。债权人已经交纳的申请费由申请设立海事赔偿责任限制基金的人负担。

第八条 海事赔偿责任限制基金设立后,海事请求人基于责任人依法不能援引海事赔偿责任限制抗辩的海事赔偿请求,可以对责任人的财产申请保全。

第九条 海事赔偿责任限制基金设立后,海事请求人就同一海事事故产生的属于海商法第二百零七条规定的可以限制赔偿责任的海事赔偿请求,以行使船舶优先权为由申请扣押船舶的,人民法院不予支持。

第十条 债权人提起确权诉讼时,依据海商法第二百零九条的规定主张责任人无权限制赔偿责任的,应当以书面形式提出。案件的审理不适用海事诉讼特别程序法规定的确权诉讼程序,当事人对海事法院作出的判决、裁定可以依法提起上诉。

两个以上债权人主张责任人无权限制赔偿责任的,海事法院可以将相关案件合并审理。

第十一条 债权人依据海事诉讼特别程序法第一百一十六条第一款的规定提起确权诉讼后,需要判定碰撞船舶过失程度比例的,案件的审理不适用海事诉讼特别程序法规定的确权诉讼程序,当事人对海事法院作出的判决、裁定可以依法提起上诉。

第十二条 海商法第二百零四条规定的船舶经营人是指登记的船舶经营人,或者接受船舶所有人委托实际使用和控制船舶并应当承担船舶责任的人,但不包括无船承运业务经营者。

第十三条 责任人未申请设立海事赔偿责任限制基金,不影响其在诉讼中对海商法第二百零七条规定的海事请求提出海事赔偿责任限制抗辩。

第十四条　责任人未提出海事赔偿责任限制抗辩的，海事法院不应主动适用海商法关于海事赔偿责任限制的规定进行裁判。

第十五条　责任人在一审判决作出前未提出海事赔偿责任限制抗辩，在二审、再审期间提出的，人民法院不予支持。

第十六条　责任人对海商法第二百零七条规定的海事赔偿请求未提出海事赔偿责任限制抗辩，债权人依据有关生效裁判文书或者仲裁裁决书，申请执行责任人海事赔偿责任限制基金以外的财产的，人民法院应予支持，但债权人以上述文书作为债权证据申请登记债权并经海事法院裁定准予的除外。

第十七条　海商法第二百零七条规定的可以限制赔偿责任的海事赔偿请求不包括因沉没、遇难、搁浅或者被弃船舶的起浮、清除、拆毁或者使之无害提起的索赔，或者因船上货物的清除、拆毁或者使之无害提起的索赔。

由于船舶碰撞致使责任人遭受前款规定的索赔，责任人就因此产生的损失向对方船舶追偿时，被请求人主张依据海商法第二百零七条的规定限制赔偿责任的，人民法院应予支持。

第十八条　海商法第二百零九条规定的“责任人”是指海事事故的责任人本人。

第十九条　海事请求人以发生海事事故的船舶不适航为由主张责任人无权限制赔偿责任，但不能证明引起赔偿请求的损失是由于责任人本人的故意或者明知可能造成损失而轻率地作为或者不作为造成的，人民法院不予支持。

第二十条　海事赔偿责任限制基金应当以人民币设立，其数额按法院准予设立基金的裁定生效之日的特别提款权对人民币的换算办法计算。

第二十一条　海商法第二百一十三条规定的利息，自海事事故发生之日起至基金设立之日止，按中国人民银行确定的金融机构同期一年期贷款基准利率计算。

以担保方式设立海事赔偿责任限制基金的，基金设立期间的利息按中国人民银行确定的金融机构同期一年期贷款基准利率计算。

第二十二条　本规定施行前已经终审的案件，人民法院进行再审时，不适用本规定。

第二十三条　本规定施行前本院发布的司法解释与本规定不一致的，以本规定为准。

❑ 本章扩展阅读

1. 金正佳主编：《海事诉讼法论》，大连海事大学出版社 2001 年版。

阅读引导：该书第九章简要介绍了海事赔偿责任限制基金程序的设立概况，

以及油污损害的海事赔偿责任限制基金的设立。通过联系相关国际公约,比对类似制度,使读者对海事赔偿责任限制基金的相关问题有了大致了解。

2. 张江艳:《设立海事赔偿责任限制基金程序问题的研究》,载《海大法律评论》2007 年第 00 期。

阅读引导:该文重点分析了海事赔偿责任限制基金程序的性质、设立基金的管辖、基金申请和设立的时限、利害关系人异议、设立基金的上诉等问题,并提出了一些完善设立海事赔偿责任限制基金程序的建议。

附录一:相关法律文书

文书 1-设立海事赔偿责任限制基金申请书

设立海事赔偿责任限制基金申请书

申请人……(写明姓名或名称、住所地等基本情况)

请求事项……(要求设立海事赔偿责任限制基金的数额)

请求理由:本申请人所属(或承租、经营、承保)的……(写明船籍、船名等船舶基本情况),于××××年××月××日××时××分在……(写明港口或海域名称及其经纬度)发生海损事故(或申请人是救助人的,写成"本申请人于××××年××月××日××时××分在……〈写明港口或海域名称及其经纬度〉在救助……〈写明船籍、船名等船舶基本情况〉时发生海损事故"),已给下列利害关系人造成经济损失:……(写明已知的利害关系人的名称、地址和通讯方法)

根据《中华人民共和国海事诉讼特别程序法》第一百零一条的规定,特提出设立海事赔偿责任限制基金申请。

此致

中华人民共和国××海事法院

附:……(相关证据材料)

申请人×××签章

××××年××月××日

文书 2-告知未知利害关系人的公告

中华人民共和国××海事法院
公　告

（告知未知利害关系人用）

（××××）×海法限字第××号

本院于××××年××月××日依法受理了申请人×××提出的设立海事赔偿责任限制基金的申请。申请人×××申请称：……（写明申请的事实和理由、请求设立基金事项）。凡与本次海事事故有关的利害关系人，对申请人×××申请设立海事赔偿责任限制基金有异议的，应自公告之日起三十日内向本院提出书面异议；对申请人×××申请设立海事赔偿责任限制基金无异议的，或异议被本院裁定驳回的，应自公告之日起××日内向本院办理海事债权登记。逾期不登记的，视为放弃债权，不得在基金中受偿。

特此公告。

××××年××月××日

（院印）

注："（××××）×海法限字第××号"中，"（××××）"为年份，"×海法"为海事法院简称，"第××号"为案件编号。

文书 3-告知已知利害关系人的异议通知书

中华人民共和国××海事法院
异议通知书

（告知已知利害关系人提异议用）

（××××）×海法限字第××号

×××（已知利害关系人名称）：

本院于××××年××月××日依法受理了申请人×××提出的设立海事赔偿责任限制基金的申请。申请人×××申请称：……（写明申请的事实和理由、请求设立基金事项）。根据申请人×××提供的已知利害关系人的名单，×

××(已知利害关系人)作为与该次海事事故有关的利害关系人,对申请人×××申请设立海事赔偿责任限制基金有异议的,应自接到通知之日起七日内向本院提出书面异议;对申请人×××申请设立海事赔偿责任限制基金无异议的,或异议被本院裁定驳回的,应自公告之日起××日内向本院办理海事债权登记。逾期不登记的,视为放弃债权,不得在基金中受偿。

特此通知。

××××年××月××日

(院印)

注:"(××××)×海法限字第××号"中,"(××××)"为年份,"×海法"为海事法院简称,"第××号"为案件编号。

文书4- 准许或驳回设立基金申请裁定书

中华人民共和国××海事法院
民事裁定书

(一审准许或驳回设立基金申请用)

(××××)×海法限字第××号

申请人……(写明姓名或名称、国籍、住所地等基本情况)

异议人……(写明姓名或名称、国籍、住所地等基本情况)

申请人×××于××××年××月××日向本院申请设立海事赔偿责任限制基金,本院受理后,向有关的利害关系人发出通知,并于××××年××月××日在……(写明公告范围)发布公告。异议人×××于××××年××月××日向本院提出异议。(无人提出异议的,则不写)

申请人×××称:……(写明申请人申请的事实、理由及请求设立海事赔偿责任限制基金事项),并提供了……等证据材料。

异议人×××称:……(写明异议人提出异议的事实、理由),并提供了……等证据材料。(无人提出异议的,则不写)

本院经审查认为……(写明异议成立或不成立的理由、准许或不准许设立基金、设立基金数额多少的理由)。依照《中华人民共和国海事诉讼特别程序法》第一百零六条第二款的规定,裁定如下:

一、驳回异议人×××的异议(无人提出异议的,则不写);

二、准许申请人××××提出的设立海事赔偿责任限制基金的申请；

三、申请人×××应在裁定送达之日起×日内在本院设立相当于其责任限制总额的……（写明货币种类及数额）的海事赔偿责任限制基金。（异议成立的，则将上述裁定内容改为："驳回申请人×××设立海事赔偿责任限制基金的申请。"）

如不服本裁定，可在裁定书送达之日起七日内，向本院提交上诉状及副本×份，上诉于×××高级人民法院。

审判长×××
审判员×××
审判员×××
××××年××月××日
（院印）

本件与原件核对无异

书记员×××

注："（××××）×海法限字第××号"中，"（××××）"为年份，"×海法"为海事法院简称，"第××号"为案件编号。

附录二：案例分析

【案情简介】

申请人：JJ 航运有限公司
异议人：AA 控股公司
异议人：ZZ 化工有限公司
异议人：韩国海运协会
异议人：现代海上火灾保险公司

申请人 JJ 航运有限公司（以下简称"申请人"）于 2010 年 7 月向大连海事法院提出设立海事赔偿责任限制基金，法院受理后，向有关利害关系人发出通知，并于 2010 年 8 月在《人民日报（海外版）》上连续公告 3 日。异议人 ZZ 化工有限公司（以下简称"ZZ"）、韩国海运协会（Korea Shipping Association，以下简称"韩国海运"）、现代海上火灾保险公司（以下简称"现代火灾"）、AA 控股公司（以下简称"AA"）于法定期限内向本院提出异议。

申请人称:2010年6月申请人所有的巴拿马籍“JJ”号船与柬埔寨籍“HH”号船在大连老铁山水道发生碰撞事故,两船在事故中均严重受损。“JJ”号船登记总吨为16,736 t,根据《海商法》和《海事诉讼特别程序法》等有关规定,申请人有权主张责任限制并设立海事赔偿责任限制基金,该船非人身伤亡海事请求赔偿责任限额为2,878,412特别提款权。因此,申请人就所有向“JJ”号船所有人和对其行为、过失负有责任的人员提出的因船舶碰撞而引起的非人身伤亡的海事赔偿请求,申请设立海事赔偿责任限制基金,基金数额为2,878,412特别提款权及自责任产生之日起至基金设立之日止的相应利息。

异议人AA称:AA系“HH”号船船舶所有人。申请人作为“JJ”号船与“HH”号船碰撞事故责任人之一,对“HH”号船残骸及船载货物的打捞、清障、除害费用负有赔付义务,根据《最高人民法院关于适用〈海事诉讼特别程序法〉若干问题的解释》第9条的规定,申请人对该项费用的索赔请求不能享受海事赔偿责任限制。故AA请求法院确认:申请人申请设立的海事赔偿责任限制基金不能限制AA就打捞、清除、拆毁“HH”号船沉船及船上货物或使其无害而产生的一切费用的赔偿请求。

异议人ZZ称:2010年6月,申请人所有的“JJ”号船与承运ZZ货物的“HH”号船发生碰撞,“HH”号船沉没,ZZ的货物全损。申请人在对“JJ”号船及其船员的管理以及船员对船舶的驾驶等方面存在重大过失:“HH”号船的被撞沉没是由于申请人明知可能造成损失而轻率地作为或不作为造成的。依据我国《海商法》第209条的规定,申请人无权享受责任限制。故ZZ对申请人设立海事赔偿责任限制基金的申请提出异议。

异议人韩国海运、现代火灾称:韩国海运、现代火灾系“HH”号船的船壳险保险人,二者已向“HH”号船船舶所有人进行赔付并获得了代位求偿权。对申请人设立海事赔偿责任限制基金的申请提出异议,理由同ZZ。

【问题思考】

(1) 海事法院对JJ航运有限公司提出的设立责任限制基金申请进行的是实体审查还是程序审查?

(2) 异议人AA控股公司、ZZ化工有限公司、韩国海运协会、现代海上火灾保险公司提出的异议是否合理?

(3) 申请人JJ航运有限公司是否有权申请设立海事赔偿责任限制基金?

【案例简析】

本案中,首先,申请人作为“JJ”号船的船舶所有人,在碰撞事故发生后向本院申请设立海事赔偿责任限制基金,符合我国《海事诉讼特别程序法》第101条第1款规定的主体资格,申请人主体合格。

其次,“JJ”号船和“HH”号船发生碰撞造成的财产灭失、损坏与由此引起的相应损失的赔偿请求，以及侵犯非合同权利的行为造成其他损失的赔偿请求的性质，属于《海商法》第 207 条第 1 款第 1 项或第 3 项规定的限制性债权。

最后，“JJ”号船登记总吨为 16,736 t，从事国际海上运输，依照《海商法》第 210 条和第 213 条的规定，申请人申请设立海事赔偿责任限制基金的数额符合法律规定。

关于异议人 AA 提出的请求，法院确认申请人申请设立的海事赔偿责任限制基金不能限制 AA 就打捞、清除、拆毁“HH”号船沉船及船上货物或使其无害而产生的费用的赔偿请求的申请，鉴于该申请未对设立基金提出异议，而本案系关于是否准许设立海事赔偿责任限制基金的诉讼程序案件，不涉及实体争议的裁决。申请人对特定的海事请求能否享受责任限制、所设基金限制及不能限制的具体海事赔偿请求，应在案件实体审理时予以认定，故 AA 提出的申请不应予以支持。

关于异议人 ZZ、韩国海运、现代火灾提出的申请人在对“JJ”号船及其船员的管理以及船员对船舶的驾驶等方面存在重大过失、申请人无权享受责任限制的异议，《海事诉讼特别程序法》规定的“设立海事赔偿责任限制基金程序”既未涉及责任人是否可以享受责任限制的问题，也未涉及责任人赔偿责任的最终解决问题，故申请人是否可以享受海事赔偿责任限制，与申请人设立基金的程序无关。因此，对异议人 ZZ、韩国海运、现代火灾提出的异议不应予以支持。

第十章　债权登记与受偿程序

导读　债权登记与受偿是海事诉讼的特有程序，亦是强制拍卖船舶和设立海事赔偿责任限制基金的重要一环。债权登记与受偿主要包括债权登记、债权申请与确认、债权受偿等，这些内容互相联系，互为补充。本章的学习重点在于掌握可登记的债权范围，即强制拍卖船舶和海事赔偿责任限制基金的债权登记内容。此外，已经登记的债权审查、确认程序以及债权受偿的方案等也须了解和掌握。

关键词　债权登记　债权审查　债权确认　债权受偿

第一节　债权登记

一、债权登记的概念

强制拍卖船舶和设立海事赔偿责任限制基金程序均涉及债权登记的问题。海事诉讼的债权登记，是指对被拍卖的船舶或海事赔偿责任限制基金享有海事债权的人，在公告规定的期间内，向有管辖权的海事法院进行登记的法律行为。债权登记是最终将拍卖船舶所得价款和责任限制基金按照实体法规定的顺序进行清偿的前提条件。

《海事诉讼特别程序法》专门规定了债权人应在拍卖船舶公告或准予设立海事赔偿责任限制基金公告发布后的一定期间内，就相关债权向海事法院登记的内容。

关于强制拍卖船舶的债权登记，债权人应当在海事法院裁定强制拍卖船舶的公告发布后，在公告期间内，就与被拍卖船舶有关的债权申请登记。关于海事赔偿责任限制基金的债权登记，债权人应当在海事法院受理设立海事赔偿责任限制基金的公告发布后，在公告期间内，就与特定场合发生的海事事故有关的债权申请登记。

二、债权登记的管辖

强制拍卖船舶的债权登记和设立海事赔偿责任限制基金的债权登记分别由实施强制拍卖船舶和受理设立海事赔偿责任限制基金申请的海事法院管辖。这是为了便于强制拍卖船舶的海事法院或受理设立基金的海事法院集中登记债权,统一确定各债权人的受偿次序,公平保护各债权人的利益。债权人向强制拍卖船舶或受理设立基金以外的法院申请债权登记,该法院不应接受;如若接受,则应在接受后将申请移送强制拍卖船舶或受理设立基金的海事法院,由强制拍卖船舶或受理设立基金的海事法院按照法定程序统一处理。

三、可登记的债权范围

根据《海事诉讼特别程序法》的相关规定,可登记的债权范围包括强制拍卖船舶的债权登记和海事赔偿责任限制基金的债权登记。

(一) 强制拍卖船舶的债权登记范围

海事法院在强制拍卖船舶之前会发布公告,要求相关的债权人就与船舶有关的债权进行登记。《海事诉讼特别程序法》仅明确了债权人是拍卖船舶登记的主体,对于债权人的范围只是原则性地规定为“与被拍卖船舶有关的债权”。对此,主要有以下几种理解:

1. 与被拍卖船舶有关的债权只包括船舶优先权、抵押权、留置权所担保的债权。这是因为船舶强制拍卖后,船舶优先权、抵押权、留置权随之消灭。如果船舶优先权、抵押权、留置权所担保的债权没有在拍卖船舶价款中受偿,即使债权依旧存在,却已丧失了其优先性。

2. 与被拍卖船舶有关的债权应当是与拍卖船舶有关的船舶优先权、抵押权、留置权及其他与船舶有关的特定的海事债权。

3. 根据申请拍卖船舶所依据的债权性质分别处理。依照“谁保全谁受益”原则,从有利于保护申请人的利益出发,如果申请拍卖船舶所依据的是优先受偿性的债权,则只能由具有优先性债权才能受偿,不允许一般债权登记与受偿;如果申请拍卖船舶所依据的是一般债权,则具有优先性债权和一般债权都可以登记。

4. 与被拍卖船舶有关的债权包括所有债权。登记与受偿是两个性质不同的环节,可登记的债权不一定能够得到受偿。所登记债权最终能否得到清偿,要视船舶拍卖价款、登记的债权性质、所登记债权的总额而定。例如,主要债权人申请即可登记,但清偿要之后才能确定。

现今较为主流的观点是将“与被拍卖船舶有关的债权”限定在以拍卖船舶为担保物的债权以及与船舶有关的特定海事债权。理由主要有以下两点:

第一,从《海事诉讼特别程序法》中独立设立债权登记的意义看,债权登记可以保证买受人取得船舶所有权的完整性以及保护对拍卖船舶具有担保物权的债权人的合法权益。一方面,债权登记是船舶拍卖的必经程序。通过债权登记程序，能够确保船舶买受人所购买船舶是"清洁船舶"。[①] 另一方面，船舶经法院强制拍卖，会导致船舶优先权、留置权、抵押权的消灭。这类具有优先受偿性质的债权丧失其优先性，没有受偿或者不足清偿部分将沦为一般债权。对此类债权进行登记，允其优先受偿，可以保护相关债权人的合法权益。

第二，拍卖船舶的前提是船舶已经被扣押，而扣押的前提是船舶发生了海事请求。[②] 根据《海事诉讼特别程序法》第21条的规定，能够申请扣押船舶的海事请求有22种。这22种海事请求并不局限于船舶优先权、船舶抵押权和船舶留置权，还包括其他海上运输交易中形成的普通债权。例如，"因船舶买卖合同产生的纠纷"并不一定会形成优先权、抵押权或留置权，但属于该法第21条中规定的22种海事请求之一。将从特定船舶拍卖款中清偿的债权限于船舶优先权、船舶抵押权和船舶留置权所担保的海事债权，确实过于狭窄，不符合立法本意。

综上所述，与被强制拍卖船舶有关的债权主要有：

1. 具有船舶优先权性质的债权。此类债权具体包括船长、船员和在船上工作的其他在编人员根据劳动法律、行政法规或者劳动合同所产生的工资、其他劳动报酬、船员遣返费用和社会保险费用，在船舶营运中发生的人身伤亡损害赔偿，船舶吨税、引航费、港务费和其他港口规费，海难救助的救助款项，以及船舶在营运中因侵权行为产生的财产损害赔偿（但载运2000吨以上的散装货油的船舶，持有有效的证书证明已经进行油污损害民事责任保险或者具有相应的财产保证的，对其造成的油污损害的赔偿除外）。

2. 具有船舶留置权性质的债权。此类债权的债权人往往是诉前扣船的申请人或者是在诉讼过程中申请拍卖船舶的原告。

3. 具有船舶抵押权性质的债权。

4.《海事诉讼特别程序法》第21条规定的其他海事请求权所形成的海事债权。现行法律应该完善对可登记债权作出明确的规定，以便审判人员更好地执行法律，保护当事人的合法权益。

（二）海事赔偿责任限制基金的债权登记范围

特定海事责任主体在要求限制赔偿责任后，经过海事法院审查认可，即可向海事法院提交一笔相当于责任限制的款项，作为分配给有关债权人的基金。《海事诉讼特别程序法》对该债权有限制性规定，海事法院受理设立海事赔偿责任限制基金的公告发布后，债权人应当在公告期间就与特定场合发生的海事事故有关的债权申请登记。故海事赔偿责任限制基金的登记债权限定为"与特定

---

① 参见李唯军、李道峰：《船舶拍卖中债权登记与受偿程序若干问题浅析》，载金正佳主编：《中国海事审判年刊》，人民交通出版社2000年版。

② 参见《海事诉讼特别程序法》第29条。

场合发生的海事事故有关的债权”。这意味着海事赔偿责任限制制度并不是适用于所有的海事请求,而应当是责任主体根据海事赔偿责任限制相关法律,可以限制其赔偿责任的海事请求。这类海事请求属于限制性债权,至于哪些具体的海事请求属于限制性债权,取决于海商法或国际公约的规定。

我国《海商法》第 207 条规定的限制性债权有以下四类:

1. 在船上发生的或者与船舶营运、救助作业直接相关的人身伤亡或者财产的灭失、损坏,包括对港口工程、港池、航道和助航设施造成的损坏,以及由此引起的相应损失的赔偿请求。主要包括三个方面的责任:一是因运输合同而产生的对货物的责任;二是因侵权事故引起的对他人的赔偿责任;三是因救助人在救助作业中的过失而造成被救方人身或财产损害的赔偿责任。

2. 海上货物运输因迟延交付或者旅客及其行李运输因迟延到达造成损失的赔偿请求。当发生《海商法》第 50 条规定的迟延交付情况时,因迟延交付造成货物的经济损失,承运人根据《海商法》第 57 条的规定,对迟延交付而造成经济损失的赔偿责任,将限制在所迟延交付货物的 1 倍运费之内。如果迟延交付与货物的灭失或损坏同时发生,其责任限额适用《海商法》第 56 条第 1 款的规定。①

3. 与船舶营运或者救助作业直接相关的,侵犯非合同权利的行为造成其他损失的赔偿请求。此项请求与第 1 项的侵权赔偿的根本区别在于:第 1 项是侵权直接引起财产的物质损害,而本项则是指物质损害引起的不能使用的损失。例如,某轮碰撞后沉没在苏伊士运河中,其他船舶不得不绕航好望角。沉船的损失是碰撞侵权行为直接造成的物质损害,而他船绕航好望角的损失则是因沉船而不能使用好望角的损失。此种损失归于本项“侵犯非合同权利的行为造成其他损失的赔偿请求”。

4. 责任人以外的其他人,为避免或者减少责任人依照《海商法》关于海事赔偿责任限制的规定可以限制赔偿责任的损失而采取措施的赔偿请求,以及因此项措施造成进一步损失的赔偿请求。“责任人以外的其他人”即指责任限制主体以外的其他人,为了避免或者减轻责任人的责任而采取的善意措施造成的进一步损失,对这类损失也属限制性债权。②

以上所列赔偿请求,无论提出的方式有何不同,均可以限制赔偿责任。然而,第 4 项涉及责任人以合同约定支付的报酬,责任人的支付责任不得援用《海

① 《海商法》第 56 条第 1 款规定:“承运人对货物的灭失或者损坏的赔偿限额,按照货物件数或者其他货运单位数计算,每件或者每个其他货运单位为 666.67 计算单位,或者按照货物毛重计算,每公斤为 2 计算单位,以二者中赔偿限额较高的为准。但是,托运人在货物装运前已经申报其性质和价值,并在提单中载明的,或者承运人与托运人已经另行约定高于本条规定的赔偿限额的除外。”

② 参见司玉琢:《海商法专论》,中国人民大学出版社 2010 年版,第 325 页。

商法》第207条赔偿责任限制的规定。

四、债权登记的申请期限

这里的债权登记主要就是与拍卖船舶有关的债权登记和与海事赔偿责任限制基金有关的债权登记。相关债权人必须在海事法院强制拍卖船舶的公告期间或受理设立海事赔偿责任限制基金的公告期间内申请登记债权。

（一）强制拍卖船舶的债权登记期间

申请债权登记对于相关债权人来说是必须主动履行的程序，因为只有通过债权登记才能保证自己的债权顺利实现。债权登记有一定期限，该期限经过后，即使实际拥有债权，也无权再向法院主张。

依照《海事诉讼特别程序法》，海事法院裁定强制拍卖船舶的公告发布后，债权人应当在公告期间，就与被拍卖船舶有关的债权申请登记。拍卖船舶的公告期间不少于30日。所以，与拍卖船舶有关的债权登记期间至少为30日。拍卖船舶公告期届满不登记的，视为放弃在本次拍卖船舶价款中受偿的权利。需要注意的是，债权人放弃的只是在本次拍卖船舶价款中受偿的权利，并没有放弃债权，其仍可以通过其他方式求偿。

（二）海事赔偿责任限制基金的债权登记期间

《海事诉讼特别程序法》没有规定受理海事赔偿责任限制基金的具体公告期，但该法第106条为未收到海事法院受理设立基金申请通知的利害关系人规定了在公告之日起30日内的异议期间。这30日异议期间应理解为海事法院受理海事赔偿限制基金申请的公告期，为固定期限。因此，与责任限制基金有关的债权人应当在海事法院发布受理设立海事赔偿责任限制基金申请的公告之日起30日内申请登记债权。[①]

如果因不可抗力或其他障碍等正当理由造成债权人不能在公告期内提交证据材料的，在障碍消除后10日内，债权人可以申请顺延期限。是否准许由法院决定。一般来说，只要拍卖船舶的价款或基金还未分配，海事法院应当允许其顺延。

责任人向海事法院申请设立海事赔偿责任限制基金后，该海事法院会发布公告，要求相关债权人向海事法院登记债权，债权人应当在公告期间就与特定场合发生的海事事故有关的债权申请登记。公告期间届满不登记的，视为放弃债权，不得再行请求赔偿。

---

① 参见金正佳主编：《海事诉讼法论》，大连海事大学出版社2001年版，第450页。

五、申请债权登记的条件

（一）书面申请

债权人申请债权登记的，应向裁定强制拍卖船舶或受理设立海事赔偿责任限制基金的海事法院提交书面申请。书面申请是对债权申请人的法定要求，书面申请的形式有利于确定当事人以及当事人之间的债权债务关系。申请书应当载明债权人、债务人的名称、地址、债权性质、债权的发生事由、债权数额等内容。

（二）提供有关证据

债权人申请债权登记的，应当提供相应的证据予以证明。《海事诉讼特别程序法》所规定的债权证据包括证明债权的具有法律效力的判决书、裁定书、调解书、仲裁裁决书和公证债权文书，以及其他证明具有海事请求的证据材料。从中可以得出，证明债权存在的证据包括两种：一种是具有法律效力的判决书、裁定书、调解书、仲裁裁决书和公证债权文书。这一类证据均属于具有法律效力的确权文书。另一种是其他证明具有海事请求的证据材料。这类证据材料所证明的债权需由法院通过确权诉讼或者仲裁机构作出裁决后，才能确定其是否真实存在。

《海事诉讼特别程序法》将生效的法律文书和其他海事请求证据材料并列为债权证据，表明生效的法律文书如果未经海事法院确认，不能直接作为参与受偿分配的依据。同时也表明，债权登记时程序性权利是一种准诉权，这种权利的行使不以是否可以参与受偿为前提，只要未到期债权与船舶有关，符合债权登记的法律规定，都应当允许其申请债权登记后提起诉讼。

六、债权登记程序与企业破产还债程序的关系

海事债权登记程序是独立于审判程序和执行程序的一种特别程序，它与破产程序中的债权登记是不同的。债权登记程序主要是强制拍卖船舶和海事赔偿责任限制基金程序，是针对船舶所发生的债权进行登记。企业破产还债程序是指因债务人不能清偿到期债务，债权人或债务人向法院提出申请，经法院审查受理，将债务人的财产公平分给债权人的特定审理程序。两者的区别主要在于：

首先，发生原因不同。海事诉讼中的债权登记程序是在海事法院强制拍卖船舶或受理海事赔偿责任限制程序中，相关债权人申请债权注册的法律行为。企业破产还债程序是发生在企业宣告破产后，由法院组织进行的法定程序。

其次，针对的对象不同。债权登记中的债权是所有与拍卖船舶有关的债权，以船舶作为债权受偿的财产来源。破产程序用于偿还所有与企业有关的债务，以债务人所有财产作为清偿财产。

最后，涵盖的范围不同。海事诉讼债权登记程序的债权范围相对较小，并非

所有对船公司享有债权的人都可以向法院进行债权登记。企业破产还债程序中也存在债权登记的问题,是对企业享有债权的人所享有的权利。企业破产还债程序中类似的债权登记程序是债权申报程序。债权人应当在人民法院确定的债权申报期限内向管理人申报债权。

船公司的船舶被强制拍卖和船公司进入破产程序同时发生时,依据《最高人民法院关于适用〈民事诉讼法〉若干问题意见》第276条的规定,船东进入破产程序后,海事法院拍卖船舶及受偿行为立即中止,船东的所有债权人应至受理破产的法院申报债权。

第二节 债权审查和确认

海事法院对已经登记的债权应当进行审查和确认。审查的主要对象是证据审查。根据《海事诉讼特别程序法》,进行审查和确认的债权证据共两类:一是依法已获得强制执行力的法律文书债权证据;二是需经审判程序全面审查其真实性、合法性、相关性的普通债权证据。

审判实践中,依据这两类证据的不同性质,审查的方式也不尽相同。对于法律文书债权证据,法院一般通过非讼方式审查,即以书面方式审查其是否真实合法,审理过程中不允许债务人或利害关系人抗辩、异议;对于普通债权证据,一般通过诉讼方式审查,即以开庭方式审理,适用普通的证据审查规则。

一、对有生效法律文书证明的债权的审查与确认

债权人申请债权登记,提供证明债权的判决书、裁定书、调解书、仲裁裁决书或者公证债权文书,海事法院仍然应当进行审查。这种审查不同于债权登记的表面审查,而是对该法律文书的真实性、合法性进行审查。

审查的主要内容有二:一是生效法律文书的真实性、合法性;二是生效法律文书确定的债权是否属于"与被拍卖船舶有关的债权"或"与特定场合发生的海事事故有关的债权",即对登记的债权能否参与船舶拍卖价款和基金的受偿分配予以认定。经审查,符合上述要求的,海事法院裁定予以确认,否则裁定予以驳回。

(一)生效法律文书审查之真实合法标准

海事法院需要审查认定债权人所提供的用以证明债权的判决书、裁定书、调解书、仲裁裁决书或者公证债权文书的真实合法性问题。由于真实合法性的审查并无明确、具体的标准,如何解释主要有两种观点:

一种意见认为,基于主管及管辖权限的分工,法院无权对其他法院的裁判文书、仲裁机关的仲裁裁决及公证机关的公证文书进行实质审查,所以这种真实合

法性的审查,仅限于审查法律文书本身是否真实并已发生法律效力、作出法律文书的机构是否具有管辖权。司法实践中的做法是,通过向文书制作机关核实法律文书本身是否真实、是否生效。[①] 该意见将不同类型法律文书的审查标准简单化,实践中难免出现船舶拍卖款的分配错误。

另一种意见认为,应区分审查对象,适用不同的审查标准。例如,对于国内法院裁判文书的程序和实体问题都不应审查;对于仲裁机构的仲裁程序的真实合法性不主动审查;对于公证文书,应审查公证机关的权限及债权的真实性;对于外国法院的裁决文书,应严格审查其是否违反我国的基本法律原则及公共利益等。[②] 该意见提出的区别对待原则较第一种意见科学,但其没有涉及具体的法律依据,故操作性较低。

总之,法院通过审查生效法律文书的真实合法性,来防止债权人以调解、仲裁等方式在其他法院或仲裁机构迅速取得事实上没有法律效力的调解书、仲裁裁决书。海事法院对法律文书真实合法性的审查,应限于审查法律文书本身是否真实,作出法律文书的机构是否为有管辖权的法院、仲裁机构或合法的公证机关等。至于法律文书认定事实和适用法律上是否适当,则不在审查范围。

(二) 法院应主动适用的证据审查标准

根据《海事诉讼特别程序法》《民事诉讼法》等有关规定,海事法院应从相关性、非矛盾性和公序良俗等方面审查有关法律文书能否被确认。其主动适用的审查标准包括:

1. 相关性审查标准

相关性审查本身不是一个严格量化的概念。根据《海事诉讼特别程序法》第 111 条的规定,申请债权登记仅限于与被拍卖船舶有关的债权。何为有关?联系到《海事诉讼特别程序法》第 115 条的非讼确权程序,普遍的观点是将"有关的债权"限制解释为"被拍卖船舶担保的债权",即船舶优先权、船舶抵押权、船舶留置权。

相应合理的推论主要有:(1) 有关法律文书确定的债权或其部分债权经审查不属于上述三种优先债权的,或者船舶优先权自产生之日起已超过 1 年的,应裁定不予确认或部分不予确认。(2) 有关法律文书未能述明案件事实、债权性质,或未能将被拍卖船舶担保的债权与非担保债权分开,致使受案法院无法确定该债权是否具有相关性的,应裁定不予确认。

但是,根据有关强制执行的法律,持有以船舶所有人为债务人、已获得强制

① 参见李唯军、李道峰:《船舶拍卖中债权登记与受偿程序若干问题浅析》,载金正佳主编:《中国海事审判年刊》,人民交通出版社 2000 年版。

② 参见徐孝先:《解读海诉法第十章债权登记的确权》,载金正佳主编:《中国海事审判年刊》,人民交通出版社 2001 年版。

执行力的债权法律文书的债权人，都可以通过申请执行的方式参与船舶拍卖款的分配。如果可申请确认之债权仅限于被拍卖船舶担保的债权，那么其他债权人申请强制执行的权利将被限制甚至剥夺。《海事诉讼特别程序法》第115条应该是参照有关强制执行的法律而制定，持有已取得强制执行力、可由法院执行的各类法律文书的债权人也应被允许参与船舶拍卖款的分配，而不论是否为被拍卖船舶担保。

故对上述法律文书的相关性标准应作扩张解释，其审查主要限于：一是审查债务人是不是被拍卖船舶的所有权人；二是审查债权的性质，以确认其受偿顺序。

2. 公序良俗标准

如果受案法院认为有关债权违背我国法律基本原则或损害社会公共利益，应裁定不予确认。社会公共利益是关系到全体社会成员的利益，主要包括公共秩序和公共道德。

由于公序良俗的标准过于抽象，且国内外对于公共秩序的认定也不尽相同，适用时应从严掌握。该标准主要适用于审查外国法院的判决以及国内外的仲裁裁决，对于国内法院作出的裁判文书原则上可不主动适用。

（三）涉外法律文书的审查与确认

外国法院作出的判决书、裁定书、调解书，以及国外仲裁机构作出的仲裁裁决书是否可以作为海事法院确认债权的文书的问题，《海事诉讼特别程序法》没有规定。因此，对于债权人提供的国外的判决书、裁定书、调解书和仲裁裁决书，应当适用《民事诉讼法》的相关规定进行审查。

如果法律文书是外国法院、仲裁机构作出的，申请人还应依据《民事诉讼法》和《海事诉讼特别程序法》的规定向我国法院申请承认。如果申请人提交的外国法院的判决、裁定以及国外海事仲裁裁决在债权登记前已由我国法院按照法定程序承认，这些国外确权文书所确定的债权，海事法院应裁定予以确认。如果申请人提交的外国法院判决、裁定以及国外海事仲裁裁决在债权登记时尚未申请我国法院承认，申请人在办理债权登记以后应向法院申请承认。关于申请的法院，为便于尽快参加受偿程序，结合《海事诉讼特别程序法》第116条的立法精神，申请人应当向受理债权登记的海事法院申请承认上述国外确权文书。

（四）调解文书的审查与确认

调解是我国民事诉讼中行之有效的一种结案方式。海事法院只能对本院作出的调解书进行审判监督，不能对其他法院作出的调解书进行实质性审查。当事人以外的第三人在接受登记的海事法院不能对生效的调解书提出实质性的异议。海事法院确认债权时，只是审查调解书等确权文书的真实合法性，而不审查调解等诉讼活动的合法性。有关当事人对调解合法性的异议应依法定程序提出，另行处理，而不应在债权登记过程中向海事法院提出。海事法院经审查认定调解书等确权文书真实合法，裁定确认债权，该债权即可参与船舶价款或基金的分配。

二、对登记债权的确权诉讼

有的债权申请人在申请债权登记时，未提供具有法律效力的确权文书，但提交了其他证明海事请求的证据。对于此种情况下，申请人与被申请人的债权债务关系是否成立、债权的数额及性质如何确定等内容，必须按法定程序审理才能予以确认。当事人之间有关债权债务关系的协议，没有经过法定的确权程序，不具有确权文书的法律效力。因此，要通过确权诉讼，明确债务人的给付义务和债权性质，具体而言，包括债权是否成立以及债权数额；债权的性质，即债权是否属于船舶优先权、留置权、抵押权或为一般债权，是否为与特定海事事故相关的限制性债权；该债权能否参与船舶价款或基金的分配。

债权人提供其他海事请求证据的，应当在办理债权登记以后，在受理债权登记的海事法院提起确权诉讼。当事人之间有仲裁协议的，应当及时申请仲裁。海事法院对确权诉讼作出的判决、裁定具有法律效力，当事人不得提起上诉。

《海事诉讼特别程序法》自2000年7月1日实施以来，确权诉讼在提高诉讼效率等方面发挥了积极作用。由于《海事诉讼特别程序法》只作了原则性的规定，审判实践中有以下几个法律问题值得研究：

（一）确权诉讼的性质

我国民事诉讼体系中，诉通常分为三类：确认之诉、给付之诉和变更之诉。确权之诉并不单独作为一类。确权诉讼是在《海事诉讼特别程序法》债权登记与受偿程序中明确规定的一种诉讼方式，对于确权诉讼的法律性质，或者说确权诉讼属于何种性质的诉，《海事诉讼特别程序法》未作规定，最高人民法院也未有相关的司法解释。目前主要有四种观点：

第一种观点认为确权诉讼属于确认之诉。其理由是：首先，确权诉讼是海事诉讼特定环节中，对特定债权之特定内容进行确认的一种诉讼方式；其次，确权诉讼是对当事人之间争议的权利义务关系是否存在进行确认；最后，确权诉讼确认的债权仅是债权人会议协商分配或海事法院裁定分配船舶价款或基金的前提，确权诉讼本身并无给付的内容。

第二种观点认为确权诉讼属于给付之诉。该观点认为：确权诉讼是债权人向海事法院提出的判令被拍卖船舶所有人履行一定民事义务的请求，其实质仍为给付之诉。因为海事法院不仅要确认债权人与被拍卖船舶所有人之间是否存在法律关系，还要判令债务人履行一定义务。只有具有可执行的内容，才能参与拍卖价款的分配，如果仅仅确认债权人有船舶优先权或船舶抵押权等，而不判令债务人应当支付的债权金额，将导致之后的受偿程序无从进行。确权诉讼虽然字面上有“确权”两字，但从确权诉讼适用的程序看，当事人提起该诉讼的目的，并不在于确认原被告之间是否存在某种法律关系，而是意图通过诉讼来判令对方当事人向其履行支付款项的义务，从而在船舶拍卖价款或海事赔偿责任限制基金中受偿。确权诉讼是当事人通过诉讼请求法院判令船东或基金责任人履行给付义务的诉，因此确权诉讼应当定性为给付之诉。

第三种观点认为确权诉讼属于确认之诉和给付之诉的结合。该观点的理由是：确认之诉与给付之诉有一定的联系，这两种诉可以在同一案件中并存，表现为法院在判令当事人之间存在一定民事法律关系的同时判令一方履行给付义务。在确权诉讼中，海事法院不仅要对海事债权人与海事责任人之间的债权债务关系的存在进行确认，而且还需要确定海事责任人的赔偿数额，并判令海事责任人履行其赔偿义务，所以确权诉讼实际上是给付之诉与确认之诉的结合。①

第四种观点认为确权诉讼可能为给付之诉或确认之诉，也可能会包含给付之诉和确认之诉的内容。如司法实践中，某项船员劳务报酬的请求，海事法院既要确认债务人的给付义务，又要确认该请求是否属于船舶优先权。

目前，大部分学者支持将确权之诉视为确认之诉。在确权诉讼中，原告请求法院确认其与被告之间存在债权法律关系的诉讼，符合确认之诉的基本要求。因为确认之诉包括两个方面的内容，一是请求法院否定某种法律关系的存在，目的在于否定自己应承担的某种义务，亦即对义务不存在的确认；二是要求法院肯定某种法律关系的存在，目的在于肯定自己享有某种权利，亦即对权利存在的确认。《海事诉讼特别程序法》中的确权之诉符合确认之诉的特征，即对当事人间争执的权利义务关系是否存在进行确认，因而应归类为确认之诉。

（二）确权诉讼的管辖

根据《海事诉讼特别程序法》以及《最高人民法院关于适用〈海事诉讼特别程序法〉若干问题的解释》相关条文的规定，关于确权诉讼管辖的规定，主要体现为专属管辖，即确权诉讼案件由债权登记的海事法院进行专属管辖。由于专属管辖具有排他性，无论当事人之间是否有管辖协议，申请人在登记债权后只能向受理债权登记的海事法院起诉。另外，根据《最高人民法院关于适用〈海事诉讼特别程序法〉若干问题的解释》的规定，在债权登记前，债权人如果已向受理债权登记以外的海事法院起诉，受理案件的海事法院应当将案件移送至登记债权的海事法院一并审理，从而将所有与特定场合发生的海事事故相关的海事纠纷集中到一个海事法院管辖。但是，上述专属管辖存在两个例外：

① 参见杨树明主编：《民事诉讼法·海事诉讼特别程序法篇》，厦门大学出版社 2008 年版，第 269 页。

1．仲裁例外

法院与仲裁机构在民事纠纷主管问题上的关系是：对于属仲裁机构又属法院主管的纠纷，具体由谁主管取决于当事人的选择，双方当事人存在仲裁协议的，法院不主管。因此，即使确权诉讼案件专属于受理债权登记的海事法院管辖，但如果当事人之间存在仲裁协议，则债权人应及时申请仲裁。船舶拍卖程序中，以当事人之间有仲裁协议为例外；责任限制基金程序中，以当事人之间订有诉讼管辖协议或者仲裁协议为例外。由此可看出，即使当事人间有管辖协议，办理债权登记后，仍应在受理债权登记的海事法院提起确权诉讼，而非协议约定的其他法院。

2．“案件已经进入二审”的例外

《最高人民法院关于适用〈海事诉讼特别程序法〉若干问题的解释》对《海事诉讼特别程序法》中的确权管辖规定又作了进一步规定，在债权登记前，债权人已向受理债权登记的海事法院以外的海事法院起诉的，受理案件的海事法院应当将案件移送至登记债权的海事法院一并审理，但案件已经进入二审的除外。[①]

何谓“案件已经进入二审”，司法解释无进一步的规定。第二审程序因当事人提起上诉而启动，但第二审人民法院对当事人的上诉还需经过审查，只有在上诉符合法定条件时才予以受理。如果以二审法院受理上诉的时间作为案件已经进入二审的时间标准，那么在当事人已上诉、二审法院受理前该案件仍须移送。此时，该案是否生效，受理债权登记的法院应如何处理等问题也不明确。因此，“案件已经进入二审”应理解为当事人已提起上诉。

（三）提起确权诉讼的法定期间

海事法院裁定强制拍卖船舶或受理设立海事赔偿责任限制基金的公告发布后，债权人应当在公告期间申请债权登记，并在办理债权登记后7日内提起确权诉讼。

7日的期限应当是一种法定期间，其法律性质如同《民事诉讼法》规定的上诉期限，一般情况下是一种不变期间。如果基于债权人的真实意思表示而未在法定的7日期间内的起诉，法院应裁定不予受理。

（四）确权诉讼程序的证据审查标准

确权诉讼是确权程序下当事人提出的除判决书、裁定书、调解书、仲裁裁决书或者公证债权文书以外的其他海事请求证据时提起的诉讼，其特点是无法直接对证据真伪予以认定。该证据审查标准与非诉确权程序下一方当事人对另一方当事人提供的判决书、裁定书、调解书、仲裁裁决书或者公证债权文书提出异议类似。

---

① 参见《最高人民法院关于适用〈海事诉讼特别程序法〉若干问题的解释》第89条。

1．正确适用相关性标准，防止当事人规避二审终审制度

根据《海事诉讼特别程序法》第116条提起诉讼确权的，应限于船舶优先权、船舶留置权、船舶抵押权等为被拍卖船舶所担保的债权，有关的确权判决也应限于船舶拍卖款的分配，而不宜作为执行债务人其他财产的依据。如果允许各种债权以“与被拍卖船舶有关”的名义进入确权诉讼程序，将使大量案件得以规避普通审判程序而造成一审终审，这不仅损害二审终审的基本法律制度，也为下一步的执行工作留下法律隐患。因此，有必要对相关性的证据要求作出限制解释，对于不符合上述相关性要求的债权确认之诉，应不予受理或裁定驳回。

2．被告缺席审判的，原告的证据应形成证据链

在被告缺席的情况下，有些原告仅提交由被告或其代理人签字确认债权的书证，如工资欠条、赔偿协议等作为确权诉讼的证据。对此，有人认为，被告缺席行为应视为对原告请求及证据的认可。也有人认为，应将被告缺席行为视为放弃对原告证据及主张进行质证和抗辩的权利。但是，基于诉讼确权程序的特殊性，单一、零散的证据不宜作为认定事实的依据，原告应进一步补充相应债权债务关系发生、发展过程等主要证据，并形成证据链，从而消除法官合理的疑虑。例如，在船员劳务报酬确权纠纷中，原告除了工资欠条外，还应进一步提供船员劳务合同以证明合同期间、工资与福利标准，提供船员服务簿以证明其所服务的船舶及其上、下船时间等。

尽管有反对意见认为，这种证据链要求增加了原告举证负担，限制了原告的诉讼权利，但事实上，在正常条件下，原告应持有相关债权债务关系发生、发展的相应凭据，补充提供有关证据并未明显增加其举证负担，这是原告证明其主张未损害其他当事人或第三方利益所必需的。

3．被告自认条件下，不解除原告相应的举证责任

一般情况下，海事诉讼审判活动中，一方当事人对另一方当事人陈述的案件事实和提出的诉讼请求明确表示承认的，无须举证。一方当事人在起诉状、答辩状、陈述及其委托代理人的代理词中承认的对己方不利的事实和认可的证据，也可以直接作为认定有关债权债务关系的依据。但是，当事人反悔并有相反证据足以推翻的除外。

当事人自认不是认定案件事实唯一的直接依据。海事法院对当事人的陈述，应当结合案件的其他证据，审查确定其能否作为认定事实的根据。故对于被告的自认，原告还应当提供相应的证据证明。该要求并未增加原告的举证责任，因其作为诉讼程序的发起者，应当向法庭提交充分的证据证明债权成立，以防止原被告之间有“秘密协议”达成而扰乱司法公正。

4．重视身份证据规则在确权程序的地位

诉讼过程中，一方当事人对另一方当事人陈述的案件事实明确承认的，另一

方当事人无须举证，但涉及身份关系的案件除外。即在具有特定身份关系的当事人之间，应从严审查有关证据，防止当事人恶意串通从而损害社会公共利益或第三人利益。

海事法院进行的确权证据审查，主要针对被拍卖船舶的所有权人与其债权人具有某种特殊的关系，如二者之间具有母、子公司关系，控股关系，或者双方法定代表人、主要负责人或主要股东相同等，有关案件的证据应当形成证据链，并足以排除合理的怀疑。例如，在船员劳务报酬确权纠纷案中，船员与船舶所有人具有劳动雇佣关系，具有身份的依附性，自认的证据规则宜慎重适用。①

第三节　债权受偿

债权受偿是指海事法院在债权审查确认后，按照一定的受偿顺序和比例，对船舶拍卖价款或海事赔偿责任限制基金进行分配。

债权受偿有两种方式：一是由债权人协商受偿方案，二是由海事法院按法定顺序裁定受偿方案。所谓"由债权人协商受偿方案"，是指海事法院审理并确认债权后，应当向债权人发出债权人会议通知书，组织召开债权人会议。债权人会议可以协商提出船舶价款或者海事赔偿责任限制基金的分配方案，签订受偿协议。受偿协议经海事法院裁定认可，具有法律效力。所谓"由海事法院按法定顺序裁定受偿方案"，是指债权人会议协商不成，由海事法院依照《海商法》以及其他有关法律规定的受偿顺序，裁定船舶价款或者海事赔偿责任限制基金的分配方案。

一、债权人协商受偿方案

海事法院审理并确认债权后，应当向债权人发出债权人会议通知书，组织召开债权人会议。在债权人会议上，全体债权人通过协商，根据清偿顺序提出分配方案。召开债权人会议是债权受偿的必经程序，海事法院应当经过该法定程序，从而裁定船舶价款或者海事赔偿责任限制基金的分配方案。

（一）债权人会议性质及组成

债权人会议的本质，是指由全体债权人参加破产程序进行权利自治的临时机构，其权利范围和行使方式均由法律直接规定，主要是决议职能和监督职能。债权人会议由经登记确认的债权人组成，对于拍卖船舶受偿债权人由船舶优先权人、船舶留置权人、船舶抵押权人以及特定海事债权人组成；对于海事赔偿责任限制基金的受偿债权人由前已确权的限制性债权人组成。

---

① 参见向明华：《海事法要论》，法律出版社 2009 年版，第 347—349 页。

(二) 债权人会议组织程序

债权人会议由海事法院召集并主持。相对于一般民事诉讼破产程序中的债权人会议,该程序中对债权人会议的规定较为简单,不涉及必须参加的债权人比例、表决方式(应占全体债权人数、总债权的比例等)以及其他更多的职能等。

原则上,分配方案应由全体债权人协商达成一致意见后,共同签订受偿协议。仅多数债权人决议尚不具有约束所有债权人的法律效力,但是处于同一受偿顺序的债权人,如同种类的船舶优先权人或限制性债权人,在不影响其他债权人的前提下可以单独签署受偿协议。受偿协议经海事法院裁定认可,具有法律效力。海事法院应按受偿协议确定的受偿顺序分配船舶价款或者基金。

二、海事法院裁定受偿方案

根据《海事诉讼特别程序法》第 118 条的相关规定,如果债权人会议协商达不成协议,那么由海事法院根据《海商法》以及其他有关法律规定的受偿顺序,来裁定船舶价款或者海事赔偿责任限制基金的分配方案。按照我国《海商法》的相关规定,同顺序的债权按比例受偿,因此,确定各债权的受偿顺序是海事法院裁定受偿方案时的重要内容。

(一) 拍卖船舶款项的受偿顺序

有关拍卖船舶的价款受偿顺序,在 1994 年《最高人民法院关于海事法院拍卖被扣押船舶清偿债务的规定》中有详细规定,该规定的受偿顺序与《海商法》一致,主要受偿顺序如下:

1. 第一顺位——船舶优先权

船舶优先权是指海事请求人依据《海商法》第 22 条的规定,向船舶所有人、光船承租人、船舶经营人提出海事请求,对产生该海事请求的船舶具有优先受偿的权利。该规定中所称的船舶所有人、光船承租人、船舶经营人等,均为被提出海事请求的债务人。

我国《海商法》对船舶优先权的定义与英美法系上的概念非常相似。第 22 条是关于哪些债权(即海事请求)可享有船舶优先权的列举性规定。各项优先权之间一般情况下按下列顺序受偿:

(1) 船长、船员和在船上工作的其他在编人员根据劳动法律、行政法规和劳动合同所产生的工资、其他劳动报酬、船员遣返费和社会保险费用的给付请求;

(2) 在船舶营运中发生的人身伤亡的赔偿请求;

(3) 船舶吨税、引航费、港务费和其他港口规费的缴付请求;

(4) 海难救助的救助款项的给付请求;

(5) 船舶在营运中因侵权行为产生的财产赔偿请求。

值得注意的是,即使第(4)项请求后于第(1)—(3)项发生,也应当先于第

(1)—(3)项受偿。若第(4)项中有两个以上请求的,则后发生的先受偿。若第(1)—(3)、(5)项中有两个以上请求的,则不分先后,同时受偿,不足受偿的按比例受偿。

2. 第二顺位——船舶留置权

船舶留置权是指造船人、修船人在合同另一方未履行合同时,可以留置所占有的船舶,以保证造船费用或者修船费用得以偿还的权利。[①] 其中,被留置的动产是留置物,享有留置权的债权人是留置权人。船舶优先权先于船舶留置权受偿,船舶抵押权后于船舶留置权受偿。船舶留置权在造船人、修船人不再占有所造或者所修的船舶时消灭。

关于船舶留置权的种类,除《海商法》第 25 条规定的由造船人和修船人所享有的留置权外,还应当包括其他种类:

(1) 海事救助人留置权。海事救助人的留置权主要是指发生海难事故时,在被救助人没有支付救助费用的情况下,救助人可以依法留置所占有的船舶或货物。另外,我国《海商法》还规定了被救助方在救助作业结束后,应当根据救助方的要求,对救助款项提供满意的担保。在未根据救助人的要求对获救的船舶或者其他财产提供满意的担保以前,未经救助方同意,不得将获救的船舶和其他财产从救助作业完成后最初到达的港口或者地点移走。由此可知,被救助人没有对救助款提供令救助人满意的担保时,海事救助人也有权留置被救助人的船舶或货物。

(2) 打捞人船舶留置权。沉船打捞可分为两类,一类是打捞有经济价值的船舶,另一类是打捞无经济价值的船舶。前者实际上属于救助,适用《海商法》第 188 条、第 190 条的规定;后者由于无经济上的起浮价值,因而船舶所有人不可能自愿起浮,不属于救助,而属于强制打捞。有学者认为,不论是救助性打捞,还是强制性打捞,打捞人完成打捞后,在未得到打捞费前,有权扣留打捞上来的船舶,亦即打捞人享有船舶留置权。

(3) 拖航船舶留置权。发生拖航留置的情形主要是被拖方没有按照合同约定支付拖航费和其他合理费用。承拖方因此享有留置被拖物的权利,我国《海商法》第 161 条明文规定:“被拖方未按照约定支付拖航费和其他合理费用的,承拖方对被拖物有留置权。”

3. 第三顺位——船舶抵押权

船舶抵押权,是指抵押权人对于抵押人提供的作为债务担保的船舶,在抵押人不履行债务时,可以依法拍卖,从卖得的价款中优先受偿的权利。船舶抵押权的标的是为抵押人所有的船舶。同一船舶设定两个以上抵押权的,按照登记的

---

① 参见《海商法》第 25 条。

先后顺序受偿。同日登记的抵押权,按照同一顺序受偿。

4. 第四顺位——先行拨付的费用

因船舶优先权产生的诉讼费用,保存、拍卖船舶和分配船舶价款产生的费用,以及为海事请求人的共用利益而支付的其他费用都是法律规定的先行拨付的费用,需要从船舶拍卖所得价款中先行拨付。

5. 第五顺位——其他海事债权

除船舶优先权、船舶留置权和船舶抵押权外,可以受偿的债权还包括其他海事债权,如因船舶营运造成的财产灭失或者损坏、船舶使用或租用合同下产生的损失等。

当拍卖价款足够清偿全部债务时,按受偿序位受偿顺理成章。但实践中,拍卖价款往往是资不抵债,在不足以清偿全部债务的情况下,处于较后位次的债权只有在处于较前位次的债权得到全额清偿后才得以清偿。清偿债务后的余款,应当退还船舶原所有人。

(二) 海事赔偿责任限制基金的受偿顺序

设立海事赔偿责任限制基金从表面上看,是依法可申请海事赔偿责任限制的责任主体,在发生具有海事赔偿责任限制性质的海事事故后,向法院申请设立一定数额的基金担保。设立海事赔偿责任限制基金是为了保证债权人海事赔偿请求得以实现,同时通过限制海事赔偿责任保护申请人的合法权益的一套诉讼程序规则。它既可以保证申请人的财产不得被以扣押等方式行使权利,也可以保证在海事赔偿责任被判定,以及对其限制被依法确定后,债权人能在此范围内得到有效的清偿。当以海事赔偿责任限制基金赔偿债权人时,基金数额有限,必然会存在谁先受偿,谁后受偿的问题。

我国《海商法》第 210 条第 3 项、第 4 项规定了责任限制基金的分配方式,即人身伤亡赔偿请求的限额不足以支付全部人身伤亡的赔偿请求的,其差额应当与非人身伤亡的赔偿请求并列,从第 2 项数额(非人身伤亡的赔偿限额)中按照比例受偿;在不影响前述第 3 项关于人身伤亡赔偿请求的情况下,就港口工程、港池、航道和助航设施的损害提出的赔偿请求(简称"港航设施损害赔偿"),应当较非人身伤亡赔偿请求中的其他赔偿请求优先受偿。《海商法》对人身伤亡赔偿请求之间、非人身伤亡赔偿请求之间的分配方式没有明确规定,相同性质的赔偿请求应按比例受偿。《海商法》和《1976 年海事索赔责任限制公约》均对人身伤亡赔偿和港航设施损害赔偿作了特殊保护,体现了人道主义和公共利益优先的原则。根据上述规定,基金的分配原则如下:

1. 人身伤亡赔偿请求与非人身伤亡赔偿请求原则上分别从人身伤亡赔偿基金(简称"人身基金")和非人身伤亡赔偿基金(简称"财产基金")中受偿;

2. 人身基金不足以清偿人身伤亡赔偿请求的,其差额与非人身伤亡赔偿请求并列按比例从财产基金中划拨部分基金作为对人身基金的补充（财产基金相应减少），重新确定人身基金和财产基金数额；

3. 各项人身伤亡赔偿请求按比例从人身基金中受偿；

4. 港航设施损害赔偿请求从财产基金中优先受偿；

5. 港航设施损害赔偿请求受偿后，其他非人身伤亡赔偿请求从剩余的财产基金中按比例受偿。

概括来说，海事赔偿责任限制基金的受偿顺序为：对于人身伤害的债权首先在人身基金内按比例赔偿，不足部分与非人身伤害的债权一起按比例分配财产基金。财产损失中因码头、港口设施等损害提出的赔偿请求优先于其他财产损失的赔偿请求受偿。法院的诉讼费用不受责任限制的影响，也不参加基金分配。

对于海事赔偿责任限制基金，各国都有自己相应的规定，且并不完全相同。国际海事委员会为统一有关海事赔偿责任限制法律制度也做过一些尝试。其中《1957 年船舶所有人责任限制国际公约》对责任限额和基金分配作了细致规定：对于单纯的人身伤亡索赔，按每“公约吨”3100 金法郎建立责任限制（即最高赔偿额），各索赔人按比例分配该基金；对于单纯的财产损害索赔，则按每“公约吨”1000 金法郎建立责任基金，各索赔人按比例分配该基金。当同一事故同时造成人身伤亡和财产损害时，则分别按每“公约吨”2100 金法郎和 1000 金法郎建立人身伤亡基金和财产损害基金。同时，当人身伤亡基金不足以清偿实际发生的人身伤亡索赔时，不足部分与实际发生的财产损害索赔按比例分享财产损害基金，各人身伤亡及财产损害人将分别按比例分配各自确定的人身伤亡基金和财产损害基金。

（三）油污损害的海事赔偿责任限制基金的受偿顺序

根据《1969 年国际油污损害民事责任公约》的规定，对油污责任限制基金可登记分配油污损害限于以下三项：

1. 油污船舶溢出或排放油类（不论这种溢出或排放发生在何处），在运油船舶本身以外因污染而产生的灭失损害；

2. 采取预防措施的费用；

3. 由于采取预防措施而造成的进一步灭失或损害。

所谓“预防措施”，是指事故发生后，为防止或减轻污染损害而由任何人所采取的任何合理措施。油污责任限制基金应在索赔人之间，依其确定的索赔额比例进行分配。

三、债权受偿程序与企业破产还债程序的关系

此处的债权受偿程序是指海事法院在债权审查确认后，按照一定的受偿顺序和比例，对船舶拍卖价款或海事赔偿责任限制基金进行分配的过程。

企业破产还债程序中与债权受偿程序较为一致的就是债权分配程序。破产管理人为破产分配时,必须依据法律规定的受偿先后顺序逐一清偿。唯有在满足上一顺位的请求权后才可清偿次一顺位的请求权。如果可供分配的财产不足清偿同一顺位的所有请求权的,则按比例进行分配。

就船舶拍卖价款的分配而言,海事法院依程序登记和分配的债权是以船舶为担保物的债权。按照《企业破产法》,已作为担保物的财产不属于破产财产,有担保物权的债权人在破产程序以外从担保物上优先受偿。海事法院在清偿登记的债权后,将所余船舶价款移交给破产清算组作为破产财产,普通债权人按照破产还债程序向受理破产还债的法院申报债权,参与破产财产的分配。

海事赔偿责任限制基金的分配,按照《海商法》或《1969 年国际油污损害民事责任公约》的规定,责任人设立的海事赔偿责任限制基金或油污损害责任限制基金,是供已登记法定限制性债权或油污损害请求清偿的专项基金,基金一旦设立,即成为清偿特定海事债权的法定专项金额,由海事法院监管,不能列为破产财产。凡是可从基金中受偿的特定债权,从基金中未完全受偿的部分或未进行债权登记的,视为债权消灭,不得再请求债务人清偿,当然也不能作为债权在破产程序中受偿。如果责任人于设立基金前破产,已无力设立基金,所有的限制性债权或油污损害请求可参与破产程序清偿。

可见,债权受偿程序和破产还债程序是两个独立的程序,并无关联,互不影响。

□ 本章思考题

1. 我国《海事诉讼特别程序法》对强制拍卖船舶的债权登记规定并不十分明确,仅是将其定为“与拍卖船舶有关的海事债权”,该“相关”的性质与程度如何,众说纷纭,那么,你对“与拍卖船舶有关的海事债权”是如何认定的呢?

2. 船舶留置权具体是指哪些?是否包括《担保法》中有关民法上的留置权?

3. 关于分配船舶价款或基金的规定,有人认为:在海事法院对船舶价款或基金分配时,尚未起诉或已起诉但未取得生效法律文书的债权人,无权要求法院等待案件审结后准予其参与分配。你是否赞同这种说法?请给出理由。

4. 案例思考题:

【案情】甲将个人所有的一艘船舶挂靠在乙公司名下经营,船舶所有人登记为乙公司。乙公司以该船作为抵押物向银行贷款。后乙公司因无法还贷,被起诉至法院。最终,船舶进入拍卖程序。法院发布拍卖公告后,有 20 名船员以欠薪为由,提出确权诉讼,并主张船舶优先权。法院查明,船员受雇于甲。甲和乙公司对船员主张的工资数额没有异议。

【提问】

(1) 挂靠经营下,与甲签订雇佣合同的船员是否享有船舶优先权?

(2) 提起确权诉讼的要求是什么?本案中,船员提起的确权诉讼是否符合规定?

5. 案例思考题:

【案情】甲公司将所属的船舶光船租赁给乙公司,租赁期为一年。船舶在出租给乙公司之前,已被甲公司抵押给银行。租赁期间,因船员过失而与丙船发生碰撞,需要赔偿丙船250万元。该船随后入场修理,产生修理费200万元。因乙公司无力支付,被船厂留置。船舶经法院依法拍卖后,所得款项800万元。法院还查明,乙公司拖欠船员工资100万元,欠付港口费用100万元。

【提问】

(1) 拍卖船舶款项的受偿顺序如何?本案应以何顺序进行受偿?

(2) 若拍卖仅得600万元,应如何进行受偿?

❑ 本章所涉及法律、法规

(一) 2000年《海事诉讼特别程序法》(节选)

第十章　债权登记与受偿程序

第一百一十一条　海事法院裁定强制拍卖船舶的公告发布后,债权人应当在公告期间,就与被拍卖船舶有关的债权申请登记。公告期间届满不登记的,视为放弃在本次拍卖船舶价款中受偿的权利。

第一百一十二条　海事法院受理设立海事赔偿责任限制基金的公告发布后,债权人应当在公告期间就与特定场合发生的海事事故有关的债权申请登记。公告期间届满不登记的,视为放弃债权。

第一百一十三条　债权人向海事法院申请登记债权的,应当提交书面申请,并提供有关债权证据。

债权证据,包括证明债权的具有法律效力的判决书、裁定书、调解书、仲裁裁决书和公证债权文书,以及其他证明具有海事请求的证据材料。

第一百一十四条　海事法院应当对债权人的申请进行审查,对提供债权证据的,裁定准予登记;对不提供债权证据的,裁定驳回申请。

第一百一十五条　债权人提供证明债权的判决书、裁定书、调解书、仲裁裁决书或者公证债权文书的,海事法院经审查认定上述文书真实合法的,裁定予以确认。

第一百一十六条　债权人提供其他海事请求证据的,应当在办理债权登记以后,在受理债权登记的海事法院提起确权诉讼。当事人之间有仲裁协议的,应当及时申请仲裁。

海事法院对确权诉讼作出的判决、裁定具有法律效力，当事人不得提起上诉。

第一百一十七条 海事法院审理并确认债权后，应当向债权人发出债权人会议通知书，组织召开债权人会议。

第一百一十八条 债权人会议可以协商提出船舶价款或者海事赔偿责任限制基金的分配方案，签订受偿协议。

受偿协议经海事法院裁定认可，具有法律效力。

债权人会议协商不成的，由海事法院依照《中华人民共和国海商法》以及其他有关法律规定的受偿顺序，裁定船舶价款或者海事赔偿责任限制基金的分配方案。

第一百一十九条 拍卖船舶所得价款及其利息，或者海事赔偿责任限制基金及其利息，应当一并予以分配。

分配船舶价款时，应当由责任人承担的诉讼费用，为保存、拍卖船舶和分配船舶价款产生的费用，以及为债权人的共同利益支付的其他费用，应当从船舶价款中先行拨付。

清偿债务后的余款，应当退还船舶原所有人或者海事赔偿责任限制基金设立人。

（二）2003 年《最高人民法院关于适用〈海事诉讼特别程序法〉若干问题的解释》（节选）

九、关于债权登记与受偿程序

第八十七条 海事诉讼特别程序法第一百一十一条规定的与被拍卖船舶有关的债权指与被拍卖船舶有关的海事债权。

第八十八条 海事诉讼特别程序法第一百一十五条规定的判决书、裁定书、调解书和仲裁裁决书指我国国内的判决书、裁定书、调解书和仲裁裁决书。对于债权人提供的国外的判决书、裁定书、调解书和仲裁裁决书，适用民事诉讼法第二百六十八条和第二百六十九条规定的程序审查。

第八十九条 在债权登记前，债权人已向受理债权登记的海事法院以外的海事法院起诉的，受理案件的海事法院应当将案件移送至登记债权的海事法院一并审理，但案件已经进入二审的除外。

第九十条 债权人依据海事诉讼特别程序法第一百一十六条规定向受理债权登记的海事法院提起确权诉讼的，应当在办理债权登记后七日内提起。

第九十一条 海事诉讼特别程序法第一百一十九条第二款规定的三项费用按顺序拨付。

（三）2010年《最高人民法院关于审理海事赔偿责任限制相关纠纷案件的若干规定》(法释[2010]11号)(节选)

第六条 海事诉讼特别程序法第一百一十二条规定的申请债权登记期间的届满之日,为海事法院受理设立海事赔偿责任限制基金申请的最后一次公告发布之次日起第六十日。

第七条 债权人申请登记债权,符合有关规定的,海事法院应当在海事赔偿责任限制基金设立后,依照海事诉讼特别程序法第一百一十四条的规定作出裁定;海事赔偿责任限制基金未依法设立的,海事法院应当裁定终结债权登记程序。债权人已经交纳的申请费由申请设立海事赔偿责任限制基金的人负担。

第八条 海事赔偿责任限制基金设立后,海事请求人基于责任人依法不能援引海事赔偿责任限制抗辩的海事赔偿请求,可以对责任人的财产申请保全。

第十一条 债权人依据海事诉讼特别程序法第一百一十六条第一款的规定提起确权诉讼后,需要判定碰撞船舶过失程度比例的,案件的审理不适用海事诉讼特别程序法规定的确权诉讼程序,当事人对海事法院作出的判决、裁定可以依法提起上诉。

❑ 本章扩展阅读

1. 向明华:《海事法要论》,法律出版社2009年版。

阅读引导:该书第六章主要对海事确权程序在管辖权的专属性质、受案范围、审判方式、证据审查标准等方面的问题进行剖析,并提出解决对策。通过阅读,读者可以对海事确权程序的审判方式问题、海事确权程序的证据审查标准问题等内容有更加深刻的理解。

2. 温守一、韦颖:《完善海事债权登记制度之构想》,载《珠江水运》2008年第2期。

阅读引导:该文主要对我国现行海事债权登记制度进行评价并提出完善建议。作者指出了海事债权登记在实践中存在的问题,并提出相应解决对策,有益于读者加深对海事债权登记制度的理解。

3. 于耀东:《海事诉讼特别程序法登记债权的确权程序中的几个问题》,载《中国海商法年刊》2007年版。

阅读引导:该文结合《海事诉讼特别程序法》的相关条文和海事诉讼司法实践,分析探讨了海事法院裁定强制拍卖船舶公告发布后或海事法院受理设立海事赔偿责任限制基金公告发布后,登记债权的确权程序中存在的问题,对确权诉讼的管辖、一审终审、登记债权人参与其他登记债权人正在进行的确权诉讼等进行了详细探讨。

4. 李志文:《论海事法院拍卖船舶中的受偿债权》,载《中国海商法年刊》1999年版。

阅读引导:该文从法院拍卖船舶受偿债权的一般性入手,结合我国相应的法律规定,通过对相类似的制度、程序进行比较,力求揭示符合我国相应法律设立宗旨的法院拍卖船舶受偿债权的范围。特别是其中对于"与拍卖船舶有关的债权"的深入分析和探讨,可以与本书本章第一节所叙述的"可登记的债权范围"进行比较学习。

附录一:相关法律文书

文书1-受理债权登记申请通知书

中华人民共和国××海事法院
受理债权登记申请通知书

(××××)×海法登字第××号

×××(写明债权登记申请人姓名或名称):

×××(申请人)在本院裁定强制拍卖"××"轮的公告期间(或在本院发布的受理设立海事赔偿责任限制基金的公告期间)提出债权登记申请,本院经审查认为,×××(申请人)的债权登记申请符合《中华人民共和国海事诉讼特别程序法》第一百一十一条(或一百一十二条)的规定,本院决定予以受理。

×××(申请人)应在接到本通知后七日内,向本院预交申请费……元。

开户银行: 账号:

特此通知。

××××年××月××日

(院印)

注:1. "(××××)×海法登字第××号"中,"(××××)"为年份,"×海法"为海事法院简称,"第××号"为案件编号。

2. 本通知书样式供海事法院对申请人申请债权登记,经审查决定受理后,通知申请人时使用。

文书 2-准予债权登记申请裁定书

中华人民共和国××海事法院
民事裁定书

（准予债权登记申请用）

（××××）×海法登字第××号

申请人……（写明姓名或名称、住所地等基本情况）

申请人×××因……（写明申请债权登记的理由），于××××年××月××日向本院申请债权登记，要求……（写明申请债权登记的具体请求），并提供了……等文书（或证据）。

本院经审查认为，……（写明准予债权登记申请的理由）。依照《中华人民共和国海事诉讼特别程序法》第一百一十四条的规定，裁定如下：

准予申请人×××债权登记的申请。

申请登记费……元，由申请人×××交纳。

本裁定为终审裁定。

审判员　×××

××××年××月××日

（院印）

本件与原件核对无异

书记员　×××

注：1．“（××××）×海法登字第××号”中，“（××××）”为年份，“×海法”为海事法院简称，“第××号”为案件编号。

2．本裁定书样式供海事法院对申请人申请登记的债权经审查后，准予申请人债权登记时使用。

文书3-确认债权裁定书

中华人民共和国××海事法院
民事裁定书

（确认债权用）

（××××）×海法登字第××号

申请人……（写明姓名或名称、住所地等基本情况）

申请人×××因……（写明申请债权登记的理由），于××××年××月××日向本院申请债权登记，本院于××××年××月××日作出（××××）×海法登字第××号民事裁定，准予申请人×××申请登记的……债权。

经对申请人×××提供的……（列明债权人提供的文书）审查，本院认定上述文书真实合法，依照《中华人民共和国海事诉讼特别程序法》第一百一十五条的规定，裁定如下：

对申请人×××申请登记的……债权予以确认。

审判员　×××

××××年××月××日

（院印）

本件与原件核对无异

书记员　×××

注：1. "（××××）×海法登字第××号"中，"（××××）"为年份，"×海法"为海事法院简称，"第××号"为案件编号。

2. 本裁定书样式供海事法院对申请人登记之债权，经审查后，确认其效力时使用。

文书 4-确权诉讼判决书

中华人民共和国××海事法院
民事判决书

（确权诉讼用）

（××××）×海法×字第××号

原告……（写明姓名或名称、住所地等基本情况）

法定代表人（或代表人）……（写明姓名和职务）

委托代理人……（写明姓名等基本情况）

被告……（写明姓名或名称、住所地等基本情况）

法定代表人（或代表人）……（写明名称或职务）

委托代理人……（写明姓名等基本情况）

第三人……（写明姓名或名称、住所地等基本情况）

法定代表人（或代表人）……（写明姓名和职务）

委托代理人……（写明姓名等基本情况）

原告×××在向本院办理债权登记后，就其与被告……（写明名称与案由）一案提起确权诉讼。本院受理后，依法组成合议庭（或依法由审判员×××独任审判），公开（或不公开）开庭进行了审理。……（写明本案当事人及其诉讼代理人等）到庭参加诉讼。本案现已审理终结。

原告×××诉称，……（概述原告提出的具体诉讼请求和所依据的事实与理由）

被告×××辩称，……（概述被告答辩的主要内容）

第三人×××陈述，……（概述第三人的主要意见）

……（当事人举证、质证过程，法院对有争议证据的分析认证）

经审理查明，……（写明法院认定的事实和依据）

本院认为，……（写明判决的理由）。依照《中华人民共和国海事诉讼特别程序法》第一百一十六条和……（判决所依据的其他法律条款项）的规定，判决如下：

……（写明判决结果）

……（写明诉讼费的负担）

本判决为终审判决。

审判长　×××
审判员　×××
审判员　×××
××××年××月××日
（院印）

本件与原件核对无异

书记员　×××

注：1. “（××××）×海法×字第××号”中，“（××××）”为年份，“×海法”为海事法院简称，“×字”为案件类型，“第××号”为案件编号。

2. 本判决书样式供海事法院对债权申请人提交的非生效性法律文书的其他海事证据，经审判程序后，判决是否予以认可其效力时使用。

文书5-分配船舶价款裁定书

中华人民共和国××海事法院
民事裁定书

（分配船舶价款用）

（××××）×海法受字第××号

债权人……（写明姓名或名称、住所地等基本情况）

（将已登记的债权人依次排列）

债务人……（写明姓名或名称、住址或住所地等基本情况）

本院根据债权人×××的申请，于××××年××月××日作出（××××）×海法×字第××号拍卖船舶的民事裁定，于××××年××月××日拍卖了债务人×××所属的“××”轮，所得价款……元，产生利息……元，已根据《中华人民共和国海事诉讼特别程序法》第一百一十九条第二款的规定，先行拨付……元，现存……元可供债权人分配。经公告并进行债权登记，本院已对与被拍卖船舶有关的债权作出确认，上述债权人可以参加对拍卖价款的分配。各债权人的债权性质和数额如下：

……（列明各债权人的债权性质和数额）

以上总额为……元。

经本院主持召开债权人会议,没有达成受偿协议。(或达成受偿协议)如下:……

本院认为,根据《中华人民共和国海商法》第……条(写明所依据的具体法律条款)的规定,“××”轮拍卖价款应按……(写明不同性质债权的受偿顺序)的顺序受偿。依照《中华人民共和国海事诉讼特别程序法》第一百一十九条的规定,裁定如下:

……(列明各债权人受偿的具体情况)

(或债权人达成受偿协议的,在列明协议内容后,按以下格式写:依照《中华人民共和国海事诉讼特别程序法》第一百一十八条第二款的规定,裁定如下:

对上述协议予以认可,“××”轮拍卖所得价款及利息按协议分配。)

本裁定为终审裁定。

审判长　×××
审判员　×××
审判员　×××
××××年××月××日
(院印)

本件与原件核对无异

书记员　×××

注:1. “(××××)×海法受字第××号”中,“(××××)”为年份,“×海法”为海事法院简称,“第××号”为案件编号。

2. 该裁定书样式供海事法院对被拍卖船舶有关债权作出确认后,将拍卖价款予以分配时使用。

文书6-分配基金裁定书

中华人民共和国××海事法院
民事裁定书

(分配基金用)

(××××)×海法受字第××号

债权人……(写明姓名或名称、住所地等基本情况)

(将已登记的债权人依次排列)

债务人……(写明姓名或名称、住所地等基本情况)

本院根据债务人×××的申请,于××××年××月××日作出(××××)海法×字第××号民事裁定,于××××年××月××日向本院设立了海事赔偿责任限制基金……元,产生利息……元。经公告并进行债权登记,本院已对与该次海事事故有关的债权作出确认,上述债权人可以参加对基金的分配。各债权人的债权性质和数额如下:

……(写明债权人的债权性质和数额)

以上总额为……元。

经本院主持召开债权人会议,没有达成受偿协议(或达成受偿协议如下:……)。

本院认为,债权人提出索赔的数额高于可分配基金的数额,应按比例进行分配。依照《中华人民共和国海事诉讼特别程序法》第一百一十八条第三款的规定,裁定如下:

……(列明具体受偿情况)

(达成协议的,则在列明协议内容后,写为:"依照《中华人民共和国海事诉讼特别程序法》第一百一十八条第二款的规定,裁定如下:

对以上受偿协议予以认可,海事赔偿责任限制基金按协议分配。")

审判长 ×××

审判员 ×××

审判员 ×××

××××年××月××日

(院印)

本件与原件核对无异

书记员 ×××

注:1. "(××××)×海法受字第××号"中,"(××××)"为年份,"×海法"为海事法院简称,"第××号"为案件编号。

2. 本裁定书样式供海事法院在债权人参与海事赔偿责任限制基金分配时使用。

文书7-债权登记申请书

债权登记申请书

申请人……(写明姓名或名称、住所地等基本情况)

请求事项……（要求登记债权的性质、金额等）

事实与理由……（要求登记的债权与被拍卖船舶或特定场合发生的海事事故有关的事实、债权成立的依据及申请债权登记的理由等）

此致

中华人民共和国××海事法院

申请人　×××（签章）

××××年××月××日

注：1. 本申请书样式供与被拍卖船舶有关的或特定场合发生海事事故有关的债权人在申请债权登记时使用。

2. "申请人"栏，如系公民的，应写明姓名、性别、出生年月日、民族、籍贯、职业或工作单位和职务、住所地等；如系法人或其他组织的，应写明名称、住所地、法定代表人或负责人姓名和职务。

文书 8-船舶优先权催告申请书

船舶优先权催告申请书

申请人……（写明姓名或名称、住所地等基本情况）

申请人×××已（拟）受让"××"轮，该轮……（写明船舶所有权、基本技术数据等情况）。为催促船舶优先权人及时主张权利，消灭该船附有的船舶优先权，特依照《中华人民共和国海事诉讼特别程序法》的有关规定，申请船舶优先权催告，请予准许。

此致

中华人民共和国××海事法院

附：……（船舶转让合同、船舶技术资料）

申请人　×××（签章）

××××年××月××日

注：1. 本申请书供申请船舶优先权催告程序使用。

2. "申请人"栏，如系公民的，应写明姓名、性别、出生年月日、民族、籍贯、职业或工作单位和职务、住所地等；如系法人或其他组织的，应写明名称、住所地、法定代表人或负责人姓名和职务。

附录二:案例分析

【案情简介】[①]

原告:平津船舶修造公司

被告:童某、巢某

2010年,原告与被告童某签订船舶修理合同,双方约定:原告为两被告共同所有的"舟海达7"轮进行修理并停靠船厂码头。在2010年3月16日至同年4月17日期间,原告接受被告童某的委托,对"舟海达7"轮进行修理,共产生修理费1,602,283元。同年4月18日,该轮修理结束后离厂并投入营运。后在2011年1月28日至同年6月15日期间,被告童某将"舟海达7"轮停泊在原告船厂。2011年7月10日,被告童某向原告出具承诺函,确认原告主张的涉案船舶修理费和停泊费共计2,055,869元,该款项可从"舟海达7"轮拍卖款中优先受偿。经原告多次催讨未果后,原告诉至宁波海事法院,提起确权诉讼,主张其享有船舶留置权并应在该轮拍卖款中优先受偿。

原告提供以下证据:

证据1:船舶所有权证书,证明"舟海达7"轮系两被告所有;

证据2:船舶修理合同,证明原告对"舟海达7"轮进行修理;

证据3:修理项目结算单、完工验收单,证明涉案船舶修理费用;

证据4:停靠码头结算单,证明"舟海达7"轮的停泊费用;

证据5:承诺函,证明被告童某对涉案船舶修理费和停泊费予以确认并承诺在船舶拍卖款中优先受偿。

但是,原告明确表示其主张的船舶修理费未记入企业财务账册,至今也未向被告开具任何发票,经法院释明后,原告仍未能另行提供其所主张的船舶修理费用的相关证据。

另外,法院查明"舟海达7"轮系两被告共有,被告童某占51%份额、被告巢某占49%份额,被告童某在法院扣押"舟海达7"轮之后出具承诺函对原告的诉请予以确认,未经另一船舶所有人巢某的认可。被告童某对原告起诉的事实和请求均无异议,被告巢某未答辩,亦未向本院提供任何证据材料。

【问题思考】

(1)原告所主张的哪些费用法院应当认可?为什么?

(2)原告主张涉案停泊费在"舟海达7"轮拍卖款中优先受偿的诉请是否有法律依据?

---

① 参见(2011)甬海法舟权字第8号民事判决书。

(3) 法院应当如何判决原告的诉讼请求?

【案例简析】

关于船舶修理费用的问题:原告明确表示其主张的船舶修理费未记入企业财务账册,至今也未向被告开具任何发票,与船舶修理行业的通常做法不符,双方对此均未能作出合理说明。此外,经法院释明后,原告仍未能另行提供其所主张的船舶修理费用的相关证据。据此,原告对两被告拖欠其船舶修理费用的主张,未能达到民事诉讼所要求的高度盖然性证明标准,其该项诉请所依据的证据与理由不足。

关于停泊费用问题:法院确系在原告船厂扣押"舟海达7"轮,能与原告主张的该轮停泊在其船厂的事实相印证,故对于原告主张的该轮停泊事实应当予以确认,但原告对其主张该费用的合理性未能提供进一步证据证明,故可以结合当地船厂船舶停泊的市场价格及"舟海达7"轮的停泊天数,综合认定该停泊费用。原告亦在法院确定的公告期内向法院申请债权登记,其主张的停泊费有权在该轮拍卖款中受偿。但该停泊费不属于优先受偿之债权,法律没有明文规定。

被告童某虽出具承诺函对原告的诉请予以确认,但该承诺函系被告童某个人在法院扣押"舟海达7"轮之后作出,未经另一船舶所有人巢某的认可,对被告巢某不具有约束力。

第十一章　船舶优先权催告程序

导读　船舶优先权为海商法所特有,它以法定的形式赋予某些特定的海事请求人对产生该海事请求的船舶以优先受偿的权利。船舶优先权具有秘密性和附随性,将对船舶的继受者产生不利的影响。因此,法律设立船舶优先权催告程序,催促船舶优先权人在法定期间内主张权利,逾期未主张的,其优先权消灭,从而保护船舶继受者的正当权利。本章的学习须注意了解船舶优先权催告程序的价值,掌握船舶优先权催告的程序以及相应的法律后果。

关键词　船舶优先权　船舶优先权催告程序

第一节　船舶优先权催告程序概述

一、船舶优先权概论

(一) 船舶优先权概念

船舶优先权为海商法所特有,它以法定的形式赋予某些特定的海事请求人对产生该海事请求的船舶以优先受偿的权利。船舶优先权设立的目的在于促进全球航运业的蓬勃发展,一定程度上也保障了社会公共利益。

优先权是大陆法系特有的概念,特指民事权益的请求人对特定的物享有优先受偿的权利。优先权的种类和范围基于法定,而不是当事人之间的约定。例如,国家税费、员工工资等。大陆法系中将优先权视为"债的担保物权",与抵押权、留置权等并列,归入民事实体法范畴。

英美法系国家没有单独的优先权种类,而是将一切能够从物的变卖中优先受偿的权利统称为"优先受偿权",归入民事程序法中。因此,抵押权、留置权在英美国家法律中也属于优先权的范畴。在英美法系中,"优先受偿权"用"Lien"表示。"Maritime Lien"表示海事优先受偿权,与大陆法系"海事优先权"并不等同,范围更广,包含"海事抵押权""海事留置权"在内。因此,将英国法上的"Maritime Lien"等同于我国海商法中的"船舶优先权"是错误的,其范围更广。

(二) 船舶优先权的范围

享有船舶优先权的有:

(1) 船长、船员和在船上工作的其他在编人员根据劳动法律、行政法规或者劳动合同所产生的工资、其他劳动报酬、船员遣返费用和社会保险费用的给付请求；

(2) 船舶营运中发生的人身伤亡的赔偿请求；

(3) 船舶吨税、引航费、港务费和其他港口规费的缴付请求；

(4) 海难救助的救助款项的给付请求；

(5) 船舶在营运中因侵权行为产生的财产赔偿请求。

(三) 船舶优先权的特点

船舶优先权具有优先性、法定性、程序性、隐蔽性和随附性等特点。优先性是指特殊担保债权优先于普通债权。法定性是指只有法律明确规定的海事请求才能得到船舶优先权的担保。程序性是指船舶优先权需要通过一定的程序才得以实现，即通过法院扣押当事船舶行使权利，优先权人不能自行为之。隐蔽性是指船舶优先权无须登记就可产生和存在，相对于其他担保利益的公示性而言，船舶优先权的存在既不依赖于登记，也不依赖于对船舶的占有。随附性是指无论船舶所有人或登记是否发生变更，船舶优先权随着船舶所有权的转移而转移。这主要是出于经济和公共政策的考虑，但也会导致许多潜在的危险。

总而言之，船舶优先权是一项保护特殊海事债权人利益的法律制度，享有该权利即表明船舶优先权所担保的债权具有优先受偿的效力。

二、船舶优先权的行使

船舶优先权的行使，是指享有优先权的海事请求人依照司法程序对船舶实施的法律行为。船舶优先权应该通过法定的程序行使，即海事请求人向法院提出申请，由法院根据法律规定，通过司法程序对船舶进行扣押、拍卖、进行债权人登记，按优先受偿顺序分配价款，从而实现其船舶优先权。我国船舶优先权通过法院扣押产生船舶优先权的行使，《海事诉讼特别程序法》在第二、三、六、十章对船舶优先权的行使作了较为具体的规定。

(一) 船舶优先权行使方式

船舶优先权行使方式包括三种：

第一，通过扣船方式行使优先权。具有船舶优先权的海事请求人向有管辖权的法院申请扣押当事船舶，被请求人为释放船舶会提供相应担保。对当事方提供的合法有效的担保海事请求人可以单独受偿，不足受偿的部分，船舶优先权人有权继续享有和行使船舶优先权。

第二，通过卖船方式行使优先权。具有船舶优先权的海事请求人向有管辖权的海事法院申请扣押船舶之后，在责任人未提供满意担保的情况下，可以申请法院强制拍卖当事船舶。就拍卖所得的价款优先受偿，不足受偿的部分，船舶优先权消灭。

第三,通过参与分配的方式行使优先权。在其他海事请求人已依法申请法院扣押当事船舶,并持有已经生效的法律文书申请法院执行该法律文书的情况下,船舶优先权人无须再次申请扣船或卖船,仅需要在法律规定的限期内,向法院申报优先权,参与船舶价款的分配。船舶优先权依照法定顺序优先得到受偿。对于不足受偿的部分,船舶优先权消灭。

(二) 船舶优先权行使的标的

由于船舶优先权具有随附性,只能附于发生海事请求权的船舶上。尽管权利人可以申请扣押当时船舶的姐妹船,但对这些姐妹船的船舶价款并不享有船舶优先权。所以,为实现船舶优先权,权利人只能向海事法院申请扣押当事船舶。

(三) 船舶优先权的行使条件

当事船舶被依法扣押是船舶优先权的行使前提。各国法律普遍规定海事请求人应当通过法院扣押船舶行使船舶优先权,也就是说,海事请求人必须向法院提出申请,由法院根据法律规定,通过司法程序对船舶扣押、拍卖、债权登记并按法律规定的优先受偿顺序进行价款分配。

实践中,无论船舶优先权人主动在诉讼之前申请海事法院扣押当事船舶以保障享有优先权的海事债权的实现;或是在责任人拒绝提供满意担保的情况下,优先权人申请法院强制拍卖当事船舶;还是在其他债权人申请拍卖当事船舶的情况下,权利人向海事法院申报债权,参与分配并享受优先受偿的权利,船舶优先权的行使条件都是当事船舶被海事法院依法扣押,优先权人无权自行扣押或强制拍卖船舶来实现自身债权。

需要注意,船舶优先权的行使不随当事船舶所有权、登记状况、占有状态的变更而受到影响。船舶优先权随着当事船舶的存在而存在。但是,法院强制拍卖船舶;或者船舶优先权人没有及时申报债权参加分配;又或者船舶买受人向海事法院申请船舶优先权催告程序之后,船舶优先权人未在规定期限内行使权利时,船舶优先权消失。

三、船舶优先权的消灭

船舶优先权是一种担保物权,因此它的产生以一定的债权存在为前提。当债权得到清偿时,船舶优先权亦随之消灭。同时,船舶优先权作为一种相对独立的权利,在主债权尚未得到清偿时,也会由于法定事实的出现而使船舶优先权归于消灭。船舶优先权消灭一般包括以下几个原因:

(一) 因债务人的支付、债权人的弃权以及优先权人放弃优先权而消灭

海事优先权是从属于债权的一种担保物权。因此,当债务人向债权人履行债务,或者债权人放弃债权的情况出现时,海事优先权因债权的消灭而消灭。即

使之后毁灭的船舶得到补偿或赔偿，海事请求人也不能就所取得的补偿或赔偿主张优先权。[①]

此外，基于优先权是一种权利，权利人完全可以明示或默示的方式放弃船舶优先权，但债权仍然存在。因此，当优先权人放弃优先权时，优先权也自始消灭。但船舶优先权人不可以事先通过约定放弃优先权，如果船长、船员以及其他船上工作人员在劳动合同中约定放弃优先权，此种事先约定没有效力。

（二）因当事船舶的灭失而消灭

船舶优先权因船舶的存在而存在，船舶灭失之后，相应的优先权随着客体的灭失而消灭。对于船舶已被拆成钢板的情况，船舶是否可被视为已经灭失，优先权人是否仍然可以行使权利存有争议。

美国的一些学者认为船舶即使被拆成钢板，船舶优先权的权利主体仍然可以行使权利。如果因为船舶被拆解而认为船舶已经消灭，很可能为责任人规避船舶优先权制造途径。我国的学者则认为法律规定优先权的标的是船舶，既然船舶已经被拆成钢板，钢板不能构成海商法意义上的船舶，所以船舶已经消灭，船舶优先权也随之消灭。[②]

（三）因船舶被法院强制拍卖出售而消灭

自船舶被法院强制拍卖出售之后，不论债权是否全部受偿，船舶优先权自始消灭，没有得到清偿的债权优先权消灭，但是债权仍然存在。债权人要实现自己的权利，只能通过司法程序，请求法院扣留以致拍卖或变卖船舶，从而使其担保的债权从所得价款中优先受偿。只要船舶优先权担保债权中的部分或全部得以受偿，船舶优先权消灭。

关于国家机关没收拍卖的船舶是否消灭船舶优先权，尚未形成统一的意见。实践中，由国家机关（包括行政机关或其他司法机关）基于当事人行为的违法性没收船舶并拍卖的现象并不少见，但此种拍卖是否可以导致船舶优先权的消灭仍有待进一步研究。

（四）因公示催告而消灭

船舶优先权催告，是指海事法院应买船人的申请，发布公告，催促船舶优先权人在催告期间主张船舶优先权。法院公告期满 60 日内船舶优先权人未主张权利的，可视为放弃对其权利的行使。[③]

由于船舶优先权具有隐蔽性和随附性，不同于司法拍卖下取得的船舶，自行交易而购得船舶的善意买方可能面临该船已附有优先权的风险。为此，购船方

---

① 参见刑海宝：《海事诉讼特别程序研究》，法律出版社 2002 年版，第 469 页。

② 参见何光权：《论船舶优先权的消灭》，载《天津航海》2000 年第 3 期。

③ 参见《海商法》第 26 条。

可以通过船舶优先权催告程序,在催告期间内无人主张船舶优先权的,海事法院将根据当事人的申请作出除权判决,宣告该船舶不再附有船舶优先权,使得购船方可以尽早地开始行使权利,而不必等待法定的1年优先权期限届满。

(五)因期间届满而消灭

由于船舶优先权具有隐蔽性、不公开性,倘若法律允许船舶优先权存续时间过长,会妨碍船舶正常的交易、租用秩序,也将对设定其上的其他担保物权人产生一定的威胁,不利于航运业的发展。因此,各国都无例外地对船舶优先权的存续时间规定了期限。大多数国家规定优先权期限为1年,有些国家则为6个月。

我国的船舶优先权,自产生之日起满1年不行使,船舶优先权消灭。这里所指的期间是除斥期间,不得中止或中断。1年时效经过之后,消灭的是实体上的权利。

四、船舶优先权催告的概论和法律效果

为了保护船舶继受者不受船舶优先权债务的困扰,法律特别规定了船舶优先权催告程序。船舶优先权催告是海事法院根据买受人的申请,以公示催告的方式,催促船舶优先权人法定期间内主张权利。逾期未主张权利的,经受让人的申请,海事法院作出当事船舶不附有船舶优先权的判决。

在船舶买卖中,买船方难以知悉所继受的船舶是否附有船舶优先权,因此我国法律特别规定船舶的受让人有权向海事法院申请船舶优先权催告。一方面,通过法定程序催促船舶优先权人主张权利,明确船舶是否附有优先权;另一方面,倘若权利人在法定期间内未能主张船舶优先权,即可消灭附在其上的船舶优先权,从而保护买受人不受船舶优先权债务的困扰,避免权利长期处于不确定的状态。此规定不仅确保了船舶买受人的合法权利,维护了交易安全,也保障了已存在的船舶优先权人的合法利益。事实上,针对不同情况,船舶优先权催告程序将会产生不同的法律效果:

第一,在船舶优先权催告的法定期间内,若无人申报优先权,海事法院经船舶继受者的申请会作出除权判决,宣告附在当事船舶上的优先权消灭。法院作出的除权判决不可撤销,当事人也不可上诉。然而,船舶优先权的消灭,并不意味着原船舶优先权人丧失实体债权,只是原先享受船舶优先权的债权转变为普通债权。

第二,若全部船舶优先权人在法律规定的期间内向海事法院申请船舶优先权,则船舶优先权并不消灭。然而,船舶优先权在申报和登记后,也不意味法院已经承认了当事人确实享有船舶优先权。至于当事人的船舶优先权是否有效,还需根据当事人提供的相关证据以及日后的诉讼决定。

第三,在部分船舶优先权人向法院申报的情况下,申报的当事人继续享有船

舶优先权,未申报的船舶优先权人丧失其优先权。[①]

应当注意,催告程序仅对船舶转让前已经存在的优先权产生影响,即先前的优先权未在催告期间登记的,在除权判决生效后优先权也随之消灭。然而,对于船舶受让后发生的优先权,催告程序无权干涉。

此外,船舶优先权催告不影响催告期间、除权判决前已经开始行使的船舶优先权。实践中,经常发生船舶受让人在一国海事法院申请船舶优先权催告,但并不知悉公示催告的优先权人可能在另一国或者同一国家的其他法院申请扣船,从而行使优先权。一般情况下,法律对虽未在受理法院登记而通过扣押船舶的方式行使船舶优先权的行为予以承认。倘若受让人明知船舶在异地被扣押仍故意隐瞒法院,导致法院作出除权判决,该除权判决也不应该影响除权判决前已经开始行使的船舶优先权。[②]

五、船舶优先权催告程序的管辖和审判组织

(一) 管辖问题

申请船舶优先权催告的管辖法院是转让船舶交付地或者受让人住所地的海事法院。[③] 现实中,船舶交付地有转让合同中约定的交付地和实际交付地、船舶实际交付地和法律交付地之分。

实际交付是指买卖双方各自派代理人在船舶上清点船上的各种备件、备用设备、物料、伙食和润滑油等,签署交接清单或实际交付备忘录,转移对船舶的实际占有和控制,完成船舶实物交付。实际交接地在船舶停泊的港口泊位、锚地或船坞等。

法律交付是指买卖双方在进行实际交接的同时,派代理人交接船舶所有权证书等法律文件,并签署法律交接备忘录。法律交接地可能在买方或卖方的营业所在地或其他地方。[④]

实务中,为了避免管辖方面的冲突,一般把《海事诉讼特别程序法》中所指向的"船舶交付地"仅仅理解为实际交付地,其他几种均不包括。

一般而言,受让人申请船舶优先权催告的目的是避免受到依附于船舶上的优先权影响,消灭优先权并不是其直接目的。通常,受让人在船舶转让合同订立之后、交付之前申请优先权催告。[⑤]《最高人民法院关于适用〈海事诉讼特别程

---

① 参见杨树明主编:《民事诉讼法 · 海事诉讼特别程序篇》,厦门大学出版社 2008 年版,第 289 页。

② 参见金正佳主编:《海事诉讼法论》,大连海事大学出版社 2001 年版,第 486 页。

③ 参见《海事诉讼特别程序法》第 121 条。

④ 参见金正佳主编:《海事诉讼法论》,大连海事大学出版社 2001 年版,第 475 页。

⑤ 参见韩立新、袁绍春、尹伟民编著:《海事诉讼与仲裁》,大连海事大学出版社 2007 年版,第 204 页。

序法〉若干问题的解释》承认此种做法,船舶转让合同订立后船舶实际交付前,受让人就可以申请船舶优先权催告。因此,司法实践中一般也承认合同中约定的交付地法院的管辖效力。

(二)审判组织

我国《海事诉讼特别程序法》未对船舶优先权催告程序的审判组织作出具体规定,鉴于海事案件属于特殊的民事案件,在没有专门规定的情况下,可以适用《民事诉讼法》及其司法解释。我国《民事诉讼法》第十八章对适用公示催告程序的范围作了一般规定,但没有规定审理公示催告案件是采取三人庭还是审判员独任审理。此前《最高人民法院关于适用〈民事诉讼法〉若干问题的意见》第234条规定,公示催告程序"可"由审判员一人独任审理;判决宣告票据无效的,应当组成合议庭审理。在没有新的司法解释前,可以理解为:审理船舶优先权催告案件,可以由审判员一人独任审理,也可以采取三人合议庭的形式审理,具体采取何种形式,由法院根据具体案情的复杂程度决定。

第二节 申请船舶优先权催告的条件

船舶转让时,为减少船舶继受者的忧虑,法律允许受让人向海事法院申请船舶优先权催告。对此,《海事诉讼特别程序法》对申请船舶优先权催告的条件作出了规定,当事人只有符合法定条件才有权申请优先权催告,法院才能依法进行审理。申请船舶优先权催告程序的条件包括以下几个方面:

一、申请人为船舶受让人

基于船舶优先权催告消除的是依附于受让人所欲购买的船舶上的优先权,其目的是保护受让人的利益,维护正常船舶买卖秩序。我国仅规定了受让人申请船舶优先权催告的权利,其他当事人,包括转让船舶的所有人、出让人、抵押权人、留置人均无权申请船舶优先权催告。原因在于船舶优先权催告程序的受益者仅为受让人,其他主体没有直接的利害关系。

船舶的受让人分为两种:一种是实际受让人;另一种是意定受让人,即有购买意图并已签订了相关买卖合同,但并未实际交付的受让人。对于后一种情况,在实际船舶买卖过程中,卖方可能会保证船舶并不附有优先权、抵押权等其他债务,否则承诺赔偿买方因此造成的损失,但事实上船舶附有优先权或其他债权的情况仍层出不穷,并不受合同约定的影响。

买方因船上附有优先权所遭受的损失能否获得赔偿还需取决于卖方在船舶买卖交易结束后是否具有赔偿的能力。因此,及早申请船舶优先权催告以确定所购买船舶的实际情况,对买方而言无疑是有利的。相较于实际受让人,船舶优先权催告程序更能维护意定受让人的利益。如果允许意定受让人申请优先权催告,在有人主张权利的情况下,受让人可在卖方解决优先权问题之前拒绝购买船舶;在无人主张优先权的情况下,意定受让人可以向海事法院申请除权判决,消灭附在所购船舶上的优先权。[①] 对此,《最高人民法院关于适用〈海事诉讼特别程序法〉若干问题的解释》确定了意定受让人申请船舶优先权催告的权利,船舶转让合同订立后船舶实际交付前,受让人即可申请船舶优先权催告。

二、申请应当在规定期限内提出

对于受让人申请船舶优先权催告的期间,我国《海事诉讼特别程序法》限定在"船舶转让时"。船舶转让时,受让人可以向海事法院申请船舶优先权催告,催促船舶优先权人及时主张权利,消灭该船舶附有的船舶优先权。

由于该规定较为模糊,实务中不易操作。倘若把"船舶转让时"理解为转让当天,对于受让人来说未免过于牵强,并且实践中限定受让人在当日立即向法院提出申请也较为困难。另外,除权判决并不当然消灭船舶转让后产生的船舶优先权,也不能无限延长受让人申请船舶优先催告的时限。

船舶交接一般分为实际交接和法律交接。只有实际交接和法律交接全部完成后,船舶交接才算真正结束,买受方才真正受让船舶。因此,受让人申请船舶优先权催告的时限应该从船舶实际交接和法律交接均完成时起计算。[②]

三、书面申请并提供相应的证据

申请船舶优先权催告必须采用书面形式,而非口头方式。此外,申请人还须向海事法院提交申请书、船舶转让合同、船舶技术资料等法定材料。然而,受让人不能提供原船舶证书的,并不影响提出船舶优先权催告申请。因此,即使在转让合同订立之后,受让人由于未交付船舶价款而无法取得船舶证书的,不应当影响申请的提出。

四、按规定交纳申请费和公告费

受让人申请优先权催告应当按法律的规定缴纳申请费和公告费。公告费由申请人预交,公告完毕后按时结算。

---

① 参见杨树明主编:《民事诉讼法·海事诉讼特别程序篇》,厦门大学出版社2008年版,第284页。

② 参见金正佳主编:《海事诉讼法论》,大连海事大学出版社2001年版,第477页。

第三节 船舶优先权催告的程序

一、受理

海事法院收到申请书和相关文件后，应当进行审查，在7日内作出准予或者不准予申请的裁定。受让人对裁定不服的，可以申请复议一次。

对于海事法院审查的内容虽无明确的法律规定，但司法实践中，海事法院收到申请书和相关文件后，应当进行审查，审查的内容主要包括：

1. 申请的主体是否合法并且善意。客观上船舶优先权催告程序的申请主体只限于船舶受让人；主观上，船舶继受人是善意的，若受让人带有不良企图，如为了消灭优先权恶意申请船舶优先权催告程序的，法院应不予受理。

2. 受让人就购买船舶向法院提出优先权催告程序仅限于海商法意义上的船舶，即海船和其他海上移动式装置，但是用于军事的、政府公务的船舶和20总吨以下的小型船艇除外。

3. 申请人是否提供了相应的证据，且提交的申请文件是否全面和真实。海事法院将对申请书、船舶转让合同、船舶技术资料等文件进行审查。

符合申请条件的船舶优先权催告，海事法院应当受理，并在7日内作出准予申请的裁定；对于不符合条件的，应当在7日内作出不准予申请的裁定。受让人对裁定不服的，可以申请复议一次。由于法律对于受让人申请复议的期限并无明确规定，实务中只能借鉴《海事诉讼特别程序法》对其他裁定的复议期限规定，即当事人收到裁定书之日起5日内。

二、公告

受让人申请船舶优先权催告程序后，如果船舶优先权人未能在法定的期间内向海事法院申报优先债权，经过受让人的再次申请，法院作出除权判决之后，船舶优先权将不复存在。为了保障船舶优先权人的合法利益，在准予申请的裁定生效后，海事法院应当通过报纸或者其他新闻媒体连续公告3日，使优先权人知晓该程序，方便其及时在催告期间主张权利。船舶优先权催告期间为60日。优先权催告的船舶为可以航行于国际航线的，还应当通过对外发行的报纸或者其他新闻媒体发布公告。

船舶优先权催告的公告应载明以下内容：

(1) 申请人的名称或姓名；

(2) 申请人所受让的船舶名称、船籍，以及其他船舶基本情况；

(3) 催告优先权人主张权利，在海事法院办理登记，并规定办理船舶优先权登记的期间和方式；

（4）在规定期间船舶优先权人不主张优先权的法律后果。

三、船舶优先权登记与审查

船舶优先权催告期间，船舶优先权人主张权利的，应当在海事法院办理登记；不主张权利的，视为放弃船舶优先权。当事人向海事法院办理船舶优先权登记，并不意味着其行使优先权，而只是向海事法院申报当事船舶附有优先权。办理登记之后，是否要行使优先权，由船舶优先权人自行决定。

不同于民事诉讼中的公示催告程序，《海事诉讼特别程序法》并未对船舶优先权的审查程序作出规定。借鉴民事诉讼法，海事法院应对船舶优先权的主张进行表面审查，根据船舶优先权人提供的初步证据决定是否予以登记。倘若船舶优先权人不能提供相关证据或是拒绝提供相关证据，海事法院应驳回优先权人的主张。

即使在准予登记的情况下，也不表明海事法院承认当事人享有优先权。若当事人对登记的优先权有争议，需另行起诉，请求法院确认。至于船舶优先权人对海事法院的裁定有异议的情况下，可否上诉，尚无明确的规定。

四、除权判决

（一）除权判决的概念

船舶优先权催告中的除权判决，是指海事法院在船舶优先权催告期间届满后，当无人主张优先权时，为提前消灭附在船舶的优先权债务，经由当事人申请而宣告该转让船舶不附有优先权的一种判决。

（二）除权判决的条件

法院作出除权判决必须具备三个条件：

首先，催告期间已经届满；

其次，无人主张优先权，否则法院不能作出除权判决；

最后，必须由催告申请人主动向法院提出申请，法院不能主动依职权作出除权判决。

（三）船舶优先权催告与除权判决的关系

受让人提出船舶优先权催告是法院作出除权判决的必经程序，但除权判决并不是船舶优先权催告的必然结果。是否申请除权判决，取决于受让人自身。法律之所以作出这样的规定，一方面是督促申请人及时行使权利，另一方面也是为了尽早结束船舶优先权催告程序。

（四）催告期间内申报权利的处理

一旦船舶优先权催告期间有当事人向海事法院申报船舶优先权，海事法院是就此立即终结催告程序还是继续等待催告程序届满？民事诉讼法中，有当事人申报权利，人民法院应当裁定终结公示催告程序。民事诉讼中的公示催告更多考虑的是程序上的意义。

不同于民诉法中的公示催告程序，海商法中的船舶优先权不仅具有程序上的意义，还具有实体上的效果。如果允许一旦有当事人主张船舶优先权海事法院就终结催告程序，则意味着一人主张优先权其他权利人均不消灭优先权。这就违背了《海商法》和《海事诉讼特别程序法》提前结束买受船舶所附的船舶优先权，维护船舶买卖交易的立法初衷。因此，即使在船舶优先权催告期间有当事人主张船舶优先权，也不能在期间未届满的情况下终结公示催告，而应待催告期间届满，在受让人主动申请的情况下，对在催告期间未主张的船舶优先权进行除权判决。

催告期间届满，只有部分优先权人向海事法院申请船舶优先权，其他不主张权利的优先权消灭。催告期间主张权利的优先权人，可继续行使优先权。

（五）证据的提交

虽然海事法院允许实际受让人和意定受让人提出船舶优先权催告，但是受让人申请海事法院作出除权判决时，必须提交其已经实际受让船舶的证据。《最高人民法院关于适用〈海事诉讼特别程序法〉若干问题的解释》第 93 条对此明确作出了规定。意定受让人在提出船舶优先权催告时可以不取得实际受让船舶的相关证据，但该证据必须在申请除权判决前已经取得，否则该受让人无权向海事法院申请除权判决。

（六）公告

除权判决在作出之后应当公告。公告的目的是宣告船舶优先权催告程序的结束，宣告未申请优先权的当事人丧失原有的权利，船舶不附有优先权，同时也令利害关系人知晓。海事法院作出的除权判决应当送达给申请人，作为受让船舶不附有优先权的依据。

（七）上诉

我国法律并没有明确规定海事法院作出的除权判决是否可以上诉。实践中，各国大多规定当事人对于除权判决是没有上诉的权利。

五、程序终结

船舶优先权催告程序的终结一般分为两种情况：

第一，申请人在公示催告期满前主动撤回催告申请。申请船舶优先权催告程序是受让人自身的权利，申请人可以自由处分其权利。申请人可以选择申请催告程序，也可以选择放弃，甚至也可以在申请之后催告期间届满前主动撤回申请。

第二，公告期间届满，船舶优先权催告程序终结。无论是否收到利害关系人的申报，公告期间届满后，海事法院应当裁定终结船舶优先权催告程序。

受让人在催告期满后,逾期不向法院申请除权判决的,海事法院应终结催告程序。由于除权判决不能依法院的职权作出,而需经由当事人主动申请作出,如果在优先权催告期间届满之后,无人主张船舶优先权,申请人也不主动向法院提出除权判决的请求,很可能导致与当事船舶相关的权利义务长时间内不能确定,也不利于海事法院顺利结案,浪费了司法成本。我国目前并未规定船舶受让人在期满之后申请除权判决的期间,而《最高人民法院关于适用〈民事诉讼法〉若干问题的意见》规定,对民事诉讼中公示催告程序在申报权利期间无人申报的,或者申报被驳回的,公示催告申请人应自申报期间届满的次日起1个月内申请人民法院作出判决。逾期不申请判决的,终结公示催告程序。在没有特殊规定的情况下,海事法院可以适当借鉴该规定以督促受让人行使权利。

□ 本章思考题

1. 在通过卖船方式或强制拍卖船舶行使优先权的情况下，具有船舶优先权的海事请求人在向有管辖权的海事法院申请扣押船舶之后,法院强制拍卖当事船舶,对于不足受偿的部分,船舶优先权是否消灭?

2. 在船舶转让合同订立后,但船舶并未实际交付于买受人的情况下,受让人是否可以申请船舶优先权催告?

3. 在船舶转让合同订立后,但船舶并未实际交付于买受人的情况下,受让人是否可以向海事法院申请除权判决?

4. 案例思考题:

【案情】西班牙A石油公司与荷兰B航运公司签订运输合同,由B公司将A公司卖给中国C进口公司的2000吨黄沙运往中国青岛港。A公司支付运费后,B公司因经济困难,拒付船员工资、港口经费等营运费用,致使船舶停港50天。A公司为使货物顺利抵达目的地,垫付了船员工资、港口费后,船舶继续航行。再次航行后,船舶遇到风浪使得船体受损,因另一艘英籍轮船的救助,最终顺利抵达目的港。卸货后,A公司向青岛海事法院提出扣押运输船舶。对该船进行过救助的英籍船舶所属D公司也向青岛海事法院起诉,要求支付海难救助费用。

【提问】

(1) 青岛海事法院对A公司和D公司的起诉是否具有管辖权?

(2) 本案哪些费用属于船舶优先权范围? 受偿顺序如何?

5. 案例思考题:

【案情】巴拿马籍A轮实际是一家国内公司的船舶,其在2010年2月至12月拖欠广州港装卸费、理货费、引航费、拖轮费及各种港务费用、港建费用约数百万。2011 年 3 月，因 A 轮所属公司与其他公司的债务纠纷，致使其被扣押。之后，双方达成以船抵债协议，并交付船舶，但船舶未解除扣押。在此期间，广州港务局获悉后，以其具有船舶优先权为由，申请扣押该轮。法院虽接受其申请，但由于该船未解除扣押，故未再扣押。

【提问】

（1）广州港务局虽已申请扣押船舶，但因之前的扣押并未解除，能否认为其通过扣船行使了优先权？

（2）本案的船舶优先权是否消灭？如果消灭，消灭的原因是什么？广州港务局能否得到赔偿？如果没有消灭，理由何在？

❑ 本章所涉及法律、法规

（一）1992 年《海商法》（节选）

第二章　船舶

第三节　船舶优先权

第二十一条　船舶优先权，是指海事请求人依照本法第二十二条的规定，向船舶所有人、光船承租人、船舶经营人提出海事请求，对产生该海事请求的船舶具有优先受偿的权利。

第二十二条　下列各项海事请求具有船舶优先权：

（一）船长、船员和在船上工作的其他在编人员根据劳动法律、行政法规或者劳动合同所产生的工资、其他劳动报酬、船员遣返费用和社会保险费用的给付请求；

（二）在船舶营运中发生的人身伤亡的赔偿请求；

（三）船舶吨税、引航费、港务费和其他港口规费的缴付请求；

（四）海难救助的救助款项的给付请求；

（五）船舶在营运中因侵权行为产生的财产赔偿请求。

载运 2000 吨以上的散装货油的船舶，持有有效的证书，证明已经进行油污损害民事责任保险或者具有相应的财务保证的，对其造成的油污损害的赔偿请求，不属于前款第（五）项规定的范围。

第二十三条　本法第二十二条第一款所列各项海事请求，依照顺序受偿。但是，第（四）项海事请求，后于第（一）项至第（三）项发生的，应当先于第（一）项至第（三）项受偿。本法第二十二条第一款第（一）、（二）、（三）、（五）项中有两个以上海事请求的，不分先后，同时受偿；不足受偿的，按照比例受偿。第（四）项中有两个以上海事请求的，后发生的先受偿。

第二十四条　因行使船舶优先权产生的诉讼费用，保存、拍卖船舶和分配船舶价款产生的费用，以及为海事请求人的共同利益而支付的其他费用，应当从船舶拍卖所得价款中先行拨付。

第二十五条　船舶优先权先于船舶留置权受偿，船舶抵押权后于船舶留置权受偿。

前款所称船舶留置权，是指造船人、修船人在合同另一方未履行合同时，可以留置所占有的船舶，以保证造船费用或者修船费用得以偿还的权利。船舶留置权在造船人、修船人不再占有所造或者所修的船舶时消灭。

第二十六条　船舶优先权不因船舶所有权的转让而消灭。但是，船舶转让时，船舶优先权自法院应受让人申请予以公告之日起满六十日不行使的除外。

第二十七条　本法第二十二条规定的海事请求权转移的，其船舶优先权随之转移。

第二十八条　船舶优先权应当通过法院扣押产生优先权的船舶行使。

第二十九条　船舶优先权，除本法第二十六条规定的外，因下列原因之一而消灭：

（一）具有船舶优先权的海事请求，自优先权产生之日起满一年不行使；

（二）船舶经法院强制出售；

（三）船舶灭失。

前款第（一）项的一年期限，不得中止或者中断。

第三十条　本节规定不影响本法第十一章关于海事赔偿责任限制规定的实施。

（二）2000年《海事诉讼特别程序法》（节选）

第十一章　船舶优先权催告程序

第一百二十条　船舶转让时，受让人可以向海事法院申请船舶优先权催告，催促船舶优先权人及时主张权利，消灭该船舶附有的船舶优先权。

第一百二十一条　受让人申请船舶优先权催告的，应当向转让船舶交付地或者受让人住所地海事法院提出。

第一百二十二条　申请船舶优先权催告，应当向海事法院提交申请书、船舶转让合同、船舶技术资料等文件。申请书应当载明船舶的名称、申请船舶优先权催告的事实和理由。

第一百二十三条　海事法院在收到申请书以及有关文件后，应当进行审查，在七日内作出准予或者不准予申请的裁定。

受让人对裁定不服的，可以申请复议一次。

第一百二十四条　海事法院在准予申请的裁定生效后，应当通过报纸或者其他新闻媒体发布公告，催促船舶优先权人在催告期间主张船舶优先权。

船舶优先权催告期间为六十日。

第一百二十五条　船舶优先权催告期间，船舶优先权人主张权利的，应当在海事法院办理登记；不主张权利的，视为放弃船舶优先权。

第一百二十六条　船舶优先权催告期间届满，无人主张船舶优先权的，海事法院应当根据当事人的申请作出判决，宣告该转让船舶不附有船舶优先权。判决内容应当公告。

（三）2003年《最高人民法院关于适用〈海事诉讼特别程序法〉若干问题的解释》（法释[2003]3号）（节选）

十、关于船舶优先权催告程序

第九十二条　船舶转让合同订立后船舶实际交付前，受让人即可申请船舶优先权催告。

受让人不能提供原船舶证书的，不影响船舶优先权催告申请的提出。

第九十三条　海事诉讼特别程序法第一百二十条规定的受让人指船舶转让中的买方和有买船意向的人，但受让人申请海事法院作出除权判决时，必须提交其已经实际受让船舶的证据。

第九十四条　船舶受让人对不准予船舶优先权催告申请的裁定提出复议的，海事法院应当在七日内作出复议决定。

第九十五条　海事法院准予船舶优先权催告申请的裁定生效后，应当通过报纸或者其他新闻媒体连续公告三日。优先权催告的船舶为可以航行于国际航线的，应当通过对外发行的报纸或者其他新闻媒体发布公告。

第九十六条　利害关系人在船舶优先权催告期间提出优先权主张的，海事法院应当裁定优先权催告程序终结。

□ 本章扩展阅读

1. 屈广清主编：《海事诉讼与海事仲裁法》，法律出版社2007年版。

阅读引导：该书第八章第三节针对船舶优先权催告程序作出了相应介绍。作者虽然将船舶优先权催告程序归类为“其他海事诉讼程序”，但其在海事诉讼程序中的作用依然是不可或缺的。该书结合审判实践，对于读者全面理解船舶优先权催告程序有所助益。

2. 杨树明主编：《民事诉讼法·海事诉讼特别程序篇》，厦门大学出版社2008年版。

阅读引导：该书第十章具体、系统地分别对船舶优先权的行使、消灭，以及船舶优先权催告程序的启动、条件、程序、法律后果等进行了分析和阐述，有助于读者了解和掌握船舶优先权催告程序的相关内容。

3. 陈海波：《论船舶优先权的行使》，载《中国海商法年刊》1999年版。

阅读引导：该文结合实践通过探讨船舶优先权的行使特性，深入分析了船舶运输企业、海上生产企业破产程序与船舶优先权行使之间的相互关系。对于在何种情况下，不得对债务人的哪些财产行使担保物权，建议立法加以规定。

附录一:相关法律文书

文书1-船舶优先权催告申请书

船舶优先权催告申请书

申请人……(写明姓名或名称、住所地等基本情况)

申请人×××已(拟)受让“××”轮,该轮……(写明船舶所有权、基本技术数据等情况)。为催促船舶优先权人及时主张权利,消灭该船附有的船舶优先权,特依照《中华人民共和国海事诉讼特别程序法》的有关规定,申请船舶优先权催告,请予准许。

此致

中华人民共和国××海事法院

附:……(船舶转让合同、船舶技术资料)

申请人×××(签章)

××××年××月××日

文书2-船舶优先权除权公告

中华人民共和国××海事法院
公　告

(宣告船舶不附有优先权用)

(××××)×海法催字第××号

本院于××××年××月××日受理了申请人×××的船舶优先权催告申请,对其已(拟)受让的“××”轮,依法办理了船舶优先权催告手续。催告期间无人主张船舶优先权。本院于××××年××月××日作出(××××)×海法催字第××号民事判决,宣告“××”轮不再附有船舶优先权。自本公告发出之日起,任何人不得向申请人×××主张“××”轮的船舶优先权。

特此公告。

××××年××月××日

(院印)

注:“(××××)×海法催字第××号”中,“(××××)”为年份,“×海法”为海事法院简称,“第××号”为案件编号。

附录二:案例分析

【案情简介】

申请人:浙江省粮油食品进出口股份有限公司舟山洛达轮船公司

2001年9月3日,申请人为购买伯利兹籍“远胜”(YANG XING)轮,与船舶所有人舟山远洋渔业集团公司及抵押权人中国农业银行定海区支行签订了一份《协议备忘录》,约定船舶所有人经船舶抵押权人同意,将“远胜”轮作价人民币1350万元转让给申请人,并约定了付款方式、交船的时间、地点及违约责任等。为了避免该轮转让后发生《海商法》第22条规定的船舶优先权纠纷,特于2001年9月24日向宁波海事法院申请船舶优先权催告,催促船舶优先权人及时主张权利,消灭该船舶附有的船舶优先权。

【问题思考】

(1)该案中申请人是否有权向海事法院申请船舶优先权催告程序?

(2)如果催告期间届满内相关权利人没有向海事法院主张船舶优先权,船舶优先权是否继续存在?

【案例简析】

该案中,申请人洛达轮船公司是船舶的善意买受人,为了避免当事船舶转让后发生船舶优先权纠纷,向海事法院申请船舶优先权催告符合《海事诉讼特别程序法》第120条、第121条、第122条的规定,应予支持。故海事法院应对伯利兹籍“远胜”轮的船舶优先权予以催告并作出裁定。

准予申请的裁定生效后,受理海事法院应当通过报纸或者其他新闻媒体发布公告,催促船舶优先权人在催告期间主张船舶优先权。船舶优先权催告期间为60日。

待催告期间届满,如无人主张船舶优先权,经申请人主动申请,法院应依照《海事诉讼特别程序法》第126条的规定作出除权判决,宣告该转让船舶伯利兹籍“远胜”轮不再附有船舶优先权,并再通过报纸或者其他新闻媒体予以公告。如有人主张船舶优先权,则法院将裁定终结船舶优先权催告程序。